JOHANNES WIMMER
GESUNDHEIT, KRANKHEIT UND TOD IM ZEITALTER DER AUFKLÄRUNG

VERÖFFENTLICHUNGEN
DER KOMMISSION FÜR NEUERE GESCHICHTE ÖSTERREICHS
BAND 80

Johannes Wimmer

GESUNDHEIT, KRANKHEIT UND TOD IM ZEITALTER DER AUFKLÄRUNG

Fallstudien aus den
habsburgischen Erbländern

BÖHLAU VERLAG   WIEN · KÖLN

Gedruckt mit Unterstützung durch
den Fonds zur Förderung der wissenschaftlichen Forschung,
die Steiermärkische Landesregierung
und die Ärztekammer für Steiermark

Umschlag- und Titelbild: „Im Todten-Reich sind alle gleich" (Motiv um 1790)
(Privatbesitz)

CIP-Titelaufnahme der Deutschen Bibliothek

Wimmer, Johannes:
Gesundheit, Krankheit und Tod im Zeitalter der Aufklärung :
Fallstudien aus den habsburgischen Erbländern / Johannes
Wimmer. – Wien ; Köln : Böhlau, 1991
(Veröffentlichungen der Kommission für Neuere Geschichte
Österreichs ; Bd. 80)
ISBN 3-205-05304-4
NE: Kommission für Neuere Geschichte Österreichs: Veröffentlichungen
der Kommission ...

ISBN 3-205-05304-4

Satz: Ch. Weismayer, A-1080 Wien
Druck: Rema*print,* A-1160 Wien

Inhalt

Einleitung 7

I. Gesundheit und Politik 13

   A. Gesundheit und Politik im Europa der frühen Neuzeit 13

   B. Gesundheit und Staatswohl: Grundzüge einer neuartigen Gesundheitspolitik unter Maria Theresia und Joseph II. am Beispiel der Steiermark 31

      1. Die Kontrolle der Heilkundigen durch die landesfürstlichen Behörden . . 31
         Ein kameralistisches Konzept der Gesundheitspolitik 31
         Der Streit um die Kontrolle der landschaftlichen Ärzte vor der Haugwitzschen Verwaltungsreform 35
         Das Heilcorps der steirischen Landschaft und seine Auflösung 38
         Verwaltungsreform und Gesundheitspolitik. Von der Sanitätskommission zum Protomedikat 40
         Ärzte als Sanitätsbeamte 45
         Mehr Ärzte für die Steiermark? 51
         Wundärzte, Hebammen und Apotheker 58
         Die Situation um 1780 63
      2. Zahl und Verteilung der Heilkundigen in der Steiermark im europäischen Vergleich 70
      3. Grenzen der Rationalisierung 78

II. Krankheit und Bürokratie 85

   A. Das gefährdete Leben 85

      1. Demographische Entwicklungen im Habsburgerreich des 18. Jahrhunderts 85
      2. Die Bedrohung der Bevölkerung durch Krisen 94
         Das Problem der Ernährung 94
         Die Hungersnot von 1770 – 1772 in Böhmen, Mähren und Schlesien . . 99

   B. Landesfürstliche Verwaltung, Epidemienbekämpfung und Krankheitsprävention 104

1. Eine Epidemie im Jahre 1760 104
2. Ein Meldesystem für Epidemien und Epizootien 109
3. Organisierte Prävention: die Versuche zur Einführung der Blatterninokulation in der Steiermark 116

C. Zwei Beispiele zur Epidemiologie des 18. Jahrhunderts 122

1. Auf den Spuren einer historischen Epidemiologie 122
2. Die Ruhrseuche des Jahres 1779 im Cillier Kreis 127
   Die Lebensbedingungen in einem Seuchengebiet: der Sanitätsdistrikt
   Rohitsch (Rogatec) als Beispiel 127
   Eine Seuche bricht aus: behördliche und medizinische Maßnahmen . . 130
   Die Bilanz 138
3. „Auf dem Lande überall großes Elend!" – Aufzeichnungen eines Me-
   diziners aus dem Jahre 1787 146
4. Zum Vergleich: Epidemien und Epidemienbekämpfung im westlichen
   Europa (Frankreich und Belgien) 152

III. Tod und Begräbnis in der Stadt. Zum Wandel der Einstellungen: Wien als
     Beispiel 161

A. Die Verlegung der Grabstätten. Erste Diskussionen 161
B. Die Sorge um die Reinheit der Luft. Die üblen Gerüche der Großstadt . . . 169
C. Die Verbannung der Toten 176
D. Die Begräbnisse in Wien. Publizistische Gefechte 186

Schluß 203

Graphiken und Tabellen:
Öffentlich besoldete Ärzte (Physici) in der Steiermark zur Zeit Josephs II. 57
Einwohner pro Arzt in der Steiermark 1783 71
Promotionen an der medizinischen Fakultät der Universität Wien 1752 – 1792 . . . 81
Demographische Entwicklungen im Habsburgerreich 1799 – 1800 87
Lebensmitteleinfuhr Wien 1783 97
Weizen- und Roggenpreise in Wien 1752 – 1780, Roggenbrotpreise 1771 – 1773 . 98
Dem Innerösterreichischen Gubernium im Jahre 1779 gemeldete Ruhrepidemien in
der Steiermark 126
Die Ruhr im Sanitätsdistrikt Rohitsch (Mai – August 1779) 140
Morbidität und Mortalität in der Hauptpfarre Rohitsch 143

Bibliographie 209

Personenregister 221

Einleitung

Unsere Vorstellungen von Gesundheit, Krankheit und Tod sind zwar vielfältig und oft auch kontrovers; im großen und ganzen jedoch sind sie Teil einer Ideenwelt, in der die profane Rationalität ihre Dominanz über Religion und Magie vorerst noch behauptet. Erst dann etwa, wenn die Mittel der modernen Medizin – in die, wie man feststellen muß, häufig äußerst überspannte Erwartungen gesetzt werden – versagen, glaubt man die Tröstungen der Religion oder die Hilfe von Wunderheilern zu benötigen. Ganz im Sinne der modernen Ökonomie verstehen wir unter Gesundheit nicht bloß die Abwesenheit von Krankheit, sondern vor allem Produktivität und Leistung. Im übrigen sei Gesundheit, wie man oft hört, „das höchste Gut"; gemeint ist damit vermutlich auch der Besitz der Arbeitskraft. Kranken- und Lebensversicherungen sollen uns vor den materiellen Schäden schützen, die durch Krankheit und Tod entstehen können. Morbidität und Mortalität sind – ebenso wie etwa das Bruttosozialprodukt – volkswirtschaftliche Größen von erheblicher Bedeutung.

Während die empirischen Sozial- und Wirtschaftswissenschaften mit dem Faktor Tod rechnen, während viele Bürger dem finanziellen Verlust, als den sie ihren Tod betrachten, durch den Abschluß von Lebensversicherungen präventiv zu begegnen versuchen, scheinen persönliche Ratlosigkeit und Entsetzen beim Tod anderer, nahestehender Menschen in unseren Tagen besonders groß zu sein.

„Was den Tod eines anderen betrifft", schrieb Sigmund Freud 1915 in seinem berühmten Essay „Zeitgemäßes über Krieg und Tod", „so wird der Kulturmensch es sorgfältig vermeiden, von dieser Möglichkeit zu sprechen, wenn der zum Tode bestimmte es hören kann. (...) Der erwachsene Kultivierte wird den Tod eines anderen nicht gerne in seine Gedanken einsetzen, ohne sich hart und böse zu erscheinen; es sei denn, daß er berufsmäßig als Arzt, Advokat u.dgl. mit dem Tod des andern zu tun habe".[1]

Im selben Essay vertrat Freud auch die Meinung, „daß im Unbewußten jeder von uns von seiner Unsterblichkeit überzeugt (sei)".[2]

Die vom Begründer der Psychoanalyse konstatierte Empfindlichkeit des Kulturmenschen gegen den Tod des anderen und seine Neigung, den eigenen Tod zu negieren, stehen in seltsamem Kontrast zum beispiellosen Morden der beiden Weltkriege, zur Vernichtungswut des Nationalsozialismus und zum Versuch der militärischen Monopolisierung des Todes durch den Bau der Atombombe. Doch handelt es sich hier überhaupt um Widersprüchliches?

Obwohl es mir völlig unmöglich ist, eine Antwort auf diese Frage auch nur anzudeuten, diente sie meiner Arbeit gewissermaßen als Motto. Ich bin von der Annahme

---

1 Sigmund Freud, Zeitgemäßes über Krieg und Tod. In: Kulturtheoretische Schriften (Frankfurt a. M. 1986), 39 – 60, hier S. 49
2 Ebd.

ausgegangen, daß in der Geschichte des neuzeitlichen Europa – analog zum Bemühen, den Tod durch militärische Rüstung und den Aufbau eines gewaltigen Zerstörungspotentials zu monopolisieren – die Hoffnung eine wichtige Rolle gespielt hat, das Leben auf Erden – um es etwas apokryph auszudrücken – in ein ewiges Leben in dieser Welt verwandeln zu können. Alle Hoffnungen, die das mittelalterliche Europa in das Jenseits gesetzt hatte, wurden in der Neuzeit mehr und mehr in die Zukunft gesetzt; zunächst nur vereinzelt, spätestens im 19. Jahrhundert jedoch auch kollektiv. In den Ideologien der politischen Massenbewegungen des 19. und des 20. Jahrhunderts haben Utopien stets eine entscheidende Rolle gespielt – als Vision des Kommunismus ebenso wie als Traum vom nationalen Übermenschen. Das 18. Jahrhundert nimmt in der beschriebenen Entwicklung eine besondere Stellung ein. Auch in den katholischen Ländern Europas scheinen die kirchlichen Konzepte von Himmel und Hölle seit jener Zeit sukzessive an Überzeugungskraft eingebüßt zu haben. Bernhard Groethuysen hat dies in seiner großen Studie über „Die Entstehung der bürgerlichen Welt- und Lebensanschauung in Frankreich" schon 1927 erläutert, lange vor Philippe Ariès' „Geschichte des Todes".[3] Die Zukunft wurde zum Gegenstand politischer, ökonomischer und philosophischer Überlegungen. Zugleich begann man im 18. Jahrhundert große bürokratische Anstrengungen zu unternehmen, um Einfluß auf die bis dahin „unentdeckte" menschliche Biologie zu bekommen. Man spekulierte damit, demographische Entwicklungen steuern, Krankheiten und Epidemien vorbeugend bekämpfen zu können. Ich habe diese Tendenz „Rationalisierung von Gesundheit und Krankheit" genannt; in der Fachliteratur wird sie häufig als „Medikalisierung" bezeichnet.[4]

Diese Arbeit ist der Versuch, einige wenige Aspekte der Rationalisierung von Gesundheit, Krankheit und Tod zu beschreiben. Ich habe mich dem schwierigen Problem dabei von verschiedenen Seiten genähert; die einzelnen Abschnitte dieser Studie sind nichts anderes als nach thematischen Schwerpunkten geordnete fragmentarische Beispiele historischer Erscheinungen, Entwicklungen und Tendenzen, die sich schwer zu einer knappen Synthese zusammenfassen lassen.

Den ersten Teil meiner Untersuchung habe ich „Gesundheit und Politik" betitelt. Er ist, ohne daß ich es eigentlich wollte, zum längsten Teil der Arbeit geworden. Dies hat mehrere Gründe. Zunächst befürchtete ich, die Wahl jenes Titels und die Verwendung von Ausdrücken wie „Gesundheitspolitik" oder „gesundheitspolitische Maßnahmen" im geschichtlichen Kontext des 18. Jahrhunderts könnten als Anachronismen empfunden werden. Das einleitende Kapitel über „Gesundheit und Politik im Europa der frühen Neuzeit" dient daher auch der Begriffsbestimmung. Zudem sollte mit dieser Einleitung auf die vielfältigen Möglichkeiten hingewiesen werden, die sich ergeben, wenn bestimmte historische Prozesse nicht nur unter regionalen oder nationalen Gesichtspunkten betrachtet, sondern als Entwicklungen der europäischen Geschichte verstanden werden.

Ein besonders ausführliches Kapitel über die Gesundheitspolitik im Habsburgerreich der Zeit Maria Theresias und Josephs II. schien sich zunächst zu erübrigen. 1959 hat sich die Medizinhistorikerin Erna Lesky mit einer umfangreichen Arbeit über das

---

3 Bernhard Groethuysen, Die Entstehung der bürgerlichen Welt- und Lebensanschauung in Frankreich (2 Bde., Nachdr. Frankfurt a. M. 1978); Philippe Ariès, Geschichte des Todes (dtv München 1982)

4 Zur Geschichte des Begriffs siehe: Pierre Goubert, Die Medikalisierung der französischen Gesellschaft am Ende des Ancien Régime: die Bretagne als Beispiel. In: Medizinhistorisches Journal 17 (1982) 89 – 114, S. 89

„Österreichische Gesundheitswesen im Zeitalter des aufgeklärten Absolutismus"[5] habilitiert. Die wichtigsten Postulate Leskys sollten mir – als Ergänzung zu Zitaten aus Johann Dionis Johns „Lexikon der k.k. Medizinalgesetze" (Prag 1790 – 1791) und Sonnenfels' „Grundsätzen der Polizey- Handlungs- und Finanzwissenschaft" (Wien 1771) – dabei helfen, einen kurzen Überblick zum Thema „Gesundheit und Staatswohl" theoretisch zu fundieren. Bald jedoch wurde ich unsicher. Lesky war in ihrer Arbeit davon ausgegangen, daß „ein Historiker des Gesundheitswesens (...) nur die die ganze Monarchie umfassende Betrachtung dieses lebendigen und planvollen Wechselspiels aller sanitären Kräfte meinen und wollen (...)"[6] könne. Die theresianisch-josephinische Epoche hatte Lesky gewählt, da sich mit ihr, wie sie meinte, „in Österreich schlechtweg alle Anfänge modern-staatlichen Gestaltungswillens verbinden. Können wir vorher tatsächlich nur von einem kärntnerischen, steirischen, niederösterreichischen, böhmischen usw. Sanitätswesen sprechen, so ist es diese Epoche, die die Voraussetzungen zu einer einheitlichen Organisation schuf".[7] Im Prozeß „der Ablösung der ständischen Gesundheitsverwaltung durch die staatliche" glaubte Lesky „jene großen Triebkräfte" des 18. Jahrhunderts zu erkennen, „wie sie für das militare, für das judiciale und contributionale so oft und eingehend dargestellt wurden: das absolutistisch-zentralistische Interesse des Landesfürsten und de(n) privilegierte(n) ständische(n) Partikularismus".[8]

Gegen alle diese Thesen ist im Grunde wenig einzuwenden. Dennoch drängten sich mir einige Fragen auf. Hatte Lesky bei ihrer „die ganze Monarchie umfassenden Betrachtung" nicht unter Umständen den Aussagewert einiger weniger Gesetze überschätzt, die für alle Länder der Monarchie Gültigkeit besaßen, zumal sie selbst zugab, über das Gesundheitswesen der einzelnen Länder nicht gut genug informiert zu sein?[9] Wäre es nicht vielleicht doch sehr lohnend, sich einmal ganz ausschließlich mit der landesfürstlichen Gesundheitspolitik in einem bestimmten Erbland auseinanderzusetzen? Welche gesundheitspolitischen Konzepte konnten von der Verwaltung eines Landes entwickelt werden, wenn es sich beim sogenannten Gesundheitswesen, wie es in der etwas umständlichen Formulierung Leskys heißt, „um ein lebendiges und planvolles Wechselspiel aller sanitären Kräfte" handelte? Wurde das „ständische Gesundheitswesen" tatsächlich von einer einheitlich organisierten „staatlichen Gesundheitsverwaltung" abgelöst?

Diese Fragen habe ich – zumindest ansatzweise – im ersten Abschnitt des Kapitels über „Gesundheit und Staatswohl" zu beantworten versucht. Eine im Jahre 1952 abgeschlossene Dissertation über den „Ausbau des Sanitätswesens in Steiermark unter Maria Theresia und Josef II."[10] erleichterte mir zwar den Zugang zu den betreffenden im Steiermärkischen Landesarchiv lagernden Aktenbeständen, konnte allerdings aufgrund vieler Ungenauigkeiten nicht immer guten Gewissens zitiert werden. Die wissenschaftsgeschichtliche Studie Herbert Hanns Egglmaiers über das „Medizinisch-chirur-

---

5 Erna Lesky, Österreichisches Gesundheitswesen im Zeitalter des aufgeklärten Absolutismus (= Archiv für österreichische Geschichte 122/1, Wien 1959)

6 Ebd., S. 1

7 Ebd., S. 2

8 Ebd., S. 21

9 Ebd., S. 3

10 Elfriede Turk, Der Ausbau des Sanitätswesens in Steiermark unter Maria Theresia und Josef II. (mit Ausnahme des Spitalwesens) (ungedr. Phil. Diss., Graz 1952)

gische Studium in Graz" aus dem Jahre 1980[11] behandelt wiederum nur Teilaspekte der theresianisch-josephinischen Gesundheitspolitik. Ich habe mich daher dazu entschlossen, mich in meinen Ausführungen grundsätzlich nur auf die Originalakten der landesfürstlichen Verwaltung zu stützen, selbst wenn sie in den beiden erwähnten Dissertationen schon zitiert worden sein sollten.

Im zweiten Abschnitt dieses Kapitels habe ich die Ergebnisse meiner Untersuchung über die Zahl der Heilkundigen in der Steiermark mit den Ergebnissen regionalgeschichtlicher Studien aus Belgien und Frankreich verglichen. Der dritte Abschnitt des Kapitels über „Gesundheit und Staatswohl" beschäftigt sich mit den Grenzen der gesundheitspolitischen Rationalisierung – einem Aspekt, dessen Erörterung in allen mir bekannten österreichischen Arbeiten zum Thema „Gesundheitswesen" gänzlich vernachlässigt wurde.

Während ich im Steiermärkischen Landesarchiv Akten der landesfürstlichen Verwaltung durchblätterte, von denen ich mir Aufklärung über die Struktur des „Sanitätswesens" erhoffte, stieß ich fast zufällig auf einen weiteren Forschungsgegenstand: die organisierte Bekämpfung von Epidemien in der Steiermark des 18. Jahrhunderts.[12] Obwohl der Aktenbestand, der mir das neue Gebiet erschließen sollte, in Elfriede Turks Dissertation zum „Ausbau des Sanitätswesens" bereits genannt wird, erwies sich das dem Thema „Seuchenabwehr" in jener Arbeit gewidmete Kapitel nicht als besonders informativ;[13] bei genauerer Überprüfung fanden sich überdies einige grobe Fehler. Erna Lesky hatte sich in ihrer Studie ausschließlich mit den Maßnahmen der Obrigkeit gegen die Pest, die Pocken und die Syphilis befaßt – die Existenz eines ländereigenen Systems der Seuchenbekämpfung war ihr allem Anschein nach unbekannt geblieben. Dies ist nicht weiter verwunderlich, denn die Initiative zum organisierten Kampf gegen Epidemien und – wie man gleich hinzufügen muß – Epizootien dürfte, zumindest was die Steiermark betrifft, nicht allein von den Wiener Zentralstellen ausgegangen sein.

„Krankheit und Bürokratie" heißt demnach der zweite Hauptteil meiner Arbeit. Um die Dimension der gesundheitspolitischen Probleme, mit denen sich die k.k. Verwaltung im ganzen Habsburgerreich auseinanderzusetzen hatte, deutlich zu machen, habe ich diesen Teil der Dissertation mit einigen Betrachtungen über Hunger, Armut und Krankheit im 18. Jahrhundert eingeleitet. Der zunehmende demographische Druck in den Ländern der Habsburger und die Bedrohung der Bevölkerung durch Krisen stehen im Mittelpunkt dieser Ausführungen.

Zwei Beispiele zur Epidemiologie des 18. Jahrhunderts beschließen den zweiten Teil meiner Arbeit. Es sind historische „Momentaufnahmen" aus den Jahren 1779 und 1787 – schwierigen Jahren, in denen, wie es scheint, ganze Landstriche des Herzogtums Steiermark von Epidemien heimgesucht wurden. Diese Epidemien stellen nur einen Aspekt der allgemeinen Misere dar, die vor allem in der Untersteiermark das Leben der ländlichen Bevölkerung prägte. Die landesfürstlichen Behörden wurden allerdings gerade durch ihre Versuche, Seuchen organisiert zu bekämpfen, immer wieder mit der unerfreulichen Situation der Landbevölkerung konfrontiert. Daß die von der Obrigkeit

11 Herbert Hanns Egglmaier, Das medizinisch-chirurgische Studium in Graz. Ein Beispiel für den Wandel staatlicher Zielvorstellungen im Bildungs- und Medizinalwesen (= Dissertationen der Universität Graz 50, Graz 1980)

12 Steiermärkisches Landesarchiv, Akten der Repräsentation und Kammer, Sachfaszikel 108. Viehseuchen und epidemische Menschenkrankheiten

13 Turk, Sanitätswesen, S. 84 – 109

im Kampf gegen Epidemien angewandten Methoden unter Maria Theresia und Joseph II. durchaus auf der Höhe ihrer Zeit standen, soll der vierte Abschnitt des Kapitels zur Epidemiologie des 18. Jahrhunderts zeigen.

Der dritte und letzte Teil meiner Arbeit ist einem Thema gewidmet, das seit Anfang der siebziger Jahre viele Historiker in seinen Bann gezogen hat: dem Wandel der Einstellungen zum Tod. Die Idee, den Tod zum Thema der Historiographie zu machen, dürfte in Frankreich geboren worden sein. 1971 veröffentlichte François Lebrun seine Studie „Les hommes et la mort en Anjou aux 17e et 18e siècles"; einen „Essai de démographie et de psychologie historiques", wie es im Untertitel heißt. 1973 folgte Michel Vovelle mit „Piété baroque et déchristianisation en Provence au XVIIIe siècle. Les attitudes devant la mort d'après les clauses des testaments"; 1975 erschien Philippe Ariès" „Essai sur l'histoire de la mort en Occident du moyen-âge à nos jours" und 1978 Pierre Chaunus „La mort à Paris; 16e, 17e et 18e siècles". Inzwischen ist die Zahl der Publikationen zur „Geschichte des Todes" im romanischen und angelsächsischen Sprachraum beinahe unübersehbar geworden.[14] In der BRD hat sich vornehmlich der Historiker und Demograph Arthur E. Imhof darum bemüht, die Anregungen aus Frankreich unter den Mitgliedern seiner Zunft populär zu machen.[15] Wie etwa die Arbeit Edith Saurers zeigt, vermochten die theoretischen und methodischen Impulse der modernen französischen Geschichtswissenschaft – wenngleich in anderem Zusammenhang – Historiker auch hierzulande zu inspirieren.[16] Von der historiographischen Thematisierung des Todes, wie sie im wesentlichen von Vertretern der französischen „Mentalitätsgeschichte" ausging, kann letzteres freilich nicht behauptet werden. Vielleicht erklärt sich dieser Umstand aus der Skepsis vieler österreichischer Geschichtsforscher gegenüber intellektuellen Modeströmungen.

Obwohl ich diese Skepsis durchaus für berechtigt halte, soferne sie nicht nur Ausdruck geistigen Provinzialismus ist, konnte ich der Versuchung nicht widerstehen, mich dem Thema „Tod und Begräbnis" nach Art der „nouvelle histoire" zu nähern. In der Methode bin ich jedoch heimischen Traditionen treu geblieben: Ich habe weder Tausende von Testamenten untersucht noch ganze Serien von Epitaphien entschlüsselt. Meine Erläuterungen gründen sich lediglich auf Verwaltungsakten, medizinisch-naturwissenschaftliche Schriften und Broschürenliteratur aus dem 18. Jahrhundert. Auch ist es mir nicht darum gegangen, „kollektive Mentalitäten" oder die Äußerungen eines „kollektiven Unbewußten"[17] zu rekonstruieren. Ich wollte bloß zeigen, daß die Rationalität des 18. Jahrhunderts weniger mit unserem heutigen Denken zu tun hat, als wir gemeinhin anzunehmen gewohnt sind. Warum war gerade die Verlegung der Grabstätten aus den bewohnten Gebieten ein so vordringliches Ziel der Protagonisten der Hygiene im 18. Jahrhundert? Welche Vorstellungen von Hygiene hatten Mediziner und

---

14 Siehe dazu die Rezension von Michel Vovelle, Encore la mort: un peu plus qu'une mode? In: Annales ESC 37/2 (1982) 276 - 287

15 Siehe dazu etwa Imhofs Einleitung zum Band: Biologie des Menschen in der Geschichte. Beiträge zur Sozialgeschichte der Neuzeit aus Frankreich und Skandinavien, ed. Arthur E. Imhof (= Kultur und Gesellschaft. Neue historische Forschungen 3, Stuttgart 1978) 13 - 78

16 Edith Saurer, Straße, Schmuggel, Lottospiel: materielle Kultur und Staat in Niederösterreich, Böhmen und Lombardo-Venetien im frühen 19. Jahrhundert (= Veröffentlichungen des Max-Planck-Instituts für Geschichte 90, Göttingen 1989)

17 Michel Vovelle spricht in seinen Arbeiten wiederholt vom „inconscient collectif", das er gegen die „pensée claire" abgrenzt. Die Konzeption des „kollektiven Unbewußten" dürfte Vovelle allerdings von C. G. Jung übernommen haben.

Naturwissenschaftler der Zeit um 1780? Gab es Einwände und Widerstände gegen die Verbannung der Toten aus der Stadt und die von Joseph II. vorgeschriebene neue Art der Beerdigung in Leinensäcken? Die Suche nach Antworten auf diese Fragen gestaltete sich äußerst interessant und brachte einige Überraschungen.

Das letzte Kapitel des dritten Teils der Arbeit beschäftigt sich mit der publizistischen Diskussion zur Frage der Begräbnisse im Wien des Jahres 1781. Dieser Streit ist mehr als eine kuriose Episode aus der Geschichte der sogenannten „erweiterten Preßfreiheit": Er gab den Befürwortern und vor allem auch den Gegnern der von Joseph II. vehement unterstützten religiösen Reform Gelegenheit, ihre Standpunkte unter Wahrung der persönlichen Anonymität in aller Öffentlichkeit zu vertreten. Gegensätzliche Einstellungen zum Tod haben in den theologisch-ideologischen Konfrontationen des späten 18. Jahrhunderts, so will ich zeigen, eine besondere Rolle gespielt. Während die Gesundheit der Bevölkerung zunehmend als ökonomische Notwendigkeit betrachtet und die Bekämpfung von Krankheiten zur Aufgabe der staatlichen Bürokratie erklärt wurde, begannen sich in den letzten Jahrzehnten des 18. Jahrhunderts da und dort auch die Vorstellungen vom Tod langsam aus der Sphäre der traditionellen christlich-religiösen Ideen zu lösen.

Die vorliegende Publikation entspricht, abgesehen von einigen Korrekturen, der approbierten Fassung meiner im Frühjahr 1988 abgeschlossenen Dissertation. Ich danke allen, die dazu beigetragen haben, daß dieses Buch entstehen konnte, vor allem meinen Lehrern, Grete Walter-Klingenstein und Moritz Csáky. Für ihr Entgegenkommen danke ich den Damen und Herren im Haus-, Hof- und Staatsarchiv, im Allgemeinen Verwaltungsarchiv, im Steiermärkischen Landesarchiv, im Universitätsarchiv Wien, in der Bibliothek des Instituts für Geschichte der Medizin (Wien), in der Wiener Stadt- und Landesbibliothek sowie in der Universitätsbibliothek Graz. Des weiteren danke ich allen, die mir mit Tips und Hinweisen weitergeholfen haben, namentlich Hildegard Kremers, Edith Rosenstrauch, Claude Bruneel, Luc Dhondt, Helfried Valentinitsch, Gernot Obersteiner und Christian Promitzer.[18] Marie-Jo Iweins d'Eeckhoutte sowie Josepha und Walter Wörle danke ich für ihre Gastfreundschaft und dafür, daß sie mir meine Arbeit in wesentlichen Phasen sehr erleichtert haben.

Der Kommission für Neuere Geschichte Österreichs danke ich für die Bereitschaft, meine Studie in ihrer Reihe herauszugeben. Mein besonderer Dank gilt dabei Margarete Grandner und Gerald Stourzh, die ein genaues und wohlwollendes Lektorat vornahmen. Für die Unterstützung der Drucklegung danke ich dem Fonds zur Förderung der wissenschaftlichen Forschung, der Steiermärkischen Landesregierung und der Ärztekammer für Steiermark. Anna Kolerus und meinen Eltern danke ich für die Hilfe, die sie mir so lange geduldig zuteil werden ließen. Ihnen ist diese Arbeit gewidmet.

---

18 Hubert Weitensfelder danke ich für die Durchsicht der Druckfahnen und die Erstellung des Registers.

I. Gesundheit und Politik

A. Gesundheit und Politik im Europa der frühen Neuzeit

Die in den westlichen Industriestaaten herrschende Tendenz, die Möglichkeiten der medizinischen Behandlung mit großem finanziellen und technischem Aufwand ad infinitum steigern zu wollen, ist vor allem in jüngerer Zeit zum Gegenstand kritischer Auseinandersetzung geworden.[1]

Die Kostenexplosion im Gesundheitswesen, die Frage nach der Wirksamkeit vieler gängiger medizinischer Therapien und die Probleme im Spitalswesen stehen dabei zumeist im Mittelpunkt der Diskussionen.

Auf der Suche nach den Ursachen gegenwärtiger Krisenerscheinungen werden häufig historische Begründungen ins Treffen geführt, die von einem gewissen Kulturpessimismus geprägt sind. In seiner „Nemesis der Medizin" etwa beklagt Ivan Illich „die Medikalisierung des Lebens", die er als „wucherndes bürokratisches Programm" charakterisiert, „das auf der Leugnung der menschlichen Notwendigkeit beruht, sich mit Schmerz, Tod und Krankheit auseinanderzusetzen".[2] Für Illich steht die Französische Revolution am Anfang einer unseligen Entwicklung: „Die Krankheit wurde zur öffentlichen Angelegenheit. Im Namen des Fortschritts durfte sie jetzt nicht mehr Sache des Kranken sein".[3]

Auch das Motiv der Profanierung und Säkularisierung klingt in der Kontroverse um das moderne Gesundheitswesen immer wieder an. „(D)er gute Gesundheitszustand, das einwandfreie Funktionieren des Körpers ist nunmehr die alleinige und ausschließliche Garantie für unser Leben, und zwar für unser ganzes Leben", stellt Arthur E. Imhof fest.[4] Diese „Säkularisierung der Lebensläufe" sei letztlich für den modernen Körperfetischismus und die mit ihm verbundene übertriebene Sorge um die Gesundheit verantwortlich. Während die Gesundheit zum profanen Wert erklärt wird, „verschwindet" der Tod aus der privaten und öffentlichen Sphäre.

---

1 Zu einigen der wichtigsten Aspekte der zeitgenössischen Diskussion siehe etwa: Ivan Illich, Die Nemesis der Medizin. Von den Grenzen des Gesundheitswesens (Hamburg 1977); Thomas S. Szasz, Theologie der Medizin (Wien 1980); Thomas McKeown, Die Bedeutung der Medizin. Traum, Trugbild oder Nemesis? (Frankfurt a. M. 1982); Utopie Gesundheit. Steirische Akademie '77, ed. Kulturreferat der Steiermärkischen Landesregierung (Graz o. J.); Krank. Zur Krise der Medizin, ed. Ernst Berger (Wien 1977). Zur konservativen Definition von „Gesundheitspolitik" siehe auch: J. F. Volrad Deneke, Gunter A. Eberhard, Peter Quante, Gesundheitspolitik. In: Staatslexikon. Recht, Wirtschaft, Gesellschaft, ed. Görres-Gesellschaft (Freiburg [8]1959) Bd. 3, 880 – 891

2 Illich, Nemesis der Medizin, S. 155

3 Ebd., S. 181

4 Arthur E. Imhof, Die verlorenen Welten. Alltagsbewältigung durch unsere Vorfahren – und weshalb wir uns heute so schwer damit tun (München 1984) S. 223

Die Sterbenden werden im Krankenhaus versteckt – die Trauer um die Verstorbenen wird unschicklich, wie der französische Mentalitätsforscher Philippe Ariès konstatiert.[5] Aus dem christlichen „gezähmten Tod" sei „der ins Gegenteil verkehrte Tod" geworden, der tabuisierte Tod, dem in den Industriekulturen des 20. Jahrhunderts mit hilflosem Schweigen begegnet werde.

In dieser Arbeit wird auf die Frage, ob man es früher besser verstanden habe, mit dem Tod umzugehen, keine Antwort gegeben werden. Ebensowenig soll jedoch die neuzeitliche Rationalisierung der Vorstellungen von Gesundheit und Krankheit, die schließlich auch in einer neuartigen Gesundheitspolitik ihren Ausdruck fand, in den Rahmen einer teleologischen Geschichte des Fortschritts gestellt werden. Was hier interessiert, ist die Frage, wie und wann die Gesundheit zu einem Thema von politischer Relevanz werden konnte. Dabei genügt es nicht, auf die Schriften von Staatstheoretikern und Medizinern zu verweisen – auch die Praxis des politischen Handelns muß untersucht werden. Was das kontinentale Europa betrifft, werden wir unsere Aufmerksamkeit auf den Prozeß der Bürokratisierung und Zentralisierung der Macht lenken müssen, der für die Genese des frühmodernen Staates kennzeichnend ist. Der „Sonderfall" Englands, wo die Entstehung einer bürgerlichen Öffentlichkeit im politischen Geschehen schon viel früher eine wichtige Rolle spielte als in anderen Staaten Europas, soll in diesem einleitenden Überblick allerdings nicht fehlen.

Auf welche Art sich die Rationalisierung der Vorstellungen von Gesundheit und Krankheit, von der zuvor die Rede war, politisch manifestieren konnte, soll zunächst an einem Beispiel aus der Habsburgermonarchie des 18. Jahrhunderts verdeutlicht werden.

Als die Niederösterreichische Regierung die Wiener medizinische Fakultät im Jahre 1707 über die Ursache einer Blatternepidemie befragte, die in der Stadt grassierte, bezeichnete man in einem Gutachten den in diesem Jahr astrologisch dominanten Saturn als eigentlichen Urheber der Krankheit.[6] Selbst wenn man also eine Erklärung für die Entstehung der Epidemie zur Hand hatte, die auch wissenschaftlich gebildeten Zeitgenossen plausibel erscheinen mochte, lag die Beherrschbarkeit einer solchen Krankheit doch außerhalb aller menschlichen Möglichkeiten. Eine ganz andere Einstellung spricht aus der Einleitung zum theresianischen Sanitätsnormativ von 1770:

„Unter den landesmütterlichen Besorgnissen, durch die Wir für das Beste Unserer Staaten wachen", so heißt es hier, „verdienet jene auf den Gesundheitsstand ein vorzügliches Augenmerk (...)". Und wenig später: „(I)n diesen Betrachtungen haben Wir alle die, das allgemeine Unsere Länder betreffende Gesundheitswesen angehende Sazungen und Verordnungen in Uiberlegung nehmen (...) lassen."[7]

Die Gesundheit war, so können wir aus diesen Äußerungen schließen, zu einem Gegenstand der Politik geworden und das in einem sehr umfassenden Sinn, denn unter dem „Gesundheitsstand" verstand man die Gesundheit von Mensch und Tier in den Territorien des Landesfürsten. Feudal-patriarchalische Vorstellungen mögen hier vom Bereich des „ganzen Hauses" auf die Ebene des Staates übertragen worden sein. (Wie

---

5 Philippe Ariès, Geschichte des Todes (dtv München 1982), vor allem S. 715 – 789 bzw. auch: ders., Studien zur Geschichte des Todes im Abendland (dtv München 1981)

6 Leopold Senfelder, Öffentliche Gesundheitspflege und Heilkunde. Von Maximilian bis zum Tode Karls VI. (1493-1740) (= Separatabdruck aus Band 4 der „Geschichte der Stadt Wien", Wien 1916) S. 58

7 Johann Dionis John, Lexikon der k.k. Medizinalgesetze (Prag 1790 – 1798) Bd. 1, S. 386 – 387

der deutsche Volkskundler Alfred Dieck schreibt, war es übrigens „gelegentlich noch nach dem 2. Weltkrieg in weiten Teilen Europas bei kleinbäuerlicher Bevölkerung üblich (...), den Gesundheitszustand der Haustiere gleichgewichtig wie den der eigenen Kinder oder wie den eigenen zu werten".[8]) Besonders bemerkenswert jedoch erscheint die Erweiterung des landesfürstlichen Verantwortungsbereichs auf „Gesundheitsstand" und „allgemeines Gesundheitswesen", die sich in „Sazungen und Verordnungen" offenbart. Bei den Begriffen „Gesundheitsstand" und „allgemeines Gesundheitswesen" handelt es sich signifikanterweise um sprachliche Neuschöpfungen, die anscheinend auch ganz neuartige Machtansprüche zum Ausdruck bringen.[9] War es einst von Bedeutung gewesen, daß es Königen möglich war, kranke Untertanen durch Handauflegung persönlich zu heilen (The King's Evil in England oder die traditionelle Heilung der Skrofeln in Frankreich),[10] so wird im 18. Jahrhundert, wie das Beispiel gezeigt hat, die Gesundheit der gesamten Bevölkerung unter den Schutz des – vom Monarchen repräsentierten – Staates gestellt. Diese Rationalisierung von Gesundheit und Krankheit wird vom Motiv der Macht und Prosperität des Staates beherrscht, das sich wie ein Leitfaden schon durch die wirtschaftstheoretischen Schriften des 17. Jahrhunderts zieht. Die Gesundheit wird hier bereits als Element einer wirtschaftlichen Dynamik beschrieben, als deren Voraussetzung man die Steigerung der menschlichen Produktivität betrachtet.

Der englische Arzt und Grundbesitzer William Petty (1623 - 1687), der seine nationalökonomischen Überlegungen unter dem Begriff der „politischen Arithmetik" zusammenfaßt, weist in seinen Schriften immer wieder auf die Verantwortung des Staates für die Gesundheit der Bevölkerung hin.[11] Statistische Erhebungen und quantifizierende Studien sollen den Ausgangspunkt für gezielte politische Maßnahmen bilden. In den 1662 erschienenen „Natural and Political Observations (...) upon the Bills of Mortality" liefert Pettys Freund John Graunt (1620 - 1674) die praktischen Untersuchungen zu Pettys Theorien.[12]

Petty beschäftigt sich hierauf mit konkreten Vorschlägen zur Verbesserung der sanitären Verhältnisse und verfaßt Memoranden, in denen er sich für den Bau von Krankenhäusern und Gebäranstalten, für eine Überwachung der Epidemien und einen wirksamen Säuglingsschutz einsetzt.[13] Ein „Council of Health" soll zur Kontrolle des Gesundheitswesens eingerichtet, die Ausbildung der Heilkundigen verbessert werden.[14] Wie Petty unterstreicht auch sein jüngerer Zeitgenosse Nehemiah Grew (1641 - 1712) in seinem wirtschaftlichen Programm zur Stärkung der Macht und Größe Englands („The Means of a Most Ample Encrease of the Wealth and Strength of England

---

8 Alfred Dieck, Magische Krankenbehandlung nach Art des „zweiten Merseburger Zauberspruchs" bis ca. 1930. In: Heilen und Pflegen. Internationale Forschungsansätze zur Volksmedizin, ed. Günther Barthel (= Hessische Blätter für Volks- und Kulturforschung N. F. 19, Marburg 1986) 155 - 165

9 Siehe dazu auch: Jacob und Wilhelm Grimm, Deutsches Wörterbuch (Berlin 1960, Nachdruck dtv, München 1984) Bd. 5, S. 4343 u. 4345

10 Siehe dazu etwa: Marc Bloch, Les rois thaumaturges: étude sur le caractère surnaturel attribué à la puissance royale, particulièrement en France et en Angleterre (Straßburg 1924)

11 Siehe dazu: George Rosen, Wirtschafts- und Sozialpolitik in der Entwicklung des öffentlichen Gesundheitswesens. In: Sozialmedizin. Entwicklung und Selbstverständnis, ed. Erna Lesky (Darmstadt 1977) 26 - 61, hier S. 37

12 Ebd., S. 30

13 Ebd., S. 33

14 Ebd., S. 34

in a Few Years Humbly represented to her Majestie In the Fifth Year of Her Reign",
1707) die Notwendigkeit staatlicher Maßnahmen zum Schutz der Gesundheit.[15]

Die Vorschläge Pettys und Grews bleiben in England jedoch ohne großen Widerhall.
Der Medizinhistoriker George Rosen macht das Fehlen „eines gut organisierten, kommunalen Verwaltungsapparates unter zentralistischer Kontrolle"[16] dafür verantwortlich. Keine zentrale, staatliche Bürokratie übernimmt die Aufgabe der öffentlichen
Gesundheitspflege – die Initiative bleibt den Kommunalbehörden überlassen.

So liegt die Verantwortung bei den örtlichen Beamten der Counties (Grafschaften),
vor allem den Friedensrichtern und ihren Amtswaltern in den etwa 15.000 Parishes
(Pfarrbezirken). Nachdem das Elisabethanische Armenrecht den Pfarren die Sorge für
die Mittellosen überträgt, ist man bestrebt, die Zahl der Unbeschäftigten möglichst klein
zu halten.[17] In Arbeitshäusern sollen sich die Armen ihren Lebensunterhalt selbst
verdienen. Die ärztliche Betreuung der Bedürftigen soll dazu beitragen, ihre Arbeitskraft zu erhalten. Zugleich beginnt sich philantropisches Engagement bemerkbar zu
machen. Seit 1714 werden in England allgemeine und spezialisierte Krankenhäuser
(„Voluntary Hospitals") gegründet; von 1770 an wächst auch die Zahl der Ambulatorien
für Mittellose („Dispensaries").[18] „Dispensaries" wie „Voluntary Hospitals" werden
von Privatpersonen („Subscribers") finanziert, die eine Art Patenschaft für Patienten
übernehmen, denen in eigens ausgestellten „letters of recommendation" der Status von
„proper objects of charity" bescheinigt wird. Die Mitglieder der leitenden Ausschüsse
der Institutionen werden aus den Reihen der „Subscribers" gewählt, denen ein Präsident
vorsteht. Das medizinische Personal der Hospitäler und Ambulatorien ist zumeist
ehrenamtlich tätig.[19]

Erstmals versucht man, durch organisierten Druck auf das Parlament Reformen im
Sozial- und Gesundheitsbereich durchzusetzen. Die große Kampagne zur Bekämpfung
des im England des 18. Jahrhunderts weitverbreiteten exzessiven Ginkonsums, an die
William Hogarths „Gin Lane" noch heute erinnert, kann hier als Beispiel angeführt
werden. Durch Zeitungspropaganda, engagierte Ärzte und Friedensrichter unterstützte
Petitionen werden der Regierung vorgelegt; schließlich wird das Parlament zum Erlaß
von Gesetzen bewogen.[20] John Howard, einer der bekanntesten Protagonisten der
Hygiene im 18. Jahrhundert, wendet sich mit seinen Vorschlägen zur Reform der
Gefängnisse ebenfalls an das Parlament. Howards von ungeheurem persönlichen Ein-
satz getragene Tätigkeit nimmt übrigens mit seiner Ernennung zum „High Sheriff of
Bedford County" ihren Anfang. Bevor er seine Aktivität auf ganz Europa ausdehnt,
bemüht sich Howard in dieser Funktion zunächst auf kommunaler Ebene um die
Verwirklichung seiner Vorstellungen.[21]

Wie in England, so gab es auch in Frankreich Staatstheoretiker, die die Gesundheit
der Untertanen des Königs zu einem Thema von ökonomischer und politischer Relevanz

15 Ebd., S. 34 – 35
16 Ebd., S. 35
17 Ebd., S. 37
18 Ebd., S. 38
19 Siehe dazu: I. S. L. Loudon, The Origins and Growth of the Dispensary Movement in England. In: Bulletin
   of the History of Medicine 55/3 (1981) 322 – 342, S. 327 – 328
20 George Rosen, A History of Public Health (= M. D. Monographs on medical history o. Z., New York 1958)
   S. 138
21 Zu Howard siehe auch: Leona Baumgartner, John Howard and the Public Health Movement. In: Bulletin of
   the History of Medicine 5/6 (1937) 489 – 508

gemacht hatten. In den letzten Regierungsjahren Ludwigs XIV. waren es Autoren wie der Geistliche Fénelon, der Festungsarchitekt Vauban oder der Gerichtsbeamte Bois-guillebert, die sich unter dem Gesichtspunkt der Staatswohlfahrt auf sehr unterschied-liche Weise mit den sozialen und wirtschaftlichen Aspekten von Gesundheit und Krankheit beschäftigten.[22] Im Verlauf des 18. Jahrhunderts wurden Fragen der öffent-lichen Gesundheit in Frankreich immer häufiger zum Gegenstand gelehrter Diskussio-nen. Verschiedene Artikel der Encyclopédie zeigen, daß der Problemkomplex bereits um die Mitte des Jahrhunderts einem größeren Publikum vertraut gewesen sein dürfte.[23]

Anders als in England, wo in der Praxis lokale und private Initiativen die Verände-rungen auf dem Gebiet des Gesundheitswesens bestimmen, arbeitet man in Frankreich vornehmlich im Auftrag der zentralen Verwaltung an einer Verbesserung des „état de santé". Mit bürokratischen Mitteln versucht man, über die Gesundheit von Mensch und Tier zu wachen, Krankheiten vorzubeugen und Epidemien zu kontrollieren. Dies bringt eine Vielzahl verschiedenartiger Maßnahmen hervor, die man unter dem Überbegriff „Gesundheitspolitik" zusammenfassen könnte. Mit dem Blick auf französische Zustän-de hat Michel Foucault in einem Aufsatz die Charakteristika dieser Gesundheitspolitik beschrieben.[24] Nach Foucault kennzeichnen folgende Tendenzen die „politique de la santé" im 18. Jahrhundert:

— Das Bestreben, Krankheiten nicht nur dort zu bekämpfen, wo sie gerade auftre-ten, sondern ihnen überhaupt zuvorzukommen (ein Gedanke, der heute noch die sogenannte „Präventivmedizin" beherrscht); im Idealfall bedeutete dies, wie Foucault es formulierte, „de prévenir, dans la mesure possible, toute maladie quelle qu'elle soit".

— Eine Erweiterung der Bedeutung des Begriffes „Gesundheit", die nun nicht mehr bloß als das Gegenteil von Krankheit betrachtet wird, sondern als „résultat observable d'un ensemble de données (fréquence des maladies, gravité et longeur de chacune, résistance aux facteurs qui peuvent la produire)".

— Das Bemühen um die Erfassung der biologischen Variablen innerhalb einzelner Gruppen oder Gemeinschaften (Sterblichkeit, mittlere Lebensdauer, Lebenserwartung in einzelnen Altersgruppen, aber auch epidemische oder endemische Krankheiten, die den Gesundheitszustand der Bevölkerung bestimmen).

— Die Entwicklung unterschiedlicher interventionistischer Maßnahmen, die streng-genommen weder therapeutisch noch medizinisch genannt werden können, da sie Lebensbedingungen, Lebensgewohnheiten, Ernährung, Kinderpflege und anderes mehr betreffen.

— Schließlich die zumindest partielle Eingliederung der medizinischen Praxis in eine wirtschaftliche und politische Verwaltung, die darauf abzielt, die Gesellschaft zu rationalisieren, wodurch die Medizin zu einem „élement essentiel pour le maintien et le développement de la collectivité" werde.[25]

Eine von 1776 an in ganz Frankreich durchgeführte Untersuchung der „Société Royale de Médecine" über die Epidemien wird von französischen Autoren in diesem

---

22 Siehe dazu: George Rosen, Merkantilismus und Gesundheitspolitik im französischen Denken des 18. Jahrhunderts. In: Sozialmedizin, 62 - 93

23 Ebd., S. 71

24 Michel Foucault, La politique de la santé au XVIIIᵉ siècle. In: Les machines à guérir. Aux origines de l'hôpital moderne, ed. Michel Foucault, Blandine Barret-Kriegel, Anne Thalamy, Francois Beguin, Bruno Fortier (Bruxelles 1979) 7 - 18

25 Ebd., S. 7 - 8

Zusammenhang immer wieder als Beispiel erwähnt.[26] Der Gründung der Königlich-Medizinischen Gesellschaft im Jahre 1776 in Paris war ein vom „contrôleur général" Turgot initiierter Staatsratsbeschluß vorausgegangen, der die Einrichtung einer medizinischen Kommission anordnete, die sich mit der Untersuchung von Epidemien und Epizootien befassen sollte.[27] Den unmittelbaren Anlaß, eine derartige Institution zu schaffen, gab eine Viehseuche im Südosten Frankreichs, die eine wirtschaftliche Krise zur Folge gehabt hatte.[28] Von einer Kommission zur Königlichen Gesellschaft erhoben, wurde die Société Royale de Médecine unter Turgots Nachfolger Jacques Necker mit der Untersuchung von Epidemien betraut – die Untersuchungsergebnisse sollten diskutiert und interpretiert, die am besten geeigneten kurativen Methoden publiziert werden.[29]

Die Gesellschaft setzt sich zunächst aus acht Ärzten zusammen, unter ihnen auch der bekannte Anatom Félix Vicq d'Azyr (1748 - 1794), der als Generalkommissar den Kontakt zu den Ärzten in der Provinz herstellen soll.[30] Sechs Doktoren der Pariser Medizinischen Fakultät stehen Vicq d'Azyr und dem Direktor der Société Royale de Médecine, der die Information über die Epidemien und Viehseuchen sammelt, zur Seite.[31]

Trotz erbitterter Gegnerschaft der medizinischen Fakultät, die aus Protest gegen die Gründung der Königlich-Medizinischen Gesellschaft für drei Monate in den Ausstand tritt, wird der neuen Institution großzügige Förderung zuteil: Vicq d'Azyr und seine Mitarbeiter erhalten 40.000 Francs aus der Mineralwassersteuer zur Bewältigung ihrer Aufgaben (der Fakultät werden zur gleichen Zeit nicht einmal 2.000 Francs an königlicher Unterstützung gewährt).[32]

Die statistischen Untersuchungen über die Epidemien, die die Gesellschaft nun viele Jahre lang durchführt, werden ständig vom Contrôle général, dem wichtigsten Amt der königlichen Verwaltung, überwacht. In den Provinzen werden alle 34 Intendanten der „généralités" und ihre Bevollmächtigten in den Bezirken über das Projekt informiert. So kommt es, wie der französische Historiker Jean Meyer feststellt, „zu einer engen Verflechtung zwischen den Intendanturen und der Medizinischen Akademie (= Société Royale de Médecine, Anm.). (Ist) irgendwo Gefahr im Anzug, (arbeiten) Generalbevollmächtigte, Intendanten und Ärzte in den Provinzen mit der Medizinischen Akademie zusammen, und zwar unter Umgehung aller Zwischenstationen der traditionellen Verwaltung."[33] Hunderte von Ärzten senden ihre Beobachtungen an Vicq d'Azyr. Da die Gesellschaft die epidemiologischen Werke Thomas Sydenhams zur theoretischen

26 So etwa: Jean Pierre Peter, Kranke und Krankheiten am Ende des 18. Jahrhunderts (aufgrund einer Untersuchung der Königlich-Medizinischen Gesellschaft 1774 - 1794). In: Biologie des Menschen in der Geschichte. Beiträge zur Sozialgeschichte der Neuzeit aus Frankreich und Skandinavien, ed. Arthur E. Imhof (= Kultur und Gesellschaft. Neue historische Forschungen 3, Stuttgart 1978) 274 - 326; Jean Meyer, Eine Untersuchung der Medizinischen Akademie über die Epidemien (1774 - 1794). In: Biologie des Menschen, 327 - 359; Michel Foucault, Die Geburt der Klinik. Eine Archäologie des ärztlichen Blicks (Ullstein TB, Frankfurt a. M. 1985) v.a. S. 38 - 53
27 Peter, Kranke und Krankheiten, S. 277
28 Foucault, Geburt der Klinik, S. 43
29 Peter, Kranke und Krankheiten, S. 277
30 Foucault, Geburt der Klinik, S. 43
31 Ebd.
32 Ebd., S. 44
33 Meyer, Untersuchung über die Epidemien, S. 334

Fundierung der Untersuchung heranzieht und Vicq d'Azyr sich bei der Bestimmung der Kriterien zur Klassifikation der Epidemien auf Galen und Hippokrates stützt,[34] enthalten die von den Medizinern auszufüllenden statistischen Tafeln ein ganzes Bündel von Fragen über Klima, Wetter, Bodenbeschaffenheit, Lage der untersuchten Gebiete, Ernteergebnisse und Jahreszeiten.[35] Die Vielfalt der Antworten entspricht der Komplexität der Fragestellung.[36] Die Wirren der Revolution, der Tod Vicq d'Azyrs (1794) und schließlich auch die Verlagerung des medizinischen Interesses von der Epidemienmedizin auf die klinische Forschung lassen das hoffnungsvolle Projekt scheitern.[37]

Während ihrer Tätigkeit hatte sich der Aufgabenbereich der Société Royale de Médecine ständig erweitert; so wurde sie, nach Michel Foucault, „aus einem Kontrollorgan für die Epidemien (...) allmählich zu einem Zentralisationspunkt des Wissens, zu einer Registrierungs- und Beurteilungsinstanz für die gesamte ärztliche Tätigkeit".[38] Daß die Société Royale de Médecine derartige Bedeutung erlangen konnte, war sicher auch auf das zur Zeit ihrer Gründung bereits hochentwickelte Korrespondenzsystem der wissenschaftlichen Akademien in den Provinzen zurückzuführen, dessen Methoden Vicq d'Azyr übernahm, um zur gewünschten Information zu gelangen.[39] Zudem war die Zahl der medizinischen Praktiker im Verlauf des 18. Jahrhunderts immer größer geworden. Obwohl die Ärzte zumeist in den Städten tätig waren (78 % aller Mediziner wohnten noch um 1790 in der Stadt)[40] und viele ländliche Regionen ausschließlich von Chirurgen betreut wurden oder als medizinisches Niemandsland galten, war die „Medikalisierung" Frankreichs für zeitgenössische Verhältnisse bereits relativ weit fortgeschritten. Mit dem 1787 von der Société Royale de Médecine eigens aufgestellten Corps von Epidemienmedizinern verfügte man bald über „ein Netz von Praktikern, welches (zumindest theoretisch) den gesamten französischen Staat umspannte und dessen Rolle darin bestand, im Auftrage der Zentralgewalt auch die letzten Winkel bezüglich einer Abweichung von der gesundheitlichen Norm zu überwachen".[41]

In den achtziger Jahren des 18. Jahrhunderts rekrutieren sich 60 % der Mitglieder der Société Royale de Médecine aus der Ärzteschaft der Provinzen.[42]

Die Ausbildung der Mediziner war seit dem Anfang des Jahrhunderts verschiedenen Reformen unterzogen worden. Auch die Chirurgie, die sich in Frankreich formal bereits im 17. Jahrhundert vom Barbiershandwerk gelöst hatte, erfährt im 18. Jahrhundert eine Aufwertung und wird 1756 zur freien Kunst erklärt.[43] Schon 1724 waren am Collège de Saint-Côme in Paris fünf Lehrstühle für Chirurgie gegründet worden, 1731 wird die

---

34 Ebd., S. 335
35 Ebd., S. 336
36 Siehe dazu auch: Jean Pierre Desaive, Jean Pierre Goubert, Emmanuel Le Roy Ladurie, Jean Meyer, Otto Muller, Jean-Pierre Peter, Médecins, climat et épidémies à la fin du XVIIIe siècle (= Civilisations et Sociétés 29, Paris 1972)
37 Meyer, Untersuchung über die Epidemien, S. 347
38 Foucault, Geburt der Klinik, S. 44
39 Meyer, Untersuchung über die Epidemien, S. 336
40 Jean Pierre Goubert, La médicalisation de la société française à la fin de l'Ancien Régime. In: Francia. Forschungen zur westeuropäischen Geschichte 8 (1980) 245 - 256, S. 249
41 Ders., Methodologische Probleme zu einer Geschichte des Gesundheitswesens. Frankreich am Ende des 18. Jahrhunderts als Beispiel. In: Biologie des Menschen, 360 - 367, S. 365
42 Goubert, Médicalisation, S. 246
43 Ebd., S. 252

Académie de Chirurgie ins Leben gerufen. Seit 1743 erfordert die Ausübung der chirurgischen Praxis ein Hochschuldiplom.[44]

Die französische Ärzteschaft entwickelt ein Sendungsbewußtsein, das sich häufig mit aufklärerischem Engagement verbindet und schließlich die Entstehung eines neuen Berufsideals begünstigt. Nicht selten zählen sich Ärzte zu den „philosophes"; reich an Wissen und Erfahrung, widmen sie sich ihrer nationalen Aufgabe als „Priester des Körpers"[45] und Diener der Gesundheit. Die Mediziner beanspruchen nun ihren Platz im Staat, und die Hoffnungen so manches ehrgeizigen Arztes erhalten durch die Ereignisse des Jahres 1789 neue Nahrung.[46] Kühne Konzepte werden entworfen. Auf Antrag des berühmt-berüchtigten Doktors Joseph Ignace Guillotin (1738 – 1814) richtet die Konstituierende Versammlung im September 1790 ein „Comité de salubrité" (Gesundheitskomitee) ein. In einem Vortrag Guillotins heißt es unter anderem: „Le Comité s'occupera de ce qui est relatif à l'enseignement et à la pratique de l'art de guérir, des établissements salutaires dans les villes et les campagnes tels que les écoles, les hôpitaux, les maisons de santé, etc., etc. généralement, de tous les objects qui peuvent intéresser la salubrité publique, et il en rendre compte à l'Assemblée."[47]

Wieder treffen wir auf Vicq d'Azyr, der als der eigentliche Initiator des Comité de salubrité gelten kann und als dessen Sprachrohr Guillotin fungiert.[48] Neben dem Comité de salubrité beschäftigt sich auch das „Comité de mendicité" (Betteleiausschuß) mit Fragen der „öffentlichen Gesundheit". Hier plant man die Konfiszierung des gesamten Spitalsvermögens zugunsten eines staatlich verwalteten Hilfsfonds für Bedürftige und Kranke.

Die Pflege der Kranken will man den Familien überlassen, die aus dem Fonds Unterstützungen erhalten sollen. Alleinstehende Kranke, so glaubt man, könnten in kommunalen Krankenhäusern Aufnahme finden.[49] Auf dem Land sollen Distriktsärzte und -chirurgen als Gesundheitsbeamte tätig werden. Ihre Aufgabe wird es sein, Epidemien zu überwachen, Impfungen durchzuführen und mittellose Kranke zu betreuen.[50]

Beide Comités werden jedoch bereits im Herbst 1791 aufgelöst. Ihre Vorschläge werden von der Gesetzgebenden Versammlung modifiziert und nur zum Teil realisiert. Die langsame Abkehr der Gesetzgebenden Versammlung vom Zentralismus der Konstituierenden Versammlung erschwert die Verwirklichung der Prinzipien einer staatlich kontrollierten „Sozialmedizin". Unter Robespierre und nach dessen Sturz geraten die Pläne der Comités langsam in Vergessenheit.[51] Die ehrgeizigen gesundheitspolitischen Projekte der Revolution erweisen sich letztlich als unfinanzierbar. Doch auch von den schon im Ancien Régime unternommenen Versuchen zur Erfassung aller Gebrechen und Krankheiten der Menschen und Tiere, zu ihrer Erforschung, Überwachung und Prävention spricht bald niemand mehr. Der vollständig erhaltene Aktenbestand über die

---

44 Will und Ariel Durant, Das Zeitalter Voltaires (= Kulturgeschichte der Menschheit 14, München 1978) S. 356

45 Foucault, Geburt der Klinik, S. 49

46 Siehe dazu auch: Harvey Mitchell, Politics in the service of knowledge: the debate over the administration of medicine and welfare in late eighteenth-century France. In: Social History 6/2 (1981) 185 – 209

47 Zitiert nach: Dora B. Weiner, Le droit de l'homme à la santé - une belle idée devant l'assemblée constituante: 1790 - 1791. In: Clio Medica 5 (1970) 209 – 223, S. 211

48 Ebd., S. 216

49 Foucault, Geburt der Klinik, S. 56

50 Rosen, History of Public Health, S. 168

51 Ebd., S. 169

Untersuchung der Epidemien wurde erst in den sechziger Jahren unseres Jahrhunderts entdeckt.[52]

Daß sich gesundheitspolitische Bemühungen, die denen des 18. Jahrhunderts ähneln, schon im ausgehenden Mittelalter nachweisen lassen, hat Alfons Fischer 1933 in seiner auf umfassenden Quellenstudien beruhenden Arbeit zur „Geschichte des deutschen Gesundheitswesens" an Beispielen aus dem Heiligen Römischen Reich gezeigt.

Vermutlich in Zusammenhang mit den großen Pestepidemien hatte man im 14. Jahrhundert in den großen Städten begonnen, Seuchen gezielt zu bekämpfen.[53] Daneben gab es bereits erste Versuche, die Praxis der Heilkunst durch Vorschriften zu reglementieren und autorisierte von nicht autorisierten Heilkundigen zu trennen. Die Tätigkeitsbereiche von Ärzten, Apothekern, Wundärzten und Hebammen wurden nunmehr streng voneinander abgegrenzt. Die Gründung von Universitäten wie etwa Prag (1348) und Wien (1365) mit ihren medizinischen Fakultäten brachte allmählich einen Prozeß der „Professionalisierung" in Gang: Zwischen „Heilkunst" und „Kurpfuscherei" hatten sich Kontrollinstanzen geschoben, die fortan eine Monopolstellung im Gesundheitswesen beanspruchen sollten.

1352 erläßt der Luxemburger Karl IV. (1347 – 1378) für sein Erbland Böhmen eine Verordnung, die nach Meinung Alfons Fischers „die erste deutsche Medizinalordnung darstellt".[54] Das Gesetz enthält Bestimmungen, die sich auch später immer wieder in den sogenannten „Medizinalordnungen" finden: die Überwachung und Visitation der Apotheken durch Ärzte, die Festsetzung von Höchsttarifen für medizinische oder chirurgische Behandlung, die Prüfung der zur Praxis strebenden Mediziner durch ein Gremium von Ärzten, die Vereidigung aller Heilkundigen durch die städtischen Behörden („rathmannen"), die strikte Unterscheidung zwischen „apthekerye" (Pharmazie), „kunsterctye" (Medizin) und „wunderztye" (Wundarzneikunst) einerseits sowie denjenigen (besonders Frauen), die da unbefugt „wassir beseen und erctye vbin vnd apthekerye verkeufen".[55]

Die Medizinalordnung Karls IV. stellt jedoch keine europäische Neuigkeit dar. Schon 1240 hatte der Stauferkaiser Friedrich II. (1212 – 1250) - anknüpfend an ein Gesetz des Normannenkönigs Roger (1130 – 1154) - für das Königreich Sizilien detaillierte Bestimmungen zur Ordnung des gesamten Heilwesens verfügt, die allerdings bis spät in die Neuzeit keine vergleichbare Nachahmung fanden.[56]

Das Gesetz Karls IV. blieb vorerst ebenfalls eine Ausnahme, wenngleich sich einzelne Städte und Landesfürsten im 14. und 15. Jahrhundert in verschiedenen Verordnungen mit Fragen der öffentlichen Gesundheit befaßten.[57] Auch die im 16. Jahrhundert von verschiedenen Seiten unternommenen gesundheitspolitischen Anstrengungen, die „bald vom Reich, bald von einem der kirchlichen oder weltlichen Landesfürsten, bald von einer Stadt" ausgingen, wirken regellos und unkoordiniert.[58]

Die theoretische Beschäftigung mit dem Themenkomplex der „allgemeinen Gesundheit" nimmt jedoch im 16. Jahrhundert erste, bemerkenswerte Formen an.

---

52 Siehe auch Anmerkung 26 (Meyer) bzw. Anm. 36 (Desaive, Goubert u.a.)
53 Alfons Fischer, Geschichte des deutschen Gesundheitswesens (Berlin 1933) Bd. 1, S. 246
54 Ebd., S. 165
55 Originaltext ebd., S. 335
56 Ebd., S. 162 - 163
57 Ebd., S. 166 - 171
58 Ebd., S. 174

1573 erscheint in Frankfurt am Main die „Nützliche Reformation zu guter Gesundheit und christlicher Ordnung" des Stadtarztes Joachim Struppius (1530 - 1606). In dem Werk des hessischen Pastorensohnes verbinden sich, wie der deutsche Professor für Gesundheitspolitik Alfons Labisch schreibt, „Medizin und Religion zu jener - protestantischen - Berufsethik (...), die gleicherart weltlichen wie himmlischen Nutzen stiftet. Persönliche Gesundheit und gesunde Städte werden zur rational begründeten Basis christlichen Lebenswandels und gottgefälliger Ordnung. Medizin wird damit eine Aufgabe der - hier noch: städtischen - Öffentlichkeit".[59]

Was Labisch als „protestantische Berufsethik" bezeichnet, findet sich allerdings auch bei katholischen Autoren. In seinem 1610 in Ingolstadt erschienenen Werk „Die Greuel der Verwüstung menschlichen Geschlechts" nimmt der Tiroler Arzt Hippolyt Guarinonius (1571 - 1654), ein strenggläubiger Katholik, gegen alle Verhaltensweisen Stellung, die seiner Meinung nach als mutwillige, frevelhafte Schädigungen der menschlichen Gesundheit anzusehen sind. Seine eigene Lebenseinstellung umreißt der 81jährige 1652 mit den Worten: „Das mich gar nit glust z'sterben/ So lang Ich khann und mag/ Mit arbeit z'nutz erwerben/ Mein übrig lebens tag (...)."[60]

Die von Gott vorgegebene natürliche Lebensspanne dürfe nicht durch ungesunde Lebensweise verkürzt werden: dies ist der Ausgangspunkt Guarinonius' moralhygienischer Betrachtungen. Die Einhaltung diätetischer Grundregeln, Arbeitsamkeit und ein geordneter Tagesablauf werden so bei Guaronius zu den Bedingungen eines gottgefälligen Lebens. Wie Struppius widmet er sich nicht nur Fragen der persönlichen Lebensweise, sondern auch Problemen der Stadthygiene und des Wohnbaus; die schädlichen Einflüsse der schlechten Luft in den Städten werden ebenso diskutiert wie die Mißstände im Spitalswesen.[61] Niemals wird der menschliche Körper hier zum isolierten Objekt medizinischer Betrachtung (wie etwa bei Guaronius' Zeitgenossen Andreas Vesalius); die Blicke des Arztes verteilen sich vielmehr gleichmäßig auf Menschen und Gesellschaft, Natur und Kultur.

Die theoretischen Grundlagen dieser Sichtweise sind nicht neu. Sie gehen auf die spätantike hippokratische Diätetik zurück, die in römischer Zeit in der Formel der „septem res naturales" und der „sex res non naturales" (aer, cibus et potus, motus et quies, somnus et vigilia, secreta et excreta, affectus animi) zusammengefaßt wurde.[62] Vermischt mit christlichem Gedankengut erhalten die antiken Ideen jedoch neue Färbung. In Guarinonius' Welt, so scheint es, will Gott den Menschen im Grunde nichts Übles. Damit verliert die Krankheit einiges von ihrem Charakter als unabwendbares Schicksal und göttliche Strafe, auch wenn der Zusammenhang zwischen Krankheit und Sünde weiterhin bestehen bleibt. Krankheitsursachen werden - zumindest teilweise - rational erklärt. Es sind Sünden gegen den eigenen Leib, die Krankheiten zur Folge haben können: Unterlassungen, Exzesse, Unvorsichtigkeit. Die christliche Obrigkeit hat die Aufgabe, über das leibliche Wohl der Untertanen zu wachen und durch Gesetze

59 Alfons Labisch, „Hygiene ist Moral - Moral ist Hygiene" - Soziale Disziplinierung durch Ärzte und Medizin.
   In: Soziale Sicherheit und soziale Disziplinierung. Beiträge zu einer historischen Theorie der Sozialpolitik,
   ed. Christoph Sachße, Florian Tennstedt (Frankfurt a. M. 1986) 265 - 284, S. 267. Zu Struppius siehe auch:
   Fischer, Gesundheitswesen Bd. 1, S. 174 - 183
60 Fischer, Gesundheitswesen Bd. 1, S. 283
61 Ebd., S. 287 und 289
62 Heinrich Schipperges, Moderne Medizin im Spiegel der Geschichte (Stuttgart 1970) S. 106

die Gesundheit der Menschen zu schützen.[63] Dazu genügt es nicht, einfach gegen die Gotteslästerei aufzurufen, derentwegen Gott die Menschheit mit Hungersnöten, Erdbeben und Pestilenzen plagt. Die „christliche Policey" soll konkrete Verhaltensregeln umfassen, die dazu beitragen müssen, die Gefahren des täglichen Lebens zu vermindern. Aus diesem Grund wendet sich Struppius (im Gegensatz zu Guarinonius) direkt „an christliche Oberkeyte und deren Unterthanen, in sonderheit auch deß heyligen Reichs Statt Franckfurt".[64]

1638, mehr als ein halbes Jahrhundert nach Struppius, veröffentlicht einer seiner Nachfolger im Amt des Frankfurter Stadtarztes, Ludwig von Hörnigk (1600 - 1667), „Allen Herrn Höfen/ Republicken/ und Gemeinden zu sonderbahrem Nutzen und guten" ein Werk, das er „Politia Medica" (zu deutsch etwa: Medizinalpolizei) betitelt.[65] Zusammengetragen „Auß H. Schrift/ Geist- und Weltlichen Rechten/ Policey=Ordnungen und vielen bewehrten Schriften" enthält Hörnigks „Politia Medica" eine Beschreibung sämtlicher Heilberufe, die gegen „Allerhandt unbefugte, betrügliche und angemaste Aertzte" verteidigt werden.[66]

Der Titel der Schrift Hörnigks verweist bereits auf die Idee vom „wohlgeordneten Polizeistaat" (M. Raeff).[67] Von hier ist es nicht mehr weit zu den staatswirtschaftlichen Konzepten des Kameralismus, in denen die Sorge um die Gesundheit der Untertanen zu den Pflichten weiser Fürsten gerechnet wird. In der Stadthygiene entwickelte Grundsätze sollen nun in Territorialstaaten Anwendung finden. Hinzu kommen populationistische Argumente, die in der kameralistischen Variante des Merkantilismus eine Schlüsselrolle spielen: Bevölkerungswachstum und wirtschaftliche Prosperität werden beinahe zu Synonymen. Aus den vielen, in den einschlägigen Fachpublikationen[68] immer wieder erwähnten Werken, seien nur einige Beispiele herausgegriffen: Veit Ludwig von Seckendorffs (1626 - 1692) „Teutscher Fürsten Staat" etwa, eine Schrift, die von 1665 bis 1754 sieben Neuauflagen erlebte. Alle Maßnahmen zum Schutz der Gesundheit, die wir schon bei Struppius und Guaronius kennengelernt haben, sollen hier auch dazu dienen, die menschliche Vermehrung zu befördern.

Andere Autoren entwickeln genaue Pläne zur administrativen Organisation des Gesundheitsschutzes. Der Arzt, Alchimist und Ökonom Johann Joachim Becher (1635 - 1682), der eine Zeitlang am Wiener Hof als wirtschaftlicher und alchimistischer Berater Leopolds I. wirkte, entwirft 1672 in seinem dem Kaiser gewidmeten Werk „Politische Discurs von den eigentlichen Ursachen des Auf= und Abnehmens der Städte/ Länder und Republicken/ In specie Wie ein land Volckreich und Nahrhafft zu machen, und in eine rechte Societatem civilem zu bringen (...)" ein Verwaltungssystem,

---

63 Fischer, Gesundheitswesen Bd. 1, S. 292

64 Ebd., S. 177

65 Ebd., S. 325

66 Ebd.

67 Marc Raeff, Der wohlgeordnete Polizeistaat und die Entwicklung der Moderne im Europa des 17. und 18. Jahrhunderts. Versuch eines vergleichenden Ansatzes. In: Absolutismus, ed. Ernst Hinrichs (Frankfurt a. M. 1986) 310 - 343

68 Neben der bereits zitierten Arbeit von Fischer auch: George Rosen, Kameralismus und der Begriff der Medizinischen Polizei. In: Sozialmedizin, 94 - 123; Erna Lesky, Österreichisches Gesundheitswesen im Zeitalter des aufgeklärten Absolutismus (= Archiv für österreichische Geschichte 122/1, Wien 1959), v.a. S. 101 - 115; Friedrich Wilhelm Schwartz, Idee und Konzeption der frühen territorialstaatlichen Gesundheitspflege in Deutschland („Medizinische Polizei") in der ärztlichen und staatswissenschaftlichen Fachliteratur des 16. - 18. Jahrhunderts (gedr. med. Diss. Frankfurt a. M. 1973)

das aus fünf „Collegia" besteht. Eines dieser Ämter, das als „Collegium Vitale" bezeichnet wird, soll „auf der Unterthanen Gesundheit, und Beschützung vor heimlichen und öffentlichen Feinden Achtung (geben)".[69] Gesundheitsverwaltung, Landesverteidigung, Straf- und Kriminalgerichtsbarkeit fallen in den Kompetenzbereich der Becherschen Phantasiebehörde. Ihre erste Abteilung „hat unter sich die allgemeine Pflege der Gesundheit und deren Bediente, als Doctor, Apothecker, Materialisten, Wurtzel=Krämer, Wundärzte, Zahnbrecher, Barbiere, Bader, Hebam(m)en, Krankenwärterin, alle Krancke, die Pesthäuser, Frantzosenhäuser, Hospitäler, Siechenhäuser und was weiter diesen anhanget".[70]

Vor dem Hintergrund der leopoldinischen Verwaltungspraxis nimmt sich das barocke Projekt des wissenschaftlichen Abenteurers Becher etwas realitätsfern aus.

Ähnlich universell, im Gegensatz zu den Konzepten Bechers jedoch bis ins Detail durchdacht, erscheinen die gesundheitspolitischen Programme des Leipziger Polyhistors Gottfried Wilhelm Leibniz (1646 - 1716). In seinen um 1680 entstandenen „Directiones ad rem medicam Pertinentes" antizipiert Leibniz im 17. Jahrhundert jene Ideen, die Michel Foucault als Charakteristika der Gesundheitspolitik des 18. Jahrhunderts betrachtet.[71] Leibniz, der ein Überangebot an Juristen und einen Mangel an Medizinern beklagt, setzt sich für die völlige Neuorganisation des ärztlichen Berufes ein. Eindringlich fordert er die staatliche Besoldung der Ärzte. Die beamteten Mediziner könnten einem hierarchisch strukturierten, ordensähnlichen „Collegium Sanitatis" eingegliedert werden, das vom Staat kontrolliert und von einem „Comes Archiatrorum" geleitet würde. Die einzelnen Ärzte hätten sich an einen strengen Kodex von Pflichten zu halten. Sie sollten sich um eine gesunde Lebensführung des Einzelnen ebenso bemühen wie um eine wirksame Lebensmittelpolizei. In einem ärztlichen Archiv könnten statistische Erhebungen über Wetter, Klima, Landwirtschaft, Lebensmittelpreise, Viehseuchen, ansteckende Krankheiten, aber auch Sterberegister gesammelt werden;[72] Ergebnisse aus wissenschaftlichen Untersuchungen und Experimenten müßten in Handbüchern zusammengefaßt werden: allesamt Ideen, wie sie die Pariser „Société Royale de Médecine" hundert Jahre später in die Tat umsetzt. Ob man den Projekten Leibniz', der sich mit seinen Plänen zuletzt auch an Karl VI. wandte, zu seinen Lebzeiten besondere Beachtung geschenkt hat, ist allerdings fraglich.

Immerhin gab es jedoch schon im 17. Jahrhundert praktische Ansätze einer landesfürstlichen Politik der Gesundheit, die zeigen, daß die Leibnizschen Konzepte mehr waren als bloße Utopie. Ähnlich wie in den Jahrhunderten zuvor, ging es auch hier vor allem um die korporative Ordnung der Heilberufe. Im Jahre 1616 hatte Landgraf Moritz von Hessen bereits eine Medizinalordnung erlassen, die vorsah, ein „General und allgemein Collegium Medicum" zu schaffen, in welchem alle approbierten Ärzte des Landes Aufnahme finden sollten.[73]

---

69 Johann Joachim Becher, Politischer Discurs von den eigentlichen Ursachen des Auf und Abnehmens der Städte/Länder und Republicken/In specie Wie ein Land Volckreich und Nahrhafft zu machen, und in eine rechte Societatem civilem zu bringen (...) (Frankfurt und Leipzig 1721) S. 48

70 Ebd., S. 57

71 Siehe dazu: Schipperges, Moderne Medizin, S. 258. Ein ähnliches Projekt Leibniz' erwähnt Fischer, Gesundheitswesen Bd. 1, S. 328

72 Schipperges, Moderne Medizin, S. 259; Fischer, Gesundheitswesen Bd. 1, S. 323

73 Ebd., S. 331 bzw. auch: Moritz Pistor, Geschichte der preussischen Medizinalverwaltung. In: Deutsche Vierteljahrsschrift für öffentliche Gesundheitspflege 40 (1908) 225 - 250

1661, 45 Jahre später, schlagen vier brandenburgische Leibärzte dem Großen Kurfürsten vor, in den Residenzstädten Berlin und Kölln je ein „Collegium medicum" einzurichten.[74] Dieser Entwurf zu einer brandenburgischen Medizinalordnung wird 1662 nach einigen Korrekturen vom Kurfürsten angenommen, bleibt jedoch zunächst ein Vierteljahrhundert lang unveröffentlicht. Erst nach einer neuerlichen Eingabe der inzwischen hochbetagten Antragsteller, in der von allenthalben schon bestehenden Medizinalordnungen in Westeuropa und im Heiligen Römischen Reich die Rede ist, wird der Entwurf im November 1685 als „Medizinaledikt" herausgegeben. Das bald darauf ins Leben gerufene „Collegium Medicum Electorale" erhält die Oberaufsicht über sämtliche Mediziner, Chirurgen, Apotheker, Wundärzte, Barbiere, Bader und Hebammen im Gebiet der Kurmark Brandenburg. Auch die medizinische Fakultät der Universität Frankfurt an der Oder gerät in den Einflußbereich des neuen Gremiums, das dem Kurfürsten nun bei der Bestellung von Dekanen und Prodekanen seine Vorschläge unterbreiten kann.[75]

Das Collegium steht unter dem Vorsitz eines Geheimen Rats; zu seinen Mitgliedern zählen die Hof- und Leibärzte von Berlin und Kölln, die sogenannten Physici (besoldete Ärzte in den Städten), die ältesten praktizierenden Ärzte in Berlin, der Hofapotheker, der „Generalchirurg" und drei bis vier Assessoren (Chirurgen und Apotheker).[76] Die Zulassung und Kontrolle sämtlicher Heilkünstler fällt ebenso in seine Kompetenz wie der Entwurf von Verordnungen für alle Gebiete des Heilwesens.

Das Gremium kann diesen Aufgaben kaum gerecht werden. Nach dem Erlaß des Medizinaledikts von 1725 erhält das „Collegium Medicum Electorale" die Bezeichnung „Ober-Collegium medicum des Staates"; in den Provinzen werden „Provinzial-Collegia medica" mit der Überwachung der Heilkundigen betraut.[77] In der Folge werden immer größere Bereiche zum Arbeitsgebiet staatlicher Medizinal- und Gesundheitsbehörden. Vornehmlich zur Ausbildung und Prüfung der im Militärstaat Preußen so wichtigen Feldscherer (Militärchirurgen) wird 1724 ein eigenes „Collegium medico-chirurgicum" eingerichtet. Für die Bekämpfung von Epidemien ist seit dem Anfang des 18. Jahrhunderts ein sogenanntes „Collegium Sanitatis" zuständig.[78] 1719 kurzfristig in eine Pestbehörde umfunktioniert, zählt es je zwei Beamte des Generalkommissariats und des Generalfinanzdirektoriums sowie einen Arzt und einen Chirurgen aus dem Collegium Medicum zu seinen Mitgliedern. Den Vorsitz führt ein Generalmajor.[79]

Bald beschäftigt sich das „Collegium Sanitatis" jedoch nicht mehr nur mit der Pest und anderen Epidemien, sondern vor allem mit Viehseuchen.[80] Als man in Preußen mehr und mehr zur Überzeugung gelangt, daß, wie es Moritz Pistor, ein Kenner der preußischen Medizinalverwaltung, formuliert, „ungeachtet des Rückganges der Pestgefahr eine dauernde Überwachung der Krankenbewegung, namentlich der Entstehung und Verbreitung ansteckender Krankheiten und eine Verbesserung der äußeren Lebensbedingungen im staatlichen Interesse notwendig sei",[81] werden 1762 auch in den

---

74 Pistor, Medizinalverwaltung, S. 230
75 Ebd.
76 Ebd.
77 Ebd., S. 234
78 Nach Pistor, S. 241, schon vor 1709.
79 Ebd., S. 242
80 Ebd.
81 Ebd.

Provinzen „Collegia sanitatis" geschaffen. Das ehemalige „Collegium Sanitatis" nennt sich nun „Ober-Collegium sanitatis". Es untersteht dem Generaloberfinanz-, Kriegs- und Domänendirektorium, der preußischen Superbehörde, der seit Friedrich Wilhelm I. die Leitung aller wichtigen Staatsangelegenheiten obliegt.

Rein formal kam es in Preußen demnach zu einer Trennung von „Medizinalanstalten", mit denen sich das „Ober-Collegium medicum" und seine Unterbehörden zu befassen hatten, und „Gesundheitsanstalten", die in die Zuständigkeit des „Ober-Collegium Sanitatis" und seiner Provinzorgane fielen. Nach zeitgenössischem preußischen Verständnis zählten alle „Mittel zur Wiederherstellung der verlorenen Gesundheit der Einwohner" zu den „Medizinalanstalten", während die „Gesundheitsanstalten" diejenigen „Einrichtungen und Maßregeln (betrafen), wodurch die Gesundheit der Menschen und des Viehes befördert und deren Beschädigung abgewandt werden könne".[82]

In der Praxis führte diese Trennung zu zahlreichen Kompetenzstreitigkeiten zwischen den beiden mit der Gesundheit beschäftigten Behörden, die 1799 schließlich im „Ober-Collegium medicum et sanitatis" (auch „Obermedizinaldepartment") vereinigt wurden. Auch scheint der Arbeit der preußischen Medizinalbehörden des 18. Jahrhunderts nur mäßiger Erfolg beschieden gewesen zu sein. Denn trotz der legislatorischen Bemühungen um eine Ordnung der Heilberufe, mit deren Verwirklichung das „Ober-Collegium medicum" betraut wurde, erzielte man in der Bekämpfung der „Kurpfuscherei" kaum Fortschritte. Häufige Querschüsse der Frankfurter Medizinischen Fakultät, die sich gegen die Approbationsrechte der Collegia Medica empörte, erschwerten die Prüfungstätigkeit der Behörden. Daneben trugen auch gesetzgeberische Alleingänge Friedrichs II. zur Verwirrung der Verhältnisse bei. So sorgte 1746 eine Verordnung des Königs, die heilkundigen Scharfrichtern nach Ablegung eines Examens die chirurgische Praxis erlauben sollte, für Aufregung unter den Mitgliedern der Collegia medica.[83]

Die Anzeige von Fällen ansteckender Krankheiten an das „Obercollegium Sanitatis" unterblieb oft. Dies verwundert nicht, denn allem Anschein nach unternahm man wenig zur Schaffung eines funktionierenden Meldesystems. Die diesbezüglichen Bestimmungen erscheinen jedenfalls eher unklar. Nach Pistor war es Aufgabe der sogenannten Ortsschulzen, ansteckende Krankheiten dem Kreisarzt und danach der Gerichtsobrigkeit sowie dem Landrat anzuzeigen – von einer Verpflichtung zur Information der „Collegia sanitatis" ist hingegen nicht die Rede.[84]

Obwohl der Berliner Pastor Johann Peter Süßmilch 1741 mit seinem Werk „Die göttliche Ordnung in den Veränderungen des menschlichen Geschlechts, aus der Geburt, Tod, und Fortpflanzung desselben erwiesen" eine, so Arthur E. Imhof, „Pionierleistung auf dem Gebiet der Bevölkerungs- und Gesundheitsstatistik"[85] vollbracht hatte, vergingen bis zur Einführung einer amtlichen Gesundheitsstatistik in Preußen noch sechs Jahrzehnte: Erst 1803 wurden alle preußischen Stadt- und Landphysici angewiesen, jährliche „Medizinalpersonen-Tabellen" an das Obermedizinaldepartement zu senden, die detaillierte medizinisch-topographische, bevölkerungsstatistische und epidemiologische Angaben enthalten sollten.[86]

---

82 Ebd.
83 Ebd., S. 235
84 Ebd., S. 244
85 Arthur E. Imhof in der Einleitung zu Biologie des Menschen in der Geschichte, S. 64
86 Pistor, Medizinalverwaltung, S. 247

Ganz offenkundig bemühten sich die Vertreter der Kameralistik und die Repräsentanten der landesfürstlich-staatlichen Verwaltung im Preußen des 18. Jahrhunderts (wie auch in anderen deutschen Staaten), um eine Verbindung von wissenschaftlicher Theorie und politischer Praxis. Fraglich ist allerdings, was hier am Anfang stand: die kameralistischen Theorien, denen die Praktiker der Administration nur zu folgen brauchten, oder die bereits verfeinerten Verwaltungsmethoden einer landesfürstlichen Bürokratie, deren zunehmende Machtentfaltung nach Rechtfertigung und wissenschaftlicher Untermauerung verlangte.[87] Was das Interesse der Staatstheoretiker für die „Medizinalverwaltung" betrifft, ist die Antwort eindeutig: In diesem Bereich gab es bereits Institutionen, bevor diese von den Kameralisten des 18. Jahrhunderts gefordert wurden. Als etwa der Professor für Kameralistik in Frankfurt an der Oder, Justus Christoph Dithmar (1677 – 1737) in seiner „Einleitung in die Oeconomische Policei- und Cameral-Wissenschaften (...)" 1731 ein „Collegium medicum et chirurgicum" zur Kontrolle des Gesundheitswesens vorschlug, wurde diese Tätigkeit in Preußen schon vom „Ober-Collegium Medicum" mit seinen Unterbehörden, vom „Collegium Sanitatis" und – was die Militärchirurgen betraf – vom „Collegium medico-chirurgicum" ausgeübt.[88] Ganz ähnlich verhielt es sich, wie später noch zu zeigen sein wird, mit den gesundheitspolitischen Vorstellungen des österreichischen Kameralisten Joseph von Sonnenfels (1732 – 1817).

Die ausufernde Flut von Verordnungen, mit der absolutistische Bürokratien im 18. Jahrhundert eine unvorbereitete Bevölkerung überraschten, förderte schließlich die Entstehung einer eigenen Fachdisziplin: der Wissenschaft von der „medizinischen Polizey".

Vermutlich seit dem Erscheinen der „Gedanken von dem Nutzen und der Nothwendigkeit einer medizinischen Policeyordnung in einem Staat" (Ulm 1764) des Ulmer Stadtphysikus Wolfgang Thomas Rau, wurde der Begriff der „medizinischen Polizey" im deutschen Sprachraum immer häufiger verwendet.[89] Johann Peter Franks (1745 – 1821) monumentales „System einer vollständigen medicinischen Polizey" (6 Bände, 1779 – 1819) kann in diesem Zusammenhang als Höhepunkt einer Entwicklung angesehen werden: Die Aufgaben der „medizinischen Polizey" erstrecken sich hier auf alle Bereiche des Lebens und werden vom Autor bis in die kleinsten Einzelheiten beschrieben. Frank, der „eine, auf gesunden Gründen ruhende Gesundheitsordnung" für „den wichtigsten Teil (...) einer guten Polizey" hält,[90] wendet sich mit seinem Werk direkt an die „Vorsteher menschlicher Gesellschaften". Denn die Pflege der Gesundheit ist Aufgabe der Obrigkeit.

„(I)ch wünsche nur allgemein begreiflich zu machen", umreißt Frank 1783 in der Vorrede zum dritten Band der „Medicinischen Polizey" seine Grundidee, „daß so, wie die Gesundheit einzler Glieder des Staates, die allgemeine Brauchbarkeit des großen Körpers bestimmet, also auch die Leichtigkeit in Erwerbung des benöthigten Unterhaltes, überhaupt die gute physische Beschaffenheit der arbeitsamen Klasse und die

---

87 Vgl. dazu auch die Fragestellung von Raeff, Der wohlgeordnete Polizeistaat. S. 310 – 311

88 Siehe auch: Rosen, Kameralismus und medizinische Polizei, S. 107 bzw. Lesky, Gesundheitswesen, S. 107

89 Rosen, Kameralismus und medizinische Polizei, S. 118

90 Johann Peter Frank, System einer vollständigen medizinischen Polizei (Mannheim 1783) Bd. 3, Vorbericht
   S. 7

Dauerhaftigkeit einzler Bürger folglich den Werth der Bevölkerung eines Landes erhöhe".[91]

Der Staat als großer Körper, der von der Obrigkeit durch Verordnungen gepflegt und bei guter Gesundheit erhalten wird: eine Vision, der anscheinend schon Zeitgenossen mit Skepsis begegnen, wie Franks Rechtfertigungsversuche zeigen. Er verstehe nicht, bemerkt Frank in der bereits zitierten Vorrede, wie man eine gute Gesundheitsordnung „für entbehrlich, oder wohl gar für den Gegenstand einer schwer aufwiegenden Vormünderschaft und einer gehäßigen Zwangsordnung ansehen möge. Wem sollte wohl die Lust ankommen, zu seinem beständigen Aufenthalte sich lieber Konstantinopel, als Wien, auszuwählen, weil dort jeder, nach Willkühr, den Koth vor seinem Hause mag liegen lassen, so lang er will oder weil es dort nicht verboten ist, bei jeder pestartigen Krankheit sich anstecken zu lassen, und andere ehrliche Leute, die sich dessen nicht allemal versehen, wieder anzustecken"![92]

Franks „medicinische Polizey" beschränkt sich allerdings nicht allein auf stadthygienische und seuchenpolizeiliche Erörterungen. Der dritte Band seines Werks, aus dem die eben angeführten Zitate stammen, beschäftigt sich beispielsweise mit „Speise, Trank und Gefässen", „Mässigkeitsgesetzen, ungesunder Kleidertracht, Volksergötzlichkeiten" und „bester Anlage, Bauart und nöthiger Reinlichkeit menschlicher Wohnungen".

Auch der Inhalt der fünf anderen Bände der Frankschen „Polizey" ist von einem rigoristischen Ordnungsdenken geprägt: „Von der Fortpflanzung der Menschen und Ehe-Anstalten, von Erhaltung und Pflege schwangerer Mütter, ihrer Leibesfrucht und der Kindbetterinnen" (1. Band, Mannheim 1779) ist da die Rede, „von der außerehelichen Zeugung, dem geflissentlichen Mißgebähren und anderen Mißhandlungen der unehelichen Kinder, von der physischen Erziehung des neugebohrnen bis zum erwachsenen Bürger" (2. Band, Mannheim 1780); „von Sicherheits Anstalten in so weit sie das Gesundheitswesen angehen" (4. Band, Mannheim 1788), „von der Beerdigung der Todten" (5. Band, Tübingen 1813), „von der Heilkunst und den medicinischen Lehranstalten in Allgemeinen", „von den medicinischen Lehranstalten ins Besondere" und schließlich „von der Vieharzneikunde; von der Prüfung und Bestätigung der Heilkünstler" (6. Band, Wien 1817 - 1819).

Franks „System einer vollständigen medicinischen Polizey" bildet das Pendant zu den im revolutionären Frankreich entstehenden Utopien „eines vollständigen Verschwindens der Krankheit in einer Gesellschaft, die zu ihrem heilen Ursprung zurückgefunden hat und ohne Wirren und Leidenschaften lebt".[93]

Beide Vorstellungen sind in ihrer Einseitigkeit typisch für ein im späten 18. Jahrhundert auf dem Kontinent herrschendes politisches Bewußtsein, das nicht zwischen Staat und Gesellschaft unterscheidet. Während jedoch die Vertreter der aufgeklärten Wissenschaft in Frankreich schon vor der Revolution selbständig im Bereich der staatlichen Verwaltung aktiv werden, beschränkt man sich östlich des Rheins meist auf die Rolle des Beraters in fürstlichen Diensten. Johann Peter Frank etwa steht Joseph II. und dem russischen Zaren als medizinischer Ratgeber zur Seite.

---

91 Ebd., S. 4
92 Ebd., S. 7
93 Foucault, Geburt der Klinik, S. 48

Die „intellektuelle Mobilisierung" (R. Bendix)[94], die sich während der letzten Jahrzehnte des 18. Jahrhunderts in vielen Teilen Deutschlands abzeichnet, macht sich vornehmlich im literarischen und gelehrten Diskurs bemerkbar. Die meisten Repräsentanten des deutschen Geisteslebens zur Zeit der Aufklärung wollen zwar belehren, stellen aber kaum Ansprüche auf Beteiligung an der Macht. Nicht die Veränderung des Herrschaftssystems, sondern eine „aufgeklärte" Obrigkeit bildet hier das politische Ideal. Dies gilt auch für die medizinische Publizistik. Unter dem Titel „Staatsarzneikunde" veröffentlicht Ch. F. Daniel 1784 eine Bibliographie, die Tausende von Schriften verzeichnet.[95] 1791 prägt der Leipziger Professor Ernst Benjamin Gottlieb Hebenstreit den Begriff der „medizinischen Polizeywissenschaft", „welche die Anwendung diätetischer und medicinischer Grundsätze zur Beförderung, Erhaltung und Wiederherstellung des öffentlichen Gesundheitswohls"[96] lehren soll. Der staatlich-bürokratische Rahmen zur Realisierung der medizinalpolizeilichen Konzepte ist vorgegeben, was durch die Ausführungen der Experten nicht in Frage gestellt, sondern bestätigt wird. Zu guter Letzt will man auch Schule und Kirche in den Dienst der obrigkeitlichen Gesundheitspflege stellen. Als Beispiel für diese Tendenz sei der „Gesundheitskatechismus" Bernhard Christoph Fausts erwähnt, der sich Ende des 18. Jahrhunderts großer Beliebtheit erfreut.[97]

„Die neue Qualität gesundheitlicher Belehrung im Zuge staatlicher Herrschaftsausbreitung ist offenkundig", schreibt Alfons Labisch. „Der absolutistische Staat bedient sich Institutionen zur moralisch-gesundheitlichen Belehrung, denen die Menschen nicht mehr ausweichen können."[98] Zeitgenössische Urteile zeigen jedoch, daß selbst engagierte Verfechter der „medizinischen Polizey", die die Anstrengungen der staatlichen Bürokratie ideell unterstützten, an der Wirksamkeit ihrer Bemühungen zweifelten.[99] Denn trotz beachtlicher wissenschaftlicher und publizistischer Aktivität blieb die gesundheitspolitische Praxis im Deutschland des ausgehenden 18. Jahrhunderts den landesfürstlichen Verwaltungsbehörden überlassen und war damit in ihrer Wirksamkeit an die Möglichkeiten der jeweiligen Administrationssysteme gebunden. Der Blick auf die Situation in Preußen hat gezeigt, daß die Bemühungen um Verbesserungen auf dem (neuentdeckten) Gebiet der öffentlichen Gesundheit, die sich hier bis ins 17. Jahrhundert zurückverfolgen lassen, hauptsächlich über den Weg der staatlichen Verwaltung verwirklicht wurden. War es den staatlichen Behörden dabei zunächst um die Reglementierung und Kontrolle der Heilkundigen zu tun gewesen, so erstreckte sich ihr Aufgabenbereich bald auch auf die organisierte Bekämpfung von Krankheiten, vornehmlich von Epidemien und Epizootien. Die Intensivierung der wissenschaftlichen Diskussion in der zweiten Hälfte des 18. Jahrhunderts trug nichts grundsätzlich Neues zu dieser Entwicklung bei, sondern führte vor allem zu einer Differenzierung der

---

94 Siehe dazu auch: Reinhard Bendix, Könige oder Volk. Machtausübung und Herrschaftsmandat (Frankfurt a. M. 1980) Bd. 2, S. 210 - 229
95 Fischer, Gesundheitswesen Bd. 2, S. 130
96 Ebd., S. 132
97 Bernhard Christoph Faust, Entwurf zu einem Gesundheits-Katechismus. Der, mit einem Religions-Katechismus verbunden, für die Kirchen und Schulen der Grafschaft Schaumburg-Lippe ist entworfen worden (Bückeburg 1792). Siehe dazu auch: Fischer, Gesundheitswesen Bd. 2, S. 154 bzw. Labisch, „Hygiene ist Moral". S. 270
98 Ebd.
99 Fischer, Gesundheitswesen Bd. 2, S. 147 - 149

Begriffe: Die Gesundheitspolitik der staatlichen Behörden wurde nun mit dem Terminus „medizinische Polizei" bezeichnet und wissenschaftlich unterstützt.

Der Vergleich der Entwicklungen in England, Frankreich und Deutschland hat gezeigt, daß im Europa des 18. Jahrhunderts ein rationalistisches Interesse für die Gesundheit erwachte, das bald die engen Grenzen theoretischer Betrachtung sprengte und in neue Gebiete vorstieß: Gesundheit und Krankheit wurden zu Themen von wirtschaftlicher und politischer Relevanz. Erhaltung der Gesundheit und Krankheitsbekämpfung sollten nun über individuelle Krankenbehandlung oder zeitweilige Seuchenabwehr hinausgehen und sich in Permanenz auf ganze Kollektive erstrecken. Diese Auffassung manifestierte sich in unterschiedlichsten Aktionen, die ich mit Foucault vereinfachend unter dem Begriff der „Gesundheitspolitik" subsumiert habe.

Während man das gesundheitspolitische Engagement in England als von lokaler, privater Initiative getragene „social activity" bezeichnen könnte, sind es auf dem Kontinent die zentralen Gewalten, die sich im 18. Jahrhundert des „allgemeinen Gesundheitsstandes" anzunehmen beginnen. Gesundheitspolitik bedeutet hier also vornehmlich staatliche „Gesundheitsverwaltung". Für kurze Zeit antizipiert man dabei in Frankreich die moderne „Expertenherrschaft". In der „Société Royale de Médecine" und – unmittelbar nach der Revolution – im „Comité de mendecité" sowie im „Comité de salubrité" geben aufgeklärte Fachleute den Ton an, denen wissenschaftliche Kompetenz als Legitimation für eine Beteiligung an der Macht dient. In Deutschland hingegen bleiben Macht und Machtansprüche der Experten vergleichsweise gering; Versuche zur rationalisierten Administration der Gesundheit werden jedoch auch hier unternommen.

Im folgenden Abschnitt soll anhand von Beispielen untersucht werden, auf welche Weise sich die eben besprochene Tendenz der Rationalisierung von Gesundheit und Krankheit in den Ländern der Habsburgermonarchie des 18. Jahrhunderts bemerkbar machte.

B. Gesundheit und Staatswohl: Grundzüge einer neuartigen Gesundheitspolitik unter Maria Theresia und Joseph II. am Beispiel der Steiermark

1. Die Kontrolle der Heilkundigen durch die landesfürstlichen Behörden

Ein kameralistisches Konzept der Gesundheitspolitik

Die Vorstellung von der Gesundheit als einem profanen Wert fügt sich gut in das neue, rationalistische Weltbild, das in der Geschichte der Neuzeit die theologischen Erklärungen der Welt immer mehr verdrängt.

Die Krankheit wird zum Störfall, der den natürlichen Ablauf des Lebens verkürzen oder unterbrechen kann. Die Gesundheit ist der eigentliche Naturzustand des Menschen – der Tod sollte nach Möglichkeit erst im hohen Alter eintreten, am Ende eines erfüllten Lebens.

Alle Krankheiten haben Ursachen, die sich ergründen lassen. Hat man erst die Ursache einer Krankheit gefunden, so wird es auch möglich, sich vor dieser Krankheit zu schützen.

In einem wohlgeordneten Staatswesen wird man alles tun, um das Leben der Bürger vor Krankheiten zu bewahren – in diesem Sinn argumentiert etwa Joseph Freiherr von Sonnenfels, einer der führenden kameralistischen Theoretiker der Zeit Maria Theresias und Josephs II.[1] Denn ebenso wie Gewalttätigkeit, Mord, Unvorsichtigkeit, Hunger und Mangel bedrohen Krankheit und Gebrechlichkeit die „persönliche", die „körperliche Sicherheit"[2] des Menschen. Die Polizeiwissenschaft lehrt, wie die „innere Sicherheit" eines Staates, zu der auch die persönliche Sicherheit seiner Einwohner gehört, zu erhalten und zu fördern sei.[3] Der Zweck jeder gesellschaftlichen Vereinigung sei schließlich „die Sicherheit und Bequemlichkeit des Lebens";[4] während äußere Bedrohungen durch kluge Politik vom Staat ferngehalten werden,[5] sind es in seinem Inneren vernünftige Gesetze, die die bürgerliche Gesellschaft gegen Gefahren sichern.

---

1 Joseph v. Sonnenfels, Grundsätze der Polizey-, Handlungs- und Finanzwissenschaft (Wien 1777) Bd. 1, S. 288
2 Ebd., S. 193
3 Ebd., S. 29
4 Ebd., S. 25
5 Ebd., S. 29

Daher gibt es neben Gesetzen gegen Gewaltverbrechen, Unvorsichtigkeit und übermäßige Teuerung auch solche, „welche wegen Krankheiten die möglichen Vorkehrungen machen, worunter die Medicinalanstalten verstanden werden".[6]

Zu den „Medicinalanstalten" gehört zunächst die „Arzneyanstalt (...), welche also
alles begreift, was zu der sogenannten medicinischen Fakultät gerechnet wird: Leibärzte, Geburtshelfer und Wehemütter, Apotheker, Spezereykrämer, Lazarethe, oder Siechenhäuser, Tollhäuser".[7] Neben der „Arzneyanstalt", der Kontrolle des Heilwesens,
gibt es allerdings noch viele andere Vorsichtsmaßnahmen, die es im Interesse der
Gesundheit der Bürger zu treffen gilt. Um deren Koordination zu erleichtern, ist es von
großem Nutzen, „eine eigene Gesundheitskommission zusammzusetzen, welche über
alles, was auf die Gesundheit der Bürger einen Einfluß haben kann, ihre Aufmerksamkeit verbreitet, und aus Arzneygelehrten, und anderen Polizeygliedern zusammengesetzt seyn muß".[8]

Die Grundlage eines wohlgeordneten Gesundheitswesens („Gesundheitsanstalten")[9] bildet die gute Schulung der Mediziner, Wundärzte, Hebammen und Apotheker.
Sie alle sollen über genügend theoretische und praktische Kenntnisse verfügen.[10]
Zudem muß dafür gesorgt werden, daß es überall im Land qualifizierte Heilkünstler
gibt: „In jedem Städtchen, wenigstens in einer gewissen Entfernung, muß ein sogenannter Physikus bestellt seyn. Jedes Dorf soll wenigstens einen geprüften Wundarzt haben,
und besonders soll es dem flachen Lande an Wehmüttern nicht gebrechen."[11] Letztere
könnten Gehälter aus öffentlichen Mitteln beziehen.

Die Apotheken müssen regelmäßig kontrolliert werden; wo es keine Apotheken gibt,
soll es den Wundärzten gestattet sein, Hausapotheken zu unterhalten.[12]

Ungeprüfte Heilkünstler haben als nicht autorisiert zu gelten: ihnen wird jegliche
therapeutische Betätigung und jeder Handel mit Arzneien verboten.[13] Vornehmlich „zur
Erhaltung der arbeitenden Klasse des Volks" auf dem Land ist es notwendig, einheitli-
che Tarife für die Kosten ärztlicher Behandlung festzusetzen, um übertriebenen Honorarforderungen Einhalt zu gebieten.[14] Für die Armen sollen Armenärzte und Armen-
apotheken zur Verfügung stehen.

Für alle Kranken, denen - aus welchen Gründen auch immer - keine häusliche
Pflege zuteil wird, könnten eigene Krankenhäuser gebaut werden. Zahlende Patienten
fänden hier ebenso Aufnahme wie mittellose Kranke, „unglückliche Mütter", Opfer der
Lustseuche oder Wahnwitzige.[15]

Der Schutz der Gesunden vor ansteckenden Krankheiten zählt gleichfalls zu den
Aufgaben einer guten „Polizey". Eine regelmäßige Totenbeschau und die genaue Information der Gesundheitskommission über die Entstehung und Ausbreitung von Epidemien muß daher selbstverständlich werden. Vor der Pest schützen die umfangreichen

---

6 Ebd., S. 194
7 Ebd., S. 229
8 Ebd.
9 Ebd.
10 Ebd., S. 230
11 Ebd.
12 Ebd., S. 231
13 Ebd., S. 233
14 Ebd., S. 235
15 Ebd., S. 238

„Pestanstalten": Militärcordons, Gesundheitspässe, Quarantänebestimmungen und die ständige Kontrolle aller Importwaren aus pestverdächtigen Gegenden; ähnlich klare Richtlinien gelten für den Fall einer bereits ausgebrochenen Pestseuche.[16] Auch bei Epizootien ist es wichtig, sanitätspolizeiliche Vorkehrungen zu treffen, zumal „sich nicht selten von Viehseuchen Krankheiten unter die Menschen verbreitet haben".[17]

Sobald sich eine Epidemie bemerkbar macht, sind die Ärzte zur Meldung an die Gesundheitskommission verpflichtet; genaue Sterberegister geben über verdächtige Veränderungen der Mortalität Aufschluß.[18] Gewissen Krankheiten kann auch präventiv begegnet werden – die Pockenimpfung bietet hiefür ein gutes Beispiel.[19]

Ansonsten geht es darum, nicht nur die Krankheiten zu bekämpfen, sondern alles, was der Gesundheit irgendwie schädlich sein kann. Wie oft fördern schlechte Nahrung und unreine Luft Krankheit und Siechtum! Eine gute Marktordnung, die aufmerksame Kontrolle der Erzeugung und des Verkaufs von Lebensmitteln sind mithin notwendige Elemente des Gesundheitsschutzes.[20]

Der Verunreinigung der Luft ist nicht immer leicht beizukommen, vor allem, wenn es „die Polizei nicht mit der Natur aufnehmen (kann)"[21] und es etwa unmöglich ist, stinkende Sümpfe und Moräste trockenzulegen. Vielfach lassen sich üble Ausdünstungen und Gestank aber auch ganz einfach beseitigen: durch die Verlegung der Friedhöfe vor die Städte, das Verbot der Begräbnisse in den Kirchen, den Neubau der Schlachthöfe an geeigneten Plätzen, die Räumung und Pflasterung der Straßen oder die Kanalisation der städtischen Abwässer.[22]

Doch unreine Luft und schlechte Nahrung sind nicht immer die einzigen Ursachen einer angegriffenen Gesundheit. Oft genug ist der Mangel das eigentliche Übel: Nahrungsmittel- und Wasserknappheit, fehlendes Heizmaterial oder die unzureichende Versorgung mit Salz. Zum anderen entsteht Mangel aber auch durch Armut. Eine gute „Polizey" muß sich deshalb der Armenversorgung ebenso annehmen wie der Preiskontrolle oder der geordneten Produktion und Verteilung von Nahrungsmitteln.[23]

Bei Sonnenfels' umfassender Konzeption des Gesundheitsschutzes handelt es sich keineswegs um ein theoriebeladenes Programm. Im wesentlichen kann sich der Kameralist in seinen Ausführungen auf schon erlassene Gesetze und Verordnungen berufen. So tragen Sonnenfels' polizeiwissenschaftliche Grundsätze denn auch beinahe den Charakter einer Apologie der zeitgenössischen landesfürstlich-habsburgischen Verwaltungspraxis.

Wir werden dieser Verwaltungspraxis unser Augenmerk schenken müssen, wenn wir Genaueres über die Verwirklichung der im Zusammenhang mit dem Thema „Gesundheitspolitik" relevanten Gesetze und Verordnungen erfahren wollen.

Das Studium der Ordnungsversuche zeitgenössischer Gesetzessammler, die versucht haben, die heterogene Masse landesfürstlicher Patente, Dekrete, Kurrenden, Generalien und Normalien im Sinne des Kameralismus in ein System zu bringen, führt

---

16 Ebd., S. 241 – 242
17 Ebd., S. 240
18 Ebd., S. 245
19 Ebd., S. 244
20 Ebd., S. 250
21 Ebd., S. 258
22 Ebd., S. 259 – 260
23 Ebd., S. 272

dabei allerdings leicht zu Verwirrung. Glaubt man etwa der Chronologie Johann Dionis
Johns im „Lexikon der k.k. Medizinalgesetze" (Prag 1790 - 1798), so wurden in den
Jahren 1740 - 1790 rund 800 Sanitätsvorschriften erlassen und an die verschiedenen
Länderstellen geleitet. Jede dieser Vorschriften hat in Johns im Anhang des Lexikons
entworfener Aufstellung ihren Platz. Die im nachhinein gegebene Ordnung verwischt
die Unterschiede zwischen Vorschriften punktueller Art und Gesetzen, hinter denen ein
gewisses Konzept vermutet werden kann.

Es war für mich daher naheliegend, die Grundzüge und die Realisierbarkeit gesundheitspolitischer Bemühungen im 18. Jahrhundert am Beispiel der Tätigkeit einer landesfürstlichen Behörde zu untersuchen. Nachdem fast alle Aktenbestände der zentralen
Verwaltungsstellen in Wien, in denen sich Hinweise auf die Gesundheitspolitik des 18.
Jahrhunderts finden hätten können, im 20. Jahrhundert vernichtet wurden, erscheint es
hier sinnvoll, auf Aktenmaterial der Archive einzelner Länder der ehemaligen Monarchie zurückzugreifen; eine Anregung, die Erna Lesky schon 1959 in ihrer Studie über
das „Österreichische Gesundheitswesen im Zeitalter des Absolutismus" gegeben hat.

Meine Darstellung der Gesundheitspolitik unter Maria Theresia und Joseph II. wird
sich deshalb hauptsächlich auf das Beispiel der Steiermark beschränken. Einige bereits
existierende Bearbeitungen des Themenkomplexes erleichterten mir den Zugang zu den
umfangreichen Aktenbeständen des Steiermärkischen Landesarchivs.[24] Als Quellen der
folgenden Erörterungen dienten mir vornehmlich Akten und Protokolle der Grazer
Repräsentation und Kammer (später Gubernium) und des Landständischen Archivs.

Im Mittelpunkt der Ausführungen soll zunächst der Versuch der landesfürstlichen
Bürokratie stehen, alle Heilkundigen unter ihre Kontrolle zu bringen. In diesem Zusammenhang wird es auch notwendig sein, das Verhältnis zwischen der Zahl der Einwohner
und der Zahl der von Sonnenfels angesprochenen ausgebildeten, geprüften Heilkünstler
zumindest annähernd zu bestimmen. Der darauffolgende zweite Hauptabschnitt
(„Krankheit und Bürokratie") wird sich unter anderem mit der organisierten Bekämpfung von Epidemien befassen. Auch hier werden wiederum Akten aus dem Steiermärkischen Landesarchiv wichtige Quellengrundlagen liefern. Auf die Einrichtung des
staatlichen Prüfungsmonopols für alle Heilkundigen und die Reform der medizinischen
Studien soll nur in Zusammenhang mit dem ersten Thema eingegangen werden. Einige
wichtige Aspekte der theresianischen und josephinischen Gesundheitspolitik - der
Ausbau des immerwährenden Pestkordons[25] etwa, oder die Entstehung einer eigenen
Militärmedizin - können in dieser Arbeit nicht behandelt werden.

---

24 So vor allem Herbert Hans Egglmaier, Das medizinisch-chirurgische Studium in Graz. Ein Beispiel für den
   Wandel staatlicher Zielvorstellungen im Bildungs- und Medizinalwesen (= Dissertationen der Universität
   Graz 50, Graz 1980); Elfriede Turk, Der Ausbau des Sanitätswesens in der Steiermark unter Maria Theresia
   und Josef II. (mit Ausnahme des Spitalwesens) (ungedr. Phil. Diss. Graz 1952); Viktor Fossel, zur Geschichte
   des ärztlichen Standes der Steiermark im 16. und 17. Jahrhundert. Nach archivalischen Quellen (=
   Separatabdruck aus den Mitteilungen des Vereines der Ärzte in Steiermark, Graz 1890)
25 Siehe dazu: Erna Lesky, Die österreichische Pestfront an der k.k. Militärgrenze. In: Saeculum 8/1 (1957) 82 -
   106

Der Streit um die Kontrolle der landschaftlichen Ärzte
vor der Haugwitzschen Verwaltungsreform

Die im 18. Jahrhundert erwachende Sorge der kaiserlichen Machthaber um die Gesundheit der Bevölkerung brachte eine Neubewertung der Medizin und des ärztlichen Berufes mit sich. Die Ärzte sollten zum Dienst am – von den Staatstheoretikern definierten – Gemeinwesen verpflichtet werden; ihr Wissen sollte jedermann zugute kommen können. Unter Joseph II. gab es bereits Ärzte, die als „öffentliche Beamte" bezeichnet wurden.[26] In der relativ kurzen Zeit von etwa 30 Jahren hatte sich das ärztliche Berufsbild beträchtlich gewandelt. Die legitime Funktion des Mediziners in der sich entwickelnden bürgerlichen Gesellschaft des Habsburgerreichs war nun die des Staatsdieners. Noch in der ersten Hälfte des 18. Jahrhunderts waren die Aufgaben des Arztes durch seinen Platz im hierarchisch gegliederten ständisch-korporativen System bestimmt gewesen.

Die Ärzteschaft der Höfe war Teil einer komplizierten Repräsentationskultur. Krankheit und Sterben der Regenten erforderten neben dem Beistand von Priestern und Beichtvätern auch die Anwesenheit von Leibmedizinern und Leibchirurgen, die wie die Geistlichen dem Oberstkämmerer unterstanden.[27] Zu ihren Pflichten gehörte es übrigens auch, die Leichen der Großen zu sezieren, um Herz, Hirn, Augen und Zunge vom Körper zu trennen und die Toten einzubalsamieren – eine äußerst wichtige Aufgabe im Rahmen des habsburgischen Trauerzeremoniells, das noch im 19. Jahrhundert verlangte, die Herzen der Verstorbenen in vergoldeten Silbergefäßen, die übrigen Eingeweide in kupfernen Kesseln aufzubewahren und sie zu Füßen der aufgebahrten Toten auszustellen.[28]

Ihre Nähe zu Krankheit und Tod der Herrscher erhob die höfischen Leibärzte und Leibchirurgen über diejenigen Heilkundigen, die sich mit bescheideneren Tätigkeiten zufrieden geben mußten und sich etwa als Stadtärzte oder – im Falle der Nichtakademiker – als bürgerliche Barbiere ihren Unterhalt verdienten. Größeres Prestige dürften Universitätslehrer, aber vermutlich auch die von den Landschaften bezahlten Ärzte genossen haben.

Die von den Ständen unterhaltenen Heilcorps mögen – ähnlich den höfischen – anfänglich auch repräsentative Funktionen erfüllt haben. Da sich der Wirkungskreis der ständischen Heilkünstler jedoch bald über die Landeshauptstädte (die Sitze der Landtage) hinaus erweiterte, entwickelte sich seit dem Ende des 16. Jahrhunderts ein landschaftliches Medizinalwesen, dessen Anfänge in der Steiermark in die erste Hälfte des 16. Jahrhunderts fallen.[29] Dieses Medizinalwesen besitzt kein höfisches Pendant.

Im Herzogtum Steiermark befand sich zunächst nur ein einziger Arzt in den Diensten der Landschaft.[30] Um 1600 gibt es neben einigen Grazer Landschaftsärzten bereits von den Ständen bezahlte sogenannte Physici in Cilli (Celje), Marburg (Maribor),

---

26 John, Medizinalgesetze Bd. 1, S. 57 – 67 (Amtsunterricht für Kreisärzte)

27 Ernst Bruckmüller, Sozialgeschichte Österreichs (Wien/München 1985) S. 241

28 Interessantes Anschauungsmaterial zum höfischen Trauerzeremoniell in Wien bieten die im Haus-, Hof- und Staatsarchiv befindlichen Älteren Zeremonialakten. Zum Tod Josephs II.: Cölestin Wolfsgruber, Die Kaisergruft bei den Kapuzinern in Wien (Wien 1887) S. 258 – 259

29 Siehe vor allem: Fossel, Geschichte des ärztlichen Standes

30 Ebd., S. 7

Pettau (Ptuj), Radkersburg, Hartberg, Leoben und Judenburg.[31] Auch außerhalb der Hauptstadt sind diese Ärzte vornehmlich den Mitgliedern des Landtags und ihren Familien verpflichtet.[32]

Vom 16. Jahrhundert bis zu den Zeiten Josephs II. findet sich in den Bestallungsbriefen der landschaftlichen Ärzte an erster Stelle der Auftrag an den Physikatsinhaber, „allen Herren, und Landleuten, und derenselben Verwandten, und Dienern auf Erforderungs=Fall in ihren Krankheiten mit Arzney, und seiner beyhabenden Wissenschaft gewärtig, auch den armen nicht minder als den reichen treulich: und mit besten Fleiß hilflich, rathsam und beyständig zu seyn, und solches außer genugsamen Ursachen niemandem zu verweigern, oder zu verkürzen (...)".[33]

Die landschaftliche Bestallung hatte vermutlich nicht zuletzt den Zweck, Ärzte an bestimmte Standorte zu binden. Denn die 300 Gulden an jährlichem Gehalt, die jedem Physikus auf dem Land von den Ständen bezahlt wurden, bildeten die finanzielle Basis, die einen Mediziner auch bei zahlungsschwacher Kundschaft daran hindern konnte, seine Physikatsstelle zu verlassen, um sich reichere Patienten zu suchen. Auf diese Weise war es der Landschaft auch möglich, bestimmte Tarife für Krankenbehandlung, Reise- und Zehrgelder festzusetzen.

Im Jahre 1745 durfte ein Landschaftsphysikus für eine Reise zu einem Patienten auf dem Land vier Schilling pro Meile zurückgelegten Weges verlangen, desgleichen für einen Behandlungstag – bei freier Kost und freiem Quartier. Für Hausbesuche am Physikatsort wurden bei vermögenden Kranken 15 Kreuzer veranschlagt. „(G)emeine, unstatthafte" Leute brauchten für eine ärztliche Visite nur sieben Kreuzer und zwei Pfennige auszugeben.[34] Doch selbst dies könnte für die im 18. Jahrhundert häufig verarmten Bürger in Städten und Märkten zu teuer gewesen sein. Auch die breite Masse der Landbevölkerung blieb in der Regel von der ärztlichen Versorgung durch die Landschaftsphysici ausgeschlossen.

Zur Zeit des Regierungsantritts Maria Theresias war man weit davon entfernt, die Kunst der Ärzte breiten Bevölkerungsschichten nutzbar zu machen. Zu unterschiedlich waren die Auffassungen vom „bonum publicum", die einerseits in den landschaftlichen, andererseits in den landesfürstlichen Behörden vertreten wurden.

Obwohl die Innerösterreichische Regierung in der Steiermark schon seit der zweiten Hälfte des 17. Jahrhunderts die unmittelbare Verordnungsgewalt bei der Bekämpfung von Epidemien beanspruchte,[35] reagierten die Stände noch unter Karl VI. gereizt auf jeden Versuch der Behörde, Einfluß auf die landschaftliche Ärzteschaft zu nehmen. Dieser Umstand war für die in der landesfürstlichen Stelle tätigen Regierungsräte umso bedauerlicher, als man in Sanitätsangelegenheiten auf die Kooperation der Stände und ihrer Mediziner angewiesen war. Denn die Innerösterreichische Regierung, die gesundheitspolitische Maßnahmen fast ausschließlich nur in Pestzeiten ergriff, zählte lange Zeit keinen einzigen Arzt zu ihren Mitarbeitern.

---

31 Ebd.

32 Ebd.

33 Steiermärkisches Landesarchiv (StLA), Landständisches Archiv, Altes Archiv (LaaA) IX, Sanität. Nachträge 2: Bestallungsbrief aus dem Jahre 1780. Vgl. dazu den bei Fossel, Geschichte des ärztlichen Standes, S. 10f. abgedruckten Bestallungsbrief gleichen Wortlauts aus der Zeit um 1580.

34 StLA, LaaA IX, Sanität. Nachträge 2

35 Anton Mell, Grundriß der Verfassungs- und Verwaltungsgeschichte des Landes Steiermark (Graz/ Wien/Leipzig 1929) S. 581

In Wien hatte sich die formal der Niederösterreichischen Regierung unterstellte Commissio sanitatis aulica (Sanitätshofkommission) seit 1718 auch mit der Pestabwehr an der Militärgrenze im Südosten zu beschäftigen. Sie kann, nach Erna Lesky, als Vorläuferin der 1753 ins Leben gerufenen Sanitätshofdeputation angesehen werden, die bis 1776 als oberstes zentrales Gesundheitsgremium galt.[36]

In der Steiermark führte die Einrichtung einer Sanitätshofkommission für Innerösterreich (Pesthauptdeputation) 1710 zu erheblichen Reibereien mit den Ständen in Graz, die in der Ernennung des landschaftlichen Protomedikus Dr. Bartholomäus Tacco zum Mitglied der Kommission (dem damit auch der Titels eines Innerösterreichischen Regierungsrates verliehen wurde), einen Eingriff in ihre Rechte sahen.[37]

Erst 1729 wird mit dem landschaftlichen Arzt Dr. Johann Valentin Beucig auf dessen eigenes Ansuchen ein ständiger Berater in Sanitätsangelegenheiten in die Innerösterreichische Regierung aufgenommen. Seine Stellung entspricht dem eines Mittelsrates; Beucig erhält den klingenden Titel „Sanitätsrat". Nach dem Vorbild des Sanitätsrates der österreichischen Regierung in Wien soll er 1020 Gulden an jährlichem Gehalt empfangen. Laut einer kaiserlichen Intimation vom 29. März 1729 hat die Landschaft dabei mehr als die Hälfte der Kosten (600 fl.) zu übernehmen, zumal die Anstellung Beucigs, wie man in Wien glaubt, „dem gemainen Weesen dero I.Ö. Lande(n), anforderist dem Land Steyer heilsamb, und dienlich"[38] sei. Die Stände können sich der landesfürstlichen Argumentation allerdings nicht anschließen und streichen 1730 kurzerhand Beucigs Bestallung mit der Begründung, daß dieser als Mittelsrat der Regierung nicht mehr der landschaftlichen Jurisdiktion unterstehe.

1736 kommt es zu einem neuerlichen Streit zwischen der steirischen Landschaft und der Innerösterreichischen Regierung. Diesmal geht es um die Befehlsgewalt über die landschaftliche Grazer Ärzteschaft. Den Anlaß liefert ein Regierungsdekret, in dem alle Grazer Mediziner angewiesen werden, genaue Berichte über eine offenbar in der Stadt grassierende Epidemie an die landesfürstliche Behörde zu senden.[39] Mit Ausnahme des uns bereits bekannten Mittelsrates Beucig kommen die Grazer Ärzte der Aufforderung der Regierung nicht nach. Erst auf Anordnung des Landeshauptmanns werden die Bulletins erstellt.

In Wien zeigt man sich ob des Vorfalls verärgert. Dem Kaiser sei das Verhalten der Mediziner „bewundersamb: und zugleich auch müßfällig zu vernehmben gewest", heißt es in einem Verweis der Regierung an die Ärzte. Für dieses eine Mal wolle man noch von Sanktionen absehen, „dahingegen fürs künfftige in einem so wichtigen publico (öffentliche Angelegenheit, Anm.) auch landschafft(liche) Medici mehrwohl gedachter Reg(ierung) Red, und antworth zu geben sich nicht weigern sollen, noch können, alß in dem widrigen Regierung die gemessene paritions mittel zu gebrauchen wüssen wird".

Verstört wenden sich die Landschaftsärzte an die ständische Verordnetenstelle, von der die Beschwerde dem landschaftlichen Ausschuß übergeben wird. Dort beschäftigt man sich fast ein halbes Jahr damit, eine Beschwerdeschrift zu erstellen, in der die Vorgangsweise der Regierung als widerrechtlich dargestellt wird.

---

36 Lesky, Gesundheitswesen, S. 11 - 25
37 Ebd., S. 24
38 StLA, LaaA IX, Schuber 4. Ärzte 1701 - 1760; ebenso die folgenden Ausführungen und Zitate
39 Zu den Seuchen des Jahres 1736 siehe auch: Fritz Popelka, Geschichte der Stadt Graz (Graz 1959) Bd. 1, S. 179 - 180

Im Februar 1737 wird das Schreiben der Regierung mit der Bitte übersandt, es an den Kaiser weiterzuleiten. Niemals, so erklärt der Ausschuß den Geheimen Räten, hätten sich die landschaftlichen Ärzte einer „im(m)ediat subordination geg(en) die I.Ö. Regierung und Hof= Camer" zu beugen gehabt. Schon 1710 habe die Regierung den Ärzten eine Visitation sämtlicher Grazer Apotheken befehlen wollen, woraus dann ebenfalls ein Streit zwischen Landschaft und Regierung entstanden sei. Durch den 1715 zwischen Landschaft und Kaiser getroffenen Rezeß habe man schließlich Klarheit über das Problem erlangt; jegliche Unterordnung der Landschaft als Ganzes, der Verordnetenstelle und aller landschaftlichen Bediensteten sei damals „lediglichen abgethan, Und gehoben, auch die genzliche exemption derselben allermildest statuiret" worden. Es stehe der Regierung und Hofkammer daher nicht zu, durch einseitige Vorstellungen und unter Vorspiegelung einer „exigentia publici" die 1715 neuerlich bestätigten Landesfreiheiten zu untergraben und den Kaiser zum Erlaß einer Verordnung zu bewegen, durch die, ohne landschaftliches Einvernehmen, einmal gegebene Versicherungen wieder rückgängig gemacht werden könnten. Aus zahlreichen Dekreten und Verordnungen gehe deutlich hervor, daß es stets die Absicht des Kaisers gewesen sei, die Landschaft in ihren alten Rechten zu belassen.

Da die landschaftlichen Ärzte sich nie ohne Erlaubnis des Landeshauptmanns und des Präsidenten der Verordnetenstelle auf Reisen begeben dürfen und dadurch ohnedies in ständigem Kontakt zur Landeshauptmannschaft stünden, sei „der anzillende effect pro publico weith geschwinder Und versicherlicher durch die landshaubtman(schafft)" zu erzielen. Die Regierung solle sich also gegebenenfalls an den Landeshauptmann wenden.

Aus einer Gehorsamspflicht der landschaftlichen Ärzte gegenüber der Regierung könnten, so fürchtet man im ständischen Ausschuß, „ville andre der la(ndsch)a(fft) allda praeiudicirliche folgerung(en) sich successive ergeben". Man hegt ernste Sorge um die ständische Ärzteschaft, diese „von alters hero wohl bestandene landschaftliche Einrichtung zu bedienung des adls". Wollte man versuchen, den Ständen die Jurisdiktion über die Mediziner streitig zu machen, könnten sie sich veranlaßt sehen, die landschaftliche Bestallung der Ärzte aufzuheben. Dieser Umstand, so mutmaßt man, dürfte den Kaiser dazu bewogen haben, einen Mediziner als Sanitätsrat in die Regierung aufnehmen zu lassen. Dennoch sei man bei künftigen Anfragen der Regierung gerne bereit, die landschaftlichen Ärzte zu sofortiger Berichterstattung an die Verordnetenstelle zu verpflichten.

Seitens der Regierung mußte man diesen Protesten zunächst wohl nachgeben. Die entscheidenden Veränderungen des ständischen Medizinalwesens standen noch bevor; der Widerstand der Landschaft sollte jedoch, wie wir bemerken werden, in Hinkunft erstaunlich gering bleiben.

Das Heilcorps der steirischen Landschaft und seine Auflösung

Noch 1749 unterhielt die steirische Landschaft ein gut besetztes Heilcorps. In einem Verzeichnis sämtlicher Bediensteter der Landschaft[40] finden sich in diesem Jahr sechs „landschaftliche Medici zu Gräz", neun „Physici auf dem Land", sieben „landschaftli-

---

40 StLA, LaaA, Sachfaszikel (Sach) 775. Ich danke Gernot Obersteiner für den freundlichen Hinweis.

che Apodekker auf dem Land", fünf „landschaftliche Chyrurgi" und drei Hebammen – insgesamt also 30 Personen.

An der Spitze der hierarchisch gegliederten ständischen Ärzteschaft stand der landschaftliche Protomedikus (1749 Dr. Georg Spindler) mit einer jährlichen Bestallung von 800 fl; ihm folgten die jeweils dienstältesten ständischen Ärzte (1749 Dr. Anton Gründl, 600 fl; Dr. Joseph v. Löfflerau und Dr. Joseph v. Catharin, je 500 fl.). Bei den beiden anderen Grazer Ärzten der Landschaft (besoldet mit 250 und 175 fl.) könnte es sich um Physikatsanwärter oder -adjunkten gehandelt haben. Die Stellung eines landschaftlichen Physikus in Hartberg, Judenburg, Cilli, Marburg, Pettau, Leoben, Leibnitz, Radkersburg und im Viertel Enns- und Paltental war mit einer jährlichen Bestallung von jeweils 300 fl. verbunden. Landschaftliche Apotheker befanden sich in Judenburg, Leoben, Bruck, Radkersburg, Hartberg, Cilli und Leibnitz. Sie mußten sich mit einer Unterstützung von je 50 fl. pro Jahr begnügen. Den bestbezahlten Posten im ständischen Medizinalwesen hatte der Franzose Hieronymus Ibreville inne, der als erster Landschaftschirurg 1000 fl. im Jahr verdiente. Die Gesamtkosten für das landschaftliche medizinische Personal beliefen sich auf 7945 fl.

Der innenpolitische Umbruch der Jahre 1748/49, den man gemeinhin als „Haugwitzsche Verwaltungsreform" bezeichnet, brachte auch im Bereich des Medizinalwesens große Veränderungen. Mit der Begründung „bey einer Ehrsamen Landschafft in Steyr vorderist auf die Tilgung deren alldorten allzuhoch angewachsenen Schulden anmit auch auf die Restringirung des dortigen unmäßigen Domesticalis ernstlich zu gedencken",[41] versucht Maria Theresia Ende 1748, der Landschaft eine erhebliche Kürzung der Personalausgaben zu diktieren, die auch die ständischen Heilkünstler betreffen soll. Nach den Vorstellungen der Wiener Behörden sollen nur noch die beiden rangältesten Grazer Ärzte und fünf Physici auf dem Land ihre Besoldung erhalten. Allen anderen Ärzten, aber auch Apothekern, Chirurgen und Hebammen soll die Bestallung gestrichen werden.

In Graz reagiert man auf diesen Vorschlag mit Ablehnung. Es entspinnt sich ein bürokratischer Kleinkrieg zwischen Wien und Graz, in dem die neugegründete landesfürstliche Repräsentation und Kammer, die sich nun als Mittelbehörde zwischen den Ständen und den Zentralstellen befindet, die Partei der Landschaft ergreift. Dort befürchtet man die gänzliche Auswanderung aller Heilkundigen und sieht voll Sorge einem Zustand völliger Hilflosigkeit „bey vorfallenden Kranckheiten und anderen Unerforschlichen zueständen" entgegen.[42] Die Stände bitten darum, ihnen die „Erhaltung der Gesundheit" nicht zu verbieten.

In verschiedenen Gutachten kommentiert man seitens der Repräsentation und Kammer diese Bedenken, wobei man ihre Berechtigung immer wieder hervorhebt. Die kaiserliche Entschließung habe in Graz „von seiten deren Ständen sowohl, als des gesamten publici entrüstung und kleinmüthigkeit" provoziert. Auf dem Land seien durch die Reduzierung der Physikatsstellen riesige Gebiete einzelnen Ärzten zur Versorgung überantwortet worden, die ihrer Aufgabe nunmehr unmöglich gerecht werden können. Die größte Sorge bereiten der Repräsentation und Kammer jedoch die vielen „hier Landes sich wissentlich befindlichen armen Insassen, Burger, und Standspersonen", die plötzlich alle Hilfe in Krankheiten entbehren müssen. Man appelliert an die

---

41 StLA, Akten der Repräsentation und Kammer (R+K) 1748-XI-82
42 Ebd., wie auch im folgenden

landesmütterliche Gesinnung der Kaiserin und plädiert dafür, das ständische Heilcorps „amore publici et pauperum" weiterhin beizubehalten. In einem eigenen Entwurf schlägt man eine Senkung der Kosten auf 6830 fl. vor; am bisherigen Personalstand soll jedoch nichts geändert werden.

In Wien ist man nicht bereit, auf diese Vorschläge einzugehen.

Durch ein Reskript läßt Maria Theresia am 10. Oktober 1750 die endgültige Ablehnung aller Einwände verlautbaren. Die Tage des fast 200jährigen Heilcorps der steirischen Stände waren damit vorerst gezählt. Die Maßnahmen der Hofstellen erwecken zunächst den Eindruck einer rigorosen Sparpolitik, die auch vor nützlichen Einrichtungen nicht haltzumachen scheint. Bei genauerer Betrachtung lassen sich zwischen den erwähnten Veränderungen und anderen verwaltungspolitischen Neuerungen allerdings interessante Zusammenhänge erkennen.

Verwaltungsreform und Gesundheitspolitik. Von der Sanitätskommission zum Protomedikat

Die Ausdehnung des Machtbereichs der landesfürstlichen Bürokratie betraf fast alle Institutionen, in denen noch vor 1748 eine beinahe mittelalterliche korporative Autonomie geherrscht hatte. Zu ihnen gehörten nicht nur die Landschaften, sondern auch die Universitäten der Monarchie.

1749 kam es in Wien zur „Aufsprengung der medizinischen Fakultät als einer mittelalterlich privilegierten Korporation und ihrem Umbau zu einer etatistisch reglementierten Lehrinstitution", wie es Erna Lesky formuliert.[43] Der kaiserliche Leibarzt und Protomedikus Gerard van Swieten übernahm dabei als Präses der medizinischen Fakultät und Direktor des medizinischen Studiums die Rolle eines „staatlichen Aufsichtsorgans".[44] In dieser Funktion kontrollierte van Swieten nicht nur den Lehrkörper der Wiener medizinischen Fakultät, sondern war auch persönlich bei den Prüfungen von Medizinern, Chirurgen, Hebammen und Apothekern anwesend.[45]

In der im Juli 1753 erlassenen Medizinalordnung für das Königreich Böhmen[46] offenbart sich das Bestreben der Wiener Behörden, das gesamte Gesundheitswesen überblicken und (über Mittelinstanzen) überwachen zu können, noch deutlicher.

Wie in anderen Erbländern auch, war im Rahmen der Haugwitzschen Reformen in Böhmen eine unmittelbar dem Directorium in publicis et cameralibus untergeordnete Repräsentation und Kammer gegründet worden.

1753 wird der wirkliche kaiserlich-königliche Repräsentations- und Kammerrat Franz Xaver v. Wieschnik zum Präses einer „Medizinal- und Sanitätskommission" ernannt.[47] Als solcher untersteht er der Mittelbehörde, während die medizinische Fakultät der Universität Prag, aber auch „die sämmtliche königl. Munizipal- und andere Städte, Fleken und Dörfer in Sachen, welche das Medizinale betreffen",[48] an seine

43 Erna Lesky, Gerard van Swieten. Auftrag und Erfüllung. In: Gerard van Swieten und seine Zeit, ed. Erna
Lesky, Adam Wandruszka (= Studien zur Geschichte der Universität Wien 8, Wien 1979)
44 Lesky, Gesundheitswesen, S. 55
45 Ebd.
46 Siehe dazu: John, Medizinalgesetze Bd. 2, S. 245 - 316 bzw. Lesky, Gesundheitswesen, S. 25 - 32
47 John, Medizinalgesetze Bd. 2, S. 246
48 Ebd.

Weisungen gebunden sind. Für die Zentralbehörden folgt daraus, daß „Alle und jede in diesem (...) Erbkönigreiche Böhmen befindliche Instanzien, Hohe und Niedere Gerichtsobrigkeiten und Magistraten sich der Erkenntniß über das Amt, oder Mißbrauch, dann der Manipulation, und des darinnigen Verhalts aller der zum Medizinalfache gehörigen Personen sowohl als über dasjenige, was (...) in dieser Medizinalordnung gesezgebig ausgemessen und respective verboten (wurde), nicht nur sub Poena nullitatis gänzlich enthalten, sondern auch alles Verfahren und Erkenntniß darüber, wie auch die Straf der Uibertretter mehr erwehntem (...) Präses und der ihm vorgesezten Repräsentation und Kammer überlassen sollen".[49]

Die medizinische Fakultät fungiert nun als „fachlicher Ratgeber", aber auch als „Verwaltungsbehörde" in Gesundheitssachen,[50] vor allem in Prüfungsangelegenheiten und Fragen der Kontrolle der Heilkundigen. Zugleich wird den Prager Physici verboten, ihre Physikatsstellen ohne Erlaubnis der Repräsentation und Kammer zu verlassen. Die Kreisärzte auf dem Land kommen analog dazu unter die Aufsicht der Kreishauptleute. Neubestellungen von Physici und Kreisärzten können nur mehr mit Bewilligung des Präses der Sanitätskommission vorgenommen werden.[51] Zur Praxis zugelassen werden ausschließlich Ärzte, die ihr Doktorat in Wien oder Prag erworben haben.[52]

Die Physici und Kreisärzte werden durch Eid dazu verpflichtet,[53] über die Ordnung des gesamten Heilwesens in ihrem Wirkungsbereich zu wachen[54] und alle Mißstände der medizinischen Fakultät anzuzeigen. Diese muß die Nachrichten der Ärzte an den Präses der Sanitätskommission weiterleiten. Wundärzte und Hebammen sollen in Hinkunft an der medizinischen Fakultät geprüft und wie die beamteten Mediziner auf die königliche Medizinalordnung vereidigt werden. Auch die Apotheker werden verstärkter Kontrolle unterzogen.[55]

Die Hauptmedizinalordnung für Böhmen des Jahres 1753 blieb bis zum Erlaß des Sanitätshauptnormativs von 1770, das für die gesamte Monarchie Gültigkeit haben sollte, das einzige grundlegende Sanitätsgesetz unter Maria Theresia. Dennoch lassen sich nicht nur in Böhmen Entwicklungen verfolgen, die zeigen, daß die in der erwähnten Medizinalordnung dargelegten Grundsätze der landesfürstlichen Gesundheitspolitik auch anderswo verfochten wurden, was nun am Beispiel der Steiermark erörtert werden soll.

Wie schon erwähnt, verfügte man in den Erbländern seitens der landesfürstlichen Zentralbehörden bis 1753 nur über Sanitätsorgane, die den Länderregierungen unterstanden, ausschließlich mit dem sogenannten Kontumazwesen beschäftigt waren und eigentlich nur in Pestzeiten in Aktion traten. Doch selbst dabei waren sie stets auf die Mitarbeit der Landschaften angewiesen, die seit dem 16. Jahrhundert auch autorisierte Heilkundige zu ihren Bediensteten zählten. Zum Aufbau eines rein landesfürstlichen Sanitätswesens fehlte es vermutlich am nötigen Geld.

---

49 Ebd., S. 249
50 Lesky, Gesundheitswesen, S. 26
51 John, Medizinalgesetze Bd. 2, S. 264 - 265
52 Ebd., S. 257
53 Ebd., S. 288 - 290
54 Ebd., S. 248, 258 - 260
55 Ebd., S. 275 - 316

In der Steiermark hatte die Verordnetenstelle der Landschaft die Befehlsgewalt über die von den Ständen besoldeten 30 Heilkünstler. Die Innerösterreichische Regierung war, wie wir gesehen haben, vornehmlich daran interessiert, die ständische Ärzteschaft, auf deren Hilfe man etwa beim Ausbruch von Epidemien größten Wert gelegt hätte, fallweise zu sanitätspolizeilichen Aufgaben heranziehen zu können. Alle Versuche der Behörde, den Medizinern direkte Befehle zu erteilen, wurden jedoch noch unter Karl VI. von den Ständen mit Empörung registriert und als widerrechtliche Eingriffe in den Bereich ihrer Jurisdiktion angesehen.

Durch die Reformen von 1748/49 ändert sich diese Situation. Die Landschaft muß sich von Maria Theresia nicht nur eine erhebliche Kürzung ihrer Personalausgaben diktieren lassen, sondern sieht sich durch die neugegründete Repräsentation und Kammer auch der ständigen Kontrolle einer landesfürstlichen Behörde unterworfen. Die vom einstigen Corps der landschaftlichen Heilkünstler noch verbliebenen ständischen Ärzte werden nun ebenfalls allmählich unter die Aufsicht der landesfürstlichen Behörden gebracht. Sukzessive werden ihnen von der Repräsentation und Kammer neue Aufgaben zugewiesen. Mit der 1753 geschaffenen und vom Grafen Haugwitz persönlich geleiteten Sanitätshofdeputation verfügt man in Wien erstmals über eine oberste Sanitätsbehörde,[56] deren Einflußbereich sich über das gesamte Gesundheitswesen erstrecken soll. Alle wichtigen Gesundheitsgesetze der theresianischen Zeit dürften hier entworfen worden sein.

In einer kaiserlichen Resolution vom 12. März 1753 wird die Grazer Repräsentation und Kammer davon in Kenntnis gesetzt, „daß Ihre May(estät) allhier, gleich anderen orthen, zu besorgung des Sanitätsweese(ns) sowohl an Menschen, alß Vieh, eine eigene Sanitaets Com(m)ission aufgestellter haben wollen, mithin hierzue, und zwar, um dem aerario kein neues onus zuezuwenden, zwey Repraesentations Mittels Räthe und zwey ohne deme salarirte Physici in Vorschlag gebracht werden sollen".[57] (Es ist in diesem Zusammenhang interessant, daß man 1753 nicht soweit gegangen ist, den ständischen Protomedikus[58] in die landesfürstliche Sanitätskommission zu berufen.)

Die neue Kommission ist, wie ich glaube, nicht als eigene Behörde zu betrachten, sondern als beratendes Gremium innerhalb der Repräsentation und Kammer. Obwohl Erna Lesky immer wieder von der Sanitätshofdeputation als einer unmittelbar der Monarchin unterstellten „zentralen Gesundheitsbehörde"[59] spricht, konnte ich keine Hinweise auf eine direkte Korrespondenz der Wiener Sanitätshofdeputation mit der Grazer Sanitätskommission finden. Auch der an die Grazer Mittelbehörde gerichteten Aufforderung, die Protokolle der Sanitätskommission an die Sanitätshofdeputation zu schicken, wurde nicht nachgekommen.[60] In der täglichen Praxis der Verwaltung scheint der Austausch von Informationen vor allem über die Repräsentation und Kammer und das ihr übergeordnete Directorium in publicis et cameralibus erfolgt zu sein.

---

56 Lesky, Gesundheitswesen, S. 11

57 StLA, R+K 1753-III-99 Protokoll (P). Die Mitglieder dieser ersten Grazer Sanitätskommission waren die Mittelsräte Graf v. Rosenberg und Herr von Ehrenstein sowie die beiden landschaftlichen Ärzte Dr. Anton Gründl und Dr. Joseph Adam v. Catharin (zu letzterem s.a. Egglmaier, Medizinisch-chirurgisches Studium, S. 316).

58 Dr. Georg Spindler

59 Lesky, Gesundheitwesen, S. 11

60 StLA, R+K 101, 1759-X-109

Auf der unteren Verwaltungsebene waren die Hauptleute der nach 1748 eingerichteten fünf Kreisämter (Vorau, später Graz; Marburg, Cilli, Bruck und Judenburg) dazu verpflichtet, alle Berichte in „Sanitätssachen" an die Repräsentation und Kammer zu senden. Die in den Kreisen tätigen Physici sollten dabei mit den Kreishauptleuten kooperieren.

An dieser Konstellation ändert sich auch 1763 nichts, als man die Repräsentation und Kammer zum „Innerösterreichischen Gubernium" macht und die Zusammensetzung der Grazer Sanitätskommission verändert. Allem Anschein nach waren der Innerösterreichischen Regierung bis zu diesem Zeitpunkt noch Kompetenzen im Gesundheitsbereich verblieben. Nun jedoch wird das Sanitätsgeschäft zur Gänze dem Gubernium übertragen.

Die Sanitätskommission zählt jetzt allerdings zwei Mittelsräte des Guberniums, zwei Regierungsräte und drei Vertreter der ständischen Verordnetenstelle zu ihren Mitgliedern. Zwei landschaftliche Mediziner fungieren als ärztliche Berater. Mit der Leitung der Kommission wird Graf von Rosenberg betraut, der schon den Vorsitz der ersten Sanitätskommission innegehabt hatte.[61]

Vermutlich wollte man durch diese Umstrukturierung die steirischen Stände am Aufbau der neuen Medizinalverwaltung beteiligen.[62] Der Aufgabenbereich der Kommission blieb indes unverändert. Nach Herbert Hans Egglmaier „berichtete die Sanitätskommission weiterhin nach Hof, beaufsichtigte (...), prüfte und approbierte Hebammen, Chirurgen und Apotheker; dieses Recht wurde ihr aber für die Hebammen 1772/74 und für die Chirurgen 1771/74 entzogen".[63]

Wie man sieht, ähneln die Befugnisse der Grazer Sanitätskommission denjenigen der Prager medizinischen Fakultät als Beratungsgremium, Kontrollinstanz und Prüfungsbehörde. Wie weit ihre Kompetenzen tatsächlich reichten, ist schwer zu beurteilen. So ist es etwa unwahrscheinlich, daß die Sanitätskommission unmittelbar nach Wien berichtete, wie dies Egglmaier vermutet. Nach einem Dekret vom 28. Dezember 1763[64] sollten nur diejenigen Kommissionen, die unter dem Vorsitz des Gubernialpräsidenten (1763 Max Probus Graf v. Wildenstein) standen, unabhängig vom Gubernium arbeiten. Dies bedeutete, daß sämtliche Protokolle und Berichte der Sanitätskommission zunächst an das Gubernium gesandt werden mußten, bevor man sie an die Hofkanzlei nach Wien weiterleitete. In einer Verordnung des Jahres 1764 wird das Gubernium darauf aufmerksam gemacht, daß die Korrespondenz „in Sanitätssachen" nicht über die Sanitätshofdeputation, sondern über die Hofkanzlei zu erfolgen habe.[65] Von dort wurden die Nachrichten vermutlich an die Sanitätshofdeputation geschickt. Auf die Bitten der Grazer Sanitätskommission um die Erlaubnis, unmittelbar mit den Kreisämtern und den anderen Behörden korrespondieren zu dürfen, ging man, wie es

---

61 StLA, R+K 1764-I-150. Die Mitglieder der Sanitätskommission von 1763 waren die Mittelsräte des Guberniums Herr v. Ehrenstein und Herr v. Cerroni, die beiden Regierungsräte Herr v. Dollberg und Herr v. Wenckheim, die drei Vertreter der ständischen Verordnetenstelle Landschaftspräsident Graf v. Rindsmaul, der Prälat von Pöllau und Herr v. Safran sowie die beiden landschaftlichen Mediziner Dr. Joseph Adam v. Catharin und Dr. Loew (Leopold Lew v. Gillenberg?; zu seiner Person s.a. Egglmaier, Medizinisch-chirurgisches Studium, S. 319).

62 Siehe auch: Egglmaier, Medizinisch-chirurgisches Studium, S. 33

63 Ebd.

64 StLA, R+K 1764-I-119

65 StLA, R+K 1764-II-21

scheint, nicht ein.[66] Der Aufbau und die Befugnisse der theresianischen Sanitätsinstitutionen waren also keineswegs klar definiert.

Das Sanitätsnormativ für alle k.k. Erbländer vom 2. Jänner 1770 versuchte hier Abhilfe zu schaffen. Die in den Hauptstädten aufgestellten Sanitätskommissionen sollten nun mit den Länderregierungen und der Sanitätshofdeputation in Wien gleichermaßen zusammenarbeiten.[67] In den Kreisen und Distrikten wurden Kreishauptleute und Militärkommandanten angewiesen, sich gemeinsam mit den Kreisärzten um diejenigen Belange zu kümmern, für die auf der ihnen übergeordneten Stufe der Verwaltung die Sanitätskommissionen zuständig waren. Alle Berichte in Gesundheitsangelegenheiten waren an die Sanitätskommissionen zu erstatten, denen jetzt auch die Exekutive im Sanitätsbereich eingeräumt wurde.[68] Die Neuregelung sah weiters vor, „daß alle in Unseren Erbländern angestellte Kreis= und Stadtphysiker, oder die sonst die Kunst zu üben Befugnis haben, alle Apotheker, Wundärzte, Barbiere und Bader, Okulisten, Operatoren, und Hebammen in Ansehung ihres Amtes, und treibender Kunst unmittelbar von gesagter Sanitätskommission abhängen".[69] Wie Erna Lesky folgerichtig feststellt, hat das Sanitätsnormativ von 1770 damit „erstmalig für alle Erbländer die Gesundheitsverwaltung als eine Angelegenheit des Staates erklärt".[70]

Das ehrgeizige Konzept scheint sich allerdings in der Praxis nicht bewährt zu haben. Folgt man etwa den Aktenläufen, die sich aus der Korrespondenz des Grazer Guberniums mit der Hofkanzlei ergeben, so stellt man fest, daß die Informationen weiterhin wie üblich ausgetauscht wurden. Von einer Verselbständigung der Sanitätsbehörden und ihrem direkten Kontakt mit den niederen und höheren Instanzen der Verwaltung ist wenig zu bemerken.

Bald begann man, die Sanitätsbehörden als ineffizient zu betrachten. Am 2. Jänner 1776 wurden die Sanitätshofdeputation und mit ihr alle Sanitätskommissionen in den Ländern auf Befehl Maria Theresias aufgelöst. Die Agenden der Sanitätshofdeputation wurden von diesem Zeitpunkt an von der Hofkanzlei wahrgenommen. In den Ländern wurden die Aufgaben der Sanitätskommissionen den Gubernien übertragen. Auf diese Weise führte das Sanitätsnormativ von 1770, das die Kompetenzen der landesfürstlichen Gesundheitsbehörden klar festlegen und beträchtlich erweitern sollte, paradoxerweise zu deren Verschwinden.

Das Amt des Protomedikus wurde dadurch aufgewertet. In der Steiermark war die Bezeichnung „Protomedikus" bis 1773 aus dem Amtsvokabular der landesfürstlichen Behörden verschwunden, um darauf überraschend wieder aufzutauchen - nun jedoch als Titel des höchsten Grazer k.k. Sanitätsbeamten, der dem Gubernium als Mittelsrat angehörte, dessen Besoldung allerdings von den Ständen bestritten wurde.[71]

De facto war das Amt des Protomedikus niemals abgeschafft worden, sondern hatte als ständische Institution trotz aller Neuerungen auf dem Gebiet des Medizinalwesens

---

66 StLA, R+K 1764-II-136 (P)
67 John, Medizinalgesetze Bd. 1, S. 390
68 Ebd., S. 391 – 393
69 Ebd., S. 392
70 Lesky, Gesundheitswesen, S. 69
71 Siehe auch: Egglmaier, Medizinisch-chirurgisches Studium, S. 31 bzw. StLA, R+K Sach 108, 1773-IV-128
    (P) (Hofdekret vom 10. April 1773)

weiterbestanden. Seit 1763 war der ranghöchste Grazer landschaftliche Arzt stets auch Mitglied der Sanitätskommission gewesen.[72]

1786 wurde das ehemals rein landschaftliche Protomedikat in den Erbländern endgültig zur bedeutendsten Einrichtung der nunmehr landesfürstlich-staatlich dominierten Medizinalverwaltung. Nach einer Verordnung Josephs II. sollte „das Protomedikat jeden Landes (...) mit dem Direktorat des medizinisch, und chirurgischen Studii verbunden seyn, und das allgemeine Spital zu besorgen haben".[73] Zudem sollten die „Protomedici (...) der höchsten Auswahl und Benehmung vorbehalten (bleiben)".[74]

Obwohl sich die Einrichtung eigener Sanitätsgremien innerhalb des häufig überfordert wirkenden landesfürstlichen Behördenapparats letztlich als Fehlschlag erwies, zeigen die unter Maria Theresia und Joseph II. unternommenen Anstrengungen, daß die Gesundheitspolitik zu den wichtigsten Aufgaben der Landesverwaltung gezählt wurde. Die Verwirklichung der gesundheitspolitischen Konzepte war allerdings nicht nur durch bürokratische Ineffizienz gefährdet, sondern auch durch die Überschätzung der Möglichkeit, durch den Erlaß von Dekreten und Verordnungen bleibende Veränderungen herbeizuführen.

Ärzte als Sanitätsbeamte

Wie bereits gezeigt, betrachteten die Vertreter der steirischen Landschaft die im Lande ansässigen Ärzte noch in der ersten Hälfte des 18. Jahrhundert vor allem als Diener des Adels: Wem sollten sie sonst auch verpflichtet sein, wo die Stände doch für ihre Bezahlung aufkamen?

Eine gänzlich andere Auffassung wird in der königlich-böhmischen Medizinalordnung von 1753 vertreten: Die Idee vom Arzt als Diener des Staates nimmt in diesem Gesetz gewisse - wenn auch noch verschwommene - Konturen an. Im Eid der Kreisphysiker verpflichten sich die Ärzte nun, „in allen dem, so zum Heil, Frommen, und Nuzen des allgemeinen Standes, und Privatwesens gereichen kann, gebührenden Fleiß und Treu anzuwenden (...)".[75]

In der Steiermark unterzeichnen die Ärzte zwar bis in die siebziger Jahre des 18. Jahrhunderts nur einen Vertrag mit der Landschaft, ihr Aufgabenbereich wird jedoch von den landesfürstlichen Behörden seit der Mitte des Jahrhunderts kontinuierlich erweitert. Durch den Eingriff von 1748 hatten auch sie, die sich bis zu diesem Zeitpunkt der Vereinnahmung durch die Innerösterreichische Regierung hatten entziehen können, die kaiserliche Macht zu spüren bekommen. Die Besoldung des Protomedikus war von 800 fl. auf 500 fl. gekürzt worden, wovon ihm allerdings nur 300 fl. ausbezahlt wurden; 200 fl. landeten als Pensionsgeld in der Domestikalkasse. Ähnlich erging es dem zweiten landschaftlichen Arzt, dessen Gehalt sich von 600 auf 400 fl. vermindert hatte (100 fl. Pension). Allen anderen Grazer Ärzten der Landschaft wurde die Bestallung gestrichen. Von den neun ständischen Physikaten auf dem Land waren nur noch diejenigen von Radkersburg, Judenburg, Marburg, Leoben und Cilli verblieben, die nun mit je 300 fl. dotiert waren. Die ehemaligen Landschaftsärzte von Hartberg, Pettau,

---

72 Joseph Adam Edler von Catharin. Siehe auch: Egglmaier, Medizinisch-chirurgisches Studium, S. 31 - 32
73 StLA, Gubernialprotokoll IV/B 1786, Sanitätssachen
74 Ebd.
75 John, Medizinalgesetze Bd. 2, S. 289

Leibnitz und der Inhaber des Physikats für das Enns- und Paltental erhielten als Abfindung je 200 fl. aus der landesfürstlichen Wiener Pensionskasse.[76]

Obwohl die ständische Verfassung – nach einer Darstellung der Landschaft aus dem Jahre 1760 – weiterhin die landschaftliche Jurisdiktion über alle steirischen Ärzte vorsah und über Neubesetzungen vakanter Physikate im Landtag verhandelt wurde,[77] hatten die landesfürstlichen Behörden nun de facto das letzte Wort in allen die Mediziner betreffenden Angelegenheiten. Wurde eine Physikatsstelle frei, hatte die Landschaft der Repräsentation und Kammer einen Dreiervorschlag zur Neubesetzung zu unterbreiten. Die Zulassungsbedingungen wurden von Wien aus vorgeschrieben: Physikatsanwärter mußten ihren Doktorgrad an der Universität Wien erlangt haben; die Landschaft hatte bei ihren Vorschlägen „exteris paribus auf die Landeskinder zu reflectiren".[78]

Zwar war man bereit, den Landschaftsärzten, die ihr Physikat vor 1749 erhalten hatten, weiterhin die Ausübung ihres Berufs zu gestatten; soferne sie jedoch an einer neuen Stelle interessiert waren, sollten sie dazu angehalten werden, „sich dem examini der Wienerischen Medicinischen Fakultät zu unterwerffen, nicht minder künftighin alle diejenige, welche ad praxim aspiriren (...)".[79] Die ständischen Vorschläge zur Besetzung der Ärzteposten sollten von der Repräsentation und Kammer geprüft und darauf mit gutachtlichem Befund an das Directorium in publicis et cameralibus gesandt werden.[80]

Zunächst ignoriert man die neuen Bestimmungen seitens der Landschaft und unterläßt es, die Repräsentation und Kammer über vorgenommene Neu- und Umbesetzungen von Physikaten zu informieren. Dies wird in der landesfürstlichen Stelle bald bemerkt. Die heftige Reaktion der Repräsentation und Kammer gibt nicht nur über die neuen Machtverhältnisse Auskunft, sondern auch über das Bestreben der Behörde, die Ärzte unter ihre Aufsicht zu stellen.

Es dürfte „denen Herren Land Ständen von selbsten nicht (ganz) unbekannt seyn", heißt es in dem Verweis, „welchergestalten dißer k.k. Repräs(entation) und Cammer von dergleichen mit denen Medicis vornehmenden dispositionen, und Stationis anweisungen die nöthige wissenschaft zu tragen, ums so mehrers ohnunmgänglich erforderlich fallen wolle: alß eines theils deroselben, auf waß arth und weiß ieder creyß diserthalben bestellet seye, das obligende einsehen und vorsorge respectu publici ohnstreittig gebühret: zu deme auch die nöthige wissenschaft ratione publico forderist darummen gegründet ist, damit dise Stelle in den sich gar zerschiedentlich anergebenden emergentibus publicis diser hier und dort angestellten Medicorum sich mit freyer Hand zu bedienen (wissen möge)".[81]

Doch nicht nur die Landschaft zeigt sich widerspenstig, auch einzelne Physici verweigern den landesfürstlichen Behörden ihre Assistenz, was angesichts der vielen neuen Aufgaben, die man den besoldeten Ärzten nunmehr vorschreiben will, nicht verwundert. In Zusammenarbeit mit den Kreishauptleuten haben sie die Aktivität aller

---

76 Siehe dazu: StLA, R+K Regierung (Reg), 1750-X-87 (Besoldungen der ranghöchsten Mediziner)

77 Nach der 1760 erstmals schriftlich niedergelegten Verfassung der steirischen Stände; zitiert nach dem Originaltext bei Mell, Verfassungs- und Verwaltungsgeschichte, S. 604 – 605, 612

78 StLA, R+K Sach 101, 1753-I-73 (P)

79 StLA, R+K Sach 101, 1753-VI-193 (P)

80 StLA, R+K Sach 101, 1753-IV-271 (P)

81 StLA, R+K Sach 101, 1752-III-140

neuen Aufgaben, die man den besoldeten Ärzten nunmehr vorschreiben will, nicht verwundert. In Zusammenarbeit mit den Kreishauptleuten haben sie die Aktivität aller im Lande ansässigen Heilkünstler zu überwachen.[82] Sie sollen mittellose Kranke unentgeltlich behandeln[83] und müssen sich nötigenfalls auf Anweisung der Kreisbehörden in Seuchengebiete begeben, um die Gefährlichkeit von Epidemien zu untersuchen und sanitätspolizeiliche Maßnahmen zu treffen.[84] Das Verlassen ihrer Distrikte ist ihnen ohne Erlaubnis der Kreisämter verboten.[85]

Auf den ersten Blick wirken diese Forderungen durchaus vernünftig, erscheinen jedoch utopisch, wenn man bedenkt, daß es bis 1778 ganze fünf Ärzte waren, die das Amt eines Kreisphysikus auf dem Land bekleideten. Ihnen allein war eine potentielle Patientenschaft von etwa 700 000 Menschen anvertraut. Als Epidemienmediziner sollten sie nicht nur bei unter der Bevölkerung grassierenden Krankheiten, sondern auch bei Viehseuchen medizinische Hilfe leisten. Der Unmut der Ärzte war den landesfürstlichen Stellen also gewiß, passive Resistenz gegenüber behördlichen Anordnungen wurde zur vielfach geübten Praxis.

1756 etwa berichtet der Kreishauptmann von Bruck der Repräsentation und Kammer über die Weigerung des in Leoben befindlichen Kreisarztes, den kreisamtlichen Befehlen zu gehorchen: der Mediziner behaupte, „nicht von Euer Kayl: Königl: May:, sondern nach den vorigen Stylo von denen hierländigen Ständen, und landshaubtmannschaft abzu hangen (...)".[86]

Bald darauf ergeht ein Schreiben der Repräsentation und Kammer an den unwilligen Kreisarzt. Man habe erfahren, „daß er dem Creyß-Amte mit keiner Subordination und Parition zugethan zu seyn vermayne (...)." Ein jeder Kreisarzt sei jedoch „dem creyß-amte, welches im allerhöchsten, und respective unsern Nahmen zu operiren hatt, durchaus allen Gehorsam zu leisten schuldig, und verbunden, und (unterstehet) solchem in allewege; Alß befehlen wir ihme hiemit so gnädig als ernstlich, bey scherffster Anthung, ja sogar bewandten Umständen nach der Suspension ab officio, et Salario, dem Creyßamte allen gehorsam zu leisten, und dessen an ihn (...) ergehende Verordnungen schleunig, und punctual zu vollziehen".[87]

Vom rein formalen Standpunkt aus betrachtet war das Weisungsrecht der landesfürstlichen Behörden keineswegs so selbstverständlich, wie dies das Schreiben der Repräsentation und Kammer vermuten läßt. Nach den landschaftlichen Bestallungsbriefen, die eine Art Dienstvertrag darstellten, den die Physici mit den Ständen abzuschließen hatten, war es den Kreisärzten bis 1778 untersagt, ihre Physikatsorte ohne Erlaubnis der landschaftlichen Verordnetenstelle zu verlassen.[88] Erst von diesem Zeitpunkt an wurden die von den Ständen besoldeten Mediziner vor dem Gubernium oder vor den Kreisämtern vereidigt, vermutlich nach der im Sanitätsnormativ von 1770 enthaltenen

---

82 Hofreskript vom 28. 10. 1752. Siehe dazu: Mathias Macher, Handbuch der kaiserl. königl. Sanität-Geseze und Verordnungen mit besonderer Beziehung auf die innerösterreichischen Provinzen in chronologischer Ordnung mit einer sistematischen und alfabetischen Uebersicht. Bd. 1, Von den ältesten Zeiten bis Ende 1812 (Graz 1846) S. 64

83 Verordnung der Innerösterreichischen Regierung vom 8. 2. 1751 in: Macher, Sanitätsgesetze, S. 59

84 So etwa StLA, R+K 1752-VII-211

85 Verordnung der Innerösterreichischen Regierung vom 8. 6. 1753 in: Macher, Sanitätsgesetze, S. 65

86 StLA, R+K Sach 101, 1756-VII-41

87 Ebd.

88 Siehe dazu: StLA, LaaA IX, Nachträge. Ärzte, Bestallungen

Formel, in der es heißt: „Ich N.N. gelobe und schwöre zu Gott dem Allmächtigen, daß ich den allergnädigst erlassenen Sanitätsverordnungen, und Gesezen, und der den Aerzten vorgeschriebenen Instrukzion getreulich nachkommen, die sich mir anvertrauende Kranke nach den äußersten Kräften der Kunst heilen und ihnen beistehen, auch meine vorzüglichste Sorge dahin verwenden wolle, damit der allgemeine Gesundheitsstand, so viel an mir lieget, erhalten werde (...)."[89] Der Passus über die Abhängigkeit der Physici von der landschaftlichen Verordnetenstelle fehlt seither in den Bestallungsbriefen.

Auch wenn die Stände nach 1748 nicht mehr so lautstark wie einst gegen die Vereinnahmung der von ihnen finanzierten Ärzte durch landesfürstliche Behörden protestierten, war man doch noch lange nicht zur selbstlosen Mitarbeit am Aufbau eines gemeinnützigen Gesundheitswesens bereit und betrachtete die Mediziner weiterhin als Diener der Landschaft. Die offen ausgetragenen Konflikte der Zeit vor 1748 machten einem stillen Widerstand Platz, dessen Spuren sich in den Quellen nicht immer leicht finden lassen. Er dürfte allerdings stark genug gewesen sein, um die Verwirklichung der in Wien gehegten gesundheitspolitischen Pläne entscheidend zu verlangsamen oder in einigen Fällen sogar zu vereiteln.

Doch zurück zu den Ärzten selbst: schließlich hing ja vieles auch von ihrer persönlichen Kooperationsbereitschaft ab. Über die hohen Anforderungen, die von den landesfürstlichen Behörden an die Kreisärzte gestellt wurden, ist bereits berichtet worden. Daß es oft nahezu unmöglich gewesen sein mag, diesen Anforderungen gerecht zu werden, dürfte die Neigung der Ärzte zu passiver Resistenz gegenüber gewissen Verordnungen gefördert haben. So lassen etwa die mit verdächtiger Gleichförmigkeit aus allen Kreisen bei der Grazer Landesbehörde einlaufenden positiven Berichte über das „Wohlverhalten" der Chirurgen und Hebammen[90] auf gewisse Informationsmängel schließen, die aus dem Unwillen mancher Kreisärzte entstanden sein könnten, sich überhaupt zu informieren. Die Tendenz einiger Mediziner, Meldungen über Epidemien, an deren vermeintliche Herde sie sich über Auftrag der Kreishauptleute zu begeben gehabt hätten, kurzerhand zu Gerüchten zu erklären, weist in eine ähnliche Richtung.[91]

Man kann die Ärzte verstehen, denn nach Auffassung der landesfürstlichen Behörden hatten sie die neuen zusätzlichen Leistungen unentgeltlich zu erbringen. Die pauschale jährliche Besoldung von 300 fl. sollte ihnen genügen. Selbst bei den oft lebensgefährlichen Einsätzen in Seuchengebieten hatten sie bestenfalls Anspruch auf sogenannte Reise- und Zehrgelder, die ihnen allerdings oft erst nach vielen Monaten ausbezahlt wurden. Denn weder die landesfürstlichen Behörden noch die steirische Landschaft waren von vornherein bereit, die Unkosten zu ersetzen, die den Kreisärzten durch die epidemienmedizinische Tätigkeit entstanden. Der Streit um die Finanzierung eines Sanitätsfonds, mit dessen Hilfe derartige Ausgaben ohne Schwierigkeiten hätten bestritten werden können, zog sich über Jahre hin.

Die Idee zur Gründung eines solchen Fonds wird erst im Sommer 1760 unter dem Eindruck einer im Weizer Gebiet grassierenden Epidemie geboren. Da den Ständen an der „Erhaltung der Insassen und Contribuenten" wohl am meisten gelegen sein sollte, so eröffnet man seitens der Repräsentation und Kammer die Diskussion, sei es auch ihre

89 John, Medizinalgesetze Bd. 1, S. 401
90 So etwa StLA, R+K Sach 101, „Wohlverhalten der Bader, Apotheker und Hebammen 1758 – 62", bzw. auch Turk, Sanitätswesen, S. 13
91 So z. B. StLA, R+K 1752-II-53 (P); R+K 1752-VIII-32 (P)

Aufgabe, einen Sanitätsfonds zu schaffen. Das bei „Menschen- und Viehkrankheiten" jedesmal auftretende finanzielle Problem ließe sich so ein für allemal lösen.

Die Stände erteilen der Mittelbehörde eine Abfuhr: „Wie nun nicht in abred zu stellen, das dise krankheit jährlich bey dem gemeinen bauernvolck sich umso mehrers zu ergeben pflege als selbe zum theil mit blossen Füessen wegen abgang der Mitl ihre arbeit verrichten müssen, anderen theils auch ihre Nahrung meistens in Sommerszeit von dem Obst hernemmen (...)", vermerkt man lapidar über die Ursachen der in und um Weiz herrschenden Seuche, „womit also die medicinen den gehörigen effect nicht erreichen, zu forderist da die erforderliche Kost dabey abgehet, das also bey solcher bewantnus dises übel selten vollkommentlich wirdet abzuhelfen seyn: (...) was aber den anverlangten fundum anbelanget, da ist zu genüge bekannt, das dieses Land ohne dies mit so villen fundis beleget (...) ist".[92]

Dieser ebenso einfachen wie brutalen Argumentation hatte die Repräsentation und Kammer nichts entgegenzusetzen: Die für die Seuchenbekämpfung benötigten Gelder wurden vorläufig einem vom Kameralzahlamt verwalteten landesfürstlichen Sanitätsfonds entnommen, der aus Strafgeldern gespeist wurde.[93] Dennoch kam man immer wieder auf die ursprüngliche Idee eines ständischen Sanitätsfonds zurück und ließ die Ärzte stets lange auf den Ersatz ihrer Spesen warten.

Derartige Unsicherheiten machten die Epidemienmedizin in der Steiermark zu einem Unternehmen, das fast ausschließlich vom guten Willen und vom Engagement einzelner Mediziner lebte. Anstatt sich in unwirtlichen Gegenden ständiger Todesgefahr auszusetzen und dazu womöglich noch die Feindseligkeit einer den Ärzten grundsätzlich mißtrauisch begegnenden Landbevölkerung fürchten zu müssen, zog es so mancher Physikus vor, sich weiterhin der Betreuung einer begüterten Patientenschaft zu widmen. Hier war sichere Bezahlung zu erwarten, derer man umso mehr bedurfte, wenn man Frau und Kinder zu versorgen hatte und sich aus diesem Grund mit einem jährlichen Gehalt von 300 fl. schwerlich zufrieden geben konnte.

Kommen wir noch einmal auf das Beispiel des Leobner Physikus zurück. Dieser hatte seine Anstellung schon vor den Reformen von 1748 erhalten. Als er 1767 stirbt und man im Gubernium in Graz erwägt, die Leobner Stelle in die Kreishauptstadt Bruck zu verlegen, um dadurch eine bessere Kontrolle des Kreisarztes durch den Kreishauptmann zu gewährleisten, erhält man ein von verschiedenen Honoratioren aus Leoben und Eisenerz unterzeichnetes Schreiben, in dem diese sich gegen den Plan der landesfürstlichen Behörden aussprechen:[94] „(J)e considerabler d(a)s Publikum, und die Leute sind, desto unentfernter pflegt die Anstellung des Physici veranlasset zu werden", stellt man in dem Brief nüchtern fest. Dies treffe auf alle Kreisstädte zu, nur Bruck stelle eine Ausnahme dar. Hier befinde sich, „den H(err)n Creishaubtmann, und H(err)n Erz Priester ausgenom(m)en, kein considerabler Einwohner". So sei „in Anbetracht aber auf einen Medicum diese Stadt, als ein deserter Orth zu betrachten". Ganz anders Leoben, dessen Einwohner im ganzen Kreis „fast das meiste, gewiß aber das considerableste Publikum constituiren". Der Physikus von Leoben habe immerhin drei Männerklöster (Kapuziner, Dominikaner und Jesuiten), sechs Schulen und den Magistrat sowie „mehrere, und auf eine gewisse Art distinguirte Personen, als Ham(m)ers Ge-

92 StLA, R+K 1760-VII-155
93 Siehe auch: Turk, Sanitätswesen, S. 7
94 StLA, LaaA IX, Sach 5. Ärzte 1761 – 1778

werck, Verleger, d(a)s Löbliche K.K. Landesfürstl(iche) Banngericht" und das Frauenstift Göß (80 Klosterfrauen mit Personal) zu versorgen gehabt. Dazu habe der Arzt noch
die Kammergüter Vordernberg und Eisenerz, namentlich den jeweiligen k.k. Oberkam-
mergrafen, den Amtmann und die anderen Offizianten medizinisch betreut (was Wunder, daß sich der Arzt bei einer solchen Patientenschaft den Befehlen des Kreishaupt-
mannes gegenüber taub stellte – allein das adelige Frauenstift Göß ließ ihm für seine
Leistungen jährlich 100 fl., eine ansehnliche Menge Weines und ein Kontingent Vik-
tualien zukommen). Viele Gründe also, das Physikat nicht nach Bruck zu verlegen.
Blieben die landesfürstlichen Stellen dennoch bei ihrem Plan, so werde man sich in
Leoben gezwungen sehen, einen eigenen Arzt anzustellen. Unter solch ungünstigen
Bedingungen werde wohl niemand gerne ein Physikat in Bruck annehmen wollen.

Die in diesem Schreiben in aller Selbstverständlichkeit dargelegte Vorstellung vom
Mediziner als dem Diener einer kleinen Schicht von Privilegierten steht ganz offen-
sichtlich im Widerspruch zum Konzept des Kreisphysikats, das man seitens der landesfürstlichen Behörden zu verwirklichen trachtete.

Im Fall des Leobner Physikats beugte man sich dem Willen der Honorationen, wobei
allerdings die Sorge um die Sicherstellung der ärztlichen Versorgung der k.k. Kammergüter Eisenerz und Vordernberg die Entscheidung, die Stelle des Kreisarztes nicht nach
Bruck zu verlegen, erleichtert haben dürfte.

Es ist schwer zu beurteilen, welchem Berufsbild die Ärzte selbst entsprechen
wollten. Die Mediziner der älteren Generation, die es in der Praxis fast ausschließlich
mit „considerablen" Patienten zu tun hatten und sich noch der Landschaft verpflichtet
fühlten, mögen das von den landesfürstlichen Behörden geforderte neue Arbeitsethos
schlicht als Zumutung betrachtet haben. Komplizierter erscheint die Situation der
jungen Ärzte, die sich nun, wollten sie zu Kreisärzten avancieren oder in der Hierarchie
der Physikate aufrücken, auch des Wohlwollens der landesfürstlichen Stellen versichern
mußten. Sie waren gezwungen, mit den Kreisämtern, dem Gubernium und der Landschaft ein gleichmäßig gutes Einvernehmen zu pflegen. Es ist auch nicht ausgeschlossen, daß sie während ihres Studiums, das sie nicht mehr, wie früher üblich, ins Ausland
führte, bereits auf ihre Aufgaben als Staatsdiener vorbereitet wurden. In den Stellenge-
suchen mancher Ärzte macht sich deutlich die Rhetorik einer neuen Zeit bemerkbar. So
schreibt der junge Kreisphysikus von Judenburg, der sich im April 1777 um das vakante
Leobner Physikat bewirbt, an die Landstände:[95] „Dem Vatterlande durch meine studirte
Heilungs=Kunst zu dienen war von dem ersten Augenblick an, als ich den medicinischen Gradum erhielt, mein äusserstes Bestreben. In dieser Absicht begab ich mich
gleich von Wienn weg, nach Graz, diente da anfänglich blos denen Armen, erhielt das
Kranken Hauß der barmherzigen Brüder, nachher d(a)s Kai(ser)l(iche) Arbeitshauß,
und mitten in meiner besten laage wurde meine dermahlig besizende Physikat=Stelle
in Judenburg offen, und ich batte darum, obwohlen sie mit sehr viel Beschwerden
verbunden ist, um dadurch dem Vatterlande am nothwendigsten Theile zu nützen, und
zu weiteren Gnaden Einer Hochlöbl. Landstelle würdig zu machen. (...) Daß ich
durchgehends meine Kräfte anwande, die Absicht des Staats zu erreichen, mag auf
allmahliges Verlangen das Löbl(iche) Kreißamt bestättigen (...)."[96]

95 Ebd., Schreiben des Judenburger Kreisarztes Dr. Johann Steyrer
96 Die Bewerbung des Mediziners wurde angenommen. StLA, LaaA IX., Sach 6. Ärzte 1778 – 1818

Im „Amtsunterricht für Kreisärzte" aus dem Jahre 1785 werden die Aufgaben und Pflichten der besoldeten Mediziner erstmals verbindlich zusammengefaßt. Ein Kreisarzt habe sich, so liest man hier, „in seinem Kreise als den zur Erhaltung des allgemeinen Gesundheitsstandes aufgestellten öffentlichen Beamten zu betrachten, in welcher Eigenschaft alles, was dahin Beziehung hat, was er dazu nüzliches beizutragen hat, in den Umkreis seiner Verrichtungen einschlägt".[97]

Ob derartige Reglements den Elan der schlecht bezahlten Kreisärzte gefördert haben, kann nicht beantwortet werden. Die präzisen Formulierungen des „Amtsunterrichts" sollten jedoch nicht darüber hinwegtäuschen, daß die mit 200 - 300 fl. pro Jahr bezahlten Physici selbst bei gutem Willen nicht immer in der Lage gewesen sein dürften, ihren Aufgaben zur „Erhaltung des allgemeinen Gesundheitsstandes" Sinne der neuen Verordnungen nachzukommen.

Mehr Ärzte für die Steiermark?

Das gesundheitspolitische Ziel, den Patientenkreis der graduierten Mediziner über eine kleine Schicht von Begüterten und Privilegierten hinaus zu erweitern, ließ sich, wie wir gesehen haben, nur schwer verwirklichen. Einige der dafür verantwortlichen Ursachen wurden bereits beschrieben. So mußten die Forderungen der landesfürstlichen Behörden an die Kreisärzte etwa schon angesichts der lächerlich kleinen Zahl beamteter Mediziner unrealistisch erscheinen.

Auf der Suche nach den Gründen für den auffälligen Mangel an Ärzten im Herzogtum Steiermark stößt man auf eine seltsam widersprüchliche Politik der Wiener Hofstellen, namentlich des Directorium in publicis et cameralibus, später der Hofkanzlei. Über ein Vierteljahrhundert lang ignorierte man dort beharrlich alle aus Graz einlangenden Bitten um eine Vermehrung der Physikatsstellen, obwohl die bessere Versorgung der Bevölkerung mit graduierten Ärzten ja offenbar zu den Zielen der landesfürstlichen Gesundheitpolitik zählte.

Bereits 1749 hatte sich die Repräsentation und Kammer gegen eine allzu rigorose Verkleinerung des ständisch besoldeten Heilcorps ausgesprochen und die Landschaft in ihren Bemühungen gegen seine Auflösung unterstützt. In Wien war man jedoch auf die Argumente der steirischen Landesstelle gar nicht erst eingegangen.

Trotzdem wurde man bei Hofe nicht müde, immer wieder darauf hinzuweisen, wie wichtig es sei, „das Augenmerk dahin zu richten, womit der Gesundheits=Stand in Unseren gesambt(en) Erblanden in seiner beständig vollkommenen Reinigkeit erhalten werde" - ein erstrebenswerter Zustand, dessen Verwirklichung „haubtsächlich von der anstellung geschickter, und wohlerfahrner Medicorum, und Chyrurgorum abhanget".[98]

Als man allerdings 1758 Genaueres über die seit 1749 in Graz angestellten Mediziner in Erfahrung bringen will,[99] weiß die Repräsentation und Kammer nur Betrübliches nach Wien zu berichten.[100] Seit 1749 sei bloß ein einziger neuer Arzt in Graz ansässig

97 John, Medizinalgesetze, S. 64f. (Amtsunterricht für Kreisärzte: S. 57 - 67)
98 StLA, R+K Sach 101, „Mediker, Chyrurgen, Bader und Kurpfuscher 1750 - 1763" (1753-I-125, k.k. Resolution vom 13. 1. 1753)
99 Ebd. (k.k. Resolution vom 1. 4. 1758)
100 Ebd. (R+K 1758-V-31)

geworden, der die Stadt inzwischen allerdings schon wieder verlassen habe. Insgesamt habe sich die Zahl der Mediziner seit 1749 ganz erheblich verringert, und man habe wenig Hoffnung, daß sich an dieser Notlage bald etwas ändern werde.

Die von den Ständen besoldeten Ärzte seien einst immer in der Lage gewesen, zwei bis drei Praktikanten zu bezahlen, aus deren Mitte sich in Graz der Medizinernachwuchs rekrutiert hatte. Diese Möglichkeit gebe es nun nicht mehr; den jungen Ärzten fehle jede Chance, „etabliret, und beförderet zu werden". So sei es vielen, obschon guten Willens, auch verwehrt, sich dem seit einigen Jahren geforderten Examen an der Wiener medizinischen Fakultät zu stellen, da sie die Kosten eines solchen Unterfangens zu bestreiten nicht imstande wären.

Die Reaktion der Wiener Behörden bleibt aus. Anfang 1759 wendet sich die Repräsentation und Kammer wieder an das Directorium in publicis et cameralibus.[101] Innerhalb kurzer Zeit haben in Graz vier Ärzte das Zeitliche gesegnet. Nun befinden sich nur noch neun Mediziner in der Stadt. Von den beiden besoldeten Ärzten, so berichtet man nach Wien, sei einer uralt, der andere todkrank. Daraus folge, „daß in balden die beste Medici absterben, infolglich die übrige für die allhiesige zahlreiche noblesse und Publicum in, und vor der stadt, auch um gratz herum liegende ortschafften nicht erklecklich seyn, somit die krank darnider liegende Partheyen werden hilflos gelassen werden".

Am 10. Juni 1759 erhält man Antwort aus Wien: Es bleibe dabei, daß nur auf einer erbländischen Universität graduierte Mediziner zur Praxis zugelassen werden dürfen.[102] Die von der Repräsentation und Kammer ins Treffen geführten Mißstände bleiben unerwähnt.

1762 klagt die Grazer Mittelbehörde erneut über die schlechte medizinische Versorgung der Steiermark. Diesmal bietet eine k.k. Resolution vom 25. Juni 1762 willkommenen Anlaß, über den Niedergang des Gesundheitswesens nach Wien zu berichten.[103] Dort wünscht man über die „ordinari- und extraordinari auslagen" in Sanitätssachen Bescheid zu wissen. Die von der Repräsentation und Kammer Anfang Juli nach Wien gesandte Kostenaufstellung enthält eine Liste der aus der ständischen Kasse bezahlten Ärzte und Chirurgen. Nach wie vor befinden sich nur zwei besoldete Ärzte in Graz und fünf auf dem Land. Zu ihnen kommen drei von der Landschaft salarierte Chirurgen in Graz.

Die Landesstelle glaubt nun, den Ärztemangel in der Steiermark, der, wie man meint, durch die am 10. Oktober 1750 erlassenen Restriktionen entstanden ist, „keineswegs mit stillschweigen übergehen zu können".

Die Zahl von insgesamt sieben besoldeten Ärzten sei „in ansehung des so weitschichtig, als gebürgigen landes Steyer und d(essen) zahlreich(en) Insassen in d(er) that so gering ausgemessen, daß kein wund(er) zu nehmen, wenn man mit grund behaubtet, daß ein groser theil (deren) Insassen gar hilfloß unterligen müsse". Die noch im Lande befindlichen Ärzte drohten auszusterben, so klagt man, der Nachwuchs an jungen Medizinern fehle, und die frei werdenden Physikatsstellen müßten mit landesfremden Ärzten besetzt werden. Diesen Fremdlingen könne jedoch „weder das clima, noch die erziehungs und nahrungs arth des landes bekannt seyn (...)", wodurch das Publikum

101 Ebd. (R+K 1759-II-84)
102 Ebd. (k.k. Resolution vom 10. 6. 1759)
103 StLA, R+K Sach 101, 1762-VII-22

unsicheren Behandlungsmethoden ausgeliefert sei. Die Ärzte litten unter einem Mangel an Verdienstmöglichkeiten, ihre Arbeit werde nicht „wie in denen grossen und bemittelten Städten" gut bezahlt, sondern oft nur mit Worten des Dankes gewürdigt. Wird der Arzt für seine Visite entschädigt, muß er sich mit ein oder zwei Dukaten zufrieden geben. Einem Anfänger werde es auf diese Weise überhaupt unmöglich, sich von seinem erlernten Beruf zu ernähren. Eine Reise zum Examen nach Wien komme dagegen stets teuer zu stehen. Der oft erforderliche mehrmonatige Aufenthalt in Wien sei für viele Approbanden, vor allem für Kinder armer Eltern, unbezahlbar. Kein Wunder also, daß so mancher junge Arzt „ohngeachtet seiner oft dermahl auch besizenden (...) talenten sich leider seines unterhalts destiuir(et) sehen muß, und denen diensten des gemeinen bestens nicht widmen kan".

Da es der Repräsentation und Kammer in dieser Sache „vorzüglich um die conservation des menschenlebens zu thuen" sei, frage man sich, ob man den Ständen bei der Anstellung und Besoldung der Ärzte nicht freie Hand lassen sollte. Was die Prüfung der im Ausland Graduierten anlange, die in der Steiermark praktizieren wollten, so könne diese auch in Graz vorgenommen werden. Die Repräsentation und Kammer schlägt vor, zu diesem Zweck eine eigene Prüfungskommission zu gründen. Sie soll sich aus drei oder vier in Wien approbierten Grazer Ärzten zusammensetzen, die als „commissarii jurati" fungieren würden. Die an die Kandidaten zu stellenden Fragen könnten von der Wiener medizinischen Fakultät nach Graz übersandt werden, um dann in Gegenwart der Mitglieder der Prüfungskommission schriftlich beantwortet zu werden. Danach könne die Beantwortung, von den Prüfern unterschrieben und begutachtet, direkt an die Wiener Fakultät geschickt werden, die hierauf über Approbation oder Ablehnung der Kandidaten entscheiden solle. Auch diese Vorschläge, die man in der Repräsentation und Kammer ausdrücklich als „pro bono communi" verstanden wissen wollte, fanden in Wien keine Zustimmung.

In einer k.k. Resolution vom 19. August 1762 geht man auf den Bericht der Repräsentation und Kammer ein, wiederholt dabei jedoch nur schon bekannte Bestimmungen:[104] „So viel aber den von euch angeführten Mangel deren Medicorum, und dießfalls bey bringende Ursachen betrifft, da hat es 1mo bey deme sein gäntzliches bewenden, daß keiner zu einen Physikat gelangen solle, er seye dan(n) auf alhiesiger Universität graduiret. 2do Solle jeder Physicus in seiner ausgemessenen Station verbleiben, und ihme nicht gestattet werden zu Gratz, oder in einen anderen Orth sich aufzuhalten. 3^{tio} solle kein Medicus fürderhin salariret werden, alß jene welche mit Physikaten versehen sind, folglich für das Publikum arbeiten, wohingegen 4to die übrige Medici von der Praxi, und von jenen, die sich ihrer bedienen, zu leben haben. Endlich und 5to ist kein Medicus, welcher auf fremden Universitäten graduiret, ad praxim zu lassen, er seye dan(n) vorhero alhier examiniret und approbiret worden".

In Wien besteht man also weiterhin auf dem Prüfungsmonopol der Wiener medizinischen Fakultät. Auch scheint man sich noch immer mit der kleinen Zahl von sieben für die gesamte Steiermark zuständigen beamteten Medizinern zufriedenzugeben, die man mit öffentlichen Aufgaben betrauen kann.

---

104 StLA, R+K Sach 101, „Mediker, Chyrurgen, Bader und Kurpfuscher 1750 - 1763"

Doch in Graz ruht man nicht: Schon 1768 wagt man einen neuerlichen Vorstoß. Diesmal geht die Anregung zur Kritik von der neugegründeten Agrikulturssozietät aus, die „auf die bessere besorgung des Contribuenten in Kranckheitsfällen als wovon seine Conservation haubtsächlich abhange" dringt und daher vorschlägt, mehr Ärzte auf dem Land anzusiedeln.[105] Die Grazer Sanitätskommission befragt daraufhin sämtliche Kreishauptleute über die Notwendigkeit einer derartigen Maßnahme. Aus allen Kreisen langen Berichte ein, die bereits konkrete Ideen zur Schaffung neuer Physikate enthalten. So setzt man sich für die Gründung von Landarztpraxen in Radkersburg (Grazer Kreis), Bruck (Brucker Kreis), Windischgraz (Slovenj Gradec, Cillier Kreis), Ehrenhausen (Marburger Kreis) und Rottenmann (Judenburger Kreis) ein. Die neuen Physici sollen jährlich mit je 300 fl. bezahlt werden.

Das Innerösterreichische Gubernium (ehemals Repräsentation und Kammer) wendet sich nun an die Landschaft, um wegen der Besoldung der Ärzte mit den Ständen in Verhandlungen zu treten. Dort gibt man sich jedoch eher zugeknöpft. Im April 1768 läßt der landschaftliche Ausschuß dem Gubernium sein Gutachten zur Frage der Landärzte zukommen. Zunächst äußert man darin Bedenken wegen der den Ständen durch die neuen Physikate entstehenden Kosten, die die ohnedies schon stark belasteten ständischen Finanzen noch weiter schwächen würden. Doch dies ist nicht der einzige Vorbehalt – der Ausschuß hat noch ein weiteres, grundsätzliches Argument parat: „So kom(m)et aber auch (...) gar wohl vorsehentlich zu erwegen, d(a)s dem Bauersmann und auch denen gemeinen Burgern mit Anstellung mehrerer Physicorum in denen Landes=Creyßen wenig gedient seyn werde, zumahl(en) Selbe von Doctor und Medicin ville aus Kargheit, die meisten aber auß unvermögenheit und wahrer Armuth selten etwaß hören wollen, sondern Sich fast alle deren ihrer unter Sich Selbst schon bekannten Hauß Mittlen gebrauchen, welches die schon ehevor angestellte Landes Physici von allen Seiten her bestens erfahren, das Selbe von ihren Privat Curen, wenn Sie nicht die Landschafftliche Bestallung deren 300 fl. bey hätten, niemalen zu leben vermöchten". Jede neue Physikatsstelle gefährde somit die Existenz der schon tätigen Landärzte. Dennoch hält man die Neuanstellung von ein bis zwei Ärzten auf dem Land für notwendig. Vordringlicher erscheine allerdings die Vermehrung der medizinischen Praxen in Graz, zumal „d(a)s gesam(m)te eines Medicinae Doctoris Sich bedienende Personale in allen 5. Kreisen auf dem lande bey weitem das Haupt Stadt Gräzerische Publicum nicht ausmachet".

Wieder einmal treffen hier divergierende Meinungen aufeinander. Die Agrikultursozietät und mit ihr das Gubernium, die Sanitätskommission und die Kreisämter sehen in der medizinischen Versorgung der bäuerlichen Landbevölkerung das Ziel ihrer Bemühungen, der Landschaft hingegen mutet ein solches Vorhaben absurd an. Schien doch die Erfahrung zu zeigen, daß sich der Wunsch nach ärztlichem Beistand auf Personen von Stand beschränkte – wozu also auch noch den Bauern teure Doktoren ins Haus schicken, von denen man auf dem Land ohnedies nie etwas wissen wollte?

Im Gubernium läßt man sich jedoch nicht so schnell von bereits gefaßten Plänen abbringen. Anfang Juni 1768 sendet man einen Bericht an die Hofkanzlei, in dem man für die Anstellung mehrerer neuer Ärzte in Graz und auf dem Land plädiert. Doch die

---

105 StLA, LaaA IX, Sach 5. Ärzte 1761 – 1778 (Note des Innerösterreichischen Guberniums an die Landschaft vom 29. 3. 1768)

Hoffnungen der Beamten auf eine positive Antwort werden bald enttäuscht. In einem Hofkanzleidekret[106] werden alle Wünsche nach einer Vermehrung der Physikatsstellen in der Steiermark kurzerhand abgewiesen.

Ein etwas halbherziger Versuch des Guberniums, ein Physikat in Pettau einzurichten, scheitert 1773 am Widerstand der Stände. In diesem Fall dreht es sich vor allem um die medizinische Betreuung des in Pettau stationierten Militärs.[107] Die Stände lehnen die Finanzierung eines solchen Physikats von vornherein ab. In einem Bericht der landschaftlichen Buchhalterei an den ständischen Ausschuß weist man darauf hin, daß vor dem Rezeß von 1748 sechs Ärzte in Graz und neun Ärzte auf dem Land von den Ständen bezahlt worden waren.[108] Nach 1748 habe es dann nur noch zwei Ärzte in Graz und fünf auf dem Land gegeben. „Als bin der ohnmaß Vorschreiblich unterthänigen Meinung", bemerkt der landschaftliche Buchhalter sarkastisch, „daß sich Eine Hochlöbliche Landschafft zu wider denen Allerhöchsten Resolutis und anordnungen zu Remunerirung eines neu anstellenden Medici zu Pettau in nichten herbeyzulassen vermöge".

Die Situation ändert sich erst im Jahre 1777, nachdem man in Wien fast 30 Jahre lang alle Klagen ignoriert und alle Verbesserungsvorschläge abgewiesen hatte. In einer k.k. Resolution vom 17. Mai 1777[109] gibt man dem Gubernium bekannt, „daß einem weiteren Vorschlage, ob, und mit wieviel Individuis die allda zu gering scheinende Anzahl der Kreis Physicorum vermehret werden könnte, des nächsten entgegen gesehen werde".

Sogleich leitet das Gubernium die Anfrage an die fünf Kreisämter weiter. Die Kreishauptleute schlagen die Gründung von insgesamt acht neuen Physikaten vor (Grazer Kreis: Radkersburg und Fürstenfeld; Brucker Kreis: Kindberg, Kapfenberg oder Mürzzuschlag; Judenburger Kreis: Irdning; Marburger Kreis: Stainz und Pettau; Cillier Kreis: Rann/ Brežice und Windischgraz). Die Konzepte der Kreisämter werden darauf den Ständen vorgelegt. Diese erklären sich zur Finanzierung zusätzlicher Physikate in Pettau, Radkersburg und Irdning bereit, zumal sich in Pettau und Radkersburg vor 1750 ohnedies landschaftliche Physikate befunden hätten, wie ja auch das Gebiet des Enns- und Paltentales früher stets von einem Landschaftsarzt versorgt worden sei. Weitere Ärztestellen halten die Stände nicht für notwendig, schon gar nicht in den armen Gegenden von Rann und Windischgraz, wo „ein eigener Medicus gar geringe Subsistenz finden werde".

Im Oktober 1777 schickt das Innerösterreichische Gubernium ein ausführliches Gutachten an die Hofkanzlei nach Wien. Die Meinungen der Kreishauptleute und der Stände werden darin von Beamten des Guberniums kommentiert. Sie treten für die Einrichtung von Physikaten in Radkersburg, Mürzzuschlag, Irdning, Pettau, Rann und Windischgraz ein, was einem Kompromiß zwischen den Entwürfen der Kreishauptleute und der Stände entspricht. In Rann und Windischgraz, so berichtet man der Hofkanzlei, sollten nach Ansicht der Stände keine Ärzte angesiedelt werden, „weil die daselbst

---

106 Ebd. (Hofkanzleidekret vom 27. 7. 1768)

107 Ebd. (Note des Guberniums an die Landschaft vom 2. 3. 1773)

108 Im Gegensatz zu den Angaben aus StLA, LaaA, Sach 775 (Anm. 40) werden in dieser Liste folgende Namen und Gehälter ständischer Ärzte vor 1748 angeführt: Spindler, 1000 fl.; Heipl, 900 fl.; Gründl, 800 fl.; Catharin, 600 fl. und Teiner, 300 fl. Die Namen und Gehälter der Physici auf dem Land stimmen in beiden Aufstellungen überein.

109 StLA, R+K Sach 108, 1776-I-300; dgl. die folgenden Ausführungen und Zitate

anstellende Kreis Physici nur einzig mit armen Leuten umgeben wären". Im Gubernium sei man jedoch der Meinung, „daß die anstellung der Kreis Physicorum zur höchst nöthigen Versehung des Publici, nicht aber zur Bereicherung d(eren) Physicorum gewidmet seye, und eben die armen Leute der allerhöchsten milde, mit besoldeten Medicis versehen zu werd(en) weit mehr, als die reichen bedarffen". Auch über die Höhe der Bezahlung der Ärzte ist man sich bereits im klaren: Die Physici von Pettau und Radkersburg sollen jährlich je 200 fl. erhalten, die von Mürzzuschlag und Irdning (wegen der höheren Lebenshaltungskosten in der Obersteiermark) je 250 fl.; ebenso diejenigen von Rann und Windischgraz (wegen der geringeren Möglichkeiten des Nebenverdienstes).

In einer k.k. Resolution vom 13. Dezember 1777[110] wird das Gubernialgutachten vollinhaltlich gutgeheißen. Auch die Stände akzeptieren die Erhöhung der Zahl der Physikate von fünf auf elf ohne Widerspruch. Devot gibt man bekannt, daß „die Stände diese Allerhöchste Willens-Meinung, als einen dem ganzen Land sehr nuzlichen Gegenstand betrachten, und eben deßwegen die bestimmte Gehalt mit gegen die Allerhöchste Monarchin gehorsamst verpflichtet= und danknehmenden Herzen abreichen werden".[111]

Bald finden sich auch Interessenten für die neuen Physikate, die der Landschaft ihre Bewerbungsschreiben schicken. Nur das Physikat von Rann bleibt vorerst unbesetzt. Niemand will sich freiwillig in das häufig von Seuchen heimgesuchte ärmliche Grenzgebiet begeben. Schließlich findet sich ein Wundarzt, der die Stelle übernimmt, da sich kein graduierter Mediziner um das Ranner Physikat beworben hat. Doch er verzweifelt bald und setzt sich nach Sizilien ab. Auf ihn folgt wiederum ein Wundarzt.[112]

In Graz wird 1778 auf Vorschlag der Hofkanzlei die Zahl der besoldeten Armenärzte erhöht.[113] Ihre Stellen werden durch den landesfürstlichen Sanitätsfonds und von den Ständen finanziert. In einer im August 1778 entstandenen Aufstellung[114] werden ein Armenarzt in der Stadt (150 fl.) und drei Armenärzte in den Vorstädten erwähnt (100 fl. und zweimal 75 fl.).

So war es also in den letzten Regierungsjahren Maria Theresias doch noch zu einer bedeutenden Vermehrung der öffentlichen Ärztestellen gekommen. Unter Joseph II. findet sich nach 1784 noch ein Schladminger Physikat erwähnt; das Physikat von Mürzzuschlag wurde nach Kindberg verlegt.[115] Seit 1784 konnte das Innerösterreichische Gubernium mit den Ständen über die Besetzung der Physikate verhandeln, ohne die Hofkanzlei darüber informieren zu müssen. Einzig die Vorschläge zur Neubesetzung des Protomedikats sollten weiterhin nach Wien gesandt werden. Die unter Maria Theresia erlassenen Aufnahmebestimmungen für Kreisärzte blieben gültig und wurden noch durch veterinärmedizinische Prüfungen ergänzt.[116] Der in den fünfziger und sechziger Jahren des 18. Jahrhunderts in der Steiermark so oft beklagte Ärztemangel

---

110 Ebd. (1777-XII-323)
111 Ebd. (1778-I-115)
112 StLA, LaaA IX, Sach 6. Ärzte 1778 – 1818
113 StLA, R+K Sach 108, 1776-I-300 (R+K 1778-III-382)
114 Ebd. (1778-VIII-234)
115 StLA, LaaA IX, Sach 6. Ärzte 1778 – 1818. Die Angaben Turks, Sanitätswesen, S. 50, sind unrichtig
116 StLA, Gubernialprotokoll IV/B 1784

machte in den späten siebziger und in den achtziger Jahren einem Überangebot an jungen Ärzten Platz; dies lassen zumindest die immer zahlreicher werdenden Bewerbungsschreiben vermuten.[117] In dem 1783 vom Grazer Protomedikus im Auftrag des ständischen Ausschusses angelegten Matrikelbuch der steirischen Mediziner[118] waren um 1790 insgesamt bereits etwa 40 Ärzte verzeichnet - eine Zahl, die von da an kontinuierlich anwuchs. Ob diese Mediziner jedoch immer von ihrem Beruf leben konnten, bleibt fraglich.

Öffentlich besoldete Ärzte (Physici) in der Steiermark zur Zeit Josephs II.

117 StLA, LaaA IX, Sach 6. Ärzte 1778 - 1818
118 StLA, LaaA IX, Nachträge 4

Wundärzte, Hebammen und Apotheker

Im Gegensatz zu den Ärzten, die sich noch im 18. Jahrhundert nur ungern unter das einfache Volk begaben, versahen Bader, Barbiere, Hebammen und Apotheker schon seit dem Mittelalter ihre Dienste an den Angehörigen der niederen Stände.

Die Abgrenzung zu den heilkundigen Außenseitern, die gerne als „Fretter", Kurpfuscher oder Scharlatane bezeichnet wurden, fiel ihnen nicht immer leicht. In der ständischen Gesellschaft unterschied bis ins 18. Jahrhundert nicht die fachliche Qualifikation, sondern die obrigkeitliche Erlaubnis zur Ausübung des Berufes den Pfuscher vom autorisierten Heilkünstler: ein Umstand, der den Kranken, die eine Behandlung nach ihrer subjektiven Wirksamkeit beurteilten, gleichgültig gewesen sein dürfte.[119] Hinzu kam, daß es keineswegs immer als geklärt gelten konnte, welcher Jurisdiktion die Heilkünstler jeweils unterstanden. Für graduierte Ärzte, die als Gelehrte einer medizinischen Fakultät inkorporiert waren, war zunächst die universitäre Gerichtsbarkeit zuständig. Auf diese Weise waren sie, wie etwa in Wien, nicht der städtischen Obrigkeit unterworfen und brauchten keine bürgerlichen Steuern zu bezahlen.[120] Anders als in den süddeutschen Reichsstädten und in den Niederlanden, wo sich seit dem 16. Jahrhundert auf Initiative der städtischen Obrigkeiten „Collegia Medica" konstituiert hatten, die als Standesvertretungen der Ärzte und als Aufsichtsorgane für die anderen Heilberufe fungierten,[121] beanspruchten in Wien und Prag die medizinischen Fakultäten diese Aufgaben für sich.[122] Dies erklärt wohl auch die zentrale Rolle, die diesen beiden Universitäten in den theresianischen Reformen des Gesundheitswesens zugewiesen wurde.

Zum Leidwesen der medizinischen Fakultäten gab es jedoch auch legal praktizierende Ärzte, die sich der universitären Jurisdiktion weitgehend entzogen; die italienischen, spanischen, französischen oder niederländischen Hof- und Leibärzte der Habsburger etwa,[123] aber vermutlich auch viele Landschaftsärzte. Was die sogenannten „niederen Heilpersonen" betraf, so gelang es den medizinischen Fakultäten von Wien und Prag nur in sehr beschränktem Maß, die angestrebte Kontrollfunktion auszuüben.[124]

In Wien hatte die medizinische Fakultät seit 1517 das Recht, Chirurgen zu prüfen – in diesem Bereich arbeitete man mit der Stadt zusammen – ansonsten jedoch galten die dem Zunftzwang unterworfenen Wiener „Chirurgen, Scherer und Bader" als bürgerli-

---

119 Siehe dazu auch: Manfred Stürzbecher, Beiträge zur Berliner Medizingeschichte. Quellen und Studien zur Geschichte des Gesundheitswesens vom 17. bis zum 18. Jahrhundert (= Veröffentlichungen der Historischen Kommission zu Berlin beim Friedrich Meinecke Institut der freien Universität Berlin 18, Berlin 1966) S. 5 - 6

120 Senfelder, Öffentliche Gesundheitspflege 2, S. 27

121 Stürzbecher, Berliner Medizingeschichte, S. 12

122 Senfelder, Öffentliche Gesundheitspflege 2, S. 27 bzw. Eva Rozsivalova, Prager Sanitätspersonen in den Visitationsbefunden aus den Jahren 1725 - 1726. In: Acta Universitatis Carolinae Medica 16/7, 8 (1971) 675 - 718, S. 675 - 676

123 Senfelder, Öffentliche Gesundheitspflege 2, S. 29. Zu den Wiener Ärzten zur Zeit Karls VI. siehe auch: Francisci Ernesti Brückmanni Epistola Itineraria XXI de Medicis Viennensibus anno MDCCXXIII, MDCCXXIV, MDCCXXV Eorumque Scriptis Medicis (1730) (...); Epistola Itineraria XXII de Medicis Viennensibus anno 1723, 1724, 1725 eorumque scriptis medicis et medicina Viennensi ad Christ. Georg. Schwalbe. In: Centuria Epistularum Itinerarium (Wolffenbüttel 1742) Bd. 4. Ich danke Christian Promitzer für den freundlichen Hinweis.

124 Lesky, Gesundheitswesen, S. 46 - 50

che Untertanen.[125] Immerhin war es den Lehrlingen gestattet, die seltenen anatomischen Übungen an der Universität zu besuchen.[126] Hebammen wurden vom 16. Jahrhundert bis zu den Reformen Maria Theresias nur vereinzelt geprüft, soferne sie sich dem Examen freiwillig unterzogen. Ob die 1711 von der Fakultät entworfene Hebammenordnung, die bereits viele Elemente der theresianischen Reformen vorwegnahm, überhaupt wirksam werden konnte, bleibt ungewiß.[127] Da es den Hebammen in der patriarchalischen ständischen Gesellschaft als Frauen unmöglich war, sich korporativ zu organisieren,[128] gestaltete sich ihre Kontrolle durch die Obrigkeit wiederum besonders schwierig.

Auf komplizierte Verhältnisse treffen wir auch im Apothekenwesen. Obwohl man in Wien seit dem 15. Jahrhundert versucht hatte, die Apotheker der Universität zu unterstellen, waren diese doch stets der bürgerlichen Jurisdiktion unterworfen geblieben. Seit 1517 war es der medizinischen Fakultät durch ein kaiserliches Privileg allerdings möglich, die Apotheken überprüfen zu lassen und Mißstände bei der niederösterreichischen Regierung anzuzeigen.[129] Im Jahre 1564 unternahm man seitens der Regierung den Versuch, durch den Erlaß einer kaiserlichen Apothekenordnung die Kompetenzen im Apothekenwesen klar zu definieren, die Apotheker mit Privilegien auszustatten und ihre Zahl zu begrenzen.[130] Das Vorhaben scheiterte. Auch von einer gesetzlich organisierten Apothekerinnung konnte in Wien nicht die Rede sein, wie der Wiener Historiker Leopold Senfelder feststellt: „Alle in den Akten vorkommenden Bezeichnungen wie Medium, Mittel, Consortium oder Collegium pharmaceuticum deuten nur auf die von alters her bestehende freie patriarchalische Vereinigung der Wiener Apotheker hin. Der natürliche Obmann dieser Vereinigung, der älteste Apotheker, Senior, besaß weder ein Disziplinarrecht gegenüber seinen Kollegen, noch das Recht, diese nach außen zu vertreten."[131]

1713 erneuerte Karl VI. die Apothekenordnung von 1564, die Apotheker blieben jedoch weiterhin unter bürgerlicher Jurisdiktion.[132] Das Apothekenwesen entzog sich damit beinahe jeder Möglichkeit der Kontrolle.

In den Ländern oblag den landschaftlichen Ärzten die Aufsicht über Chirurgen, Hebammen und Apotheker. Sie scheinen ihrer Aufgabe aber, wie es scheint, nur selten nachgekommen zu sein.[133] So vermerkt etwa die landesfürstliche Regierung und Hofkammer in Graz 1705 besorgt, daß es Ärzten, Chirurgen und Apothekern in der Steiermark möglich sei, auch ohne Doktoratsdiplome und andere glaubhafte Befähigungsnachweise zu praktizieren.[134] Dennoch gelang es den landesfürstlichen Stellen oft nicht einmal, die landschaftlichen Ärzte zu ihren jährlichen Apothekenvisitationen

---

125 Senfelder, Öffentliche Gesundheitspflege 2, S. 34. Zur Geschichte der Bader und Barbiere siehe auch: Christl Steiner, Die Bader und Barbiere (Wundärzte) in Wien zur Zeit Maria Theresias (1740 - 1780) (= Dissertationen der Universität Wien 118, Wien 1975)
126 Senfelder, Öffentliche Gesundheitspflege 2, S. 60
127 Ebd., S. 45
128 Siehe auch: Stürzbecher, Berliner Medizingeschichte, S. 4
129 Senfelder, Öffentliche Gesundheitspflege 2, S. 60
130 Ebd., S. 63
131 Ebd., S. 70
132 Ebd., S. 60
133 Siehe auch: Lesky, Gesundheitswesen, S. 50
134 StLA, LaaA IX, Nachträge 4. Ärzte, Personalien 3

zu bewegen, zumal jeder Befehl, den die Regierung den Medizinern erteilen wollte, bei den Ständen Empörung hervorrief.

Auf welche Weise man unter Maria Theresia und Joseph II. versucht hat, die Ärzte zu Sanitätsbeamten im Dienst des Staates zu machen, wurde schon gezeigt – der Erfolg der vielfältigen Bemühungen ist mitunter ausgeblieben. Doch die Ärzte bildeten nur einen kleinen, wenn auch wichtigen Teil der mit den Leiden der Bevölkerung befaßten Heilkünstler. Wollte man das gesamte Heilwesen kontrollieren, dann galt es, auch Chirurgen, Hebammen und Apotheker, die letztlich die Mehrheit der autorisierten Heilkundigen stellten, einer stärkeren, zentral gelenkten Reglementierung zu unterwerfen. Wieder boten sich zwei Möglichkeiten der Einflußnahme: die Neuorganisation der Ausbildung und die Eingliederung der genannten Berufsgruppen in ein mit den landesfürstlich-staatlichen Behörden in Verbindung stehendes institutionelles System. Diese Intentionen ließen sich, wie viele andere gesundheitspolitische Konzepte, nur in Ansätzen verwirklichen. Innovatorische Projekte waren häufig durch eine ganze Kombination von Schwierigkeiten gefährdet: im bereits beschriebenen Fall der Mediziner etwa durch eine nicht immer eindeutige Verteilung der Kompetenzen innerhalb der landesfürstlichen Behörden, die den Austausch von Informationen verzögerte und erschwerte, durch den Unwillen der Landschaft zur vorbehaltlosen Kooperation mit den Mittelbehörden und schließlich durch die passive Resistenz der letzten Glieder der Hierarchie gegenüber den landesfürstlich-staatlichen Verordnungen und Erweiterungen ihres Aufgabenbereichs.

Was die „niederen Heilkünstler" betraf, so stießen Neuerungen auch hier auf verschiedene Hindernisse. Betrachten wir zunächst die unter Maria Theresia und Joseph II. eingeleiteten Reformen der Ausbildung.

Schon in den vierziger Jahren des 18. Jahrhunderts hatte sich van Swieten für eine wissenschaftliche Ausbildung von Chirurgen und Hebammen stark gemacht.[135] Die Anfänge eines solchen wissenschaftlichen Unterrichts fallen in das Jahr 1748: An den Universitäten von Wien und Prag werden nun theoretische Vorlesungen für Chirurgen und Hebammen gehalten. Es folgen die Universitäten von Freiburg und Innsbruck. 1774 wird in Wien eine außerordentliche Lehrkanzel für den theoretischen und praktischen Chirurgen- und Hebammenunterricht gegründet.[136] In den Provinzen der Monarchie werden Lehrer für Geburtshilfe und Anatomie angestellt. 1774 finden sich solche in Linz, Klausenburg (Cluj), Hermannstadt (Sibiu), Graz, Klagenfurt und Laibach (Ljubljana); seit 1778 auch in Triest.[137] 1784 eröffnet Joseph II. in Wien die medizinisch-chirurgische Akademie; schon 1783 hatte der Kaiser die Chirurgie zur freien Kunst erklärt. Bis zu diesem Zeitpunkt hatte die Chirurgie ausschließlich als Handwerk gegolten, das von Wundärzten, Barbieren und Badern ausgeübt wurde, zwischen denen man im 18. Jahrhundert allerdings nicht mehr überall unterschied.[138] Die Chirurgen ließen zur Ader, zogen Zähne, setzten Schröpfköpfe und Blutegel an, legten Pflaster und Verbände auf, verabreichten Klistiere, richteten Knochenbrüche ein und operierten, wobei das Spektrum der chirurgischen Eingriffe von der Öffnung eines Abszesses bis zur Amputation von Gliedmaßen reichte. Die chirurgische Praxis verband sich oft mit

---

135 Zur folgenden Thematik siehe vor allem: Egglmaier, Medizinisch-chirurgisches Studium und Lesky, Gesundheitswesen, S. 83 - 90
136 Lesky, Gesundheitswesen, S. 84
137 Ebd., S. 85
138 So etwa auch in der Steiermark; siehe dazu: Egglmaier, Medizinisch-chirurgisches Studium, S. 21

den magischen Ritualen der Volksmedizin. Noch im 19. Jahrhundert stellte das Aderlassen und Schröpfen zu gewissen Jahreszeiten und an bestimmten Tagen, die in den Aderlaß- und Schröpftafeln der Kalender verzeichnet waren, eine wichtige Einnahmequelle der Wundärzte dar, obwohl man schon um die Mitte des 18. Jahrhunderts versucht hatte, derartige Praktiken durch Verordnungen zu verbieten.[139]

Im Gegensatz zu Westeuropa, wo es schon in der ersten Hälfte des 18. Jahrhunderts chirurgische Lehranstalten gab,[140] kam der Prozeß der „Verwissenschaftlichung" des chirurgischen Handwerks in den Ländern der Habsburgermonarchie nur langsam in Gang. Die Qualität der zwei bis drei Jahre dauernden Ausbildung, die Lehrlinge bei Meistern der Chirurgie erhielten, war äußerst unterschiedlich.[141] Trotz einiger Kompromisse, die durch den Mangel an graduierten Medizinern notwendig geworden waren, hielt man weiterhin an der strikten Trennung von Chirurgie und „innerer Medizin" fest.[142]

Die an den Universitäten und in den Hauptstädten für die Chirurgen organisierten Vorlesungen galten bis in die achtziger Jahre des 18. Jahrhunderts keineswegs als verpflichtend.[143] Mit dem Unterricht für Hebammen und Apotheker verhielt es sich ebenso. Auch ihnen konnte der Besuch der neuartigen Lehrveranstaltungen aus Geburtshilfe (Hebammen), Chemie und Botanik (Apotheker) nur empfohlen werden.[144] So genossen die Hebammen ihre Ausbildung im günstigsten Falle bei einer Meisterhebamme,[145] um ihre Kenntnisse anschließend beim Besuch einer Vorlesung über Geburtshilfe zu vervollständigen. Lernbegierige Apotheker erweiterten ihr Wissen nach der Lehrzeit durch chemische und botanische Studien in Wien, Prag, Freiburg i. Breisgau, Innsbruck und Tyrnau. Dort waren zwischen 1749 – 1774 nach und nach Lehrkanzeln für Botanik und Chemie eingerichtet worden.[146]

Die verbesserte Ausbildung blieb damit denen vorbehalten, die sich ihr freiwillig widmeten. Eine sorgfältigere Überprüfung sämtlicher Chirurgen, Hebammen und Apotheker sollte allerdings verhindern, daß sich schlecht oder gar nicht ausgebildete Heilkünstler als Praktiker betätigten. Schon 1748 wurde für Wien und Böhmen angeordnet, daß Hebammen in Hinkunft durch die medizinischen Fakultäten oder die Kreisämter zu prüfen seien.[147] Die böhmische Medizinalordnung von 1753 verlangte die Prüfung der Wundärzte und Hebammen „in Gegenwart des Dechants durch den Professor der Anatomie, und einen aeltesten aus dem chirurgischen Mittel"; beim Examen der Apotheker sollten „der Professor der Botanik und Chemie nebst einem Aeltesten aus dem Apotheker-Mittel allemal zugezogen (...)" werden.[148] Es ist allerdings fraglich, ob diese Prüfungsmodalitäten auch tatsächlich eingehalten wurden.[149]

---

139 Siehe dazu beispielsweise: Mathias Macher, Medizinisch=statistische Topographie des Herzogtums Steiermark (Graz 1860) S. 120, bzw. ders., Sanitätsgesetze, S. 68 (Verordnung der Innerösterreichischen Regierung 1754-XII-87)
140 Egglmaier, Medizinisch-chirurgisches Studium, S. 21
141 Ebd.
142 Ebd., S. 36, unter Hinweis auf das Sanitätsnormativ von 1770
143 Ebd., S. 64
144 Siehe dazu: Herbert Hans Egglmaier, Geschichte der pharmazeutischen Ausbildung in Österreich, Teil 1. Die Ausbildung der Apotheker und Pharmazeuten in den Ländern des Habsburgerreiches bis 1853 (= Publikationen aus dem Archiv der Universität Graz 14/1, Graz 1985) S. 42
145 Lesky, Gesundheitswesen, S. 30
146 Egglmaier, Pharmazeutische Ausbildung, S. 29 – 30
147 Egglmaier, Medizinisch-chirurgisches Studium, S. 27
148 John, Medizinalgesetze Bd. 2, S. 259
149 Egglmaier, Pharmazeutische Ausbildung, S. 32, bezweifelt dies etwa bezüglich der Apothekerprüfungen.

In den österreichischen Erbländern kam es erst mit dem Sanitätsnormativ von 1770 zu einer einheitlichen Regelung der Prüfungsbestimmungen für Hebammen, Chirurgen und Apotheker, die jedoch zu Mißverständnissen Anlaß gab und schließlich modifiziert werden mußte. Das Sanitätsnormativ sah zunächst vor, daß Chirurgen und Apotheker nach Absolvierung ihrer Lehren an einer erbländischen medizinischen Fakultät zu prüfen seien; die Hebammen sollten durch einen Lehrer der Geburtshilfe oder einen bezahlten Physiker examiniert und auf dem Land durch die Kreisämter, in den Hauptstädten durch die Sanitätskommissionen approbiert werden.[150] In der Steiermark änderte man diese Verfügung bereits 1772 und bestimmte, daß sich nun auch die Hebammen zur Prüfung an eine erbländische Universität zu begeben hätten.[151]

1774 wurde die Verordnung wiederum aufgehoben; Chirurgen und Hebammen sollten in allen Hauptstädten, in denen sich Lehrer für Chirurgie und Geburtshilfe befanden, ihre Diplome erhalten können.[152] Zugleich jedoch festigte sich die Monopolstellung der Wiener Universität. Im 1773 erschienenen Nachtragspatent zum Sanitätsnormativ wurde nur den in Wien geprüften Chirurgen, Hebammen und Apothekern zugestanden, sich in allen Erbländern niederzulassen. Den nicht in Wien Diplomierten war die Praxis nur in der Provinz gestattet, in deren Hauptstadt sie ihre Examen abgelegt hatten.[153] Die in den Hauptstädten tätigen Heilkünstler sollten ihre Approbation grundsätzlich nur in Wien erhalten dürfen.

Die Eingliederung einer wichtigen Gruppe von Heilkundigen in eine durch die landesfürstlich-staatlichen Behörden beaufsichtigte Institution gelang den Zentralstellen 1773, als zunächst alle in Wien ansässigen Bader und Barbiere im Gremium der Wundärzte vereinigt wurden, das regelmäßig vom k.k. Protomedikus kontrolliert wurde.[154] Diese Maßnahme, als Verordnung im Nachtragspatent von 1773 enthalten, konnte jedoch nicht in allen Erbländern mit gleichem Erfolg durchgesetzt werden.[155] In der Steiermark wurden erst 1775 wundärztliche Gremien gegründet.[156]

Weder unter Maria Theresia noch unter Joseph II. gelang es, Apotheker und Hebammen durch Einbindung in das landesfürstliche Behördensystem zu überwachen - vielleicht wurde dieses Ziel nicht einmal angestrebt. Ihre Kontrolle blieb einzig und allein den neugeschaffenen Prüfungsinstanzen überlassen.

Am Beispiel der Steiermark läßt sich zeigen, daß die praktischen Möglichkeiten der Reglementierung der „niederen Heilkünstler" trotz der vielfältigen gesetzlichen Neuerungen sehr beschränkt blieben.

---

150 Egglmaier, Medizinisch-chirurgisches Studium, S. 37 - 38
151 Ebd., S. 37, 321
152 Ebd., S. 38
153 Ebd. bzw. Lesky, Gesundheitswesen, S. 85
154 Ebd.
155 Ebd., S. 87
156 Egglmaier, Medizinisch-chirurgisches Studium, S. 39

Die Situation um 1780

Nach den Angaben des Innerösterreichischen Guberniums befanden sich im Jahre 1782 in der Steiermark zwei aus dem landesfürstlichen Ärar bezahlte Ärzte, die übrigen 15 Physici und fünf Chirurgen erhielten ihre Gehälter aus der landschaftlichen Kasse.[157] Zu den von den Ständen besoldeten Chirurgen zählten auch Anton Buck und Joseph Wimmer; der eine seit 1758 Geburtshilfelehrer für Hebammen wie Wundärzte und seit 1771 für den Chirurgieunterricht zuständig, der andere seit 1776 Professor der Anatomie in Graz, als welcher er jedoch erst von 1780 an eine eigene Bestallung erhielt.[158] Seit 1782 waren beide für den Geburtshilfeunterricht an der neugegründeten medizinisch-chirurgischen Abteilung des Grazer Lyzeums verantwortlich.[159]

Die wenigsten Chirurgen und Hebammen ließen sich freilich dazu bewegen, die Vorlesungen der Lehrer Buck und Wimmer zu besuchen. Eine noch kleinere Zahl galt als „examiniert und approbiert" im Sinne der neuen, im Sanitätsnormativ festgehaltenen Bestimmungen.

Dabei hatte die Repräsentation und Kammer schon 1753, im Gründungsjahr der Sanitätskommission, den Auftrag bekommen, sich um die Prüfung der noch ungeprüften Chirurgen (in der Steiermark zumeist als Bader bezeichnet), Hebammen und Apotheker zu kümmern.[160] Wie dies zustandegebracht werden sollte, ließen die Wiener Stellen allerdings offen. So ging man 1753 in Graz zunächst daran, die „Hauptlade" der Bader durch zwei landschaftliche Chirurgen inspizieren zu lassen. Das Ergebnis der Überprüfung gab zu ernster Sorge Anlaß. Nach einem Bericht des Landschaftschirurgen Dr. Gregor Mensurati waren von über 100 in der Steiermark ansässigen Badern nur 17 in Graz erschienen. Diese habe Mensurati „examiniret, aber die mehreste sehr schwach befunden".[161]

Trotz weiterer Inspektionen der Baderladen bleibt die Situation jahrelang unverändert. Schließlich ergreifen Mensurati und sein Kollege Gerard Hieronymus Ibreville die Initiative. 1756 drängen sie in einem Majestätsgesuch auf die Einführung eines Chirurgenunterrichts in Graz; in einem weiteren Gesuch schlägt sich Mensurati selbst als Anatomie- und Chirurgielehrer vor.[162] Als er 1757 stirbt, wird die ihm zwei Monate vor seinem Tod verliehene Professur für Anatomie und Chirurgie nicht wieder ausgeschrieben. Erst 1771 wird der chirurgische Unterricht für Wundärzte tatsächlich eingeführt.[163]

Die Chirurgen bleiben also in der Steiermark einfache Handwerker und werden erst in den siebziger Jahren des 18. Jahrhunderts wieder genauer kontrolliert. 1782 ist von insgesamt 128 chirurgischen Gewerbeberechtigungen die Rede.[164] Auf einen Meister der Wundarzneikunst kommen somit um 1780 durchschnittlich etwa 6300 potentielle Kunden. Über die regionale Verteilung der chirurgischen Jura sind wir leider nicht

---

157 StLA, R+K Sach 108, 1780-VIII-46, fol. 163
158 Zu Buck und Wimmer siehe: Egglmaier, Medizinisch-chirurgisches Studium, S. 325 – 326, 333 – 334
159 Ebd.
160 StLA, R+K Sach 101, 1753-VI-193 (P)
161 StLA, R+K Sach 101, 1754-VIII-53 (P)
162 Egglmaier, Medizinisch-chirurgisches Studium, S. 40 – 41
163 Ebd., S. 44
164 StLA, R+K Sach 108, 1780-VIII-46, fol. 163

informiert. Die Akten über die 1784 in ganz Innerösterreich durchgeführte Zählung der Wundärzte waren im Steiermärkischen Landesarchiv nicht mehr auffindbar.[165]

Eine im Jahre 1777 vom Gubernium in Auftrag gegebene Untersuchung über die Chirurgen auf dem Land läßt immerhin gewisse Schlüsse auf den Stand der Verhältnisse zu.[166]

Die fünf Kreisämter wurden dabei angewiesen, sämtliche Landgerichts- und Burgfriedensverwalter darüber zu befragen, ob es in ihren Bezirken genügend Gewerbeberechtigungen für Chirurgen gebe. Damit wolle man, so läßt man die Kreishauptleute wissen, den ständigen Klagen der Verwalter über den Mangel Wundärzten ein Ende bereiten. Zugleich aber rät man zu behutsamer Vorgangsweise: Die erkauften oder erworbenen Rechte der Chirurgen sollen durch die Untersuchung keineswegs in Frage gestellt werden. Die Verwalter brauchten nur anzugeben, welche dicht besiedelten Gegenden mehr als drei Stunden vom nächsten Chirurgen entfernt liegen, welche Gebiete trotz geringerer Entfernung den Wundärzten des öfteren nicht zugänglich seien und wo es angebracht sein könnte, zusätzliche Gewerbeberechtigungen zu erteilen.

Die Antworten variieren beträchtlich. Aus dem Grazer Kreis berichten neun von 56 befragten Verwaltern über einen Mangel an Wundärzten, zwei beklagen sich über die hohen Kosten chirurgischer Behandlung. Meist sind es die gebirgigen Gegenden, in welchen man häufig – von der Außenwelt durch Schnee und Überschwemmungen abgeschnitten – ohne Wundarzt auskommen muß. Doch auch in weniger unwirtlichen Landstrichen kommt es vor, daß man den Bader nur selten zu Gesicht bekommt.

Treten etwa Raab oder Feistritz aus ihren Ufern, ist die ganze Gegend um Riegersburg für die in Feldbach, Fehring und Ilz ansässigen Chirurgen nicht mehr erreichbar. Riegersburg benötige deshalb dringend einen eigenen Wundarzt, stellt der Verwalter der gleichnamigen Herrschaft fest. Es sei jedoch zu befürchten, daß ein Chirurg in der kleinen Ortschaft nicht von seiner Kunst werde leben können.

Daß viele Landbewohner, wie an anderer Stelle bemerkt wird, ohnedies niemals nach chirurgischer Behandlung verlangen, mag dann und wann auch an den Honorarforderungen der Heilkünstler liegen. Der Verwalter der Herrschaft Weinburg etwa hält es für wünschenswert, daß die Chirurgen „mit ihren Curen, und Heilungs Mittel nicht so kostbar wär(en), da aus Mangel übermässiger Zahlung viele Bauers Leuthe hilflos dahin sterben miessen".

Die Untersuchung des Marburger Kreisamts, bei dem Berichte aus 33 Dominien einlangen, zeitigt ähnliche Ergebnisse. Die Klagen über einen Mangel an Wundärzten bleiben auch hier in der Minderzahl. In vier Städten und 20 Märkten finden sich approbierte Bader. Dort, wo es an Chirurgen fehlt, tritt man jedoch nicht vorbehaltlos für ihre Ansiedlung ein: Die auf dem Lande in der Regel meist mittellosen Chirurgen könnten durch eine Vermehrung der Gewerbeberechtigungen Schaden leiden. Schon jetzt ist das Leben der Operateure schwer genug, und nicht selten haben sie sich gegen die Konkurrenz heilkundiger Außenseiter zu behaupten, die ihnen die Kundschaft abspenstig machen. So etwa in der Gegend um Lannach, wo zwei Eremiten, die sich des regen Zulaufs hilfesuchender Kranker erfreuen, das Geschäft des Wundarztes empfindlich stören. Ihm wird allerdings Hilfe zuteil – das Gubernium verordnet im April 1778, daß den beiden Einsiedlern das Handwerk zu legen sei.

---

165 Siehe auch: StLA, Gubernialprotokoll IV/B 1784, in dem die Zählung erwähnt wird
166 StLA, R+K Sach 108 S. F. I, 1777-VII-383, ebenso die folgenden Zitate

Schlimm sieht es im Cillier Kreis aus. Dort werden 37 Dominien und Magistrate befragt. Neun der konsultierten Beamten berichten, daß in ihren dicht besiedelten Verwaltungsdistrikten keine Chirurgen ansässig seien. Es gibt mehrere Gründe für diesen Mißstand: die Unzugänglichkeit der gebirgigen Gegenden, die schlechten Wege, aber auch die Armut der Bevölkerung.

Ohne Unterstützung durch die Grundobrigkeiten könne sich ein Wundarzt in den verarmten Gebieten des Cillier Kreises nur mühsam am Leben erhalten, konstatiert der Kreishauptmann.

Die meisten Herrschaften erweisen sich jedoch als äußerst sparsam, wenn es darum geht, für die medizinische Versorgung der Untertanen aufzukommen. Dabei gibt es auch Gegenbeispiele: 1773 haben Ferdinand Graf Attems und Max Joseph Graf von Wildenstein einen Chirurgen für ihre Herrschaften Landsberg (Podčertrek), Wisell (Bizel) und Rann (Brežice) angestellt, der den Bauern wohlfeile Arzneien verabreicht, keine Weggelder verlangt und der Bevölkerung auch bei Epidemien Hilfe leistet. Dafür läßt man dem Wundarzt alljährlich ein Deputat an Getreide, Wein und Holz zukommen. Doch das gute Vorbild zeigt wenig Wirkung. Im März 1779 berichtet der Kreishauptmann von Cilli dem Gubernium, daß man in den wenigsten Dominien bereit sei, einen Chirurgen materiell zu unterstützen. Nur in zwei Herrschaften will man einige Gulden locker machen, zeigt sich dabei allerdings keineswegs besonders großzügig: im einen Fall sollen es 25 fl., im anderen gar nur 12 fl. sein.

Günstiger als im Cillier Kreis ist die Lage in den Gebieten des Brucker Kreises. Nur in den Distrikten Neuberg und Breitenau muß man auf wundärztliche Betreuung verzichten. Auch im Judenburger Kreis kann man nicht über das Fehlen von Chirurgen klagen. Allein im Bereich des Landgerichtes Wolkenstein sind elf Bader ansässig. Über ihre Qualitäten hegt man freilich gewisse Zweifel. „Nur dieses ist bedauerlich", schreibt der Pfleger von Wolkenstein, „daß Leute zum Theil schon verlängst examiniret, und approbiret worden, die von der Chirurgie wenig, von innerlichen Zuständen aber gar nichts verstehen." Ein übles, aber typisches Beispiel biete der Chirurg von Schladming, der nur in Fällen venerischer Krankheiten fachgerechte Behandlung zu leisten imstande sei, übertriebene Honorarforderungen stelle und durch hemmunglosen Branntweingenuß von sich reden mache.

Als sich das Gubernium 1778 mit Vorschlägen zur Vermehrung der chirurgischen Gewerbeberechtigungen an das Hauptgremium der Chirurgen wendet, stößt man dort auf Widerstand. So halten die Vertreter des Gremiums etwa die Genehmigung zweier zusätzlicher Jura in der Oststeiermark für problematisch, da dadurch die schon bestehenden „jura zu grund gehen müsten, weilen einer dem anderen das Brod aus dem Mantl reisse". Das Gubernium kann sich in diesem Fall nicht gegen das Hauptgremium der Chirurgen durchsetzen.

Im großen und ganzen blieben die Bemühungen der Behörden um eine Verbesserung der medizinischen Versorgung der Bevölkerung auch hier ohne besonderen Erfolg. Von der Notwendigkeit einer allgemein-öffentlichen Gesundheitspflege überzeugt, fand man weder geeignete Mittel noch gangbare Wege zu ihrer Finanzierung und Organisation. Der wohlgeordnete Staat, dessen Reichtümer durch eine vitale, stets produktive Bevölkerung vermehrt werden sollten, existierte im 18. Jahrhundert vornehmlich als politische Utopie kameralistischer Theoretiker, die der „medizinischen Polizei", der staatlich organisierten Verwaltung der Gesundheit, in ihren etatistischen Konzepten große Bedeutung beimaßen. In der täglichen Praxis der Politik und Verwaltung erwies sich der Einfluß der Zentralbehörden und ihrer unteren Glieder als viel zu schwach, um eine umfassende, wirksame Kontrolle aller Heilkünstler möglich zu machen. Dennoch können die gesundheitspolitischen Erhebungen der landesfürstlich-staatlichen Stellen als weiterer Beweis dafür angesehen werden, daß der Schutz der Gesundheit im 18. Jahrhundert nicht nur in der Theorie zum Politikum geworden war.

Die Untersuchung des Innerösterreichischen Guberniums über die Chirurgen auf dem Land offenbart die erstaunliche Fähigkeit des Verwaltungsapparats, sich aus den hintersten Winkeln des Landes detaillierte Informationen zu beschaffen und prompt auf Wünsche und Veränderungsvorschläge – selbst wenn sie von unterster Ebene kamen – einzugehen. Man darf nicht vergessen, daß die Ergebnisse von Erhebungen wie dieser, wurden sie an die Hofkanzlei nach Wien geschickt, den Beamten in den Zentralstellen und oft auch den Regenten bekannt waren, wodurch das politische Handeln höchsten Orts beeinflußt werden konnte. Daß Reformversuche hingegen am häufigsten auf unterster Ebene vom Scheitern bedroht waren, lag vermutlich nicht zuletzt auch am mangelnden „bürgerlichen Konsens" in einem Staat, der von seinen Bewohnern nicht immer als solcher angesehen worden sein mag und in dem man von der (durch die habsburgische Administration forcierte) Verwandlung der ständischen in eine bürgerliche Gesellschaft vielerorts nichts zu bemerken schien.

Im übrigen gelang die Informationsbeschaffung der Länderbehörde nicht immer so gut wie im oben beschrieben Fall. Dies wird am Beispiel einer Hebammenzählung deutlich, die dem Innerösterreichischen Gubernium 1773 von der Hofkanzlei in Auftrag gegeben wurde.[167] Der Aufforderung war ein Gutachten der Grazer Sanitätskommission vorausgegangen, in dem diese die Anstellung geprüfter Hebammen gefordert hatte, die „entweder aus Mitteln deren betreffenden Ortschafften, oder durch Veranschlagung deren in dem Distrikt wohnhafften sammentlichen Insassen (...)" bezahlt werden sollten.

Anfang 1774 konkretisiert man seitens der Hofkanzlei die Kriterien der Zählung und ersucht das Innerösterreichische Gubernium um ein exaktes Verzeichnis aller examinierten und unexaminierten, aller approbierten und nicht approbierten Hebammen nebst einer Auflistung aller Städte und Märkte, in denen sich geprüfte oder ungeprüfte Hebammen befinden.[168]

Mehr als zwei Jahre vergehen, bis im Oktober 1776 die Kreisämter angewiesen werden, die Erhebung durchzuführen.[169] Erste Nachrichten treffen Ende 1776 aus dem Marburger und dem Brucker Kreis ein; die Zählungsergebnisse aus den anderen Kreisen lassen auf sich warten.[170] Uns sind lediglich die Akten der Untersuchung aus den Kreisen Marburg und Bruck erhalten geblieben.

Im Marburger Kreis sind es nur drei Städte (Marburg, Pettau, Voitsberg) und zwei Märkte (Leibnitz, Wildon), in denen sich von Vertretern der landesfürstlichen Obrigkeit geprüfte und vereidigte Hebammen finden. In der Regel erhalten sie kleine Gehälter (um die 25 fl. jährlich) und Naturaliendeputate (wie etwa Holz) von den Gemeinden. Neben ihnen gibt es stets auch ungeprüfte Hebammen in den erwähnten Städten und

167 Siehe dazu im folgenden: StLA, R+K Sach 108 S. F. III, 1773-XII-176. Für den freundlichen Hinweis danke ich wiederum Gernot Obersteiner.
168 Ebd. (R+K 1774-II-198)
169 Ebd. (R+K 1776-X-358)
170 Ein gutes Beispiel: das Gesuch des Kreishauptmanns von Judenburg, ebd. (1776-XI-232)

Märkten, derer man vor allem dann bedarf, wenn sich die geprüften Hebammen zu Wöchnerinnen auf dem Land begeben. In den übrigen 19 Städten und Märkten des Marburger Kreises gibt es entweder gar keine oder nur ungeprüfte Hebammen. So erfährt man etwa aus Friedau (Ormuš), daß in dieser Stadt keine einzige Hebamme ansässig ist: „(D)ie Kinds-Mütter sowohl bey der Stadt, als auf dem Land bedienen sich gemeiniglich nach ihrem Vertrauen verschiedenen diesfalls erfahrenen Weibern, welche oftmals um eine geringe Bezahlung, oder aus Nächsten liebe gar umsonst sich zum Hebamm dienste gebrauchen lassen." Oft werden die Gebärenden nur von Nachbarinnen oder weiblichen Verwandten betreut.

Manchmal trifft man jedoch auch auf organisierte Formen der Selbsthilfe. In St. Florian hält man sich an folgendes Verfahren: „Unter unser Jurisdiction des Magistrat haben wür 52 Frauen, auß welichen Wür eine taugliche (Wehmutter, Anm.) erwöllen. Wird auch Von der geistlichkeit in dem tauffen Examiniret Und unterwissen, auch von unsern Hr. Chirurgius abgerichtet (...)." Dieser stehe der Geburtshelferin, wie man ausführt, bei besonders schwierigen Geburten zur Seite. Bezahlung erhalte die Hebamme keine; „nur auß Christlicher lieb sie es versichet, weillen wir sehr vill arme burger haben. Würden wür ein eigene Höbamm hart ernähren können".

Die Armut der Gemeinden und ihrer Einwohner ist das gebräuchlichste Argument gegen die Anstellung geprüfter und vereidigter Hebammen. Soferne sie ihr Amt zur allgemeinen Zufriedenheit versehen, bescheidet man sich im übrigen grundsätzlich auch mit ungeprüften Geburtshelferinnen. Das Bestreben der landesfürstlichen Stellen, alle Städte und Märkte des Landes mit von der Sanitätskommission examinierten und approbierten Hebammen zu versorgen, stößt im Marburger Kreis weitgehend auf Unverständnis.

Im Brucker Kreis ist es nicht anders. Hier befinden sich bloß in der Kreishauptstadt, in Leoben, Vordernberg und Mürzzuschlag Hebammen, deren Qualifikation den Maßstäben des Sanitätsnormativs von 1770 entspricht. In Eisenerz, Trofaiach, Mautern, St.Gallen, Kapfenberg, Kindberg, Zell und Aflenz gibt es nur ungeprüfte Hebammen.

An dieser Notlage ändert sich auch durch die Reformen Maria Theresias und Josephs II. kaum etwas. Noch 1860, hundert Jahre nach Maria Theresia, klagt der Distriktsarzt Mathias Macher über den Mangel an geschulten Geburtshelferinnen in der Steiermark: „Bei der Geburt leistet selten eine unterrichtete Hebamme Beistand, da die Zahl derselben zu gering ist, und die Weiber an Nothilfe ihre Nachbarinnen und Bauernhebammen gewohnt sind."[171]

Auch das steirische Arzneiwesen bot zu Ende der Regierungszeit Maria Theresias ein wenig erfreuliches Bild. Es wurde bereits erwähnt, daß den landschaftlichen Apotheken in Judenburg, Leoben, Bruck, Radkersburg, Hartberg, Cilli und Leibnitz 1748 die ständische Unterstützung von je 50 fl. pro Jahr gestrichen worden war.[172] Diese Maßnahme dürfte die um die Mitte des 18. Jahrhunderts ohnedies triste wirtschaftliche Lage dieser Apotheken noch verschlechtert haben.[173]

Trotz vieler Neuerungen auf dem Gebiet der Ausbildung und der Prüfung von Apothekern, gab es 1776 außerhalb von Graz nur einen einzigen, an einer erbländischen

---

171 Macher, Topographie, S. 107

172 Vgl. dazu: Norbert Schnideritsch, Die Geschichte der Pharmazie in der Steiermark bis zum Jahre 1850 (Mittenwald 1929) Teil 1, S. 19

173 Ebd., S. 91 – 93

Universität geprüften Pharmazeuten: den Apotheker von Aussee.[174] Um 1780 befanden sich in der Steiermark 21 bürgerliche Apotheken (davon fünf in Graz, je zwei in Marburg und Pettau sowie je eine in Aussee, Bruck, Cilli, Eisenerz, Fürstenfeld, Hartberg, Judenburg, Leibnitz, Leoben, Mariazell, Mürzzuschlag und Radkersburg).[175] In den achtziger Jahren des 18. Jahrhunderts kam es zu vereinzelten Neugründungen von Apotheken (Apotheke am Jakominiplatz in Graz 1789; Rann 1787, Windischfeistritz/Slovenska Bistrica 1784, Feldbach 1789 und Pöllau 1783) – manchmal, wie etwa im Falle von Pöllau und Windischfeistritz, in der Nachfolge ehemaliger Klosterapotheken oder aber durch die Klosteraufhebungen Josephs II. (die das Ende zahlreicher Klosterapotheken mit sich brachten, die die Bevölkerung zuvor mit Arzneien versorgt hatten) indirekt begünstigt.[176]

Schon unter Karl VI. hatte es Versuche gegeben, den öffentlichen und halböffentlichen Arzneiverkauf der Ordensleute, der schon immer den Unmut der bürgerlichen Apotheker erregt hatte, zu unterbinden.[177] Im 1773 erschienenen Nachtrag zum Sanitätsnormativ wurde schließlich „allen Klöstern, und Ordensgeistlichen schärfest und unter einer Strafe von 100 Dukaten verboten, unter was immer für einem Vorwande Medikamente öffentlich, oder heimlich abzugeben".[178] Nur den Barmherzigen Brüdern sollten in bestimmten Fällen Sondergenehmigungen erteilt werden.

Bis zu den Klosteraufhebungen Josephs fanden die Verordnungen des Sanitätsnormativs allerdings nur in wenigen Klöstern Beachtung. Vereinzelt kam es sogar zu Protesten der Bevölkerung, die sich gegen die Schließung der Klosterapotheken richteten. Schon 1774 wurden die restriktiven Bestimmungen teilweise wieder entschärft.[179]

Die Einführung eines einheitlichen Apothekergewichts für Wien und alle Erbländer (1761), das Erscheinen der für sämtliche Erbländer gültigen „Pharmacopoea Austriaca provincialis" (1775) und der Erlaß einer allgemeinen Apothekertaxe (1776) zählen ebenfalls zu den Maßnahmen, die Ordnung in das im Arzneiwesen herrschende Durcheinander bringen sollten.[180] Auch wollte man die bürgerlichen Apotheken schon in den fünfziger Jahren des 18. Jahrhunderts unter die Kontrolle der Kreisärzte bringen. Die den landschaftlichen Ärzten seit dem 16. Jahrhundert vorgeschriebenen Apothekenvisitationen sollten endlich regelmäßig durchgeführt werden.[181] Der besorgniserregend schlechte Zustand der meisten steirischen Apotheken veranlaßte die Zentralbehörden jedoch 1776, die Visitationen dem Grazer Protomedikus zu übertragen.[182] Erst 1785 wurde die Verantwortung für die Apothekenkontrolle wieder in die Hände der Kreisphysici gelegt.[183]

Eine übergeordnete korporative Organisation der Apotheker hatte sich in der Steiermark bis zum 18. Jahrhundert nur in rudimentären Ansätzen entwickelt. Daran änderte

---

174 Ebd., S. 55
175 Ebd., S. 140
176 Ebd., S. 81, 140
177 Senfelder, Gesundheitspflege 1, S. 66
178 John, Medizinalgesetze Bd. 1, S. 500
179 Schnideritsch, Geschichte der Pharmazie 1, S. 81
180 Siehe dazu: Lesky, Gesundheitswesen, S. 81 – 82
181 Schnideritsch, Geschichte der Pharmazie 1, S. 26 – 38
182 Ebd., S. 33
183 Ebd.

vermutlich auch der § 15 des Sanitätsnormativ-Nachtrages von 1773 nichts, in dem die Rede von Apothekergremien ist, die sich - anscheinend ähnlich den chirurgischen Gremien - in den Landeshauptstädten bilden sollten.[184]

Die unentgeltliche Verteilung von Arzneien an Arme,[185] die seit dem 17. Jahrhundert auch zu den karitativen Aufgaben bürgerlicher Apotheker zählte, wurde in theresianischer Zeit durch die Streichung der Subvention der landschaftlichen Apotheken und durch die den Klosterapotheken vorgeschriebenen Restriktionen erschwert. Denn die Bezahlung der Medikamente für Bedürftige wurde nur in Seuchenzeiten vom landesfürstlichen Ärar übernommen, und dies - wie bereits erläutert - nicht immer besonders pünktlich.

Nach einer Verordnung Josephs II. sollten die Kosten für Arzneien bei Epidemien schließlich zu zwei Dritteln vom Ärar und zu einem Drittel von den Dominien bestritten werden - ob sich diese Lösung bewährt hat, ist nicht bekannt.[186] Ansonsten blieb die Verteilung von Gratismedikamenten an Arme weiterhin den Apotheken überlassen.

Auch das Beispiel der Pharmazie zeigt, daß die Möglichkeiten der Gesundheitspolitik unter Maria Theresia und Joseph II. häufig sehr beschränkt waren. Denn der „Arm des Gesetzes" reichte im 18. Jahrhundert nicht immer besonders weit. So begannen immer mehr Verordnungen die Gesetzessammlungen zu füllen, um die man sich im täglichen Leben vermutlich wenig kümmerte.

---

184 John, Medizinalgesetze Bd. 1, S. 502; Schnideritsch, Geschichte der Pharmazie 1, S. 101

185 Schnideritsch, Geschichte der Pharmazie, S. 132 - 135

186 StLA, Gedruckte Patente und Kurrenden d. k.k. Guberniums für Innerösterreich (P+K), Patent vom 17. 9. 1788

2. Zahl und Verteilung der Heilkundigen in der Steiermark
im europäischen Vergleich

1783 praktizierten im Herzogtum Steiermark mit seinen rund 810 000 Einwohnern[1] 22 Ärzte. 17 von ihnen erhielten Besoldungen aus öffentlichen Geldern (15 ständische und 2 landesfürstliche Physikate). Sechs dieser besoldeten Ärzte waren in Graz tätig (vier von ihnen als Armenärzte), die übrigen elf arbeiteten als Physici in den verschiedenen Kreisen des Landes; ihren Amtssitz hatten sie zumeist in einer Stadt. 1783 gab es Physici in Judenburg, Leoben, Hartberg, Marburg (Maribor), Cilli (Celje), Radkersburg, Pettau (Ptuj), Rann (Brežice), Windischgraz (Slovenj Gradec), Mürzzuschlag und Schladming.[2] Alle Inhaber von Physikaten sollten nach dem Willen der landesfürstlichen Behörden der gesamten Bevölkerung als Ärzte zur Verfügung stehen.

Die gegenüberliegende Tabelle zeigt das Verhältnis von Ärzten zur Einwohnerzahl im Jahre 1783 nach Kreisen gegliedert. Diese Aufstellung gibt allerdings nur Aufschluß über die potentiellen Patienten im Bereich der einzelnen Physikate. Die Zahl derjenigen, die ärztliche Leistungen von sich aus verlangten und auch zu bezahlen bereit waren, wird viel kleiner gewesen sein. Wir können hier vor allem die Bewohner der Städte und Märkte ins Auge fassen. Unter ihnen wiederum bilden die Angehörigen des Adels, der Geistlichkeit und des begüterten Bürgertums das wichtigste Publikum der Ärzte.

Laut der 1771 durchgeführten Seelenkonskription gab es in der Steiermark zu jener Zeit 20 Städte, 98 Märkte und 3458 kleinere Ortschaften.[3] Die Häuserzählung von 1754 hatte ergeben, daß sich nur 8266 der insgesamt 113 804 bewohnten Häuser in Städten und Märkten befanden. Dies entspricht einem Anteil von 7,3 %.[4] Den Angaben des Geographen Manfred Straka zufolge gliederte sich die Bevölkerung der Steiermark 1771 in 6,4 % Adelige, Geistliche und Bürger; 2,6 % Bergleute, 39,2 % Bauern und 51,8 % Unselbständige aller Arten.[5]

All dies läßt den Schluß zu, daß wohl nicht mehr als etwa 7 % der Einwohnerschaft zur Kundschaft der Ärzte gehört haben dürften. Der eigentliche Patientenkreis eines Arztes erstreckte sich in der Steiermark um 1780 also wahrscheinlich auf 2500 - 2600 Personen. Dieses Verhältnis könnte sich in den letzten beiden Jahrzehnten des Jahrhunderts verändert haben, da die Zahl der Ärzte in diesem Zeitraum stark anwuchs. Allein zwischen 1784 und 1790 verzeichnet das „Matricul=Buch Deren Herrn Mediciner in

1 Zur Einwohnerzahl siehe auch: Manfred Straka, Die Bevölkerungsentwicklung der Steiermark von 1528 – 1782 auf Grund der Kommunikantenzählungen. In: Zeitschrift des Historischen Vereins für Steiermark 52 (1961) 3 – 53, S. 41
2 Siehe auch: „Matricul=Buch Deren Herrn Mediciner in Steyr (...)" StLA, LaaA IX, Nachträge 4
3 Siehe dazu: Manfred Straka, Beiträge zur Bevölkerungs- und Sozialgeschichte der Steiermark im 18. Jahrhundert. In: Zeitschrift des Historischen Vereins für Steiermark 55 (1964) 41 – 55, S. 47
4 Ebd., S. 43 – 44
5 Ebd., S. 51

Einwohner pro Arzt in der Steiermark 1783

Kreis	Physikat	Einwohner pro Physikat[6]
Grazer Kreis	Hartberg, Radkersburg (ohne Graz)	105 900
Judenburger Kreis	Judenburg, Schladming	49 100
Brucker Kreis	Leoben, Mürzzuschlag	36 500
Marburger Kreis	Marburg (Maribor), Pettau (Ptuj)	118 250
Cillier Kreis	Cilli (Celje), Rann (Brežice), Windischgraz (Slovenj Gradec)	83 600
Graz/Stadt	besoldete Ärzte: 6	4 875
	Ärzte insgesamt: 11	2 659 pro Arzt

Steyr (...)" 13 Neuzugänge (die durchschnittliche Rate der Promotionen an der Wiener medizinischen Fakultät betrug zwischen 1770 und 1790 26,5 pro Jahr).[7]

Auch die von den Ständen finanzierten „Sanitätsanstalten" wurden beträchtlich erweitert: Im Jahre 1817 beliefen sich die Ausgaben der Stände für Protomedikat, medizinischen Unterricht, Kreis- und Distriktsphysikate auf 24 930 fl. Das öffentliche Heilcorps umfaßte nun insgesamt 32 Personen: den Protomedikus, fünf Kreisärzte, 16 Distriktsärzte, fünf Kreiswundärzte, einen Lehrer für Geburtshilfe, einen Veterinärmediziner, einen Augenarzt, einen Geburtshelfer für Arme und den Grazer Magister sanitatis.[8] Das von den Ständen bezahlte Heilcorps hatte damit den Stand von 1748 (30 Personen) wieder erreicht, war inzwischen jedoch zur Stütze der staatlichen Medizinalverwaltung geworden.

Obwohl zahlreicher als die Ärzte, dürften auch die „niederen Heilpersonen" bei ihrer Arbeit nur mit einem Bruchteil der Bevölkerung beschäftigt gewesen sein. Um 1780 stimmt die Zahl der chirurgischen Gewerbeberechtigungen in der Steiermark beinahe mit der Zahl der Städte und Märkte überein: Auf 118 Städte und Märkte kommen 128 chirurgische Jura. Im Marburger Kreis mit seinen vier Städten und 20 Märkten zählt man im Jahre 1777 24 approbierte Chirurgen. Rund 5 000 potentielle Kunden entfallen in diesem Kreis auf einen Meister des Handwerks.[9] Im Landesdurchschnitt beträgt das Verhältnis etwa 6 300 : 1.

---

6 Einwohnerzahlen der Kreise nach: Manfred Straka, Verwaltungsgrenzen und Bevölkerungsentwicklung in der Steiermark 1770 – 1850. Erläuterungen zur ersten Lieferung des historischen Atlasses der Steiermark (= Forschungen zur geschichtlichen Landeskunde der Steiermark 31, Graz 1978) S. 330. Zur Einwohnerzahl von Graz: Popelka, Geschichte von Graz Bd. 2, S. 292

7 Die Zahl der Promotionen an der Wiener medizinischen Fakultät zwischen 1770 – 1790 wurde ermittelt aus: Universitätsarchiv Wien (UAW), Catalogus Medicinae Doctorum ab anno 1752 ad 1821 incl. rigorose examinatorum. Näheres dazu im nächsten Abschnitt.

8 StLA, LaaA IX, Nachträge 3

9 StLA, R+K Sach 108 S. F. I, 1777-VII-383

Allein oder in Begleitung von ein bis zwei Gesellen begeben sich die Meister der
Wundarzneikunst bei Bedarf auch zu Patienten auf dem Land. Oft werden sie von einem
Kreisamt dazu aufgefordert – wie die Ärzte werden sie von den landesfürstlichen
Stellen zur Bekämpfung von Epidemien herangezogen.

Die Höhe der den Meistern dabei zugemessenen Tagessätze läßt den Schluß zu, daß
die Dienste der Chirurgen für einen großen Teil der Bevölkerung fast unbezahlbar
waren.

Bei einem epidemienmedizinischen Einsatz im Jahre 1760 erhielt der dabei beschäftigte Arzt vom Kameralzahlamt täglich 4 fl., ein „bürgerlicher Chirurg" bekam 2 fl.,
ein einfacher Badergeselle 1 fl.[10] Ihr gewöhnliches Betätigungsfeld fanden die Wundärzte vermutlich hauptsächlich im urbanen Bereich. Die Behandlung durch Chirurgen
wurde wohl von denjenigen beansprucht, die sich einen Arzt gerade nicht mehr leisten
konnten. Der Kundenkreis eines Chirurgen dürfte um 1780 also etwa 400 – 600
Personen umfaßt haben. Die Mehrheit der Landbevölkerung kam wahrscheinlich nur in
Seuchenzeiten in den Genuß chirurgischer Kuren und dies bloß dann, wenn sich
Geldgeber fanden, die den Einsatz der Heilkünstler finanzierten.

Über den tatsächlichen Wirkungsbereich eines Baders oder Chirurgen im 18. Jahrhundert könnte vielleicht eine sozial- und wirtschaftsgeschichtlich orientierte Detailstudie Aufschluß geben. Auch über die Tätigkeit der Hebammen jener Zeit erfahren wir
aus den uns zur Verfügung stehenden Quellen nur wenig. Volkskundliche Untersuchungen mögen hier zu besseren Ergebnissen gelangen – wir sind vorerst auf Schätzungen
und Vermutungen angewiesen.

Nach der bereits erwähnten Hebammenzählung des Innerösterreichischen Guberniums[11] gab es in den Städten und Märkten des Marburger Kreises um 1780 nur 17
ausdrücklich als Hebammen bezeichnete Frauen; fünf von ihnen galten als examiniert
und approbiert. Damit kam auf etwa 24 000 Einwohner eine geprüfte Hebamme.
Ansonsten werden einfache Bürgerinnen, verständige Witwen oder „erfahrene Weiber"
als Geburtshelferinnen erwähnt. In einigen wenigen Fällen wußte man keine Namen
oder Personen anzugeben: Je nach Notwendigkeit helfen sich die Frauen gegenseitig,
hieß es hier zumeist. Im Brucker Kreis fanden sich zwölf Hebammen (vier davon
geprüft und vereidigt, acht ungeprüft; eine geprüfte Hebamme auf 18 200 Einwohner).

Wollte man sich der zeitgenössischen aufgeklärten Argumentation anschließen,
könnte man diese Situation als Mißstand betrachten und das Bild einer Gesellschaft
zeichnen, in der Kinder unter den brutalsten Umständen zur Welt kommen mußten.
Unsere bescheidenen Kenntnisse über die traditionellen Formen der Geburtshilfe erlauben uns jedoch kein eindeutiges Urteil. Jüngere Forschungen etwa zeigen, daß man auch
in der volkstümlichen europäischen Geburtshilfe über ansehnliches empirisches Wissen
verfügte, das allerdings durch die zunehmender Dominanz der medizinisch-wissen-
schaftlichen Obstetrik langsam in Vergessenheit geriet.[12] Daß es im 18. Jahrhundert in
der Steiermark fast keine von den Städten und Märkten beamteten Hebammen gab, läßt
bestenfalls auf eine schlechte wirtschaftliche Lage der Gemeinden schließen, nicht
jedoch auf das Fehlen jeglicher Praktiken der Geburtshilfe. Auch von einer Verdrängung

10 StLA, R+K 1760-VII-155

11 StLA, R+K Sach 108 S. F. III, 1773-XII-176

12 Siehe dazu etwa: Liselotte Kuntner, Die Geburtshilfe in der europäischen Volksmedizin. In: Heilen und
     Pflegen (= Hessische Blätter für Volkskunde und Kulturforschung N. F. 19, Marburg 1986) 123 – 137

der Hebammen durch die männliche Ärzteschaft konnte im 18. Jahrhundert nicht die Rede sein. Sicher ist nur, daß es den landesfürstlich-staatlichen Behörden zu jener Zeit vor allem in den ländlichen Gebieten nahezu unmöglich war, den Bereich der Geburtshilfe zu „kolonisieren".

Die Kluft zwischen Stadt und Land, die bedeutenden lokalen Ungleichheiten in der Verteilung der Heilkundigen und die Schwierigkeit, die soziale und wirtschaftliche Bedeutung der Heilberufe jener Zeit genau zu beurteilen, lassen nur vage Schlüsse auf den tatsächlichen Stand der „medizinischen Versorgung" in der Steiermark des 18. Jahrhunderts zu. Über das heikle Problem der Qualifikation und der therapeutischen Möglichkeiten der Heilkünstler muß hier - um die Unsicherheit nicht noch zu vergrößern - ohnedies geschwiegen werden.

Ein rein quantitativer Vergleich mit westlichen Regionen Europas zeigt jedoch, daß die Steiermark, was die Zahl der registrierten Heilkundigen in ihrer Relation zur Einwohnerzahl betrifft, zu den schlecht versorgten Gebieten gerechnet werden muß. Fassen wir die Daten kurz zusammen: Um 1780 kamen in der Steiermark auf rund 810 000 Einwohner 22 Ärzte (1 : 37 000) und 128 Meister der Chirurgie (Bader und Barbiere, 1 : 6 300). Das Verhältnis (von geprüften und ungeprüften) Hebammen zur Einwohnerzahl kann nach den uns zur Verfügung stehenden Zählungsberichten auf etwa 1 : 10 000 geschätzt werden. Auf eine bürgerliche Apotheke kamen (bei insgesamt 21 Apotheken) durchschnittlich 39 000 Einwohner. Der Einfachheit halber seien die Apotheken und Hospitäler der Klöster hier nur am Rande erwähnt. Ihre Zahl dürfte vor den josephinischen Klosteraufhebungen etwas mehr als ein Dutzend betragen haben (die steirischen Spitäler des 18. Jahrhunderts können aufgrund ihres weitgehend spätmittelalterlichen Charakters nicht als „Krankenanstalten" angesehen werden und bleiben daher unberücksichtigt).[13]

In der - verglichen mit anderen Regionen Frankreichs - im 18. Jahrhundert unterentwickelten Bretagne gab es um 1780 - bei einer Gesamtbevölkerung von etwa 2 300 000 Menschen - 86 Ärzte (1 : 27 000), 392 Chirurgen (1 : 5 900) und 57 Apothekermeister (1 : 40 000). Die Verteilung der Hebammen entsprach den steirischen Verhältnissen (1 : 10 000).[14]

Etwas besser sah es in der südlichen Nachbarprovinz Anjou aus: Hier lebten um 1780 45 Ärzte und 287 Chirurgen; die Zahl der Einwohner betrug 450 000 (1 : 10 000, 1 : 1 600).[15] Wie Jean Pierre Goubert feststellt, deckte sich das Netz der Mediziner in der Bretagne mit dem Städtenetz. Urbanisierung und „Medikalisierung" lassen sich hier

---

13 Zum Vergleich des historischen mit dem aktuellen Stand der medizinischen Versorgung der Steiermark (und Österreichs) seien einige Zahlen genannt: 1984 gab es in der Steiermark 2824 Ärzte (1375 Selbständige, 1449 Dienstnehmer). Bei einer Gesamtbevölkerung von 1 183 256 (1983) kam also durchschnittlich ein Arzt auf 419 Einwohner. Im österreichischen Durchschnitt betrug dieses Verhältnis 1 : 367. Im Studienjahr 1983/84 promovierten in Österreich 1536 Mediziner. Insgesamt rund 100 000 Menschen arbeiteten 1983 in Berufen, die mit dem Gesundheitswesen in Verbindung gebracht werden können. Dazu gehörten 8808 selbständige Ärzte in ihren Praxen, 9493 Krankenhausärzte und 42 623 Pflegepersonen in 327 Krankenhäusern (84 310 Betten), 2 779 Angestellte oder Mitarbeiter in 303 Ambulatorien und 82 Zahnambulatorien, 1795 Zahnärzte und 1008 Dentisten in ihren Praxen, 3112 Apotheker in 958 Apotheken, 5500 Beschäftigte in 220 Pharmaunternehmen und 13 049 bei den Krankenversicherungen tätige Personen. Siehe dazu: Boris Velimirovic, Sozialmedizin (= Skriptum zur Vorlesung, Graz 1985) S. 436, 441 - 443.

14 Siehe dazu: Jean Pierre Goubert, Malades es médecins en Bretagne 1770 - 1790 (Rennes 1974) S. 83 - 96

15 Siehe dazu: François Lebrun, Les hommes et la mort en Anjou aux 17ᵉ et 18ᵉ siècles. Essai de démographie et de psychologie historiques (= Civilisations et Sociétés 25, Paris 1971) S. 218

also nicht voneinander trennen.[16] In den wenig verstädterten Gegenden des Landes herrschte vielfach gänzlicher Ärztemangel; das Publikum der Mediziner beschränkte sich beinahe ausschließlich auf die Bewohner der Städte. Auf dem flachen Land und in den kleinen städtischen Siedlungen ersetzten die Chirurgen die Ärzte.[17]

Die meisten bretonischen Medizinstudenten besuchten im 18. Jahrhundert die Pariser Universität, legten ihre Examen jedoch in der Regel an einer Provinzuniversität ab. Die medizinische Fakultät von Nantes führte im 18. Jahrhundert ein kümmerliches Dasein und blieb für die medizinische Ausbildung in der Bretagne ohne Bedeutung.[18]

Ähnlich der landesfürstlichen Verwaltung in den habsburgischen Erbländern bemühte sich in Frankreich die königliche Bürokratie um Kontrolle und Ausbildung der Heilkundigen. So ließ die bretonische Intendance 1750 und 1786 genaue Erhebungen über die Zahl der Heilkünstler durchführen.[19] Gemeinsam mit den bretonischen Ständen (états de la province) organisierte man in den sechziger Jahren des 18. Jahrhunderts den ersten öffentlichen Hebammenunterricht unter der Ägide der berühmten Meisterhebamme Mme. du Coudray, die seit 1767 im Auftrag des Königs Frankreich bereiste.[20] Diese obstetrische Ausbildung war für die Teilnehmerinnen kostenlos, da die Stände und die Intendance die Bezahlung übernahmen; allfällige Reisespesen wurden von den Gemeinden beglichen. In Seuchenzeiten entsandte die Intendance de Bretagne Mediziner und Chirurgen in die von Epidemien betroffenen Gebiete.[21]

Auch im Anjou beansprucht die königliche Intendantur seit den zwanziger Jahren des 18. Jahrhunderts die Exekutive bei der Bekämpfung von Seuchen und verschickt Gratisarzneien für die Armen auf dem Land („boîtes d'Helvétius", „remèdes du roi").[22] Die Bemühungen der Verwaltung um eine verbesserte Ausbildung der Heilkünstler haben hier allerdings weniger Erfolg als in der Bretagne. Zwar macht etwa Mme. du Coudray 1778 in Angers 113 Frauen an ihrem obstetrischen Phantom mit den neuesten Methoden der Geburtshilfe vertraut, doch schon 1784 werden nur noch sporadisch Hebammenkurse abgehalten, da Grundherren, Pfarrer und Magistrate keine finanzielle Unterstützung leisten.[23]

Die 45 Ärzte, die es im Anjou gibt, wohnen allesamt in den Städten und großen Märkten der Provinz.[24] In der Hauptstadt Angers, wo eine medizinische Fakultät ihren Sitz hat, bilden 13 sogenannte „docteurs régents" eine Art ärztliche Oberschicht. Ihnen gegenüber stehen die sozial und materiell schlechter gestellten „docteurs-forains".[25]

Ähnliche Unterschiede finden sich zwischen den „chirurgiens internes", die in der Stadt praktizieren und ihren Kollegen auf dem Land, den „chirurgiens externes". Letztere dürfen keine Lehrlinge ausbilden und wichtige Operationen nur unter Aufsicht

---

16 Jean Pierre Goubert, Die Medikalisierung der französischen Gesellschaft am Ende des Ancien Régime: die Bretagne als Beispiel. In: Medizinhistorisches Journal 17 (1982) 89 – 114, S. 95 – 96
17 Ebd., S. 95 – 96
18 Ebd., S. 103
19 Siehe dazu vor allem: Goubert, Malades et médecins
20 Goubert, Medikalisierung, S. 104, bzw. Lebrun, Les hommes et la mort, S. 213
21 Goubert, Medikalisierung, S. 100, 104
22 Lebrun, Les hommes et la mort, S. 295
23 Ebd., S. 216
24 Ebd., S. 218
25 Ebd., S. 199, 224 – 226

eines „chirurgien interne" ausführen.[26] Obwohl die Trennung der Chirurgie vom Barbiershandwerk schon 1691 durch ein königliches Edikt befohlen worden ist, wird die
Unterscheidung der beiden Berufe im Anjou erst in der zweiten Hälfte des 18. Jahrhunderts Wirklichkeit.[27] In den Städten sind die Chirurgen seit dieser Zeit in eigenen
Gremien versammelt; die Meister des Handwerks werden zum Besuch chirurgischer
Lehrgänge an der Universität von Angers verpflichtet.[28] Dennoch bleibt im Anjou des
18. Jahrhunderts die Ausbildung der meisten Heilkundigen mangelhaft.

Während man in Wien um 1780 wohl kaum über die in der Bretagne oder im Anjou
herrschenden Zustände informiert gewesen sein dürfte, wußte man vielleicht einiges
über die Situation des Heilwesens in den Provinzen der österreichischen Niederlande,
die seit 1713 einen Teil des habsburgischen Reiches bildeten. Heute kennen wir die
niederländischen Verhältnisse - vor allem diejenigen im Brabant - durch eine sozialhi-
storisch-demographische Studie des Belgiers Claude Bruneel.[29] Verglichen mit der
Steiermark erscheint die Provinz Brabant von Heilkünstlern geradezu überschwemmt:
Im Jahre 1755 gibt es hier einen Arzt für durchschnittlich 4080, einen Chirurgen für
1124 und einen Apotheker für 3717 Einwohner. Über die Zahl der Hebammen ist nichts
bekannt;[30] ihre Fachkenntnisse dürften aber auch in den Niederlanden als mangelhaft
betrachtet worden sein: wieder treffen wir auf die unermüdliche Mme. du Coudray, die
im Jahre 1775 im ganzen Land Geburtshilfeunterricht erteilt - meist auf Einladung der
Provinzstände.[31]

An der traditionsreichen Universität von Löwen (Leuven/Louvain) promovieren
zwischen 1773 - 1788 im Durchschnitt jährlich 35 Studenten der Medizin (in Wien
beträgt die Anzahl der Promotionen im selben Zeitraum durchschnittlich 26).[32] Die
Mehrheit der Doktoren stammt aus den verschiedenen Provinzen der österreichischen
Niederlande; über ein Viertel der jungen Ärzte kommt aus dem Brabant.[33]

Die graduierten Mediziner lehnen es gemeinhin ab, sich auf dem Land niederzulassen - auch im Brabant beschränkt sich der Bereich der ärztlichen Praxis in der Regel
auf die Stadt. 1755 beträgt das Verhältnis Arzt zu Einwohner in den Städten 1 : 1 937,
in den ländlichen Gebieten 1 : 16 023.[34] In den stärker urbanisierten Regionen sind
Ärzte folglich zahlreicher als anderswo. So beherbergen selbst kleine Städte zumeist
einen Arzt, während man in den großen, häufig dicht bevölkerten ländlichen Siedlungen
die Präsenz von Medizinern vermißt.[35] Hier nehmen die „chirurgiens-barbiers" die
Stelle der Ärzte ein.[36]

Obwohl man seitens der Brüsseler Regierung versucht, die chirurgische Ausbildung
zu reglementieren und die Wundärzte der Universität Löwen oder den jeweils zuständigen Collegia Medica zu unterstellen, bleibt die Chirurgie in der Praxis ein Handwerk,

---

26 Ebd., S. 207
27 Ebd., S. 206
28 Ebd., S. 207
29 Claude Bruneel, La mortalité dans les campagnes: le duché de Brabant aux XVIIe et XVIIIe siècles (= Recueil
   de travaux d'histoire et de philologie 6/10, Louvain 1977), v.a. Kapitel 5, S. 169 - 193
30 Ebd., S. 173, 177, 180 - 181
31 Ebd., S. 180
32 Ebd., S. 172, bzw. UAW, Catalogus Medicinae Doctorum 1752 - 1821
33 Bruneel, La mortalité dans les campagnes, S. 172
34 Ebd., S. 173
35 Ebd., S. 174
36 Ebd.

das sich jeder obrigkeitlichen Kontrolle entzieht.[37] Innerhalb des Handwerks unterscheidet man zwischen Stadt- und Landchirurgen,[38] aber auch zwischen hauptberuflichen Chirurgen und solchen, die neben dem Barbiershandwerk einen zweiten Beruf ausüben.[39]

Die Hebammen unterstehen im Brabant nominell den Magistraten und sollen durch Ärzte und Geistliche auf ihre Eignung geprüft werden. Diese Regelung bleibt jedoch meist Theorie. Vor allem auf dem Land kann von einem eigenen Hebammenstand nicht die Rede sein – die Geburtshilfe bleibt den „Matronen" überlassen.[40]

Apotheker sind – gleich den Ärzten – fast nur in den Städten ansässig. Ihre Ausbildung ist rein handwerklich; am Ende ihrer Lehrzeit ist es üblich, sie von einem städtischen Collegium Medicum prüfen zu lassen. Auch das Hospitalwesen zählt zu den ausschließlich urbanen Erscheinungen. Die Spitäler sind zwar zahlreich, doch nur wenige dienen einzig und allein der Krankenpflege: vielfach finden nicht nur Kranke, sondern auch Greise, Pilger oder verarmte Reisende in ihnen Aufnahme.[41] Außer den autorisierten Heilkundigen betätigen sich im Brabant zahlreiche Empiriker und Scharlatane als Krankenheiler. Ihre Beliebtheit ist groß – besonders in den ländlichen Gebieten.[42]

Obwohl die Zahl der Ärzte und Chirurgen im Brabant des 18. Jahrhunderts für zeitgenössische Verhältnisse sehr hoch ist, bleibt das Wirkungsfeld der Heilkünstler auch hier eng begrenzt. Die Mehrheit der Bevölkerung kommt niemals mit Ärzten und nur selten mit Chirurgen in Kontakt. Während die Provinzstände vor allem auf dem Gebiet der Hebammenausbildung Initiativen setzen, die hinterher stets von der habsburgischen Verwaltung sanktioniert werden,[43] macht sich die Regierung fallweise um die medizinische Versorgung der Bevölkerung bei Epidemien verdient[44] – ansonsten jedoch sind gezielte gesundheitspolitische Maßnahmen, hinter denen man System vermuten könnte, in den österreichischen Niederlanden selten.

Der Vergleich der drei westeuropäischen Regionen Bretagne, Anjou und Brabant mit der Steiermark hat gezeigt, daß sich die Struktur der Heilberufe und die Bemühungen um eine Verbesserung von Ausbildung und Kontrolle der Heilkundigen in West- und Mitteleuropa ähneln. Gleiches gilt, wie später noch zu erläutern sein wird, für die verschiedenen Versuche der zentralen Bürokratien, eine wirksame Epidemienbekämpfung zu organisieren, die vor allem der Landbevölkerung zugute kommen sollte. Wesentliche Unterschiede zeigen sich hingegen in quantitativer Hinsicht. Die – in Kontrast zu westeuropäischen Verhältnissen – kleine Zahl an autorisierten Heilkundigen in der Steiermark des 18. Jahrhunderts steht nicht zuletzt in Zusammenhang mit dem geringen Grad der Urbanisierung in diesem Teil Mitteleuropas. Die (mit Ausnahme

---

37 Ebd., S. 175

38 Ebd.

39 Ebd., S. 177

40 Ebd., S. 179

41 Ebd., S. 182

42 Ebd., S. 184

43 Siehe dazu etwa: Recueil des ordonnances des Pays Bas autrichiens, ed. P. Verhagen (Bruxelles 1910) Bd. 12 (10. 1. 1781 – 23. 12. 1786) S. 48 (Verordnung zur Einführung eines Unterrichts für Hebammen in Namur, Brüssel 18. 6. 1781); S. 157 (Hebammenunterricht in Brügge, Brüssel 13. 5. 1782); S. 422 (Hebammenunterricht im Pays de Termonde, Brüssel 20. 6. 1785)

44 Siehe dazu auch: Claude Bruneel, L'épidémie de dysenterie de 1779 dans les Pays-Bas autrichiens. In: Bulletin de la Commission Royale d'histoire 145 (1979) 191 – 395

von Graz) zu jener Zeit marginale Bedeutung der steirischen Städte und Märkte hatte zur Folge, daß es einem graduierten Mediziner vermutlich nicht ratsam erschien, sich außerhalb der Hauptstadt niederzulassen, ohne zumindest das Amt eines Physikus bekleiden zu können, das ihm zu einem gesicherten Einkommen verhalf. Auch in Westeuropa lehnten es die meisten Ärzte ab, ihre Praxen auf dem Land einzurichten. Die stärkere Urbanisierung erlaubte es ihnen jedoch allem Anschein nach, trotz wachsender Konkurrenz in den Städten ihr Auskommen zu finden. Die Konsultation eines graduierten Arztes war im 18. Jahrhundert auch eine Frage des Lebensstils, für bestimmte Schichten also gewissermaßen Prestigesache: Je kleiner diese Schichten waren, desto weniger Verdienstmöglichkeiten boten sich den Medizinern.

Ähnlich verhielt es sich mit Apothekern und geprüften Hebammen: Wie die Ärzte wirkten sie fast ausschließlich im urbanen Bereich. Das Handwerk der Bader und Barbiere scheint in der Steiermark strengeren korporativen Restriktionen unterworfen gewesen zu sein als in Frankreich oder Belgien. Vielleicht erklärt dies die relativ kleine Anzahl der chirurgischen Gewerbeberechtigungen.

Auf dem Land herrschten in Westeuropa Zustände, die sich durchaus mit mitteleuropäischen Verhältnissen vergleichen lassen. Ärzte, Apotheker und geprüfte Hebammen blieben den Landbewohnern zumeist unbekannt, und auch den Chirurgen stand man häufig mißtrauisch gegenüber. Die bäuerliche Mehrheit der Bevölkerung hatte ihre eigenen, bis heute kaum erforschten Einstellungen zu Gesundheit und Krankheit - Einstellungen, die von den Vertretern der aufgeklärten Kultur mit immer stärkerem Mißfallen betrachtet wurden. „Knapp formuliert", so erläutert Jean Pierre Goubert am Beispiel der Bretagne, „handelt es sich um den Gegensatz einer traditionellen Landkultur des ethnographischen Typus und einer anders gearteten wissenschaftlichen Stadtkultur des modernen Typus".[45]

Dieser Gegensatz, der in der Steiermark über das 18. Jahrhundert hinaus bestehen blieb, verweist auf bestimmte Grenzen der gesundheitspolitischen Rationalisierung, die im Reich der Habsburger allerdings auch aus anderen Gründen auf Hindernisse stoßen sollte.

---

45 Goubert, Medikalisierung, S. 112

3. Grenzen der Rationalisierung

Die traditionellen Vorstellungen von Gesundheit und Krankheit waren noch im 18. Jahrhundert Teil eines Weltbildes, das von magisch-religiösen Ideen beherrscht wurde, die eine aufgeklärte Minderheit nun als „abergläubisch" bezeichnete. Staatlich geprüfte Heilkünstler sollten zu Wächtern der Gesundheit gemacht, Krankheiten mit wissenschaftlichen, rationalen Methoden bekämpft werden.

Dennoch mag ein großer Teil der Bevölkerung weiterhin den Künsten der so seltenen Ärzte und Chirurgen weniger vertraut haben als den vielen himmlischen Fürsprechern, an die man sich allenthalben wenden konnte. Allein im Herzogtum Steiermark dürfte es im 18. Jahrhundert rund 430 Gnadenstätten gegeben haben, an denen die Gläubigen auch um die Heilung von Krankheiten beteten.[1] Die bekanntesten Heiligtümer, wie etwa Mariazell oder Mariatrost bei Graz, erfreuten sich ob ihrer Wundertätigkeit besonderer Beliebtheit: So wurde Mariazell im Jahre 1756 von 373 000 Pilgern besucht.[2]

Groß ist die Zahl der in den Mariazeller Mirakelbüchern genau verzeichneten Wunder: Andachtsbilder, Schluckbilder und geweihtes Zelleröl heilen Kranke; tote Kinder werden wieder zum Leben erweckt und Besessenen wird der Teufel ausgetrieben.[3] Joseph II., der die Wallfahrten nach Mariazell zur Zeit seiner Alleinregierung verbieten sollte, begibt sich selbst viermal auf die Pilgerreise zur Magna Mater Austriae.[4]

Nicht selten finden sich heilige Brunnen in oder nahe den vielbesuchten Kapellen und Kirchen. Ihr Wasser hilft gegen zahllose Krankheiten, vor allem gegen Fieber und Augenleiden. Votivgaben schmücken das Innere der Gnadenstätten; auch Geld, Blumen und lebende Tiere werden den Heiligen geopfert.[5]

Magie und Beschwörung zählen gleichfalls zu den bis ins 20. Jahrhundert gebräuchlichen Heilmethoden.[6] „Abbeter", in der slowenischen Südsteiermark „zagovorniki" genannt, versuchen, Kranke durch Gebete oder Zaubersprüche von ihren Gebrechen zu befreien.

Schäfer, Scharfrichter und Abdecker werden ebenso zu den Heilkundigen gezählt wie Weltpriester und Klosterleute.[7] Auf dem Land wirken sogenannte „Bauerndoktoren" und kräutersammelnde Frauen, die nach geheimen Rezepten zubereitete Salben und Tinkturen verkaufen.[8]

Einige Praktiken dieser traditionellen Heilkunde haben sich – vor allem in ländlichen Gebieten – bis in unsere Tage erhalten und wurden von volkskundlich orientierten

---

[1] Siehe dazu: Gustav Gugitz, Österreichs Gnadenstätten in Kult und Brauch. Ein topographisches Handbuch zur religiösen Volkskunde in fünf Bänden (Wien 1956) Bd. 4: Kärnten und Steiermark, S. 113 - 281

[2] Ebd., S. 201

[3] Ebd., S. 198

[4] Ebd., S. 200

[5] Ebd., z.B. S. 230 - 231, S. 276

[6] Siehe dazu: Elfriede Grabner, Das Abbeten. Magische Heilmethoden und Beschwörungsgebete in der Steiermark. In: Zeitschrift des Historischen Vereins für Steiermark 53/2 (1962) 359 - 370

[7] Die Behandlung von Kranken sollte den Genannten verboten werden; siehe dazu etwa: John, Medizinalgesetze Bd. 2, S. 265

[8] Siehe dazu: Elfriede Grabner, Naturärzte und Kurpfuscher in der Steiermark. In: Zeitschrift des Historischen Vereins für Steiermark 52 (1961) 84 - 99

Autoren seit dem 19. Jahrhundert verschiedentlich unter dem Begriff der „Volksmedizin" zusammengefaßt.[9]

Die den volkstümlichen Heilmethoden eigene Verbindung von Magie und Empirie geriet, wie schon gesagt, im 18. Jahrhundert zunehmend in das Schußfeld aufgeklärter Kritik. Der Wunsch nach bürokratischer Kontrolle der Heilkundigen bestimmte dabei zumeist die Kriterien der Trennung schädlicher von nützlicher Heilkunst: Der Kritik am stärksten ausgesetzt waren Heilkünstler, die sich administrativen Zugriffen beinahe gänzlich entzogen. So erregten etwa die fahrenden Arzneihändler, Wurzelkrämer, Destillanten und Ölverkäufer, die überall ihre Heil- und Wundermittel feilboten, den Unmut der Schützer des „allgemeinen Gesundheitsstandes".[10] Gleiches galt für die wandernden Ärzte, Zahnbrecher, Okulisten und Bruchschneider. Sie zählten neben Seiltänzern, Puppenspielern, Zauberern und Tierbändigern zu den Gauklern, die auf Jahrmärkten und Messen das Publikum mit ihren Kunststücken unterhielten und auch durch Komödienspiel auf sich aufmerksam machten.[11] Obwohl der Verdacht naheliegt, daß es sich bei ihnen oft um Geschäftemacher, Betrüger und Scharlatane gehandelt haben mag, denen an der Gesundheit ihrer Kunden wenig lag, wissen wir viel zuwenig über die wandernden Heilkünstler, um uns ein Urteil über ihre Qualifikation erlauben zu können.[12] Noch die 1719 vom Dekan Pius Nikolaus Garelli entworfenen Statuten der Wiener medizinischen Fakultät rechneten die fahrenden Ärzte zu den „niederen Heilpersonen", die sich einer universitären Prüfung unterziehen und dafür ein Diplom erhalten konnten.[13] Joseph Anton Stranitzky, der legendäre Schöpfer des „Hans Wurst", trug den Titel „dentifrangibulus, dentiumque medicator", der ihm 1707 von der Wiener medizinischen Fakultät verliehen worden war.[14]

Zur Zeit Maria Theresias hätte man Stranitzky vermutlich bereits als Quacksalber bezeichnet. Dennoch gelang die Unterscheidung zwischen Betrügern und Helfern der Menschheit auch in der zweiten Hälfte des 18. Jahrhundert nicht viel besser als zuvor. Das Zeitalter der Aufklärung brachte „Scharlatane" von internationaler Berühmtheit hervor; den „Starstecher" Taylor etwa, oder den Wiener „Magnetiseur" Franz Anton Mesmer.[15] Hinter einem scheinbar rationalen Interesse für die immer bedeutender werdenden Naturwissenschaften verbarg sich häufig eine Freude am Spektakulären, von der nicht nur die Gelehrten, sondern auch Schwindler aller Art profitierten.

---

9 So zum Beispiel: Victor Fossel, Volksmedizin und medizinischer Aberglaube in Steiermark. Ein Beitrag zur Landeskunde (Graz 1886); Elfriede Grabner, Grundzüge einer ostalpinen Volksmedizin (= Österreichische Akademie der Wissenschaften, Philosophisch-historische Klasse. Sitzungsberichte 457. Mitteilungen des Instituts für Gegenwartsvolkskunde 16, Wien 1985); Bauerndoktor und Volksmedizin (= Steiermärkisches Landesmuseum Joanneum, Außenstelle Stainz, Katalog 3, Stainz 1977). Zum Vergleich mit Frankreich siehe auch: John Spears, Folk Medicine and Popular Attitudes Towards Disease in the High Alps 1780 - 1870. In: Bulletin of the History of Medicine 54/3 (1980) 303 - 336

10 Siehe dazu: John, Medizinalgesetze 1, S. 412 - 413

11 Siehe dazu: Popelka, Geschichte von Graz 2, S. 422 - 423

12 Siehe auch: Stürzbecher, Berliner Medizingeschichte, S. 136 - 138

13 Senfelder, Öffentliche Gesundheitspflege 2, S. 33

14 Ebd., S. 44

15 Zur großen Bedeutung des Mesmerismus siehe auch: Robert Darnton, Der Mesmerismus und das Ende der Aufklärung (Frankfurt/Berlin 1986). Der Okulist Taylor trieb sein Unwesen übrigens auch in Österreich und Böhmen. Die Hofkanzlei informierte alle Länderstellen über die Gefährlichkeit des berüchtigten Quacksalbers. Siehe dazu: StLA, Gub alt 6, 1769 (HKD vom 8. Juli 1769). Zu den Scharlatanen des 18. Jahrhunderts: Durant, Das Zeitalter Voltaires, S. 351

Naturwissenschaftliche Experimente zählten neben Oper und Feuerwerk zu den Zerstreuungen der gebildeten Oberschichten. Der niederländische Arzt und Naturforscher Jan Ingenhousz wurde von Joseph II. nicht nur wegen seines sicheren Urteils in medizinischen Fragen geschätzt; er unterhielt den Kaiser auch mit Vorführungen physikalischer und chemischer Versuche.[16]

Der Glaube an Wunder und Zauberei war nicht nur im einfachen Volk weit verbreitet. Ein Freund und Mitarbeiter van Swietens, der prominente Kliniker Anton de Haen, widmete eines seiner wichtigsten Werke den Rätseln der Magie und glaubte selbst an Hexen und Zauberer.[17]

Vertreter der gelehrten Medizin brauchten also nicht zwangsläufig Verfechter eines aufgeklärten Weltbildes zu sein – doch selbst wenn sie es waren, hatte dies wohl nur wenig Einfluß auf ihre therapeutischen Erfolge. Denn die ärztlichen Behandlungsmethoden waren im 18. Jahrhundert trotz einer verbesserten Ausbildung der Mediziner kaum wirksamer geworden.[18] So erscheint es wohl naheliegend, die Gründe für die Aufwertung der Medizin im 18. Jahrhundert in sozialen und wirtschaftlichen Veränderungen zu suchen, die von einem Wandel der Einstellungen gegenüber Leben und Tod begleitet waren.

Das Motiv der Lebensverlängerung war vor allem in der bürgerlichen Welt Westeuropas Teil eines neuartigen Gesundheitsideals geworden. Die Erhaltung von Gesundheit und Produktivität bis ins hohe Alter erschien nun als eine der Voraussetzungen irdischen Glücks.[19] Die Rolle des Arztes gewann damit im bürgerlichen Leben an Bedeutung. Wie das Beispiel Englands gezeigt hat, versuchte man die neuen Maßstäbe auch im Bereich dessen anzulegen, was vorerst immer noch mit dem alten Begriff der „Caritas" bezeichnet wurde. Fürsorge sollte nur denen zuteil werden, die sich als „proper objects of charity" erwiesen, als wahrhaft Arme also, den „laborious poor, who humbly seclude themselves in miserable courts and alleys (...) confined to one chamber and one solitary bed, with sickness, with want and a total incapacity to raise one penny", wie es 1774 einer der Protagonisten des Dispensary-Movement, John Coakley Lettsom (1744 – 1815), formulierte.[20]

Es war die „unverschuldet" durch Krankheit entstehende Armut, die man im 18. Jahrhundert schließlich mit medizinischen Mitteln bekämpfen wollte.[21] Denjenigen Armen jedoch, die man als gesunde Müßiggeher oder arbeitsscheue Bettler ansah, wurde umso entschiedener der Kampf angesagt: Sie sollten sich ihren Lebensunterhalt hinfort ausschließlich durch Arbeit verdienen. Die Krankheit wurde so endgültig aus der traditionellen Bindung zu Armut und Hilflosigkeit gelöst, die das spätmittelalterli-

16 Siehe dazu: J. Wiesner, Jan Ingen=Housz in Wien. In: Österreichische Rundschau 3/31 (Wien 1907) 197 – 214

17 Anton de Haen, De Magia Liber (Leipzig 1774). Siehe dazu: Lesky, Gesundheitswesen, S. 91

18 Am Beispiel Englands zeigten dies schon 1955: Thomas McKeown, R. G. Brown, Medical Evidence Related to English Population Changes in the Eighteenth Century. In: Population in History. Essays in Historical Demography, ed. D. V. Glass, D. E. C. Eversley (London 1969) 285 – 307

19 Siehe dazu: William Coleman, Health and Hygiene in the Encyclopédie: A Medical Doctrine for the Bourgeoisie. In: Journal of the History of Medicine 29/4 (1974) 399 – 421, bzw. Illich, Nemesis der Medizin, S. 219 – 225 und Michel Vovelle, La mort et l'occident de 1300 à nos jours (Paris 1983) S. 401

20 John Coakley Lettsom, Medical Memoirs of the General Dispensary for the years 1773/1774 (London 1774), hier zitiert nach Loudon, Dispensary Movement, S. 331

21 Im angelsächsischen Raum hat sich dafür der Ausdruck „Medical Philantropy" eingebürgert; siehe auch: Loudon, Dispensary Movement, S. 330

che System der Caritas mit seinen Hospitälern, die immer Hilfsbedürftige unterschiedlichster Kategorien beherbergt hatten, geprägt hatte. Diese Entwicklung wird gerne unter dem Aspekt der neuzeitlichen Säkularisierung betrachtet, die gemeinhin auch mit der Emanzipation des Bürgertums in Zusammenhang gebracht wird.

Für die Monarchie der Habsburger kann dieser theoretische Ansatz nur mit Einschränkungen gelten: Hier gingen die erst relativ spät einsetzenden Tendenzen der Säkularisierung vielfach von einer absolutistisch dirigierten Bürokratie aus, und auch die Entstehung eines neuen, sich emanzipierenden Bürgertums blieb, wie etwa Ernst Bruckmüller feststellt, „mit der höfisch-bürokratischen Staatsbildung der Habsburger untrennbar verbunden".[22] Dies wird auch am Beispiel des Gesundheitswesens deutlich. Die Aufwertung der Medizin manifestierte sich im Habsburgerreich zu allererst in einer Reform der medizinischen Studien und in der Umwandlung der Wiener medizinischen Fakultät in eine landesfürstlich kontrollierte Lehrinstitution (1749). Der Organisator dieser Maßnahmen war der 1745 von Maria Theresia aus Leyden nach Wien geholte Holländer Gerard van Swieten (1700 - 1772), ein Schüler Herman Boerhaaves, der bald zu den wichtigsten Männern um die Kaiserin zählte.

Promotionen an der medizinischen Fakultät der Universität Wien 1752 - 1792

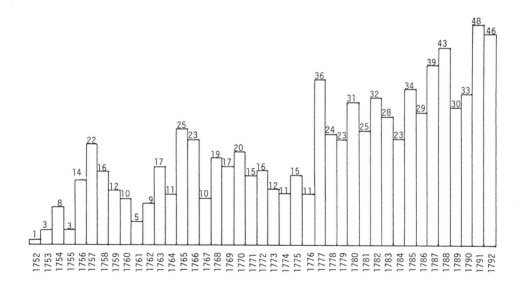

---

22 Bruckmüller, Sozialgeschichte, S. 286

Die van Swietensche Reorganisation des Medizinstudiums hatte eine bedeutende Steigerung der Studienfrequenz zur Folge. Hatten vor der Reform nur alle fünf bis sechs Jahre Promotionen stattgefunden, bei denen eine Prüfungsgebühr von je 1000 fl. eingehoben worden war,[23] so wurden die Examen nun alljährlich abgehalten. Von 1752 - 1790 promovierten in Wien 755 Mediziner (zur jährlichen Zahl der Promotionen siehe Tabelle). Zwischen 1723 - 1725 hatte es in Wien nicht mehr als 25 Medizinstudenten gegeben; die Wiener medizinische Fakultät zählte in jener Zeit 84 Ärzte zu ihren Mitgliedern, die allerdings zu einem großen Teil außerhalb Wiens lebten.[24]

Es ist zu bezweifeln, daß das Bedürfnis nach ärztlichen Dienstleistungen in einem Maß gestiegen ist, das dem Anwachsen der Ärztezahl im Gefolge der Reform entsprochen hätte. So hat das Beispiel der Steiermark gezeigt, daß es um die Verdienstmöglichkeiten für Mediziner in der Provinz nicht gerade gut bestellt war. Von der freien Praxis zu leben dürfte hier schlechthin unmöglich gewesen sein, zumal es an einem größeren Publikum fehlte, das nach ärztlicher Behandlung verlangte und dafür auch zu zahlen imstande war. Die Ärzte waren damit auf Besoldungen angewiesen, die ihnen von den Ständen, aus der landesfürstlichen Kasse oder von vermögenden Institutionen, wie etwa Klöstern oder Spitälern, bezahlt wurden. Günstige Bedingungen fanden sie folglich nur in den größeren Städten. Gegen Ende des 18. Jahrhunderts dürfte Wien von schlecht bezahlten oder arbeitslosen jungen Doktoren der Medizin geradezu überlaufen gewesen sein. Schätzungen, die von 200 - 300 Ärzten sprechen, die es um 1800 in Wien gegeben haben soll, stellen vermutlich keine Übertreibungen dar.[25] Die Tatsache, daß die Mediziner in den 21 in London um 1800 existierenden General Hospitals und Dispensaries ihre Dienste größtenteils ehrenamtlich versahen,[26] ist bezeichnend für die soziale und wirtschaftliche Situation, die bürgerliche Schichten Westeuropas (namentlich Englands) so sehr von jenem neuen Bürgertum unterschied, das sich gegen Ende des 18. Jahrhunderts in Mitteleuropa zu bilden begann.

Ein kurzer Blick auf die Geschichte des Fürsorgewesens unter Maria Theresia und Joseph II. macht weitere Gegensätze deutlich.

Das offenbar schon im frühen 18. Jahrhundert wachsende Problem der Armut hatte auch im Habsburgerreich die Unzulänglichkeit der traditionellen Armenfürsorge spürbar werden lassen.[27] Nach einer Studie von Helfried Valentinitsch gehörten um 1750 in der Steiermark 99 der 106 Institutionen, die als Armenanstalten angesehen werden können, dem spätmittelalterlichen Typus der Spitäler, Bruder- und Siechenhäuser an.[28] Alles in allem verfügten die steirischen Armenanstalten über rund 1600 Fürsorgeplätze,

23 Lesky, Gesundheitswesen, S. 72
24 UAW, Catalogus Medicinae Doctorum 1752 - 1821. Zur Zahl der Ärzte um 1720 siehe: Brückmann, Epistola Itineraria XXII
25 Siehe dazu etwa: Max Neuburger, Viennensia Medica II. Einiges über die ärztliche Laufbahn vor hundert Jahren. In: Wiener Medizinische Presse 20 (1897) 637 - 640, S. 637. Zur Problematik des Ärzteüberschusses auch: Johann Wahrmann (Pseud.?), Ungrund der Klagen mancher Wiener Ärzte wider die Verfassung der hiesigen medicinischen Facultät und die jungen Ärzte (Wien 1792), bzw. Joseph Frank, Anleitung zur Kenntnis und Wahl des Arztes, für Nichtärzte (Wien 1800)
26 Siehe dazu: Loudon, Dispensary Movement, S. 329: „The medical staff, of course, were honorary and depended for their living on private practice."
27 Siehe dazu: Helfried Valentinitsch, Armenfürsorge im Herzogtum Steiermark im 18. Jahrhundert. In: Zeitschrift des Historischen Vereins für Steiermark 73 (1982) 93 - 114, bzw. Eduard Winter, Der Josefinismus und seine Geschichte. Beiträge zur Geistesgeschichte Österreichs 1740 - 1848 (Brünn/München/Wien 1943), v.a. Kapitel III/7, „Josefinische Karitas", S. 235 - 255
28 Valentinitsch, Armenfürsorge, S. 97

was bei etwa 700 000 Einwohnern (um die Mitte des Jahrhunderts) 0,2 % der Gesamtbevölkerung entspricht. Von den 1600 Plätzen für Hilfsbedürftige (Mittellose, Kranke, Alte, Invaliden, Waisen) befanden sich an die 1000 in der Hauptstadt Graz.[29] Der Anteil der ständig von Verarmung Bedrohten an der Gesamtbevölkerung dürfte zu dieser Zeit 20 - 25 % betragen haben.[30] Die vornehmlich auf die Versorgung von ortsansässigen Armen ausgerichteten Armenanstalten konnten dem Phänomen des Massenelends also schwerlich begegnen.[31] Bis zu den Reformen Josephs II. beschränkten sich die landesfürstlichen Maßnahmen im Bereich der Armenfürsorge auf Versuche zur Kontrolle und Zentralisierung des Stiftungswesens. Zudem unterhielt der Landesfürst eigene Armenanstalten: In der Steiermark waren dies um 1750 das von Karl VI. gegründete Grazer Armenhaus (mit 612 Plätzen die größte Armenanstalt des Landes), das Zucht- und Arbeitshaus in Graz sowie die beiden Hofspitäler von Graz und Aussee.[32] Spitäler, die ausschließlich als Krankenanstalten dienten, wurden in der Steiermark nur von den Elisabethinerinnen und den Barmherzigen Brüdern in Graz geführt.[33] Die Kosten des Fürsorgewesens wurden zu einem wichtigen Teil von privaten Stiftungen, einzelnen Bürgern oder Gemeinden getragen; ein kleinerer Anteil entfiel auf Grundherrschaften und Klöster.[34] Während der Aufenthalt in den landesfürstlichen Armenanstalten mit Zwangseinweisung und Arbeitspflicht verbunden war, konnten sich Anwärter auf tradionelle Spitalspfründen selbst um einen Fürsorgeplatz bewerben oder wurden vom Spitalserhalter dafür vorgeschlagen.[35] Seit 1731 wurden die Vorschläge jedoch von der 1725 gegründeten „Hofkommission für Landessicherheitssachen und Besorgung der weltlichen Stiftungen" überprüft, die zudem die Wirtschaftsführung der Spitäler kontrollierte.[36] Eine ähnliche Politik verfolgten die landesfürstlichen Behörden auch in anderen Erbländern.[37]

Die Hauptpflicht der Spitalsinsassen bestand nach Valentinitsch um 1750 darin, „für den Spitalserhalter und dessen Seelenheil zu beten".[38] Die in den landesfürstlichen Anstalten gebräuchliche Arbeitspflicht vermochte sich in den Spitälern alten Typs nicht durchzusetzen.

Erst die josephinische Neuorganisation der Armenfürsorge brachte grundlegende Veränderungen des Spitalswesens. Das auch in den landesfürstlichen Armenanstalten übliche Nebeneinander verschiedener Kategorien der Hilfsbedürftigkeit machte einer zunehmenden Differenzierung Platz: Versorgungsbedürftige und Kranke sollten fortan strikt voneinander getrennt werden. Exemplarisch wird dies an der Errichtung des Allgemeinen Krankenhauses (1782 - 1784) deutlich, über die Erna Lesky schreibt: „Was sich in diesen drei Jahren in Wien ereignete, war mehr als die Schaffung eines Spitals. Es war der letzte Schritt vom mittelalterlichen Armenwirtshaus (= hospitale),

---

29 Ebd., S. 98
30 Nach der Schätzung von R. Endres, Das Armutsproblem im Zeitalter des Absolutismus. In: Jahrbuch für Fränkische Landesforschung 34/35 (1975) 1007f.; hier zitiert nach Valentinitsch, Armenfürsorge, S. 98
31 Valentinitsch, Armenfürsorge, S. 94
32 Ebd., S. 101
33 Ebd., S. 97
34 Ebd., S. 98
35 Ebd., S. 101 - 102
36 Ebd., S. 95, 102
37 Siehe dazu etwa: Willibald Katzinger, Das Fürsorgewesen der Stadt Linz bis zu Kaiser Josef II. In: Historisches Jahrbuch der Stadt Linz 1978 (Linz 1979) 11 - 94
38 Valentinitsch, Armenfürsorge, S. 103

das noch ebenso den Pfründner wie den Kranken beherbergte, zum neuzeitlichen Allein-Krankenhaus. Indem Joseph alle frommen Stiftungen verstaatlichte, Pfründner und Versorgungsbedürftige in die aufgehobenen Klöster einwies, alle Kranken aber unter einer einzigen Verwaltung in seinem Universalspital zentrierte, hat er auf deutschem Boden in geradezu modellhafter Weise das administrative Hospitalprinzip des aufgeklärten Absolutismus verwirklicht: Säkularisierung, Rationalisierung und Zentralisierung."[39]

Der josephinische Monsterbau bot insgesamt 2000 Kranken Platz, die in nach nosologischen Kriterien gegliederten Abteilungen untergebracht waren.[40] Auch in Graz wurde 1786 ein Allgemeines Krankenhaus gegründet, das einschließlich eines „Tollhauses" und eines Gebärhauses über etwa 1000 Betten verfügte.[41]

Die neuartigen Spitäler entwickelten sich bald zu Orten des Schreckens. Im Wiener Allgemeinen Krankenhaus stieg die Mortalitätsrate angeblich auf über 20 %, während sie in den alten Krankenanstalten meist unter 10 % gelegen sein soll.[42] In regelmäßigen Abständen lichteten Typhusepidemien die Reihen der Kranken. In der Abteilung für Geburtshilfe grassierte das berüchtigte Kindbettfieber, übertragen durch Kliniker, die von Leichensektionen oftmals direkt zu obstetrischen Demonstrationen übergingen – ein Umstand, der Semmelweis 1846 seine berühmte Entdeckung ermöglichte. Die von gutem Willen und administrativem Kalkül gleichermaßen geprägten Versuche Josephs II. zur Rationalisierung der Krankenversorgung blieben also ohne die erwartete positive Wirkung.

Das josephinische System der Armenfürsorge vermochte wenig am Problem der Massenarmut zu ändern. Die Vereinigung der Kapitalien der 1783 aufgelösten Bruderschaften und der privaten Stiftungsvermögen im Fonds der sogenannten Pfarrarmeninstitute dürfte, wie Ernst Bruckmüller vermutet, die Stiftungsfreude vermindert haben, „gingen doch die verschiedenen Stiftungen und Bruderschaften auf Einzel- und Gruppeninteressen (etwa von gewissen Familien oder Zünften) zurück, die sich im Armeninstitut nicht berücksichtigt fanden".[43]

So zeigten sich die Grenzen absolutistischer Macht auch dort, wo obrigkeitliche Rationalisierungsversuche auf kaum überwindbare soziale, wirtschaftliche und kulturelle Hindernisse stießen. Doch selbst dann, wenn administrative Konzepte zunächst alle Schwierigkeiten zu überwinden schienen, konnte sich die Hoffnung auf die Effizienz der Rationalisierung als unbegründet erweisen, wie das Beispiel des Wiener Allgemeinen Krankenhauses gezeigt hat.

---

39 Erna Lesky, Das Wiener Allgemeine Krankenhaus. Seine Gründung und Wirkung auf deutsche Spitäler. In: Clio Medica 2 (1967) 23 - 37
40 Ebd., S. 23
41 Siehe dazu: Gustav Mittelbach, Aus der Medizingeschichte von Graz. In: 850 Jahre Graz. 1128 - 1978. Festschrift. Im Auftrag der Stadt Graz, ed. Wilhelm Steinböck (Graz 1978) 247 - 269, S. 252
42 So zumindest nach den Angaben von Paul P. Bernard, The limits of Absolutism: Joseph II. and the Allgemeines Krankenhaus. In: Eighteenth Century Studies 9/2 (1975) 193 - 215, die ohne Quellennachweis bleiben. Genauere, allerdings kaum verläßlichere Zahlen nennt Theodor Puschmann, Die Medizin in Wien während der letzten 100 Jahre (Wien 1884) S. 56 - 57
43 Bruckmüller, Sozialgeschichte, S. 328

II. Krankheit und Bürokratie

A. Das gefährdete Leben

1. Demographische Entwicklungen im Habsburgerreich des 18. Jahrhunderts

Die Gesundheitspolitik des 18. Jahrhunderts war auch Ausdruck des Wunsches der Regierenden, die demographischen Entwicklungen in ihren Staaten durch geeignete Maßnahmen zu verändern oder womöglich gar zu steuern. Um dieser „Bevölkerungspolitik" eine wissenschaftliche Grundlage zu geben, wollte man die Gesetzmäßigkeiten menschlichen Lebens und Sterbens mit Hilfe statistischer Erhebungen erforschen.

Verläßlich geführte Sterberegister etwa, so wurde den Kreishauptleuten in den habsburgischen Ländern eingeschärft, seien für den Staat von großem Nutzen, da sie „ihm über die vermehrte, oder verminderte Sterblichkeit genauere Kenntnisse zu verschaffen, und dadurch den allgemeinen Gesundheitsanstalten gleichsam eine bestimmte Richtung zu geben fähig sind".[1]

Militärische und fiskalische Erwägungen hatten zunächst den Ausschlag für erste Verordnungen zur Erhebung der Einwohnerzahl gegeben. Als eigentlicher Anfang des österreichischen Volkszählungswesens gilt die große „Seelenkonskription" des Jahres 1754.[2] Allmählich versuchte man auch, sich über die genaue Anzahl der Heiraten, Geburten und Todesfälle zu informieren. Die Führung der Geburts-, Trauungs- und Sterbematrikel durch die Pfarrer wurde unter Joseph II. strengen Bestimmungen unterworfen; seit 1790 sollten vitalstatistische Kreis- und Landestabellen über die Bevölkerungsbewegung Auskunft geben.[3]

---

1 (Joseph Kropatschek), Buch für Kreisämter oder Leitfaden zur Landes und Kreisbereisung als ein Anhang zu dem Handbuch der theresianischen und josephinischen K. K. Gesetze nach allerhöchster Weisung und Begnehmigung (Wien 1789) S. 101

2 Die 1695 von Leopold I. befohlene Beschreibung des „numerus animarum" sollte vermutlich fiskalischen Zwecken dienen. Siehe dazu auch: Christel Durdik, Bevölkerungs- und Sozialstatistik in Österreich im 18. und 19. Jahrhundert. In Beiträge zur Bevölkerungs- und Sozialgeschichte Österreichs, ed. Heimold Helczmanovski (Wien 1973) 225 – 266, S. 226. Zur Statistik im Habsburgerreich unter Maria Theresia und Joseph II: Henryk Großmann, Die Anfänge und geschichtliche Entwicklung der amtlichen Statistik in Österreich. In: Statistische Monatsschrift N. F. 21 (1916) 331 – 423

3 Durdik, Bevölkerungs- und Sozialstatistik, S. 237, 252 – 253

In dem für diese Arbeit relevanten Zeitraum waren die Möglichkeiten und die Erfolge der amtlichen Statistik allerdings begrenzt. Stände und Kirche, ohne deren Kooperation sich das Zählungswesen nicht entwickeln konnte, sahen ihre Interessen durch die Konskriptionen in zunehmendem Maße bedroht. Während die grundbesitzende Aristokratie Reformen im Steuer- und Rekrutierungswesen fürchtete, wurde das Mißtrauen der Geistlichkeit durch die landesfürstliche Bevölkerungspolitik genährt.[4] Den Ergebnisse der ersten „Seelenkonskriptionen" kann daher nur bedingt Vertrauen geschenkt werden. Für die auf der nächsten Seite folgende überblicksartige Zusammenstellung demographischer Entwicklungen im Habsburgerreich des 18. Jahrhunderts bieten sie jedoch brauchbare Ausgangsdaten. Nachdem sich diese Arbeit nicht als bevölkerungswissenschaftliche Studie versteht, habe ich mich damit begnügt, in der Hauptsache die 1916 publizierten Ergebnisse der Zählung des Jahres 1754 und die Angaben aus einem 1879 veröffentlichten Tableau des Hofkriegsrates über den Populationsstand der Jahre 1780 - 1789 zu zitieren.[5] Ergänzend dazu wurde Zahlenmaterial aus der in den Anmerkungen zur Tabelle zitierten Literatur herangezogen.

Wie aus der Tabelle ersichtlich, hat sich die Einwohnerschaft der Monarchie im 18. Jahrhundert in den meisten Teilen des Reiches vermehrt, wobei allerdings die beachtlichen regionalen Unterschiede des Wachstums ins Auge fallen. Die habsburgischen Länder sind damit von einer Entwicklung betroffen, die sich in ganz Europa, vermutlich aber auch in China und auf dem amerikanischen Kontinent bemerkbar machte: dem Beginn einer „demographischen Revolution", die den bis in die erste Hälfte des 18. Jahrhunderts herrschenden relativ statischen Bevölkerungsverhältnissen ein Ende bereiten sollte. Nach den groben Schätzungen des französischen Demographen André Armengaud lebten um 1700 in Europa etwa 100 - 120 Millionen Menschen. Diese Zahl blieb bis etwa 1740 stabil, um danach langsam zuzunehmen. Die Jahrhundertmitte stand bereits im Zeichen eines beschleunigten Wachstums. Zu Anfang des 19. Jahrhunderts hatte Europa 180 - 190 Millionen Einwohner.[6] Während Zentral-, Nord- und Osteuropa eine regelrechte Bevölkerungsexplosion erlebten, hatten andere Regionen, wie etwa Frankreich und Italien, geringere Wachstumsraten zu verzeichnen.[7] Den Staaten auf dem europäischen Kontinent war gemeinsam, daß ihre Gesellschaftsstrukturen noch immer von landwirtschaftlichen Produktionsweisen geprägt waren, die sich kaum von denjenigen vorhergehender Jahrhunderte unterschieden, was die Erklärung des demographischen Aufschwungs besonders schwierig macht.

---

4 Ebd., S. 227

5 Original des „Haupt-Summarium[s] über die eingelangte Seelen-Conscription de anno 1754" bei Großmann, Anfänge und geschichtliche Entwicklung der Statistik, S. 356. Eine detaillierte Version der Zählungsergebnisse findet sich bei Sigismund Peller, Zur Kenntnis der städtischen Mortalität im 18. Jahrhundert mit besonderer Berücksichtigung der Säuglings- und Tuberkulosesterblichkeit (Wien zur Zeit der ersten Volkszählung). In: Zeitschrift für Hygiene und Infektionskrankheiten 110 (1920) 227 - 262, S. 232 - 235. Bevölkerungszahlen 1780 - 1789 entnommen aus: J. Vincenz Goehlert, Häuser- und Volkszahl sowie Viehstand Österreichs in der Regierungsperiode Josef's II. In: Statistische Monatschrift 5 (1879) 402 - 405

6 André Armengaud, Die Bevölkerung Europas von 1700 bis 1914. In: Bevölkerungsgeschichte Europas. Mittelalter bis Neuzeit, ed. Carlo M. Cipolla, Knut Borchardt (München 1971) 123 - 179, S. 128 - 129

7 Siehe dazu auch: Michel Vovelle, La mort et l'occident, v.a. S. 367 - 381

Demographische Entwicklungen im Habsburgerreich 1700 – 1800 (Einwohnerzahlen)

Land	1700[a]	1754[b]	1780[c]	1789	1800[d]
Niederösterreich und Wien	630 000	800 000			1 017 000
Oberösterreich	370 000	430 000	1 570 000	1 637 000	630 000
Steiermark	574 000	697 000	807 000	800 000	813 000
Kärnten	230 000	272 000	293 000	288 000	287 000
Krain	288 000	345 000	402 000	406 000	430 000
Görz und Gradisca	85 000	102 000	115 000	120 000	124 000
Tirol, Vorarlberg	466 000	571 000	-	680 000	-
Vorlande	-	306 000	-	-	-
Summe	2 643 000	3 523 000	-	3 931 000	3 812 000
		ohne Vorlande 3 217 000			
Böhmen		1 941 000	2 551 000	2 868 000	
Mähren		867 000	1 445 000	1 595 000	
Schlesien		154 000			
Summe		2 962 000	-	4 463 000	

	1720[e]	1787[c]	
Ungarn	4 200 000	7 117 000	(mit Kroatien)
Siebenbürgen		1 403 000	
Galizien und Bukowina		3 435 000	

Summe aller hier genannten Länder (ohne Vorlande) 1787: 20 338 000[c]

Anmerkungen zur Tabelle:

a) Als Grundlage der Berechnung dienten mir die Zahlen aus: Kurt Klein, Die Bevölkerung Österreichs vom Beginn des 16. bis zur Mitte des 18. Jahrhunderts (mit einem Abriß der Bevölkerungsentwicklung von 1754 - 1869). In: Beiträge zur Bevölkerungs- und Sozialgeschichte Österreichs, ed. Heimold Helczmanovski (Wien 1973) 47 - 112, S. 105 (für 1754) und die bei Henryk Grossmann, Die Anfänge und geschichtliche Entwicklung der amtlichen Statistik in Österreich. In: Statistische Monatsschrift N.F. 21/42 (1916) 331 - 423 abgedruckten Ergebnisse der Seelenkonskription von 1754, die für die Grenzen der Monarchie gelten. Mit Hilfe der aus der Differenz der jeweiligen Angaben gezogenen prozentuellen Konstanten lassen sich auch die Einwohnerzahlen für 1700 innerhalb der alten Grenzen näherungsweise ermitteln (als Variablen zu den Zahlen Kleins für 1700). Dieses Verfahren bleibt allerdings anfechtbar, da es rein arithmetisch ist und damit lokale Unterschiede im Bevölkerungswachstum nicht berücksichtigt: Die errechneten Zahlen können nur als hypothetische Werte gelten. Da sich bei Klein keinerlei Angaben über Krain, Görz und Gradisca finden, wurden die Werte für diese Regionen ebenfalls bloß rechnerisch ermittelt. Dabei wurde eine theoretische Zuwachsrate von rund 20 % im Zeitraum 1700 - 1754 angenommen. Auch diese Berechnungsart ist ein spekulatives Verfahren. Dennoch dürften die auf diese Weise errechneten Werte der Wirklichkeit näher kommen als die bei Marcel R. Reinhard, André Armengaud, Jacques Dupaquier, Histoire générale de la population mondiale (Paris 1968), S. 227 für die habsburgischen Stammlande angegebenen 1,5 Millionen Einwohner im Jahre 1725.

b) Die in dieser Rubrik zitierten Zahlen stammen mit Ausnahme der Angaben für Niederösterreich, Tirol, Vorarlberg und die Vorlande aus dem bei Großmann veröffentlichten Originalsummarium der Seelenkonskription von 1754 und wurden für die Tabelle abgerundet. Für Niederösterreich habe ich Großmanns Schätzung übernommen (im Original werden 929 576 Einwohner ange-

geben, eine Zahl, die schon zur Zeit der Volkszählung angezweifelt wurde, s.a. Grossmann,
S. 361). Die Zahl für Tirol stammt vom selben Autor (S. 355). Für die Vorlande habe ich auf
die bei J. Vincenz Goehlert, Zur Bevölkerungsstatistik der ehemaligen österreichischen Vorlande. In: Statistische Monatschrift 5 (1879) 229 - 231, S. 230 überlieferte Zahl zurückgegriffen.

c)   Nach J. V. Goehlert, Häuser- und Volkszahl sowie Viehstand Österreichs in der Regierungspe-
      riode Josef's II. In: Statistische Monatschrift 5 (1879) 402 - 405, S. 405.

d)   Nach J. V. Goehlert, Die Ergebnisse der in Österreich im vorigen Jahrhundert ausgeführten
      Volkszählungen im Vergleiche mit jenen der neuern Zeit. In: Sitzungsberichte der philoso-
      phisch-historischen Classe der kaiserlichen Akademie der Wissenschaften 14 (1854) 52 - 73,
      S. 71.

e)   Nach Reinhard, Armengaud, Dupaquier, Histoire de la population mondiale, S. 227. Eine
      Bibliographie der wichtigsten statistischen Quellen für die Zeit ab 1754 findet sich bei Birgit
      Bolognese-Leuchtenmüller, Bevölkerungsentwicklung und Berufsstruktur, Gesundheits- und
      Fürsorgewesen in Österreich 1750 - 1918 (= Materialien zur Wirtschafts- und Sozialgeschichte.
      Wirtschafts- und Sozialstatistik Österreich-Ungarns 1, Wien 1978).

Die große Ausnahme bildete England: Hier stimulierten Verbesserungen der Agrikultur
(„Agrarrevolution") und soziale Veränderungen im Gefolge der Entstehung industriel-
ler Produktionsweisen („industrial revolution") das Bevölkerungswachstum.[8]

Für das übrige Europa gestaltet sich die Interpretation der demographischen Entwicklungen des 18. Jahrhunderts etwas komplizierter. Die Hypothesen der Fachleute
sind vielfältig. Für André Armengaud etwa haben - neben einer besseren Lebensmittelversorgung - Fortschritte in Medizin und Hygiene den Rückgang der Sterblichkeit
und das nach Meinung des Demographen damit verbundene Bevölkerungswachstum
bewirkt.[9] Der englische Sozialmediziner Thomas McKeown hält den Einfluß der
Medizin auf das demographische Geschehen hingegen für unbedeutend. Die durch
landwirtschaftliche Reformen gesicherte Ernährungsbasis ist für ihn der entscheidende
Grund für das Sinken der Mortalität im 18. Jahrhundert.[10] Sozialgeschichtlich orientierte Forscher betrachten die Innovationen im Ackerbau eher als Folge des Bevölkerungswachstums denn als Ursache. Sie führen den erstaunlichen Entwicklungsum-
schwung auf den Anstieg der Geburtenrate infolge einer Herabsetzung des Heiratsalters
zurück.[11] Fernand Braudel stellt all diese Vermutungen mit dem Hinweis auf den
weltweiten Bevölkerungsanstieg im 18. Jahrhundert in Frage und macht globale Kli-
maveränderungen und die dadurch hervorgerufenen Schwankungen der Agrarkonjunktur für das Auf und Ab der Bevölkerungsbewegung verantwortlich.[12] Der Genfer
Historiker und Demograph Alfred Perrenoud setzt den Rückgang der Mortalität im 18.
Jahrhundert ebenfalls in Beziehung zu klimatischen Veränderungen: In Kälteperioden,
so argumentiert er, verschlechtern sich die Lebensbedingungen für Krankheitskeime.
Dies könnte eine Erklärung für die Verminderung der Sterblichkeit im relativ „kühlen"

8 Zu England siehe auch: Marcel R. Reinhard, André Armengaud, Jacques Dupaquier, Histoire générale de la
  population mondiale (Paris 1968) S. 200 - 211

9 Armengaud, Bevölkerung Europas, S. 128 - 129

10 Thomas McKeown, Food, Infection and Population. In: Journal of Interdisciplinary History 14/2 (1983) 227 -
   247

11 Eine übersichtliche Erläuterung dieses Forschungsansatzes bietet Ernst Hinrichs, Einführung in die
   Geschichte der Frühen Neuzeit (München 1980) S. 18 - 25

12 Fernand Braudel, Sozialgeschichte des 15. - 18. Jahrhunderts. Der Alltag (München 1985) S. 41 - 43

18. Jahrhundert darstellen.[13] Tatsächlich hat die Letalität gewisser Infektionskrankheiten im 18. Jahrhundert abgenommen;[14] die Pest verschwand allmählich aus Europa. Im großen und ganzen ist man sich auch darüber einig, daß die sogenannte „Krisensterblichkeit" spätestens ab 1750 in weiten Teilen Europas an Intensität verloren haben muß. Hunger und Epidemien scheinen seit dieser Zeit insgesamt weniger Opfer gefordert zu haben als in früheren Jahrhunderten.[15]

Dies ist beinahe alles, was sich verallgemeinernd feststellen läßt. Wie regionale historisch-demographische Untersuchungen zeigen, erweisen sich monokausale Erklärungen des Bevölkerungswachstums im 18. Jahrhundert in der Regel als unzulänglich.[16] So dürften etwa die Auswirkungen medizinischer Neuerungen und hygienischer Verbesserungen für die Mehrheit der Europäer kaum spürbar geworden sein.[17] Landwirtschaftliche Reformen wurden häufig schleppend vollzogen und kamen nur partiell zur Anwendung. Darauf, daß sich Heiratsgewohnheiten und Heiratsalter im 18. Jahrhundert oft von Landstrich zu Landstrich unterschieden, braucht nicht besonders hingewiesen zu werden.[18]

Auch die demographischen Veränderungen im Habsburgerreich des 18. Jahrhunderts lassen keine generalisierenden Schlußfolgerungen zu. Schon in den österreichischen Erbländern und in den Provinzen Innerösterreichs kann von einer einheitlichen Entwicklung nicht die Rede sein.

Beginnen wir mit Niederösterreich, dessen Einwohnerschaft im 17. Jahrhundert schwer in Mitleidenschaft gezogen worden war.[19] Hier setzt bereits bald nach dem Abzug der Türken ein demographischer Aufschwung ein. Um 1750 ist die Bevölkerung Niederösterreichs im Vergleich zu 1684 um rund 50 % gewachsen. Sieht man vom raschen Bevölkerungsanstieg in Wien und seinen Vorstädten ab, beschleunigt sich das Wachstum im Zeitraum 1750 – 1869, in dem es zu einem neuerlichen Zuwachs von etwa 50 % kommt, nicht. Wien bildet, wie gesagt, die große Ausnahme. Nach Klein ist es im Jahre 1754 von 175 405 Menschen bewohnt, 1783 sind es schon 207 979 und 1800 231 049. Im Jahre 1869 zählt Wien 607 514 Einwohner.[20]

In Oberösterreich zeichnet sich ab 1650 ein kontinuierliches Bevölkerungswachstum ab, das sich von 1750 – 1790 noch verstärkt (die Bilanz wird dabei allerdings durch

---

13 Alfred Perrenoud, Le biologique et l'humain dans le déclin séculaire de la mortalité. In: Annales Economies Sociétés Civilisations 40/1 (1985) 113 – 135, S. 132

14 So etwa die Letalität der Pocken; s.a.: Perrenoud, Le biologique, S. 129

15 Als Fallbeispiel siehe etwa: Pierre Goubert, Demographische Probleme im Beauvaisis des 17. Jahrhunderts. In: Marc Bloch, Fernand Braudel, Lucien Febvre u.a., Schrift und Materie der Geschichte. Vorschläge zur systematischen Aneignung historischer Prozesse, ed. Claudia Honegger (Frankfurt a. M. 1977) 198 – 219

16 Siehe etwa: Jean-Pierre Goubert, Malades et médecins; methodisch beispielgebend auch die Forschungen A. E. Imhofs, z. B. Einführung in die historische Demographie (München 1977)

17 Jean-Pierre Goubert, Demographische Probleme, bzw. McKeown, Brown, Medical Evidence

18 Zu den beträchtlichen Unterschieden des durchschnittlichen Heiratsalters in Mittel- bzw. Westeuropa und Südosteuropa siehe etwa: Michael Mitterauer, Der Mythos von der vorindustriellen Großfamilie. In: Michael Mitterauer, Reinhard Sieder, Vom Patriarchat zur Partnerschaft. Zum Strukturwandel der Familie (München 1977) 38 – 65, S. 54

19 Kurt Klein, Die Bevölkerung Österreichs vom Beginn des 16. bis zur Mitte des 18. Jahrhunderts (mit einem Abriß der Bevölkerungsentwicklung von 1754 - 1869). In: Bevölkerungs- und Sozialgeschichte Österreichs, 47 - 112, S. 66 - 69

20 Kurt Klein, Österreichs Bevölkerung 1754 - 1869. In: Mitteilungen der Österreichischen Geographischen Gesellschaft 113 1/2 (1971) 34 - 62, S. 50

die Angliederung des Innviertels 1779 günstig beeinflußt). Die napoleonischen Kriege leiten schließlich eine 25 Jahre dauernde Stagnationsperiode ein.[21]

Ganz anders stellt sich die Situation in Kärnten dar.[22] Seit dem 16. Jahrhundert nimmt die Bevölkerung des Landes langsam, aber stetig zu. In den achtziger Jahren des 18. Jahrhunderts kommt diese Entwicklung zum Stillstand. Ab 1795 macht sich – wohl auch in Zusammenhang mit den napoleonischen Kriegen – ein Bevölkerungsschwund bemerkbar, der bis 1818 anhält, um dann von einer Phase zaghaften Wachstums abgelöst zu werden.[23]

Außer in den heute zu Italien gehörenden Gebieten bleiben die für das 18. Jahrhundert als typisch angesehenen demographischen Bewegungen in Tirol völlig aus. Von etwa 1750 bis hinein ins 20. Jahrhundert verändert sich die Einwohnerzahl Tirols nicht nennenswert.[24] Vorarlberg hingegen verzeichnet seit der Mitte des 17. Jahrhunderts einen regelmäßigen Zuwachs an Menschen, der sich ab 1775 beschleunigt und erst zwischen 1846 – 1857 ins Stocken gerät. Auch in den österreichischen Vorlanden vermehrt sich die Bevölkerung in der zweiten Hälfte des 18. Jahrhunderts sehr rasch.[25] Gleiches gilt für Görz, Gradisca und Krain.

Die Bevölkerungsentwicklung im Herzogtum Steiermark ist durch die Studien Manfred Strakas gut dokumentiert.[26] Ihre Ergebnisse unterstreichen die besondere Bedeutung, die historisch-demographischen Untersuchungen relativ kleiner regionaler Einheiten zukommt.

Schon innerhalb der engen Grenzen des Herzogtums lassen sich zumindest drei sehr unterschiedliche Tendenzen der demographischen Bewegung erkennen: In der Untersteiermark verdreifacht sich die Bevölkerung zwischen 1528 – 1782 von 94 000 auf 282 000 Menschen, während die Zahl der Einwohner in der Mittelsteiermark im selben Zeitraum von 164 000 auf 349 000 auf etwas mehr als das Doppelte anwächst. Die Obersteiermark hält mit dieser Entwicklung nicht Schritt. Hier leben 1528 115 000 Menschen, 1782 sind es 166 000 – die Zuwachsrate beträgt 45 %.[27]

Straka vermutet in unterschiedlichen Familien- und Besitzstrukturen die Ursache dieser ungleichen Verhältnisse. Die großen Bauernhöfe der Obersteiermark beherbergen in der Regel eine beträchtliche Anzahl unverheirateter Erwachsener. Bauernsöhnen ist eine Heirat zumeist erst nach erfolgter Hofübergabe möglich – im 18. Jahrhundert bleiben auf diese Weise 63 – 73 % aller Männer zwischen 20 und 40 unverheiratet. Der Anteil der Ledigen an der Gesamtbevölkerung erreicht 52 – 55 %, während er in der Untersteiermark bei etwa 35 % und in der Mittelsteiermark bei rund 42 % liegt. In den letztgenannten Gebieten, wo bäuerliche Kleinbetriebe dominieren, die oft nur von der

---

21 Klein, Bevölkerung Österreichs, S. 71; ders., Österreichs Bevölkerung 1754 – 1869, S. 50 – 51
22 Klein, Bevölkerung Österreichs, S. 63
23 Klein, Österreichs Bevölkerung 1754 – 1869, S. 53
24 Klein, Bevölkerung Österreichs, S. 85
25 J. Vincenz Goehlert, Zur Bevölkerungsstatistik der ehemaligen österreichischen Vorlande. In: Statistische Monatschrift 5 (1879) 229 – 231, S. 230
26 Manfred Straka, Verwaltungsgrenzen und Bevölkerungsentwicklung in der Steiermark 1770 – 1850 (= Forschungen zur geschichtlichen Landeskunde der Steiermark 31, Graz 1978); ders., Die Bevölkerungsentwicklung der Steiermark von 1528 – 1782 auf Grund der Kommunikantenzählungen. In: Zeitschrift des Historischen Vereins für Steiermark 52 (1961) 3 – 53; ders., Beiträge zur Bevölkerungs- und Sozialgeschichte der Steiermark im 18. Jahrhundert. In: Zeitschrift des Historischen Vereins für Steiermark 55 (1964) 41 – 54
27 Straka, Beiträge zur Bevölkerungs- und Sozialgeschichte, S. 41

Familie des Hofbesitzers bewirtschaftet werden, ist die Geburtenrate um ein Vielfaches höher als in den alpinen Regionen.[28]

Obwohl sich die Einwohnerschaft der Steiermark im 17. und 18. Jahrhundert kontinuierlich vermehrt, wird das Wachstum doch immer wieder durch Krisen unterbrochen oder gebremst. So etwa zwischen 1680 und 1700, wo Hunger und Seuchen der Bevölkerung arg zusetzen.[29] Bis zum Anfang des 19. Jahrhunderts wechseln Bevölkerungszunahme, Stagnation und Verminderung einander ab.[30] Die Hungerjahre 1771 – 1772 beenden einen Wachstumsschub, der wohl um die Jahrhundertmitte eingesetzt haben dürfte; ein kaum merklicher demographischer Aufschwung hält noch bis etwa 1800 an; seit dieser Zeit jedoch fordern Hunger und Epidemien im Gefolge der napoleonischen Kriege zahllose Menschenleben. Nach 1815 ist die erste Phase der Bevölkerungsvermehrung – ähnlich den Perioden des Wachstums im 18. Jahrhundert – durch einen Anstieg der Geburtenrate gekennzeichnet, der die unvermindert starke Mortalität kompensieren kann; die Kindersterblichkeit ist weiterhin hoch, die allgemeine Lebenserwartung niedrig.[31]

Obwohl es in den Alpenländern Gebiete gibt, die in der zweiten Hälfte des 18. Jahrhunderts einen starken Bevölkerungszuwachs verzeichnen, beträgt die durchschnittliche Wachstumsrate in diesen Kernprovinzen des Reiches zwischen 1754 – 1789 nicht mehr als 20 %. Auf ganz andere Verhältnisse trifft man im Norden und Osten der Monarchie. In Böhmen, Mähren und Schlesien etwa vermehrt sich die Einwohnerschaft zur selben Zeit um rund 50 % – eine erstaunliche Entwicklung, vor allem, wenn man bedenkt, daß die Hungersnot von 1771 – 1772 allein in Böhmen über 250 000 Menschen dahingerafft haben soll.[32] Sicherlich waren die böhmischen Länder schon im 18. Jahrhundert dichter besiedelt als die Alpenregionen; Landwirtschaft und Manufakturwesen erfreuten sich gewisser Förderung. Dies allein erklärt die Bevölkerungsexplosion im Norden der Monarchie allerdings noch nicht, zumal sich die Lebensbedingungen eines Großteils der Bevölkerung durch besagte Förderungen kaum verbessert haben dürften.

Einschränkend muß bemerkt werden, daß die Schwächen des zeitgenössischen Zählungsverfahrens die Ergebnisse der Seelenkonskriptionen gerade in Böhmen, Mähren und Schlesien verfälscht haben könnten. Das beispielsweise in Böhmen verbreitete System der Leibeigenschaft dürfte Manipulationen bei Volkszählungen Vorschub geleistet haben. Um allzu drückenden Belastungen zu entgehen und Rekrutierungen in Grenzen zu halten, dürften die Grundobrigkeiten versucht gewesen sein, recht bescheidene Angaben über die Zahl ihrer Untertanen zu machen. Dieser Gewohnheit mag durch die Aufhebung der Leibeigenschaft Einhalt geboten worden sein, was nach 1781 vielleicht einen Anstieg der Einwohnerzahlen in den Zählungstabellen zur Folge hatte.

Werfen wir noch kurz einen Blick auf die Gebiete, deren demographische Entwicklung durch die theresianische und josephinische Siedlungspolitik bestimmt wurde.[33]

---

28 Ebd., S. 42

29 Straka, Bevölkerungsentwicklung der Steiermark, S. 37 – 53; Klein, Bevölkerung Österreichs, S. 78 – 80

30 Straka, Verwaltungsgrenzen und Bevölkerungsentwicklung, S. 88

31 J. Vincenz Goehlert, Die Entwickelung der Bevölkerung der Steiermark vom Jahre 1754 bis auf die Gegenwart. In: Statistische Monatschrift 5 (1879) 59 – 64

32 J. Vincenz Goehlert, Die Bevölkerung Böhmens in ihrer Entwicklung seit hundert Jahren. In: Mitteilungen des Vereines für Geschichte der Deutschen in Böhmen 17 (1879) 352 – 373, S. 354

33 Siehe dazu etwa: Adam Wandruszka, Theorie und Praxis der österreichischen Populationistik. In: Siedlungs- und Bevölkerungsgeschichte Österreichs, ed. Institut für Österreichkunde (Wien 1974) 115 – 131

Die ungarischen Ebenen, die um 1720 von rund vier Millionen Menschen bewohnt gewesen sein sollen, füllen sich im Laufe des 18. Jahrhunderts mit Einwanderern unterschiedlichster Herkunft. Deutsche aus vielen Teilen des Heiligen Römischen Reiches, Rumänen, Serben, Kroaten und Slowaken strömen in die Gegenden an Donau und Theiß. Ende der achtziger Jahre des Jahrhunderts hat die Bevölkerung einen Stand von sechs bis sieben Millionen Menschen erreicht. Ähnlich verläuft die Entwicklung in Siebenbürgen, dessen Bevölkerung sich zu einem Drittel aus ungarischen Einwanderern zusammensetzt.[34]

Vor allem in Ungarn trifft man auf äußerst dicht besiedelte Landstriche. Im Distrikt Ödenburg (Sopron) etwa leben 70 Menschen pro Quadratkilometer. Die Geburtenrate in diesen Regionen ist hoch, die Sterblichkeit ebenso; kennzeichnend ist auch die Altersstruktur der Bevölkerung: 35,4 % der Menschen sind jünger als 18 Jahre.[35]

1772 werden der Monarchie mit Galizien Gebiete einverleibt, die sich zum Teil ebenfalls durch eine starke Einwohnerdichte auszeichnen: Im Gebiet südlich der Weichsel finden sich durchschnittlich 40 – 50 Menschen pro Quadratkilometer, um Lemberg sind es 30 – 40.[36] Über die Vermehrung der galizischen Bevölkerung läßt sich wenig sagen; die Zahlenangaben Goehlerts für den Zeitraum 1780 – 1789 (die die Bukowina miteinschließen) lassen allerdings auf eine hohe Wachstumsrate schließen.[37]

Auffällig sind die großen Wanderbewegungen überall im Osten der Monarchie, die zu demographischen Verschiebungen führen, deren soziale und wirtschaftliche Folgen kaum überschätzt werden können. In der Hoffnung auf bessere Lebensbedingungen ziehen etwa in den siebziger Jahren des 18. Jahrhunderts Tausende galizische Bauern in die Bukowina, in die rumänischen Länder und nach Ungarn.[38] Während des gesamten Jahrhunderts wandern Bulgaren aus dem Süden in das Banat und nach Siebenbürgen.[39]

Die große Vielfalt an ethnischen Gruppen und die von Region zu Region sich verändernden sozialen und wirtschaftlichen Strukturen machen eine verallgemeinernde Zusammenfassung der demographischen Entwicklungen im Habsburgerreich des 18. Jahrhunderts beinahe unmöglich. Dennoch zeigen die Bevölkerungsverhältnisse in der Monarchie einige besondere Merkmale: das Ost-West-Gefälle im Bevölkerungswachstum, eine hohe Geburtenrate als wichtigsten Faktor der Vermehrung und schließlich den überwiegend ländlichen Charakter der Bevölkerung.

So leben etwa in Schlesien, das als wirtschaftlich gut entwickelte Provinz gilt, um die Mitte des 18. Jahrhunderts 17,6 % der Menschen in städtischen Siedlungen, zu denen auch kleine Märkte gezählt werden; in Mähren sind es gar nur 12,25 %. Niederösterreich liegt mit 23,1 % städtischer Bevölkerung an der Spitze der Monarchie, was jedoch auf die große Einwohnerzahl der Haupt- und Residenzstadt Wien zurückzuführen ist.[40] Die wenigen Städte, die im 18. Jahrhundert ein gewisses Bevölkerungswachs-

---

34 Reinhard, Armengaud, Dupaquier, Histoire de la population mondiale, S. 228

35 Ebd.

36 Ebd., S. 230

37 Goehlert, Häuser- und Volkszahl sowie Viehstand Österreichs, S. 405

38 Josef Buszko, Theresianisch-josephinische Agrar- und Bauernpolitik in Galizien und ihre Folgen. In: Österreich im Europa der Aufklärung. Kontinuität und Zäsur in Europa zur Zeit Maria Theresias und Josephs II. (Wien 1985) Bd. 1, 67 – 86, S. 68 – 70

39 Virginia Paskaleva, Die Wirtschaftspolitik Maria Theresias und die Balkanländer. In: Österreich im Europa der Aufklärung Bd. 1, 153 – 166, S. 160

40 Großmann, Anfänge und geschichtliche Entwicklung der Statistik, S. 370

tum aufweisen, erscheinen uns heute als Kleinstädte: 1783 leben in Prag 78 000 Menschen, Buda zählt 1777 22 000 Einwohner, Pest 13 000 (1792 werden es bereits um 26 000 sein);[41] Linz hat 1784 eine Einwohnerschaft von 16 000 Personen, in Graz sind es 1782 29 000, in Klagenfurt und Innsbruck je 10 000.[42]

Die Lebensbedingungen in diesen Städten sind schlecht, die jährliche Mortalität ist meist höher als die Geburtenrate. Säuglinge und Kleinkinder sind der ständigen Bedrohung durch den Tod am stärksten ausgesetzt. In Wien etwa sind (nach einer 1920 veröffentlichten Untersuchung des Wiener Demographen Sigismund Peller) 40,4 % der in der Zeit von 1752 - 1754 Verstorbenen jünger als ein Jahr. 16,2 % gehören der Altersgruppe der Ein- bis Vierjährigen an[43] - ein wahres Massensterben der Kinder, von dem alle großen Städte Europas in ähnlicher Weise betroffen sind. Es ist also anzunehmen, daß die Bevölkerungsvermehrung in den Städten des 18. Jahrhunderts eine Folge verstärkten Zuzugs von Fremden gewesen ist. Die großen Schübe natürlichen Wachstums betreffen in erster Linie die ländlichen Regionen. Dies gilt besonders für die Monarchie der Habsburger, deren Einwohner vermutlich zu fast 90 % auf dem Land lebten. Im Vergleich dazu soll der Anteil der Stadtbewohner an der Gesamtbevölkerung in Preußen rund 27 % betragen haben, in Frankreich dürften es um die 20 % gewesen sein. [44]

Mikroregionale Untersuchungen der demographischen Situation in den ländlichen Gebieten der Habsburgermonarchie des 18. Jahrhunderts sind rar.[45] Über die Art und Weise des Bevölkerungswachstums auf dem Land können daher nur vage Vermutungen angestellt werden. Mit Recht haben österreichische Fachleute zwar immer wieder auf den in Mitteleuropa sehr deutlichen Zusammenhang zwischen Geburtenhäufigkeit, Familienstruktur und Agrarverfassung hingewiesen.[46] Das steirische Beispiel hat diesen Aspekt der Bevölkerungsentwicklung illustriert. Bis heute jedoch fehlen in Österreich demographische Studien, die sich - etwa auf Länderebene - mit den langfristigen Veränderungen von Natalität, Nuptialität, Mortalität und Morbidität befassen. Auch die Auswirkungen wirtschaftlicher Krisen auf die Bevölkerungsentwicklung der frühen Neuzeit blieben in Österreich bisher unerforscht (Bevölkerungsverluste werden in der Regel der Pest oder kriegerischen Auseinandersetzungen zugeschrieben). Dieser Mißstand wird wohl nicht so schnell beseitigt werden können. Eines zumindest kann jedoch in dieser Arbeit gezeigt werden: Das demographische Gleichgewicht in den Ländern der Habsburger war im 18. Jahrhundert vielfach äußerst labil. Obwohl (oder vielleicht gerade weil) sich die Einwohnerschaft der Monarchie in der Zeit Maria Theresias und Josephs II. fast überall vermehrte, drohten die Lebensbedingungen eines beträchtlichen Teils der Bevölkerung ständig, sich zu verschlechtern. Hunger, Armut und Krankheit verbanden sich zu einem Problemkomplex, dessen Analyse sich immer noch äußerst schwierig gestaltet.

---

41 Reinhard, Armengaud, Dupaquier, Histoire de la population mondiale, S. 229
42 Klein, Österreichs Bevölkerung 1754 - 1869, S. 51 - 54
43 Peller, Zur Kenntnis der städtischen Mortalität, S. 238
44 Nach Großmann, Anfänge, S. 370
45 Siehe etwa Jean Paul Lehners, Die Pfarre Stockerau im 17. und 18. Jahrhundert. Erste Resultate einer demographischen Studie. In: Bevölkerungs- und Sozialgeschichte Österreichs, 373 - 401. An der Abteilung für Allgemeine Wirtschafts- und Sozialgeschichte des Instituts für Geschichte der Universität Graz wurden kürzlich im Rahmen einer Diplomarbeit Pfarrmatriken aus dem 17. und 18. Jahrhundert untersucht: Barbara Walter, Die Auswertung der Pfarrmatriken von Wildon 1690 - 1770 (Diplomarbeit Graz 1985)
46 So etwa: Klein, Bevölkerung Österreichs, S. 95; Bruckmüller, Sozialgeschichte, S. 217 u. 287- 288; Straka, Beiträge zur Bevölkerungs- und Sozialgeschichte, S. 41

2. Die Bedrohung der Bevölkerung durch Krisen

Das Problem der Ernährung

Der Mangel an Nahrung, unter dem Städter wie Landbewohner im 18. Jahrhundert vielfach zu leiden hatten, konnte sich in den verschiedensten Formen zeigen. So ließe sich etwa zwischen Hungersnöten, in deren Verlauf Menschen an den direkten Folgen des Hungers starben, chronischer oder periodisch wiederkehrender Unterernährung und schließlich mangelhafter, einseitiger Ernährung differenzieren.

Große Hungersnöte waren im 18. Jahrhundert selten geworden – auf die katastrophale Ausnahme der Hungersnot in Böhmen 1770 - 1772 wird noch eingegangen werden. Alle anderen Arten des Nahrungsmangels waren jedoch so weit verbreitet, daß man ihnen zumeist kaum Aufmerksamkeit geschenkt haben dürfte. Zum Dauerproblem wurde der Nahrungsmangel zum einen durch die Instabilität der landwirtschaftlichen Produktion und Produktivität, zum anderen durch technische, wirtschaftliche und soziale Hindernisse, die eine geordnete Verteilung der Lebensmittel – vor allem des Getreides – unablässig gefährdeten.[1]

Die landwirtschaftliche Produktion ist zunächst einmal von äußeren Faktoren wie Klima, Witterung und Bodenqualität abhängig. Das Ausmaß dieser Abhängigkeit ist jedoch variabel; es wird durch die Möglichkeiten der Agrartechnik (Geräte, Anbaumethoden, Düngung) bestimmt. Mit den einfachen Pflügen, die gemeinhin noch in der zweiten Hälfte des 18. Jahrhunderts in Gebrauch waren, ließen sich keine tiefen Furchen ziehen; große Mengen an Saatgut waren notwendig, um wenige Pflänzchen zum Keimen zu bringen, und ein kurzes Unwetter genügte, um einen Gutteil der ausgesäten Getreidesamen einfach wieder fortzuspülen. In der Steiermark erbrachte die Getreideernte zur Zeit Josephs II. durchschnittlich das Dreifache der Aussaat (heute erntet man das 15fache).[2] Um die Erträge zu steigern, vergrößerte man die Anbauflächen und intensivierte den Arbeitseinsatz. Nachdem sich die Stallfütterung erst langsam durchzusetzen begann, wurden die Felder nur in seltenen Fällen regelmäßig gedüngt. Zudem dezimierten Viehseuchen sehr häufig den Bestand an Pferden und Rindern, sodaß es oft an Zugtieren und Dünger mangelte.

---

1 Es kann hier nur auf eine kleine Auswahl von Literatur verwiesen werden, die auch dem folgenden kurzen Überblick zugrunde gelegt wurde: Wilhelm Abel, Agrarkrisen und Agrarkonjunktur (Hamburg/Berlin 1966); ders., Massenarmut und Hungerkrisen im vorindustriellen Europa. Versuch einer Synposis (Hamburg/Berlin 1974); Fernand Braudel, Sozialgeschichte. Alltag (besonders Kapitel 1, S. 68 - 75 und Kapitel 2, S. 103 - 147); William A. Dando, The Geography of Famine (London 1980); Hunger and History: The Impact of Changing Food Production and Consumption Patterns on Society (= The Journal of Interdisciplinary History 14/2, 1983); Hunger. Quellen zu einem Alltagsproblem seit dem Dreißigjährigen Krieg. Mit einem Ausblick auf die Dritte Welt, ed. Ulrich Christian Pallach (München 1986).
Für die Habsburgermonarchie zur Zeit Maria Theresias und Josephs II.: Die Auswirkungen der theresianisch-josephinischen Reformen auf die Landwirtschaft und die ländliche Sozialstruktur Niederösterreichs. Vorträge und Diskussionen des ersten Symposions des Niederösterreichischen Instituts für Landeskunde, Geras 9. - 11. Oktober 1980, ed. Helmuth Feigl (= Studien und Forschungen aus dem Niederösterreichischen Institut für Landeskunde 3, Wien 1982); Josef Kumpfmüller, Die Hungersnot von 1770 bis 1772 in Österreich (ungedr. Phil. Diss. Wien 1969); Materialien zur Geschichte der Preise und Löhne in Österreich, ed. Alfred Francis Přibram (Wien 1938) Bd. 1; Roman Sandgruber, Österreichische Agrarstatistik 1750 - 1918 (= Materialien zur Wirtschafts- und Sozialgeschichte 2, Wien 1978)
2 Siehe dazu: Der steirische Bauer. Leistung und Schicksal von der Steinzeit bis zur Gegenwart. Eine Dokumentation (= Katalog der Ausstellung, Graz 11. Juni - 4. September 1960) S. 159

Neue Kulturpflanzen wurden hie und da schon angebaut – der Mais etwa gehörte in der Südsteiermark um 1780 bereits zur Nahrung der einfachen Leute[3] – doch nach wie vor waren Weizen, Roggen, Gerste und Hafer die dominierenden Getreidesorten. Der Kartoffelanbau erlangte in weiten Teilen der Monarchie erst im 19. Jahrhundert wirkliche Bedeutung.[4]

Auch dort, wo die landwirtschaftliche Produktivität gesteigert werden konnte, war dies nicht ohne weiteres mit einer vermehrten Produktion von Nahrungsmitteln verbunden. Der Wiener Sozial- und Wirtschaftshistoriker Roman Sandgruber bemerkt zur Entwicklung der Landwirtschaft in Niederösterreich unter Maria Theresia und Joseph II.: „Das Besondere an dieser Entwicklung lag darin, daß mit (den) pflanzenbautechnischen Fortschritten die Ernährungsbasis nicht direkt ausgedehnt, sondern vielmehr die Viehhaltung angekurbelt wurde."[5] Nach Sandgruber stand die „erste Phase des agrartechnischen Fortschritts fast ausschließlich im Zeichen der Erprobung, Propagierung und allmählichen Durchsetzung neuer Pflanzen, Bewirtschaftungssysteme und Fütterungstechniken".[6]

Das immer reger werdende Interesse für Fragen des Ackerbaues, das seit den sechziger Jahren des 18. Jahrhunderts die Gründung zahlreicher agronomischer Sozietäten im Habsburgerreich begünstigte[7] und das Bemühen der Landwirte, sich der jeweils herrschenden konjunkturellen Situation anzupassen, änderten wenig daran, daß der Bedarf an Nahrungsmitteln manchmal nur mit Mühe und zeitweise gar nicht gedeckt werden konnte. Ob oder in welchem Maß die agrarische Produktivität durch die Verordnungen Maria Theresias zum Schutze der Bauern und die Reformen der Agrarverfassung unter Joseph II. gefördert wurde, ist schwer zu beurteilen. Trotz bedeutender regionaler Unterschiede war die Agrarproduktion in der Donaumonarchie noch in der zweiten Hälfte des 18. Jahrhunderts starken jährlichen Schwankungen unterworfen; Nahrungsmittelüberschüsse (wie sie etwa in Teilen Ungarns erzeugt wurden) waren selten.

Neben den Schwächen der Landwirtschaft bedrohten Verteilungsprobleme die Lebensmittelversorgung der Bevölkerung. Die technischen Schwierigkeiten beim Transport von Gütern spielten dabei im 18. Jahrhundert eine nicht unbedeutende Rolle.

Je rascher es etwa möglich ist, Getreide aus Gebieten des Überflusses in Gebiete des Mangels zu schaffen, desto kleiner wird die Gefahr einer langandauernden Nahrungsmittelknappheit. Obwohl schon unter Karl VI. mit dem gezielten Ausbau von Handels- und Verkehrswegen begonnen worden war, blieb die Beförderung von Getreide in vielen Teilen der Monarchie noch unter Maria Theresia und Joseph II. ein strapaziöses Unternehmen. Beim Import von Getreide aus Ungarn war man auf die Donau als Verkehrsweg angewiesen. In mühsamer Arbeit mußten riesige Getreidekähne stromaufwärts geschleppt werden; Hochwasser oder Eis brachten die Frachttätigkeit oft

---

3 Näheres dazu unter C. 2

4 Siehe auch: Franz M. Mayer, Raimund Kaindl, Hans Pirchegger, Geschichte und Kulturleben Österreichs von 1493 bis 1792 (Wien 1960) S. 308

5 Roman Sandgruber, Produktions- und Produktivitätsfortschritte der niederösterreichischen Landwirtschaft im 18. und frühen 19. Jahrhundert. In: Die Auswirkungen der Reformen, 95 – 138, S. 97

6 Ebd.

7 Siehe dazu: Ernst Bruckmüller, Die Anfänge der Landwirtschaftsgesellschaften und die Auswirkungen ihrer Tätigkeit. In: Die Auswirkungen der Reformen, 36 – 92

zum Erliegen – ein Umstand, der sich zur Zeit der Hungersnot in Böhmen verhängnisvoll auswirkte.[8]

Wie der Getreidetransport stellte auch die Getreidelagerung ein technisches Problem dar. Zwar hatte schon J. J. Becher auf die große Bedeutung der Speicherwirtschaft hingewiesen, und Friedrich II. betrieb in Preußen eine erfolgreiche „Magazinpolitik"[9] – in den habsburgischen Ländern jedoch war man in der zweiten Hälfte des 18. Jahrhunderts kaum in der Lage, ausreichende Mengen an Getreide für Notzeiten zu lagern. Im übrigen waren einmal angelegte Vorräte bei den zeitgenössischen Methoden der Lagerung ständig von Fäulnis oder der Vernichtung durch Würmer und Mäuse bedroht.

Zu den technischen Schwierigkeiten kamen wirtschaftliche. Von kaufmännischem Kalkül geleitet, waren die Getreidehändler des 18. Jahrhunderts stets geneigt, ihre Ware dort abzusetzen, wo ihnen der beste Preis geboten wurde. Auch die „Spekulation" mit Getreide – billige Einkäufe zur Erntezeit und Warten auf höhere Preise – war eine seit Jahrhunderten gebräuchliche Praxis. Zugleich versuchten Müller und Bäcker von der unsicheren Situation auf dem Getreidemarkt zu profitieren.

Was den Handelsleuten und Handwerkern als durchaus vertretbare Vorgangsweise erschienen sein mag, provozierte oft genug die Wut der Konsumenten – denn was lag näher, als etwa die Getreidehändler für Knappheit und Teuerung verantwortlich zu machen?

Mit wechselndem Erfolg versuchte die landesfürstliche Verwaltung, Einfluß über das den meisten Zeitgenossen undurchschaubare Geschehen auf dem Getreidemarkt zu bekommen. In der Regel beschränkten sich die Vorkehrungen der Obrigkeit in Krisenzeiten auf sogenannte Für- und Ankaufsverbote, Ausfuhrverbote, auf die Förderung der Einfuhr von Getreide, die Festsetzung von Getreidehöchstpreisen und auf Verordnungen gegen Lebensmittelverfälschungen.[10] Nach und nach begann man auch damit, Magazine einzurichten, auf Staatskosten ausländisches Getreide zu importieren und Zuschüsse zur Versorgung Bedürftiger zu vergeben. Doch die Wirkung all dieser Maßnahmen ließ oft genug zu wünschen übrig. Zudem erwies sich die landesfürstliche Notstandspolitik nicht immer als sinnvoll. So wurden Versorgungsengpässe durch Ausfuhrverbote häufig noch drückender, wenn etwa die durch die Verbote von Importen abgeschnittenen Staaten ihrerseits mit Exportbeschränkungen reagierten. Auch die Psychologie des Marktes wurde von der merkantilistischen Krisenstrategie selten berücksichtigt. Der Kameralist Johann Gottlob Justi vermerkt dazu 1771: „Ein unzeitiges Verbot der Ausfuhr vermehret die Theurung, die man abwenden will. Die geringsten Umstände, und sozusagen ein Wind haben in den Aufschlag des Getreydes einen Einfluß. (...) Die geringste Vermuthung also, daß eine Theurung entstehen kann, ist ein Beweggrund vor vermögende Landwirthe, mit dem Getreyde an sich zu halten. Ein Verbot der Ausfuhre aber macht alle Landwirthe aufmerksam."[11]

8 Kumpfmüller, Hungersnot, S. 62 – 63

9 Ebd., S. 11, 52, 57

10 Ebd., S. 14

11 Johann Gottlieb Justi, Abhandlung von dem Unterhalt des Volkes. In: Von Getreydemagazinen, von Lebensmitteln und von dem Unterhalt des Volkes (Frankfurt a. M. 1771); auszugsweise veröffentlicht in: Hunger. Quellen zu einem Alltagsproblem, S. 210

Von einer effektiven Versorgungspolitik war man unter Maria Theresia und Joseph II. noch weit entfernt. Einzig in der Haupt- und Residenzstadt Wien hatte man selten über Mangel zu klagen. Hier sorgte die „Wiener Proviantierungshofkommission" seit 1767 für regelmäßigen Getreidenachschub;[12] für die Fleischversorgung, die von Maria Theresia als Prestigeangelegenheit betrachtet wurde, war zeitweise eine eigene „Fleischlieferungsdirektion"[13] zuständig. Der in Wien anscheinend herrschende Wohlstand und der damit verbundene enorme Verbrauch von Lebensmitteln erregte schon die Aufmerksamkeit zeitgenössischer Beobachter. 1781 schreibt der Berliner Friedrich Nicolai, der die Schlemmereien der Wiener für die hohe Sterblichkeit in der Hauptstadt verantwortlich macht: „Das Schmausen und Wohlleben in Wien ist weltbekannt, und fällt einem Fremden nur allzusehr, auch beim ersten Anblicke auf; obgleich die mehrsten Leute daselbst, welche des beständigen Schwelgens so gewohnt sind, nicht meynen, daß hierin zu viel geschehe."[14]

Und der den Wienern wohlgesinnte Johann Pezzl gesteht 1786: „In der Tat, der Magen von Wien ist ein Schlund, der den Überfluß aller benachbarten Provinzen verschlingt, und desto besser für dieselben."[15]

Die von Pezzl im Folgenden veröffentlichte Aufstellung der nach Wien eingeführten Lebensmittel für die Jahre 1783, 1785 und 1786 läßt - falls es sich nicht um eine Übertreibung handelt - auf einen erstaunlichen Nahrungsmittel- und Getränkekonsum schließen. Hier die von Pezzl für das Jahr 1783 gemachten Angaben.[16]

Ochsen	40 029	Stück
Kühe	1 110	-
Kälber	63 856	-
Schafe	7 724	-
Hammel	35 400	-
Lämmer	169 912	-
Schweine	80 650	-
Spanferkel	16 906	-
Hülsenfrüchte	40 526 3/8	Metzen
Weizen und Roggen	119 603	-
Gerste	88 002	-
Hafer	521 081	-
Semmelmehl	723 990 5/8	Strich
Pollmehl	194 711	-
Roggenmehl	972 518 1/2	-
Wein	494 044 1/4	Eimer
Bier	477 574 3/4	-

12 Kumpfmüller, Hungersnot, S. 33
13 Siehe dazu: István N. Kiss, Die Krise der Fleischversorgung in Wien 1770 - 1773. Staatsräson, Handelsgewinn, Kapitalakkumulation. In: Beiträge zur Handels- und Verkehrsgeschichte (= Grazer Forschungen zur Wirtschafts- und Sozialgeschichte 3, Graz 1978) 95 - 120
14 Friedrich Nicolai, Beschreibung einer Reise durch Deutschland und die Schweiz im Jahre 1781 (12 Bde., Berlin 1783 - 96), Bd. 3, S. 189
15 Johann Pezzl, Skizze von Wien. Erstes Heft (Wien/Leipzig 1789) S. 71
16 Ebd., S. 72 - 73. Im metrischen System entspräche ein Eimer (Wein, Bier) 56,89 l, ein Metzen (Gemüse, Getreide) 61,49 l und ein Strich (Mehl) 40,75 l. Siehe dazu: Materialien zur Geschichte der Preise und Löhne, S. 101

Weizen- und Roggenpreise in Wien 1752 – 1780 (jährliche Mittel)

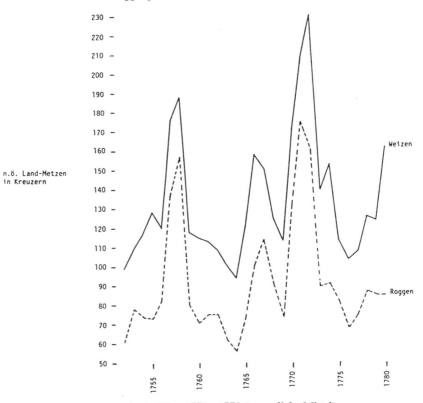

Roggenpreise in Wien 1771 - 1773 (monatliche Mittel)

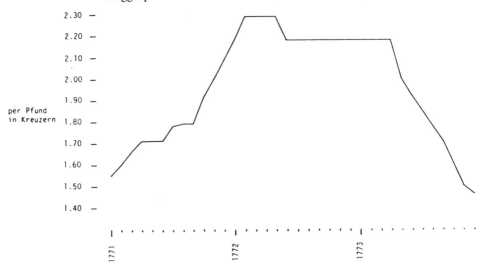

Bei einer Bevölkerung von etwa 208 000 Menschen ergeben Pezzls Zahlen pro Kopf beachtliche Durchschnittswerte. Bedenkt man auch noch, daß der Lebensmittelkonsum (namentlich der Fleischkonsum) mit sinkendem Einkommen sicher geringer wurde, kann man annehmen, daß die von Nicolai geschilderten Prassereien und Gelage im Wien des späten 18. Jahrhunderts tatsächlich keine Seltenheit waren: Das Gros der in die Stadt gelieferten Lebensmittel dürfte von einem verhältnismäßig kleinen, wohlhabenden Teil der Bevölkerung verbraucht worden sein. Den ärmeren Schichten der Einwohnerschaft wird die Sorge um das tägliche Brot jedoch nur zu vertraut gewesen sein. Auch in Wien war man an unablässig sich verändernde Getreidepreise gewöhnt.

Die Skizze zeigt die Schwankungen der durchschnittlichen Jahrespreise für Weizen und Roggen zwischen 1752 und 1780.[17] Viele Löhne erhöhten sich im genannten Zeitraum nicht. Der Taglohn eines Maurergesellen etwa betrug zwischen 1752 und 1780 stets 24 Kreuzer im Sommer und 21 Kreuzer im Winter, der eines Handlangers 15 Kreuzer.[18] Vergleicht man dazu die Preise für ein Pfund (etwas mehr als ein halbes Kilogramm) Roggenbrot in ihren monatlichen Fluktuationen während der Krisenzeit von 1771 bis 1773 (siehe Seite 98),[19] dann wird verständlich, warum derartige Preisschwankungen böse Folgen haben mußten. Das Sinken der Kaufkraft, eine Begleiterscheinung jeder Lebensmittelverteuerung, führte zu Absatzschwierigkeiten bei handwerklichen Erzeugnissen; Gesellen und Dienstboten konnten nicht mehr bezahlt werden und wurden von ihren Arbeitgebern entlassen. So wuchs in Zeiten der Teuerung die Zahl der Almosenempfänger und Bettler, der Leute also, die nicht selten Opfer von Hunger und Unterernährung wurden. Obwohl sich hellsichtige Zeitgenossen schon im 18. Jahrhundert dieser Zusammenhänge bewußt waren,[20] lernte man es erst viel später, Teuerungskrisen in gewissen Grenzen zu halten. Zu bescheiden waren die Fortschritte der Agrartechnik, zu groß war die Gefährdung der Landwirtschaft durch die Unbilden der Witterung, zu labil das Gleichgewicht zwischen Produktion und Verteilung. Noch in der zweiten Hälfte des 18. Jahrhunderts konnten sich Krisen in Mitteleuropa zu Katastrophen entwickeln. Die Hungersnot von 1770 - 1772 in Böhmen, Mähren und Schlesien bietet ein Beispiel dafür.

Die Hungersnot von 1770 - 1772 in Böhmen, Mähren und Schlesien

Mit eigenen Augen konnte sich Joseph II., der die Katastrophengebiete im Norden der Monarchie von Oktober bis November 1771 bereiste, von der Not seiner Untertanen überzeugen. Während er in einem Reisejournal seine Tageseindrücke festhielt, versuchte er in einem detaillierten Lagebericht, die in den böhmischen Ländern herrschende Krise zu analysieren.[21] Josephs Erläuterungen zielen nicht nur auf eine wirksame Bekämpfung der Hungersnot ab, sie können auch als reformpolitisches Programm

---

17 Alle Preisangaben aus: Materialien zur Geschichte der Preise und Löhne, S. 371 - 372
18 Ebd., S. 600
19 Ebd., nach den Angaben auf S. 613
20 Siehe etwa: Justi, Unterhalt des Volkes. In: Hunger. Quellen zu einem Alltagsproblem, S. 48
21 Haus-, Hof- und Staatsarchiv (HHStA), Familienarchiv. Hofreisen, Karton 4 (Hausarchiv): Journal Josephs mit Beilagen (1771-X-1 - 1771-XI-17); Relation von Ihro Maytt. des Kaysers Reyße durch Mähren, Schlesien, und Böheim Anno 1771

angesehen werden.[22] Uns interessieren hier jedoch vor allem die Aktualität, die Unmittelbarkeit der Schilderung und die Deutungen Josephs, der seine „Relation" mit einer Beschreibung des lebensbedrohenden Nahrungsmangels eröffnet: „(G)enug so viel gesagt, daß im vorigen Winter, und dem darauf gefolgten früh-Jahr bis zur Erndte, die Brodung in einigen Theilen von Mähren, mehrern von Schlesien, und schier in allen von Böhmen gefehlet habe, besonders in allen die gränzen rings herum betreffenden und ohnedies gebürgigten Gegenden; in einigen (...) sind die Leute, dem Nahrungsunterhalt zu liebe, auf allerhand ungewöhnliche, theils ungesunde, theils nur ungeschmakte, ja wohl ekelhafte Speisen verfallen; unter die erstern rechne ich allerhand Graß-Sorten und Leinsaamen, wie auch von den, im Getraid und Häber wachsende unkraut gemachte Kuchen; zu dem andern Brod von Mehlstaub, Kleuen, Aicheln, Baumrinden und gehakten Stroh, unter das dritte endlich das von crepirten Vieh heimlich weggestohlene Aas."[23]

Auf fast allen Stationen seiner Reise, die Joseph auch zum Zweck der Truppeninspektion unternimmt, erwarten ihn schlechte Nachrichten. Kreishauptleute und Gutsverwalter klagen allenthalben über Ernteausfälle, Mißwachs, Hunger und Krankheit.

„Aus allem diesem ist entstanden", vermutet der Kaiser, „daß, ohne es so genau berechnen zu können, um ein Drittel, ja vielleicht um die helfte mehr Menschen, seit einem Jahr, gestorben, alß sonsten gewöhnlich, daß noch einmal so viel erkranket, und wann sie auch genesen, doch heimliche und erst nachhero sich veroffenbarende Gesundheits Schwächungen empfinden." 30 000 Opfer, so schätzt er, habe die Hungersnot bereits gefordert.[24]

Starke Regenfälle und darauf folgende Überschwemmungen haben das Übel noch verschlimmert. „Faulfieber, hitzige Krankheiten, und andre kalte fieber, und starke geschwulsten" grassieren. Von medizinischer Hilfe ganz zu schweigen, fehlt es den Kranken am Notwendigsten. Immer wieder müssen Menschen sterben, „welche, in anderen umständen, und bey nicht gäntzlich erschöpften Kräften und Mitteln, diesem Schicksal nicht untergelegen wären".[25] Für das Jahr 1772 befürchtet man das Ärgste: Die Roggenernte von 1771 war wieder schlecht, ebenso die Weizenernte. Die Gerste ist in diesem Jahr völlig mißraten. Nur in den fruchtbaren Ebenen war es möglich, ein wenig Hafer zu ernten – im Gebirge ist der Hafer noch im Herbst grün; der erste Frost wird ihn noch vor seiner Reife zerstört haben. Erbsen, Linsen, Bohnen, Kartoffeln und Pilze gibt es kaum in diesem Jahr; vor allem die Erbsen wollten in manchen Gegenden überhaupt nicht gedeihen. Vom ohnehin schwachen Weinbau erwartet man diesmal auch nichts Gutes.

Hatte es 1770/71 schon an Saatgut gemangelt, da man das zur Aussaat bestimmte Getreide zu Brot verarbeitet hatte müssen, so taten Vögel und Würmer ein übriges, die magere Ernte zu vernichten. Vom Weizen bleibt den Bauern von vornherein nichts, da er „zur abstossung ihrer Landes- und Herrschaftl(ichen) Schuldigkeiten" zur Gänze verkauft werden muß.[26] Die Geflügel-, Rinder- und Schweinezucht kann infolge Futtermangels kaum mehr betrieben werden; Seuchen bedrohen den noch verbliebenen

22 Siehe auch Erika Weinzierl-Fischer, Die Bekämpfung der Hungersnot in Böhmen 1770 - 1772 durch Maria Theresia und Joseph II. In: Mitteilungen des österreichischen Staatsarchivs 7 (1954) 478 - 514, S. 503
23 HHStA, HR. K. 4 (Relation)
24 Ebd.
25 Ebd.
26 Ebd.

Viehbestand. Da man gezwungen ist, sich von Hafer zu ernähren, kann dieser nicht mehr an die Pferde verfüttert werden, die sich nun mit Heu und Stroh begnügen müssen. Doch oft fehlt es auch an Trockenfutter. Die Bauern entfernen das Stroh von ihren Schlafstätten und geben es den Pferden zu fressen. „Es sind Gegenden in Mähren und Böhmen", schreibt Joseph, „wo die Bauern, zu Erhaltung ihres nur wenigen Viehes, ihre stroh-dächer abzudecken, und dem Vieh vorzuwerffen sich genöthiget sahen".[27] Um zu überleben und die Abgaben weiterhin bezahlen zu können, sind viele gezwungen, ihren Hausrat, manchmal sogar die Betten zu verpfänden oder zu verkaufen, „welches", wie der Kaiser glaubt, „nicht wenig zu denen ungesundheits-umständen beygetragen hat".[28] Landstriche verelenden, ganze Dörfer betteln; einzelne Gruppen von Hungernden ziehen nach „Oesterreich, (...) Hungarn, ja sogar bis in das bannat".[29]

Die Versorgungskrise wird durch den großen Getreidebedarf des Militärs noch verschärft. Da der Nachschub aus Ungarn auf sich warten läßt, kauft die Militärverwaltung die letzten im Land vorhandenen Vorräte auf.

Die ständige Belastung der Bauern durch von den Grundherren geforderte Frondienste und Robotleistungen trägt auch nicht gerade zur Verbesserung der Situation bei. Joseph wird mit einer allgemeinen Unzufriedenheit der Bauernschaft konfrontiert. Auf seine Fragen antwortet man dem Kaiser oft mit großer Verbitterung. Am 18. Oktober 1771 notiert er in sein Reisejournal: „Die Bauern von Fürst von Fürstenberg beschwerten sich über die häufigen Roboten; die vom Baron Hildebrand aber gar entsetzlich, nemlich daß sie die ganze Woche immerfort roboten müßten, daß sie also zu Pflegung ihrer Gründe gar keine Zeit hätten, daß wenn es also fortgienge, sie in balde alle verderben müßten, daß sie noch nicht angebauet hätten, und endlichen, daß sie von dem Verwalter und auch dem Herrn selbst auf eine grausame Art mit Schlägen hergenommen würden, also zwar daß (sie bis) zu 100 Streich empfiengen, und daß heuer eines mit mir selbst redenden Bauern Bruder mit 100 Stockstreichen, weil er in dieser äussersten Noth einem andern etwas Milch entfremdet hatte, dergestalt belegt wurde, daß er kaum mehr nacher Hauß gehen konnte, und da er tags darauf wieder 10 bekam so ist er nach 2 Tägen daran gestorben."[30]

Wie Joseph anmerkt, leiden viele Handwerker ebenfalls unter der Hungersnot. Da der Brotpreis um das Dreifache gestiegen sei, „kauft man wenig, schont und sparet so viel alß man kann". Erhöhten die Handwerker ihre Preise, blieben die Kunden völlig aus; erhöhten sie ihre Preise nicht, könnten sie nicht mehr von ihrer Arbeit leben.[31]

Joseph verschweigt, daß zahlreiche Handwerker - namentlich Leinenweber und Tuchmacher - Opfer einer verfehlten merkantilistischen Wirtschaftspolitik geworden waren; eine unangenehme Tatsache, über die der Anfang 1771 mit der statistischen Erfassung der böhmischen Getreidevorräte betraute Freiherr Franz Karl Kressel von Gualtenberg den Wiener Zentralstellen schon vor der Reise Josephs berichtet hatte. Der Wirtschaftshistoriker Fritz Blaich hat die Analysen Kressels in einem Aufsatz ausführ-

---

27 Ebd.
28 Ebd.
29 HHStA, HR. K. 4 (Journal)
30 Ebd.
31 HHStA, HR. K. 4 (Relation)

lich erörtert.[32] Hier genügt es, zu erwähnen, daß die Kaufkraft der Bauern nicht zuletzt durch die von den staatlichen Behörden auch in guten Jahren künstlich niedrig gehaltenen Getreidepreise beträchtlich geschwächt worden war. Dies hatte Absatzstockungen bei den von Tuchmachern und Leinenwebern erzeugten Textilien zur Folge.[33] Protektionistische Ausfuhrverbote förderten die Krise im exportorientierten Tuchmachergewerbe, das, wie etwa die „Tuchgewerbschaft" in Iglau (Jihlava), über bedeutende internationale Verbindungen verfügte.[34] Auch die, nach Blaich, „teilmonopolistische Ausbeutung der Weber durch die Militärbehörden",[35] welche unter Ausnutzung der Ausfuhrbeschränkungen erfolgreich Druck auf die Tuchpreise ausübten, zählte zu den wirtschaftspolitischen Mißgriffen, durch die sich die Lage der Textilgewerbe unabhängig vom Getreidemangel verschlechtern mußte.

In ähnlichen Schwierigkeiten wie die Iglauer Tuchmacher befanden sich die Garnweber im südlichen Riesengebirge, denen man befohlen hatte, ihre vor allem in den Niederlanden begehrten Garne vor dem Export zunächst auf dem Inlandsmarkt anzubieten, um damit den heimischen Textilmanufakturen zu stets billigen Rohstoffen zu verhelfen.[36] Die Androhung strenger Strafen unterstützte diese Maßnahmen, die nicht wenige Weber um ihren Lebensunterhalt brachten.

Der in Böhmen immer stärker werdende Bevölkerungsdruck dürfte schließlich auch nicht folgenlos geblieben sein. In den Beilagen zum Reisejournal Josephs finden sich einige Bögen mit Fragen des Regenten an die Kreishauptleute. Auf die Frage, „ob die Population seit dem letzten Krieg zu oder abgenommen?",[37] wußte man dem Kaiser fast überall von einem erstaunlichen Bevölkerungswachstum zu berichten. Die Freude über diese Entwicklung hielt sich allerdings in Grenzen.

Im Kreis Tschaslau (Čáslav) habe sich die Bevölkerung seit der letzten Zählung um 30 000 Menschen vermehrt, was zwangsläufig „den Nahrungsstand erschweren" müsse, notiert man in der Beilage. Der Kreishauptmann von Chrudim vermerkt erstaunt, „die Population habe seit dem letzten krieg ungeachtet der starken Recroutierung und anno 1758 eingerissenen Krankheiten, wo der 5te Mensch krank lage" stark zugenommen. Auch im Leitmeritzer Kreis (Litoměřice) wächst die Zahl der Einwohner; man betont allerdings, daß die Verdienstmöglichkeiten dadurch „respectu universi" schlechter geworden seien. In Rakonitz (Rakovník) klagt man darüber, daß „die Population seit dem letzten Krieg zwar an consumenten" dazugewonnen habe; „allein da der contribuent aus mangel des brod kein gesind unterhalten kann, so bestehet dieser Populationszuwachs größtentheils in Bettlern". Ähnliches hört man aus dem Klattauer Kreis (Klatovy): Die Einwohnerschaft sei gewachsen, obwohl sich inzwischen Bevölkerungsverluste „durch die wegen brodmangel erfolgende Emigration" bemerkbar machen. Im Taborer Kreis seien besonders die Inleute und Taglöhner die Träger des Wachstums, konstatiert der Kreishauptmann, „da diese um den Soldatenstand zu entgehen, auch zu 2 und 3 Söhne aus einem Hauß geheurathet haben". Und im Kreisamt von Budweis

---

32 Fritz Blaich, Die wirtschaftspolitische Tätigkeit der Kommission zur Bekämpfung der Hungersnot in Böhmen und Mähren (1771 - 1772). In: Vierteljahresschrift für Wirtschafts- und Sozialgeschichte 56 (1969) 299 - 331, S. 310
33 Ebd., S. 312
34 Ebd.
35 Ebd., S. 313
36 Ebd., S. 314
37 HHStA, HR. K. 4 (Journal, Beilage 3); dgl. die folgenden Zitate

(České Budějovice) behauptet man, die Bevölkerung des Kreises sei im Zeitraum 1763 - 1770 von 87 810 um 66 032 auf 153 842 Menschen angewachsen (was einer Wachstumsrate von 75 % entspräche), „ohne daß anbey der Nahrungsstand vermehrt worden wäre".

Selbst wenn die Zahlenangaben der böhmischen Kreishauptleute nicht in jedem Fall verläßlich erscheinen, so verweisen die Kommentare der Beamten doch auf ein Problem, mit dem man sich in Wien nicht auseinandersetzen mochte. Immer noch galt der Grundsatz, daß eine starke Bevölkerungsvermehrung der staatlichen und wirtschaftlichen Prosperität nur förderlich sein könne. Je größer die Zahl der Einwohner eines Staates sei, so lautete die einfache Regel, desto mehr Bedürfnisse gelte es zu stillen. Dies müsse, wie man annahm, eine Steigerung der Produktion und eine Vermehrung der Arbeits- und Verdienstmöglichkeiten bewirken. Dem Monarchen obliege es, so lehrte etwa Joseph v. Sonnenfels, ordnend in den Wachstumsprozeß einzugreifen, „die kleinen Untertheilungen anzuordnen, und jedem Stand sein Verhältniß anzuweisen",[38] ansonsten aber die Bevölkerungsvermehrung nach Kräften zu fördern.

Trotz einer gewissen Ratlosigkeit, die man in Wien angesichts der schwierigen Lage in Böhmen, Mähren und Schlesien empfunden haben mag, entschloß man sich schon bald zu Hilfsmaßnahmen für die vom Hunger heimgesuchten Provinzen.

Anfang 1771 wird eine Hofkommission zur Bekämpfung des Hungers und des Getreidemangels ins Leben gerufen;[39] erste Ansätze einer rein staatlichen Notstandspolitik werden sichtbar.[40] Schon im September 1770 hatte man ein Getreideausfuhrverbot für Böhmen und Mähren erlassen. Nun wird das Branntweinbrennen untersagt und die Einfuhr von Korn erleichtert.[41] Die Bevölkerung der notleidenden Gebiete wird mit Vorräten aus staatlichen Magazinen und Militärspeichern versorgt.[42] In Ungarn wird auf Staatskosten Getreide angekauft.

Ergänzend dazu versucht man, der drückenden Arbeitslosigkeit zu begegnen - ein Vorhaben, das allerdings weitgehend scheitert. So mangelt es etwa an Kapital für die zur Beschäftigung Erwerbsloser von der Kommission geplanten Straßenbauprojekte.[43]

Auch die anderen Hilfsmaßnahmen können die Not kaum lindern. In seinem Bericht über die Lage in den böhmischen Ländern schreibt Joseph II. im November 1771, daß er für das Jahr 1772 „viel betrübtere Folgen, alß heuer gewesen sind (...) und vielleicht Pest oder andre ansteckende Krankheiten, ja den gänzlichen Verfall des contributionalis und aller andren Gefälle vor dieses und gewiß noch viele andre Jahre"[44] erwarte.

Die nach dem Eingreifen des Kaisers rascher arbeitende Kommission dürfte durch ihre Tätigkeit eine Ausweitung der Katastrophe verhindert haben.[45] Doch erst die gute Ernte des Jahres 1772 beendete eine der größten Hungersnöte des 18. Jahrhunderts.

---

38 Joseph v. Sonnenfels, Versuch über das Verhältniß der Stände. In: Politische Abhandlungen (Wien 1777) 89 - 152, S. 100
39 Siehe dazu wiederum die Arbeiten von Blaich und Weinzierl
40 Kumpfmüller, Hungersnot, S. 138
41 Blaich, Tätigkeit, S. 317 - 318
42 Ebd., S. 319
43 Ebd., S. 328
44 HHStA, HR. K. 4 (Relation)
45 Blaich, Tätigkeit, S. 329; Weinzierl, Bekämpfung der Hungersnot, S. 504

B. Landesfürstliche Verwaltung, Epidemienbekämpfung und Krankheitsprävention

1. Eine Epidemie im Jahre 1760

Der Reisebericht Josephs II., der im vorhergehenden Abschnitt zitiert wurde, enthält auch Erläuterungen zur medizinischen Versorgung der Bevölkerung in den böhmischen Ländern: „Das Sanitätswesen, und besser zu sagen, die Gesundheitspflege des Unterthans ist in denen betrübtesten Umständen", kritisiert der Kaiser, „ein Creyß-Physikus, so 200 fl. hat, soll seinen ganzen Creyß, so öfters im Umfange 10 Meilen hat, versehen, wie ist das möglich? Darum stirbt auch auf dem Land der Bauer ohne Hilfe dahin."[1]

Wie bereits gezeigt wurde, war die Situation in der Steiermark nicht anders. Die Äußerungen Josephs sind jedoch ein weiteres Zeichen dafür, daß die traditionelle Gleichgültigkeit der Regierenden gegenüber den Leiden der Bevölkerung der Einsicht Platz gemacht hatte, daß Bemühungen um eine bessere Gesundheit der Untertanen durchaus zur Blüte des Staatswesens beitragen könnten: Grund genug also, sich des „allgemeinen Gesundheitsstandes" anzunehmen.

Namhafte Vertreter der aufgeklärten Wissenschaften unterstützen die staatliche Bürokratie in ihren Bemühungen. So schreibt der prominente Herausgeber des deutschen „Magazins vor Ärzte" E. G. Baldinger (1738 - 1804)[2] 1790 in seinem Vorwort zu Johns Lexikon der k.k. Medizinalgesetze: „Von dem Herrn Sonnenfels bis auf den elendsten Skribler ist erwiesen, nur alsdann mächtig und unüberwindlich seien die Fürsten, wenn sie die größte Volksmenge gesunder nervichter Untertanen beherrschen, welche das Schwerdt, die Kanone, den Weberstuhl, den Pflug, – auch nicht zu vergessen die Feder, – mit Kraft und mit Muth unter ihrer Fürsten Degen und Szepter, führen und benuzen können. Glücklich sind alsdann erst die Fürsten, wann das Volk gesund ist, wann es Kräfte hat, wann es hirnvoll (sic) und Nahrung hat, und wann es froh ist, und mit Freuden den Tod für das Vaterland stirbt."[3]

Daß es mit der Gesundheit der Bevölkerung nicht zum besten stand, hatte man bereits anläßlich von „Seelenkonskriptionen" und Rekrutierungen immer wieder feststellen müssen. Als Gradmesser für einen guten oder schlechten „allgemeinen Gesundheitsstand" galt dabei zumeist die Zahl der zum Militärdienst tauglichen Männer.

1771 konnten etwa in der Steiermark formal 51,8 % der männlichen Einwohnerschaft jederzeit zum Militär einberufen werden. (Geistliche, Adelige und Bürger, aber

---

1 HHStA, HR. K. 4 (Relation)
2 Zu Baldinger siehe auch: Fischer, Gesundheitswesen Bd. 2, S. 39
3 John, Medizinalgesetze Bd. 1, Vorrede S. 2

auch Bergleute und gewisse Teile der „untertänigen" Bevölkerung waren vom Militärdienst befreit.) Mehr als die Hälfte der 51,8 % ständig rekrutierbaren Männer wurde allerdings aus Altersgründen oder aber wegen „Gebrechlichkeit" als untauglich eingestuft.[4] Unter solchen Umständen mußte der Gesundheit der bäuerlichen Landbevölkerung, die ja das Hauptkontingent an Rekruten zu stellen hatte, besondere Aufmerksamkeit geschenkt werden. Die militärischen Auseinandersetzungen mit Preußen hatten die Dimension des Problems besonders deutlich gemacht.

Doch nicht nur an die Erfordernisse der Militarisierung sollte gedacht werden, sondern auch an die Stabilität der landwirtschaftlichen Produktion und an die Steuerkraft der ländlichen Bevölkerung. Was lag also näher, als zur „Konservierung der Untertanen" im Falle von Epidemien Hilfe zu gewähren, Ärzte auf das Land zu schicken und Arzneien an die Kranken zu verteilen?

Oft genug freilich wußten die Behörden nichts von den auf dem Lande grassierenden Epidemien. Viele Grundherren, die ihre Güter in der Regel nur selten besuchten, betrachteten die sommers unter ihren Bauern herrschenden Krankheiten als ganz gewöhnliche, regelmäßig wiederkehrende Erscheinungen, die sich aus der Lebensart der Landleute erklären ließen.[5] Die Betroffenen selbst schienen sich in ihr Schicksal zu fügen. Der Fatalismus der Landbevölkerung gegenüber Krankheiten gab häufig Anlaß zu Verwunderung. Von fremden Ärzten und ihren Arzneien wollte man auf dem Land jedenfalls nichts wissen; viel eher war man geneigt, himmlischen Fürsprechern, ortsbekannten Heilkundigen und bewährten Hausmitteln zu vertrauen. So blieb es denn dem Zufall überlassen, ob man in den landesfürstlichen Grazer Mittelbehörden vom Ausbruch einer Epidemie erfuhr, die Sanitätskommission verständigen und einen Arzt in das betroffene Gebiet entsenden konnte.

Rein theoretisch waren die Kreishauptleute seit 1753 verpflichtet, gemeinsam mit den zuständigen Physikern bei „Epidemischen Kranckheiten, Mensch und Vieh Seuchen" sofort die notwendigen Maßnahmen zu treffen.[6] Wie die Kreishauptleute aber wiederum zu ihren Informationen gelangen sollten, ließ man offen. In der Praxis waren die k.k. Beamten zumeist auf die Nachrichten der grundherrschaftlichen Verwalter angewiesen, die nach der Reform von 1748/49 zur Kooperation mit den Kreisämtern angehalten wurden. Auf diese Weise lag letztlich alles an der Entscheidung der Verwalter, den Vertretern der landesfürstlichen Bürokratie über verdächtige Krankheitsfälle zu berichten oder sich in Schweigen zu hüllen. Die bis in die späten sechziger Jahre des 18. Jahrhunderts ungeklärte Frage der Bezahlung epidemienmedizinischer Einsätze dürfte die Auskunftsbereitschaft der herrschaftlichen Beamten nicht gerade gefördert haben.

Pflichtschuldig meldet etwa der Verwalter der Herrschaft Oberfladnitz im Juli 1760 dem Grazer Kreisamt den Ausbruch einer Ruhrepidemie in den Pfarren Weiz und Puch.[7] Da es in Weiz nicht einmal einen Bader gibt, bittet der Beamte um die „Abordnung eines Medici oder sonst erfahrenen Menschen". Der Grazer Kreishauptmann gibt die Anzeige sofort an die Repräsentation und Kammer weiter. Dort reagiert man schnell: Noch am selben Tag wird einem Grazer Mediziner befohlen, sich in Begleitung eines Chirurgen an den Ort des Geschehens zu begeben. Zugleich jedoch wird der Verwalter

4 Siehe dazu: Straka, Beiträge zur Bevölkerungs- und Sozialgeschichte, S. 50 – 51
5 StLA, R+K 1760-VII-155 (1760-IX-44)
6 StLA, R+K 1753-V-44 1/2
7 StLA, R+K-VII-155; desgleichen die folgenden Zitate

angewiesen, den Heilkünstlern die Reisespesen zu vergüten und die Bezahlung der Medikamente zu übernehmen.

Die Antwort des erbosten Verwalters läßt nicht lange auf sich warten.[8] Es bestehe keinerlei Anlaß für ihn, die Rechnungen für Mediziner, Chirurgen und Arznei zu begleichen. Die Repräsentation und Kammer sei nicht berechtigt, dies von ihm zu verlangen. Die Anzeige sei einzig und allein „ratione infectionis" gemacht worden. Der Mediziner sei als Physikus verpflichtet, „dem publico zu dienen", er hingegen werde als herrschaftlicher Beamter von seinem „Conto keinen Bissen Brodt dem Medico, oder Chyrurgo mehr abreichen". Auch der Herrschaft könne man die Kosten des Unternehmens nicht aufbürden – die meisten Kranken zählen gar nicht zu ihren Untertanen. Die Hilfsaktion sei aus dem landesfürstlichen Ärar zu finanzieren, sie betreffe lediglich das „publicum"; eine Privatperson könne daher keinesfalls zu irgendwelchen Zahlungen herangezogen werden. Sollte er auch nur einen Teil der Auslagen ersetzen müssen, so kündigt der Verwalter wütend an, „werde ich, und all übrige mit vollen Recht entschuldiget seyn könftighin in Bonum publici auch nur die mindeste Anzeige zu thuen".

In ihrem Antwortschreiben[9] betont die Repräsentation und Kammer gegenüber dem Beamten, daß die Kosten des epidemienmedizinischen Einsatzes keineswegs von der Herrschaft Oberfladnitz allein übernommen werden sollen. Wie man das finanzielle Problem lösen will, weiß man in der landesfürstlichen Stelle zu diesem Zeitpunkt allerdings auch noch nicht.

Währenddessen ist der Grazer Arzt (Dr. Hermann Gleißner) ununterbrochen in dem von der Epidemie betroffenen Gebiet tätig. Zwei Chirurgen stehen ihm zur Seite. Die Sanitätskommission hält von Zeit zu Zeit Sitzungen ab, in denen die Berichte des Arztes und die Kostenfrage diskutiert werden.[10]

Bei seinem Eintreffen im Seuchengebiet verlangt der Arzt zunächst die Totenregister der Weizer und der Pucher Pfarre, um sich über die Zahl der von der Krankheit geforderten Opfer zu informieren. Danach läßt er von den Kanzeln der beiden Pfarrkirchen verkünden, daß sich die Angehörigen der Kranken bei ihm einfinden sollen, um ihn in die von der Epidemie heimgesuchten Gegenden zu führen. Er stellt fest, daß die Seuche („rothe Ruhr") Ende Juni in der Pfarre von Puch ihren Ausgang genommen hat und bald darauf auch im Weizer Pfarrbezirk ausgebrochen ist. Die meisten Kranken finden sich unter Kindern und unter jungen Leuten zwischen 15 - 20 Jahren. Bis zum 29. Juli zählt der Arzt 32 Tote in der Pucher und 103 Tote in der Weizer Pfarre. Die höchste Sterblichkeit herrscht unter den Kindern.

Von den 200 Patienten, die er unter seiner Obhut habe, seien nur neun gestorben, berichtet der Arzt erfreut. Im Augenblick jedoch verschlechtere sich die Lage. Die Krankheit beginne auch unter Erwachsenen um sich zu greifen; täglich habe man bis zu sieben Todesopfer zu beklagen. Fast alle Kranken sterben, ohne sich um die Anweisungen des Arztes gekümmert und die verordnete Arznei eingenommen zu haben. Die Medizin sei bitter, teuer und überflüssig, so klagt man unter den Bauern.

Der Arzt wendet sich an den Erzpriester von Weiz und bittet diesen, „das Bauern=Volk bey Bedrohung geist= und weltlicher Straffe" zum Gebrauch der Medikamente zu ermahnen, zumal sich die Seuche immer rascher ausbreite: Inzwischen seien auch

---

8 Ebd. (1760-VII-283)
9 Ebd.
10 Ebd. (1760-VIII-49)

der Markt Weiz und die Pfarre St. Ruprecht von ihr betroffen. Die Krankheit sei überdies ansteckend – alle „ohnnöthige(n) zusammenkunfften" sollten den Bauersleuten daher von der Kanzel herab verboten werden.

Die Grazer Sanitätskommission gibt ergänzende Anweisungen zur Behandlung der Krankheit, ist jedoch mit den bereits getroffenen Maßnahmen weitgehend einverstanden. Man entschließt sich, die Arzneien in Hinkunft kostenlos verteilen zu lassen, worüber die Pfarrer die Bevölkerung zu informieren haben. Neben Kreishauptleuten, Verwaltern, Ärzten und Chirurgen sollen also auch die Pfarrgeistlichen in Epidemienzeiten seuchenpolizeiliche Aufgaben übernehmen.

Um – wie es heißt – Zeit zu sparen, übergehen die Grazer Stellen den Fürstbischof von Seckau und treten mit dem Erzpriester von Weiz „per privatas" in direkten Kontakt.[11] Der Pfarrer erfüllt gehorsam seinen Auftrag. Seine größte Sorge ist die katastrophale Überfüllung des Weizer Gottesackers.[12] Schon 1759 hatte der Geistliche darum gebeten, das Terrain des ehemals lutherischen Friedhofs zur Erweiterung des viel zu kleinen Kirchhofs nutzen zu dürfen. Der lutherische Friedhof sei der Pfarre um 1600 von der landesfürstlichen Religionskommission überantwortet worden, so berichtet der Priester, der Weizer Magistrat habe jedoch die landwirtschaftlichen Nutzungsrechte für das Grundstück erhalten. Nun sei man nicht mehr bereit, das Gelände für Beerdigungszwecke zur Verfügung zu stellen. Der Ausbruch der Epidemie habe inzwischen zu unerträglichen Zuständen geführt. Der entsetzlichste Gestank verbreite sich vom Gottesacker über den ganzen Ort, Schweine und Hunde wühlen in den Gräbern. Es sei nicht mehr möglich, die täglich sich häufenden Leichen zu begraben.

Die Repräsentation und Kammer befiehlt dem Weizer Magistrat hierauf die schleunige Übergabe der Friedhofsschlüssel an den Pfarrer; der Grazer Kreishauptmann fordert den Marktrichter und den Verwalter von Oberfladnitz auf, zur Angelegenheit Stellung zu nehmen.[13] Schließlich kommt man der Bitte des Geistlichen nach.

Erst Anfang September informiert die Repräsentation und Kammer den Fürstbischof von Seckau über die Ereignisse in Weiz und über die Funktion, die den Pfarrern während der Epidemie zukommt.[14] Der Bischof solle die Pfarrgeistlichen dazu anhalten, die Bauern von der Kanzel zur Verwendung der Arzneien und zur Respektierung der ärztlichen Anordnungen aufzurufen. Auch die sonst gebräuchlichen Leichenfeiern sollen für die Dauer der Seuche verboten werden.

Als man Ende August bereits glaubt, die Epidemie einigermaßen unter Kontrolle zu haben, erreichen neue Schreckensmeldungen die Grazer Stellen.[15] Der Verwalter der Herrschaft Waxenegg meldet den Ausbruch der roten Ruhr in den Pfarren Anger und St. Georgen bei Birkfeld. Kaum ein Haus sei von der Krankheit verschont geblieben, in St. Georgen liege der Pfarrer todkrank darnieder. Täglich gebe es bis zu sechs Begräbnisse. „Weillen von hieraus noch einige recrouten zu stellen kommen", merkt der Verwalter an, habe er schließlich die Anzeige für notwendig erachtet.

Wieder erhält der inzwischen heimgekehrte Physikus von der Repräsentation und Kammer den Befehl, sich in die Oststeiermark zu begeben.[16] Diesmal weigert sich der

---

11 Ebd.
12 Ebd. (bzw. 1760-VII-245)
13 Ebd.
14 Ebd. (1760-IX-94)
15 Ebd. (1760-VIII-332)
16 Ebd.

Arzt jedoch, den gefährlichen Auftrag anzunehmen, ohne einen Spesenvorschuß erhalten zu haben.[17] Die Landschaft wird hierauf angewiesen, dem Mediziner gegen Quittung 100 fl. auszuhändigen. Die Stände aber lehnen es ab, den Betrag auszuzahlen; die 100 fl. werden der Hofquartiersbeitragskassa entnommen.

Eher unwillig tritt der Physikus seinen Dienst an. In seinem bald in Graz eintreffenden Bericht[18] führt er aus, daß die Seuche in den Pfarren Puch und Weiz bereits nachlasse – man verzeichne täglich nur noch ein bis zwei Begräbnisse – während sie in Anger und St. Ruprecht heftiger wüte als zuvor. In diesen beiden Pfarren sei die Lage ernst, er befürchte jedoch noch Schlimmeres – „aus der lediglichen ursach, weillen das hiesiger Enden überaus thumme bauren Volk" weder den hohen Befehlen, „noch sonstigen guten Rath in der gütte gehör giebet". Immer noch werden große Leichenfeiern veranstaltet, wodurch sich das Übel, wie der Arzt meint, weiter verbreitet. Die Kranken lehnen es ab, die verteilten Arzneien einzunehmen und verlangen stattdessen für gewöhnlich nach Birnenmost. Von den 300 im Verlauf der letzten acht Wochen verstorbenen Patienten haben nur 20 ihre Medizin genommen. Zu allem Überfluß will man den Arzt nicht bezahlen. Vergrämt schließt dieser seinen Bericht: „(M)it einem worth der bauer dortiger gegend nihmt keine medicin, ausser er wird hierzu mit gewalt gezwungen, übriges demnach nichts mehr, als das ich (...) um meine ausgelegten Spessen und um mein so sauer verdienten lohn aller unterthänigst bitte."

Auf die gänzliche Abgeltung aller seiner Auslagen muß der Mediziner jedoch bis Ende Oktober warten. Eine allerhöchste Resolution vom 25. Oktober 1760 erlaubt es der Repräsentation und Kammer, die durch den epidemienmedizinischen Einsatz entstandenen Kosten aus landesfürstlichen Mitteln zu bezahlen.[19] Man wolle für dies eine Mal eine Ausnahme machen, so betont man in Wien, denn in der Regel sei es üblich, daß „jene Partheyen, welche die medicinische Hilff genossen, nach ihrem Vermögen einen beytrag zu thuen schuldig wären. (...) Für das künftige habt ihr mit dem Landes Haubtmann die Einverständnuß zu treffen, daß die Stände hierzu einen fundum ausmachen".

Mit dieser Weisung bewies man in der Sanitätshofdeputation und im Directorium in Publicis et Cameralibus nicht gerade besonderen Einfallsreichtum. Denn immerhin hatte die Grazer Repräsentation und Kammer die Wiener Stellen genau und differenziert über alle in Zusammenhang mit der organisierten Bekämpfung der Epidemie auftretenden Schwierigkeiten informiert. Man wußte also auch in Wien alles über die praktischen Probleme, die sich während der Seuche durch das Mißtrauen und die Armut der oststeirischen Landbevölkerung ergeben hatten; man kannte die Einwände der Landschaft gegen einen rein ständischen Sanitätsfonds.[20]

Während man bei der Erfindung neuer Gesetze und Verordnungen in Wien über einen Mangel an Phantasie nicht zu klagen hatte, legte man angesichts der Fragen derjenigen, die sich mit der Verwirklichung der legislatorischen Elaborate zu beschäftigen hatten, nicht selten eine gewisse Einsilbigkeit an den Tag. Behinderten Finanzierungsschwierigkeiten die Realisierung von Reformprojekten, dann ließ die Angst vor neuen Belastungen des defizitären Staatshaushalts den Quell der Worte oft versiegen.

---

17 Ebd. (1760-IX-45)
18 Ebd. (1760-IX-256)
19 Ebd. (1760-X-6)
20 Ebd. (1760-IX-44)

2. Ein Meldesystem für Epidemien und Epizootien

Schon bevor 1763 Mitglieder der Landschaft in die Grazer Sanitätskommission aufgenommen wurden, war man seitens der k.k. Länderbehörde bestrebt gewesen, Repräsentanten der Stände für gesundheitspolitische Aufgaben zu gewinnen. Die Stände sollten nicht bloß als Geldgeber fungieren; einzelne Angehörige der Landschaft sollten in Fragen des Gesundheitsschutzes – vor allem bei der Bekämpfung von Epidemien – persönliche Verantwortung zu übernehmen haben.

Wie notwendig es war, die Stände mit sanitätspolizeilichen Agenden zu betrauen, war nicht nur durch die Ereignisse um die Ruhrepidemie des Jahres 1760 in der Gegend von Weiz deutlich geworden. Auch die häufig grassierenden Viehseuchen, die zu einer immer stärkeren wirtschaftlichen Belastung wurden, mögen die Repräsentation und Kammer dazu bewogen haben, sich 1761 gemeinsam mit Vertretern der Landschaft darüber zu beraten, „was bey sich ereignenden Epidemischen Menschenkrankheiten, als auch Vieh=Unfällen veranlasset werden könnte".[1] Vordringlich ging es darum, rechtzeitig über den Ausbruch seuchenartiger Krankheiten bei Menschen und Tieren Bescheid zu wissen, um möglichst rasch darüber entscheiden zu können, ob es notwendig sei, die betroffenen Gebiete zu sperren oder medizinische Hilfe zu organisieren. Ein das ganze Land umspannendes Meldesystem, das jede verdächtige Veränderung des „allgemeinen Gesundheitsstandes" über eigene Informanten registrieren sollte, erschien zu diesem Zweck unerläßlich. Nach kurzen Beratungen mit den Ständen verfiel man auf die Idee, das Herzogtum Steiermark in insgesamt 31 sogenannte Sanitätsdistrikte zu unterteilen (Grazer Kreis: 10, Brucker Kreis: 3, Judenburger Kreis: 5, Marburger Kreis: 6, Cillier Kreis: 7).[2] Jedem Sanitätsdistrikt sollte ein Sanitätskommissar vorstehen. Die Sanitätskommissare wurden aus dem Herren- und Ritterstand gewählt und hatten ihrerseits Unterkommissare für die einzelnen Teile der weitläufigen Distrikte zu ernennen.[3] Auch die Kreishauptleute waren weiterhin verpflichtet, beim Auftreten von Epidemien in ihren Kreisen die Grazer Länderstelle zu informieren. Die Funktion der Unterkommissare fiel den Landgerichtsverwaltern zu, die wiederum von den Burgfriedensverwaltern unterstützt werden mußten. Die landesfürstlichen Städte und Märkte unterstanden direkt den ständischen Oberkommissaren.

Beim ersten Anzeichen einer Seuche hatte der zuständige Unterkommissar den Oberkommissar zu verständigen, der verpflichtet war, sich sofort mit dem Kreisamt in Verbindung zu setzen. Die Repräsentation und Kammer war durch Bulletins, die Kreisarzt und Sanitätsoberkommissar gemeinsam verfassen sollten, vom Stand der Dinge zu unterrichten. Bei einer allfälligen Sperrung von Seuchengebieten wollte man auf die Hilfe des Militärs nicht verzichten, zumal „mit dem Baurn Volck (...) nichts Verläßliches auszurichten" sei, wenn es darum gehe, einen Kordon zu ziehen.[4] Die Kosten für eine solche militärische Sperrung sollten aus einem stehenden Fonds bezahlt

---

1 StLA, R+K Sach 108, 1761-V-151. Die Mitglieder der dazu eigens eingesetzten Kommission waren: Landschaftspräsident Weychard Graf zu Trauttmansdorff, Graf v. Rosenberg, der Prälat zu Rein, Ignaz Graf Attems, Leopold Herr v. Stubenberg, Graf v. Brandeis, Herr v. Ehrenstein, Herr v. Catharin und Sekretär v. Wieser

2 Ebd.

3 Eine genaue Auflistung der Namen dieser Sanitätskommissare findet sich bei Turk, Sanitätswesen, S. 8 – 11. Die übrigen Ausführungen Turks zum Thema sind ungenau und zum Teil unrichtig.

4 StLA, R+K Sach 108, 1761-V-151

werden, zu dessen Finanzierung man erwog, eine eigene Steuer einzuführen. Auch die Oberkommissare waren an einem Ersatz etwaiger Unkosten interessiert, da sie ihr Amt ohnedies unentgeltlich auszuüben hatten. Bei größeren finanziellen Belastungen hoffte man auf Hilfe aus dem landesfürstlichen Ärar. Um die Ausgaben während der Epidemienbekämpfung möglichst gering zu halten, sollte Kommissaren und Kreisärzten kostenloser Vorspann zur Verfügung gestellt werden. Für einen einzelnen Einsatz in einem bestimmten Seuchengebiet durfte der Kreismediziner überdies keine Bezahlung verlangen. Die Untertanen wollte man gleichfalls bald darüber aufklären, „daß selbe ohne entgeld die schleinige anzeige zu thuen, und hilfe zu suchen" hätten.

Die im Mai 1761 in Graz ausgearbeiteten Bestimmungen wurden erst im November 1761 durch eine kaiserliche Resolution genehmigt, die Einhebung einer eigenen Steuer („Pfundgeld") zur Schaffung des Sanitätsfonds wurde vorerst nur provisorisch bewilligt.[5]

Fünf Jahre später revidieren die Verantwortlichen in Wien ihre Meinung über die Finanzierung der Epidemienbekämpfung in der Steiermark. Die Einführung des „Pfundgeldes" zur Deckung der Sanitätsausgaben wird nun in einem Hofkanzleidekret abgelehnt (24. März 1766), da „den armen contribuenten nicht wohl eine neuerliche, obschon geringe Anlage aufgebürdet werden mag".[6] Bei Vergehen gegen Sanitätsvorschriften müssen Strafgelder kassiert und an die Sanitätskommission gesandt werden. Diese Gelder könnten im Sanitätsfonds angelegt werden. Sollte dies nicht ausreichen, dürfen Spesen aus der Kameralkasse bezahlt werden, „jedoch nur insolange, bis die cassa domestica statuum zu einen besseren Vermögen gelanget".[7]

Im Oktober 1766 erhält man neuerlich Anweisungen aus Wien, die allerdings ganz andere Lösungen des Problems vorsehen. Die Strafgelder, so heißt es nun, müssen vom Kameralzahlamt in Graz übernommen „und von diesem wiederum pro fundo sanitatis gegen quittung, und Verrechnung verabfolget" werden.[8] Bei Geldmangel werde man auf Mittel aus der landschaftlichen Kasse zurückgreifen müssen, zumal die Epidemienbekämpfung „eine am meisten in das Provinciale einschlagende Sache ist (...) somit das aerarium der diesfälligen Bürde enthoben werde (...)".[9]

Während auf höchster Ebene Konfusion herrscht, kennzeichnet die fehlende Einsatzbereitschaft der Sanitätskommissare die Situation am unteren Ende der Hierarchie. Ober- und Unterkommissare sollten für ihre Tätigkeit als Aufsichtsorgane bei Epidemien bezahlt werden, so stellt man 1767 in einem Gubernialgutachten fest, anders werde die Einführung des neuen Meldesystems nicht den erwünschten Erfolg bringen.[10] In einem Gutachten der Sanitätskommission aus dem selben Jahr[11] wird die Meinung vertreten, daß den Oberkommissaren zumindest die Post- und Botenspesen vergütet werden müßten. Im übrigen könnten Ober- und Unterkommissare nur dann von den Ständen finanziell unterstützt werden, wenn es der Landschaft gestattet werde, zu diesem Zweck Gebühren einzuheben. Da die Sanitätskommissare keinerlei Ansprüche

---

5 Ebd. (Resolution vom 7. 11. 1761)
6 StLA, Gubernium Alt Fasz. 6, 1766
7 Ebd.
8 Ebd. (HKD vom 8. 10. 1766)
9 Ebd.
10 StLA, Gub alt 6, 1767 (Gutachten vom 14. 4. 1767)
11 Ebd.

auf Ersatz von Unkosten haben, unterlassen sie es in der Regel, den Ausbruch von Epidemien anzuzeigen, um keine unnötigen Verluste zu riskieren.

Ein Hofdekret vom 17. Februar 1768 bringt die erste brauchbare Lösung: Da es nicht ratsam erscheine, eigene Steuern für einen Sanitätsfonds einzuführen, sollen alle Sanitätsausgaben bis zur Konsolidierung der ständischen Finanzen aus dem landesfürstlichen Ärar bezahlt werden. Man wünsche jedoch von Fall zu Fall genau über alle anfallenden Spesen unterrichtet zu werden.

Daß man keine Ungenauigkeiten in den statistischen Berichten dulden wollte, die nun die Wiener Stellen über den Ablauf von Epidemien und die durch die Seuchenbekämpfung entstehenden Kosten informieren sollten, hatte man kurz zuvor bewiesen. Dem Gubernium war vorgeworfen worden, daß es die Sanitätsprotokolle nicht regelmäßig nach Wien sende. Die sporadisch in Wien eintreffenden Nachrichten, so hatte man überdies bemängelt, seien meist „auch allzu seucht und nicht ausführlich genug verfasset".[12] Die Bulletins über Epidemien und Epizootien hätten ebenso klare wie eindeutige Angaben über die Zu- und Abnahme der Erkrankungen, die Art und die Ursachen der Seuchen zu enthalten. Schließlich war die Saumseligkeit der Sanitätskommissare beklagt worden, die das Gubernium, wie man vermutete, offenbar nur sehr selten über das seuchenhafte Auftreten von Krankheiten verständigten.

Über bereits gemeldete Epidemien und Epizootien, so befiehlt man dem Gubernium nun, seien Sanitätsberichte zu verfassen, die alle acht Tage nach Wien geschickt werden müssen. Außerdem rät die Hofkanzlei der Grazer Länderbehörde, „in der Zukunft mit denen diesfälligen aus dem allerhöchsten aerario bestrittenden geld=Auslagen vorsichtiger, und ohne ihro Maj(estät) allerhöchste Gnade zu mißbrauchen, vorzugehen".[13] Neuerlich betont man, daß auch die von einer Epidemie direkt Betroffenen für einen Teil der Hilfeleistungen selbst aufzukommen hätten.[14]

Im Gubernium ist man von den neuen Modalitäten nicht gerade begeistert.[15] Der aus Strafgeldern finanzierte Sanitätsfonds erweist sich angesichts der hohen Kosten epidemienmedizinischer Einsätze immer wieder als unzulänglich. Da man für Zuschüsse aus dem landesfürstlichen Ärar in jedem einzelnen Fall eine Genehmigung aus Wien benötigt, wird rasches Handeln unmöglich. Die Spesenvergütungen für Ärzte, Sanitätskommissare und Krankenwärter können nie ohne große Verzögerung bezahlt werden, ebenso die offenen Apothekerrechnungen. Dennoch bleibt es auch in den folgenden Jahren im großen und ganzen bei den 1768 getroffenen finanziellen Regelungen.

Der personelle Aufbau des 1761 geschaffenen Meldesystems erfährt dagegen bald grundlegende Veränderungen. Schon 1765 konstatiert die Grazer Sanitätskommission das vorläufige Scheitern der Bemühungen, ein Beobachternetz zu schaffen, das es ermöglicht, Epidemien und Epizootien früh zu registrieren und rasch zu bekämpfen.[16] Viele der aus dem Herren- und Ritterstand gewählten Sanitätsoberkommissare hatten kurz nach ihrer Ernennung um Entlassung angesucht, da sie sich – anscheinend hauptsächlich in eigener Sache unterwegs – nicht in den ihnen zugewiesenen Distrikten aufhalten konnten oder wollten. Die Einteilung der Sanitätsdistrikte ist ungenau, ihre

---

12 StLA, Gub alt 6, 1768 – 1769 (HKO vom 22. 1. 1768)

13 Ebd. (HKD vom 13. 4. 1768)

14 Ebd. (HKD vom 13. 6. 1768)

15 Ebd. (Gubernialgutachten vom 26. 6. 1768)

16 StLA, Gub alt, 1767 (Gutachten vom 20. 9. 1765, zitiert nach einem Auszug in einem Gutachten vom 7. 4. 1767)

Grenzen sind oft unscharf gezogen. Auch ihr Umfang variiert von Kreis zu Kreis: Während die Distrikte im Judenburger oder im Grazer Kreis relativ klein sind, haben im Marburger und im Cillier Kreis ein paar wenige Unterkommissare ganze Landstriche zu betreuen. Selbst ein überschaubarer Wirkungskreis ändert jedoch in der Regel nichts an der Neigung der meisten Unterkommissare, die ihnen aufgetragenen Pflichten völlig zu vernachlässigen.

Die so oft geforderten „politischen Anstalten" zur Seuchenbekämpfung gibt es also vorerst nur auf dem Papier. Die Sanitätskommission hält es daher für angebracht, „daß von denen bisherigen diesfälligen Maß Regeln abgegangen, auf andere vorgedacht, und diesen eine ununterbrochene Aufmercksamkeit, und ein beständig vielfältig-obachtsames Aug zum Grund geleget werde". Mit der Ernennung der Sanitätsoberkommissare und ihrer Helfer will man nun die Kreishauptleute beauftragen. Letztere, so stellt man fest, verfügen immer über gute Ortskenntnisse; sie stehen mit den herrschaftlichen Beamten ebenso in Verbindung wie mit den Gemeindevorstehern in Städten, Märkten und Dörfern. Herrschaftsbeamte oder Mitglieder der Magistrate sollen zu Oberkommissaren, verläßliche Männer aus Städten, Märkten und Dörfern zu Unterkommissaren bestellt werden. Im übrigen empfiehlt man, die Sanitätsbezirke auf möglichst kleine Areale einzugrenzen.

Wie man mehr als ein Jahrzehnt später erkennen muß, werden die 1765 erarbeiteten Richtlinien von den Kreishauptleuten in der Praxis auf sehr unterschiedliche Weise interpretiert. Als das Gubernium 1778 von den Kreisämtern detaillierte Angaben über Sanitätsdistrikte und -kommissare verlangt, stellt sich heraus, daß die getroffenen Regelungen von Kreis zu Kreis ganz beträchtlich variieren. Im Grazer Kreis etwa ist jeder der insgesamt 78 Landgerichts- und Burgfriedensverwalter in seinem Bezirk auch Sanitätsoberkommissar.[17] Im Brucker Kreis gibt es nur sieben Oberkommissare (zwei Verwalter, drei Pfleger, einen Hofrichter und einen Stadtrichter). Die Unterkommissare sind zumeist Marktrichter, Dorfrichter, Amtleute oder Verwalter. Der Kreishauptmann von Judenburg nennt 37 Sanitätsoberkommissare verschiedenster Titulatur; im Cillier Kreis wird das Amt mehrheitlich von herrschaftlichen Verwaltern bekleidet (20 von 22 Sanitätsoberkommissaren; die Angaben für den Marburger Kreis fehlen).

Bald erfährt man in der Wiener Hofkanzlei von diesem Umstand und erläßt ein Dekret zur Neugestaltung der Materie.[18] Gerade weil sich die meisten Übertretungen von Sanitätsgesetzen, wie man dem Gubernium erklärt, mehr auf Unwissenheit als auf üblen Willen zurückzuführen lassen, sei es notwendig, die neue Einteilung der Sanitätsdistrikte auch zu veröffentlichen.[19] Ende 1778 ergeht eine Gubernialverordnung an alle fünf Kreisämter, in der hervorgehoben wird, daß sich in Hinkunft jeder herrschaftliche Beamte als Sanitätskommissar zu betrachten habe. Jedes Dorf soll seinen Unterkommissar bekommen. Die Kreishauptleute werden angewiesen, Listen mit den Namen sämtlicher Kommissare und der ihnen zugeteilten Ortschaften an das Gubernium zu senden.[20] Doch auch diese Verordnung ist anscheinend nicht exakt genug formuliert: Zwei Jahre vergehen, bis man die ersten akzeptablen Lösungen gefunden hat.

---

17 StLA, R+K Sach 108, 1778-VIII-245
18 StLA, R+K Sach 108, 1778-IX-197
19 Ebd. (HKO vom 12. 12. 1778)
20 Ebd. (Schreiben vom 2. 3. 1779)

Zunächst werden sämtliche Anfang 1779 aus den Kreisen in Graz eintreffenden Konzepte vom Gubernium verworfen. Nicht alle Kreishauptleute nennen die Namen der Kommissare, die Distrikte sind weiterhin zu groß. Die Sanitätsoberkommissare sollten sich im Mittelpunkt ihrer Distrikte befinden, so stellt man im Gubernium fest, die Grenzen des Bezirks dürfen nicht mehr als drei Wegstunden vom Wohnort des Kommissars entfernt sein.

Wieder machen sich die Kreishauptmänner an die Arbeit. Der Cillier Kreishauptmann etwa teilt die neuen Sanitätsdistrikte nach Pfarren ein, „massen jede Pfarr einen ganz ordentlichen Umfang, auch jedes Hauß seine eigene Pfarr hat, wodurch also alle Weitläufigkeiten und Unordnungen vermieden werden dörften".[21] Sein tabellarischer Entwurf wird abgelehnt. Im Kreisamt Marburg hat man eine andere Idee: Die neu geschaffenen Konskriptionsbezirke könnten zugleich Sanitätsdistrikte werden. Ähnliches plant der Grazer Kreishauptmann: Alle Werbbezirkskommissare sollen zu Sanitätskommissaren ernannt werden. Auch diese Vorschläge werden vom Gubernium nicht gutgeheißen.

Im Juli 1780 wendet sich der Marburger Kreishauptmann mit seinem Konzept ein zweites Mal an die Mittelbehörde.[22] Seine Befürchtung, daß der Bevölkerung die Konskriptionskommissare zumeist bekannt, die Sanitätskommissare jedoch in der Regel unbekannt seien, hat sich bestätigt. Meldungen über verdächtige Krankheitsfälle werden stets den Konskriptionskommissaren überbracht. Diese wissen allerdings nur selten, wer der zuständige Sanitätskommissar ist – so vergeht wertvolle Zeit, und Seuchen können sich ungehindert ausbreiten. Wieder erteilt man dem Marburger Kreishauptmann eine Abfuhr. Der „allerhöchste Hof" habe befohlen, so begründet das Gubernium seinen Standpunkt, bis auf weiteres keine Neuerungen im Sanitätswesen einzuführen. Eine Genehmigung der Marburger Vorschläge sei daher nicht möglich, „besonders anjezo, da es bei würklich ausbrechenden Seuchen ohnehin nicht nüzlich ist, die Commissarien abzuändern, weilen durch die beschehende abänderung der Commissarien nur noch mehr unordnung entstehen würde".[23]

Tatsächlich ist im Süden des Herzogtums ein großes Viehsterben ausgebrochen, das die Schwächen der organisierten Epidemienbekämpfung wieder einmal spürbar werden läßt.[24] Weder das Marburger Kreisamt noch die Sanitätskommissare bemühen sich um den Vollzug der vom Gubernium erlassenen Verordnungen; die Sanitätsgeneralien werden ohnedies kaum je beachtet. Die zuständigen Sanitätskommissare haben zunächst jede Meldung an das Kreisamt unterlassen – nur durch Zufall wird man dort auf die Hornviehseuche aufmerksam. Anstatt mit dem Marburger Kreisamt zu kooperieren, läßt auch der Kreishauptmann von Cilli den Dingen völlig freien Lauf. In Marburg trifft man nach einer Aufforderung des Guberniums schleppend die ersten Vorkehrungen, obwohl man bereits seit 14 Tagen von der Seuche gewußt hat. Der Einsatz der Sanitätskommissare wird nicht kontrolliert. Das Kreisamt beschränkt sich darauf, ihnen in unregelmäßigen Abständen die neuesten Gubernialverordnungen bekanntzugeben.

Trotz schärfster Verweise aus Graz ändert sich nichts an dieser Situation. So wird am 11. September 1780 ein Gubernialmittelrat (Wolf Herr von Stubenberg) als „Lan-

---

21 Ebd. (1779-V-43)
22 StLA, R+K Sach 108, 1780-VIII-45
23 Ebd.
24 StLA, R+K Sach 108, 1780-VIII-273 (1780-IX-238)

dessanitätsoberkommissar" in die von der Viehkrankheit heimgesuchten Gebiete entsandt. Bald darauf erstellt man im Gubernium ein Gutachten, in dem der Hofkanzlei
über die großen Probleme, mit denen man bei der Bekämpfung von Seuchen in der
Steiermark immer wieder konfrontiert wird, berichtet wird. Die fast jedes Jahr grassierenden Epizootien stehen dabei im Mittelpunkt der Ausführungen (die 1779/80 durch
Viehseuchen entstandenen Verluste werden im Gubernium auf etwa 200 000 fl. geschätzt).[25]

Das Schreiben stellt beinahe alle behördlichen Maßnahmen und Verordnungen zur
Eindämmung der Viehseuchen in Frage. Wie das Gubernium ausführt, seien die von
Seuchen betroffenen Gegenden häufig viel zu entlegen, um den Kreisämtern eine
wirksame Überwachung des Geschehens zu ermöglichen. Die zu Sanitätskommissaren
bestellten Herrschaftsbeamten seien, so klagt man, einerseits „unerfahrne und unthatige
Leute", andererseits würden sie für ihre Dienste nicht bezahlt und erhielten keinen
Ersatz für ihre Spesen. Die vorschriftsmäßige Berichterstattung erfordere zudem viel
Zeit, Mühe und Verantwortung. Die den Sanitätskommissaren zur Seite gestellten
Unteraufseher seien meist des Lesens und Schreibens unkundige Bauern, die dazu
neigten, den Ausbruch von Seuchen zu vertuschen; wie im übrigen „hierlands der bauer
sich keinem gesätze so schwer, als zu befolgung deren höchsten Sanitätsgeneralien
unterziehet, und überhaupten solche für gänzlich unnutz haltet, auch sich denen vorge-
setzten Sanitäts Commissarien umso minder unterwürffig zu seyn erachtet, als fast in
jedem District die meisten bauern von einer anderen herrschaftlichen Jurisdiction
sind".[26]

Die in den Sanitätsgeneralien vorgesehene Abriegelung der von Seuchen heimgesuchten Ortschaften, die Trennung des gesunden vom kranken Vieh und dessen geson-
derte Betreuung stellen in der Steiermark „fast eine glate unmöglichkeit" dar. Denn ein
Ort grenzt hier oft gleich an den nächsten; Äcker, Wiesen, Weiden und Wälder werden
von mehreren Dörfern gemeinsam genutzt. Wird ein Dorf vom anderen isoliert, stockt
nicht nur „aller Handel und Wandel", auch die Landwirtschaft muß stagnieren. Abgesehen von dem großen militärischen Aufwand, den eine Sanitätssperre erfordert, können auch die indirekt verursachten Schäden erheblich sein: Die einmal durch einen
Kordon von der Außenwelt abgeschlossenen Dörfer sind oft auf Jahre hinaus „ausser
dem Contributions Stand".

Selbst dort, wo es in den letzten Jahren trotz aller Schwierigkeiten gelungen ist,
Seuchen den Gesetzen gemäß zu bekämpfen, sind die erwarteten Erfolge ausgeblieben.
Dies scheint, wie man im Gubernium feststellt, daran zu liegen, daß „der bauer
überhaubt wider alle sowohl politische als medicinische Sanitätsvorschrifften allgemein eingenohmen ist, und entweder eine ausbrechende Seuche überhaubt, für eine
Straffe Gottes hält, und aus solchem grund entweder darwider gar nichts anwenden, und
es lediglich der weiteren Schikung gottes überlassen will, oder aber wenigstens darwider nur jenes anwendet, was ihme selbst dünket, oder von anderen unverständigen
gerathen wird".[27] Man weiß daher nie genau, ob die angeordneten Maßnahmen auch
wirklich fruchten. Zudem hat man den Eindruck, daß stets mehrere Arten von Seuchen
zur gleichen Zeit auftreten. Um in jedem Fall die richtigen Behandlungsmethoden

---

25 Ebd.
26 Ebd.
27 Ebd.

anzuwenden und die Krankheitsursachen exakt bestimmen zu können, benötigte man „mehrere geschickte Viehärzte", und die sind in der Steiermark selten.

Auch die Militärkordons verfehlen häufig ihren Zweck. Die zum Sperrungsdienst abkommandierten Soldaten können nicht „hinreichend übersehen und in zaum gehalten werden, (...) der gemeine Mann (Soldat, Anm.) (wird) somit seiner freyheit mehr, als er es sonst gewohnt ist, überlassen". Da die Soldaten für ihre Verköstigung selbst zu sorgen haben, solidarisieren sie sich mit den Bauern, um immer genug zu essen und zu trinken zu haben, „durch welch gemeinschafftliche Einverständnis zwischen dem Militari, und bauern also der wesentliche zweck der aufgestellten militar Wachen (...) vereitlet wird".[28]

Man vermutet, daß der Einsatz des Militärs eher zur Ausbreitung als zur Eindämmung von Seuchen beiträgt. Die allgemeine Mißachtung der Sanitätsgesetze bringt es zudem mit sich, daß die Bauern das Fleisch notgeschlachteter Tiere verzehren oder verkaufen, wodurch nicht selten „die gefährlichsten menschenkrankheiten entstehen".

Sosehr man sich auch im Gubernium um die Einhaltung der Sanitätsvorschriften bemüht: um 1780 erscheint die Lage aussichtsloser denn je.

Inwieweit sich die verfahrene Situation unter Joseph II. geändert hat, könnte nur durch die Untersuchung weiterer, sehr umfangreicher Aktenbestände geklärt werden, die genügend Quellenmaterial für eine eigene Studie böten. Aus diesem Grund sei hier nur abschließend erwähnt, daß man dem Gubernium im Oktober 1780 in einem Hofkanzleidekret befahl, „die Konskriptionskommissäre, da solche die geschicktesten, und aller Orten am besten bekannt sind, zugleich als Sanitäts Kommissare zu ernennen und aufzustellen; (...) eben diese Anordnung vorlängst zu treffen (hätte) ohnehin von Ihme Gubernium abgegangen".[29] Um den Sanitätskommissaren ihre Arbeit zu erleichtern, ließ man 1783 eigene „Sanitäts=Rapports=Tabellen" drucken, die von den Kreisärzten an die Kommissare verteilt wurden. Diese Tabellen konnten bei Epidemien und Epizootien verwendet werden (den Rubriken für Menschen folgen auf den Bögen die Abteilungen für Ochsen, Kühe, Schweine und Schafe): josephinische Sparsamkeit also auch hier.[30] Seit 1788 sollten die Medikamente für arme Kranke bei Epidemien zu zwei Dritteln aus dem landesfürstlichen Ärar und zu einem Drittel direkt von den betroffenen Dominien bezahlt werden.[31] Die Diskussionen um einen ständischen Sanitätsfonds dürften damit beendet worden sein.

Obwohl die unter Maria Theresia entwickelten Methoden der organisierten Seuchenbekämpfung durchaus auf der Höhe ihrer Zeit standen, sollte ihre Wirksamkeit nicht überschätzt werden, wie die erwähnten Beispiele gezeigt haben. Ähnliches gilt für den Bereich der Krankheitsprävention. Die folgende Episode soll dies verdeutlichen.

---

28 Ebd.
29 Ebd. (1780-X-351)
30 StLA, P+K (Patent vom 12. 11. 1783)
31 StLA, P+K (Kurrende d. I.Ö. Guberniums vom 17. 9. 1788)

3. Organisierte Prävention: die Versuche zur Einführung
der Blatterninokulation in der Steiermark

„In der ganzen Welt haben von hundert Personen sechzig die Pocken", schreibt Voltaire 1734 in seinen „Lettres philosophiques", „von diesen sechzig sterben zwanzig in den besten Jahren und zwanzig behalten für immer ärgerliche Spuren: also je ein Fünftel der Menschen, das diese Krankheit mit Sicherheit tötet oder entstellt".[1]

Schon im ersten Drittel des 18. Jahrhunderts wird in England ein neues Verfahren zur Vorbeugung gegen die Pocken angewandt: die Variolation oder Inokulation, eine Impfung mit menschlichem Blatternsekret. Die Methode stamme, so belehrt uns Voltaire, von den kaukasischen Tscherkessen, die ihren Kindern die Pocken „schon im Alter von sechs Monaten (übertragen), indem sie ihnen einen Schnitt in den Arm ritzen und dort eine Pustel einsetzen, die sie sorgfältig von einem anderen Kinde abgenommen haben. Diese Pustel wirkt in dem Arm, an dem sie angesetzt ist, wie Hefe im Teig; sie arbeitet dort und verteilt über das ganze Blut die Eigenschaften, von denen sie durchsetzt ist".[2]

Die Türken übernehmen die Variolation von den Tscherkessen, und die englische Lady Mary Wortley Montagu (1689 - 1762), die von 1716 - 1718 als Gemahlin des britischen Gesandten in Konstantinopel lebt, macht die Impfung in London bekannt. 1721 und 1728 unternimmt man in England die ersten Versuche mit dem neuen Verfahren.[3] Auf dem Kontinent steht man ihm skeptisch gegenüber. „Lieben die Franzosen denn gar nicht das Leben?", ruft Voltaire besorgt aus. „Kümmern ihre Frauen sich überhaupt nicht um ihre Schönheit? Wirklich, wir sind komische Leute!"[4]

Erst in der zweiten Hälfte des 18. Jahrhunderts beginnt man, die Pockenimpfung mehr und mehr auch außerhalb Englands anzuwenden. Enthusiastische Befürworter und erbitterte Gegner der Variolation liefern einander publizistische Gefechte. Einer der namhaftesten Kämpfer gegen die Einführung der Impfung ist der in Wien lebende Kliniker Anton de Haen (1704 - 1776), der auch den französischen Impfgegnern die Argumente liefert.[5] De Haen hält die Pocken für im Grunde harmlos, die durch die Variolation hervorgerufene Ansteckung hingegen für gefährlich.

Mit dem Hinweis auf die Risken der Impfung hat De Haen nicht unrecht. Auch die Variolation fordert immer wieder ihre Opfer, bevor sie Anfang des 19. Jahrhunderts von der weniger gefährlichen Vakzination, einer Impfung mit Kuhpockenserum, abgelöst wird. Die Anhänger der Variolation sind jedoch von der Wirksamkeit der Methode überzeugt: Es gehe eigentlich nur noch darum, so lesen wir in der Encyclopédie (1765), dem unwissenden Volk klarzumachen, „daß sein eigener Nutzen, die christliche Nächstenliebe, das Wohl des Staates und die Erhaltung der Menschen an der Einführung der Impfung beteiligt sind".[6] Théodore Tronchin (1709 - 1781), der Verfasser des Artikels,

---

1 Voltaire, Über die Pockenimpfung. In: Philosophische Briefe, ed. Rudolf v. Bitter (Frankfurt a. M. 1985) 43 - 46, S. 45
2 Ebd., S. 43
3 Siehe auch: McKeown, Brown, Medical Evidence, S. 292
4 Voltaire, Pockenimpfung, S. 45 - 46
5 Siehe auch: Lesky, Gesundheitswesen, S. 142
6 Théodore Tronchin, Impfung. In: Artikel aus der von Diderot und D'Alembert herausgegebenen Enzyklopädie, ed. Manfred Naumann (Frankfurt a. M. 1985) 554 - 555, S. 554

hatte 1756 die Kinder des Herzogs von Orléans erfolgreich geimpft, was die Popularität der Variolation beträchtlich gefördert hatte.[7]

Vorsichtige Schätzungen sprechen von immerhin drei bis vier Todesfällen auf 1000 Inokulationen.[8] Dem steht die hohe Letalität der Pocken gegenüber, die zwischen 10 - 15 % betragen haben dürfte.[9] Nach den Berechnungen Sigismund Pellers entfielen in Wien von 1752 bis 1754 6,1 % aller Todesfälle auf die „Blattern".[10] 28 % der Pockenopfer waren jünger als ein Jahr (ein Drittel davon jünger als sechs Monate), 20 % standen im zweiten Lebensjahr, die übrigen waren fast alle zwischen drei und zehn Jahre alt. In höheren Altersstufen waren Todesfälle seltener.[11]

Das Kaiserhaus selbst blieb von dem in Wien immer wieder grassierenden Übel nicht verschont. 1762 erkrankt Maria Theresia an den Pocken, 1763 fällt ihnen Josephs erste Gemahlin Isabella von Parma zum Opfer, 1767 seine zweite Frau Maria Josepha; im gleichen Jahr stirbt eine Tochter Maria Theresias, die Erzherzogin Josepha, an der Krankheit.[12] So haben sich die Kaiserin und Joseph II. wohl auch aufgrund eigener leidvoller Erfahrungen um die Einführung der „Blatterninokulation" in den Ländern der Monarchie bemüht.

Ohne zu wissen, daß der findige Komitatsphysikus von Saros, Johann Adam Raymann, in Siebenbürgen schon in der ersten Hälfte des 18. Jahrhunderts mit einem von Griechen und Armeniern übernommenen Variolationsverfahren experimentiert hatte,[13] läßt man Ende der sechziger Jahre in England Erkundigungen über die Inokulation anstellen.

Ein erster Impfversuch findet im Frühjahr 1768 in Wien statt. Im Mai 1767 wird der niederländische Arzt und Naturforscher Jan Ingenhousz (1730 - 1799), der als Fachmann auf dem Gebiet der Pockenimpfung gilt, nach Wien berufen. Am 10. September 1768 impft Ingenhousz vier kaiserliche Kinder; ein Ereignis, dessen glücklichem Ende sich aufwendige Feiern anschließen.[14]

Obwohl man schon 1770 plant, ein Impfhaus zu errichten, läßt die Eröffnung der ersten Anstalt dieser Art bis 1787 auf sich warten. Seit 1780 werden in Wien unter der Leitung von Maximilian Stoll (1742 - 1787) Impfkurse abgehalten. 1801 führt man auch im Habsburgerreich die Vakzination ein.[15]

Das bis zu diesem Zeitpunkt gebräuchliche Verfahren der Variolation hatte sich in der Monarchie nie so recht durchsetzen können. In den Provinzen blieb die Pockenimpfung entgegen den Hoffnungen, die man seitens der landesfürstlichen Bürokratie in sie gesetzt hatte, äußerst unpopulär. Nachlässigkeit und Dilettantismus führten hier häufig zum Scheitern der Pockenprävention.

In der Steiermark werden im Dezember 1768 die ersten Versuche mit der Variolation unternommen. Unter Aufsicht des Protomedikus Joseph Adam v. Catharin impft der

---

7 Zu Tronchin siehe auch: Jean-Noël Biraben, Arzt und Kind im 18. Jahrhundert: Bemerkungen zur Pädiatrie des 18. Jahrhunderts. In: Biologie des Menschen in der Geschichte, 261 - 273, S. 265 - 266

8 Ebd., S. 266, bzw. (davon abweichend) Lesky, Gesundheitswesen, S. 144

9 Lesky, Gesundheitswesen, S. 144

10 Peller, Städtische Mortalität, S. 250

11 Ebd., S. 252

12 Lesky, Gesundheitswesen, S. 140

13 Ebd., S. 141

14 Ebd., S. 149

15 Ebd., S. 153 - 154

Hebammenlehrer und Chirurg Anton Buck im Grazer Waisenhaus einige Kinder.[16] Buck hat die Methode im Sommer 1768 in Wien erlernt.

Im Jänner 1769 berichtet das Gubernium der Hofkanzlei vom Gelingen des Experiments. Zur gleichen Zeit entnimmt man den Sterbelisten, daß die Pockensterblichkeit unter den Grazer Kindern in jenem Winter besonders hoch ist, weshalb man die die Grazer Sanitätskommission beauftragt, „sich gutächtlich herbey zu lassen, wie die Einimpfung deren Kindsblattern hierlandes am füglichsten verbreitet, und dem publico das dagegen hegende Vorurtheil benohmen werden könne, um folglich dieses zu Erhaltung so vieler Menschen glick(lich) erfundene Mittel im(m)er mehr allgemein machen zu können".[17]

Bald schon scheiden sich in der Frage der Organisation des Unternehmens die Geister. Mittelsrat Graf v. Sauer etwa, der zuständige Referent der Sanitätskommission, ist der Meinung, daß erst dann an eine allgemeine Einführung der Inokulation gedacht werden könne, wenn die Zahl der jährlich an Pocken sterbenden Kinder genau ermittelt worden sei. Zudem hegt man in der Sanitätskommission Zweifel an der Qualifikation des Chirurgen Buck. Ob er in der Lage sein wird, die steirischen Landchirurgen in dem neuen Verfahren verläßlich zu unterweisen? Eine Überprüfung der Kenntnisse Bucks in Wien erscheint ratsam. Im übrigen will man die Impfungen im Grazer Waisenhaus fortsetzen; die entstehenden Unkosten sollen vom landesfürstlichen Ärar übernommen werden. Die Auslagen dürften, wie man glaubt, „durch die conservation so vieller Tausend Staatsbürger wider reichlich ersezet (werden)"; ebenso müßte „durch den allgemeinen Gutten erfolg dem publico d(as) hägende Vorurth(eil) benomen werden".[18]

Im Gubernium selbst will man nun allerdings ohne weitere Anweisungen aus Wien in Sachen „Blatterninokulation" nichts mehr unternehmen. Zum einen ist man auch hier nicht von den Fähigkeiten Bucks überzeugt, zum anderen müßte der Impfunterricht für die Landchirurgen, wie man glaubt, auf dem Land, und nicht, wie von der Sanitätskommission geplant, in Graz stattfinden. Die Wiener Stellen haben eine andere Lösung anzubieten: Der Inokulationsspezialist Jan Ingenhousz soll auf seiner Rückreise von Florenz, wo er Erzherzog Leopold gegen Pocken impfen wird, in Triest, Görz, Laibach, Klagenfurt und Graz Station machen und jeweils einige Tage lang Impfunterricht erteilen.[19] Ingenhousz werde Mitte September in Graz eintreffen, so teilt man dem Gubernium wenig später mit.[20] Zunächst sollen einige von der Länderbehörde auszuwählende Landärzte mit der Variolation bekannt gemacht werden; zur Demonstration der Methode seien sechs Kinder zu impfen. Die Kosten des Projekts würden aus dem landesfürstlichen Ärar bezahlt werden.

Allem Anschein nach hat der Auftritt Ingenhousz' in der Steiermark keinen besonderen Eindruck hinterlassen. Als man im Mai 1770 die Kreisämter darüber befragt, ob die Einführung der Pockenimpfung erfolgreich verlaufen sei, erhält man ernüchternde Antworten. In seinem Kreis, so stellt der Kreishauptmann von Judenburg fest, sei die „Blatterneinimpfung" unbekannt, „und seye auch wenig Hofnung, daß sich der allein auf die Hausmittln vertrauende arme Burger und Bauer herzu wenden werde (...) dahero

---

16 StLA, Gub alt 6, 1768 - 1769 (Gubernium an Hofkanzlei, 17. 1. 1769). Die Ausführungen von Turk, Sanitätswesen, S. 96 zur Einführung der Pockenimpfung in Graz erwiesen sich als lückenhaft.

17 StLA, Gub alt 6 (Gubernium an Sanitätskommission, 17. 1. 1769)

18 Ebd. (sinngemäßes Zitat Sauers in einem Bericht des Guberniums an die Hofkanzlei, 2. 5. 1769)

19 Ebd. (HKO vom 17. 6. 1769)

20 Ebd. (Dekret vom 15. 7. 1769)

auf die Hausmittln vertrauende arme Burger und Bauer herzu wenden werde (...) dahero auch die Chyrurgi zu erlehrung (sic) dieser Wissenschaft keine spesen wagen konnten".[21]

Ähnliches muß man aus dem Marburger, dem Cillier und dem Brucker Kreis erfahren. Nur in Graz sind im November 1769 zwei Kinder gegen Pocken geimpft worden. Im Gubernium läßt man sich jedoch durch derartige Mißerfolge nicht entmutigen: Die nächste große Impfaktion soll im September 1770 im Grazer Waisenhaus stattfinden. Der Ausbruch einer Ruhrepidemie vereitelt das Vorhaben.[22]

Wieder vergeht ein Jahr bis zum nächsten Versuch. Während die Zeit verstreicht, versucht man im Gubernium zu ergründen, warum das Impfprogramm vorläufig gescheitert ist. Den Berichten der Kreishauptleute sei zu entnehmen, schreibt man Anfang 1771 nach Wien, daß die „inoculation ungehindert der dißfalls vorhandenen besten Proben hier Landes noch nicht eingefihret seye: Diser unterbleibung dörften allerdings die Vorurteile, und die unerfahrenheit Jener, denen solches zu bewerken zustunde den Haubt antheill nehmen".[23]

In der Grazer Sanitätskommission berät man darüber, zu welchen Mitteln man greifen könnte, um die Inokulation populärer zu machen. Vielleicht wäre es angebracht, so resümiert man in einem Bericht an das Gubernium, „jene Hausvätter so damit auf den Land den anfang machen würden (ihre Kinder impfen zu lassen, Anm.) mit einen praemio es seye in Geld, oder in einer goldenen Medaille huldreichest zu begnädigen, und solches in Land kundmachen zu lassen".[24] Die inokulierten Kinder sollten ebenfalls beschenkt werden.

Im Gubernium ist man von der Idee der Auszeichnung sehr angetan. Um die Begeisterung für die Variolation auch unter den Heilkünstlern zu fördern, so spinnt man den Gedanken weiter, könnten die drei nachweislich erfolgreichsten Ärzte und Chirurgen mit 50 (erster Preis), 25 (zweiter Preis) und zwölf Dukaten (dritter Preis) prämiiert werden. Zur Unterweisung von Ärzten und Chirurgen in den Kreisen Marburg und Cilli sollen in Pettau einige „Militär Knaben" durch einen Grazer Mediziner inokuliert werden.

In Wien geht man auf die meisten Vorschläge aus Graz nicht ein. Ein Hofkanzleidekret befiehlt der Grazer Stelle im Februar 1771 lediglich, auf Kosten des Sanitätsfonds je 20 - 30 Kinder aus dem Waisen- und aus dem Armenhaus gegen Pocken impfen zu lassen.[25] Die Variolation solle unter der Leitung zweier Ärzte und zweier Chirurgen in einem eigens zu adaptierenden Haus in der Vorstadt durchgeführt werden. Über die Kreisämter seien die Landchirurgen von dem Vorhaben zu verständigen; 1772 solle eine weitere Demonstration stattfinden. Der Hofkriegsrat gibt sein Einverständnis zur Impfung der jungen Rekruten in der Pettauer Kaserne. Verlaufe die Impfung erfolgreich, habe das Grazer „Intelligenz= und Zeitungsblatt", wie die Hofkanzlei anordnet, über das Gelingen des Unternehmens zu berichten. Auf diese Weise, so ist man überzeugt, werde die Variolation bald im ganzen Land ihre Anhänger finden.[26]

---

21 StLA, R+K 1771-I-114
22 Ebd.
23 Ebd.
24 Ebd.
25 Ebd. (HKD vom 18. 2. 1771)
26 Ebd.

Zögernd trifft man hierauf in Graz erste Vorbereitungen. Im August 1771 ist es
endlich soweit. 30 Waisenkinder werden in einem Vorstadthaus in Verpflegung genommen; einige Landchirurgen kommen nach Graz, um der Vorführung des Impfversuchs
beizuwohnen. Leider hat man darauf vergessen zu erkunden, „ob, und wo in Blattern
krank darnieder liegende Kinder, von welchen die zur Einpfropfung nöthige Materie
herzunehmen gewesen, anzutreffen seyen"[27] - eine folgenschwere Nachlässigkeit. Da
man kein einziges pockenkrankes Kind findet, impft man die Waisenkinder mit einer
eineinhalb Jahre alten „Blatternmaterie".[28] Der Erfolg dieser Impfaktion läßt zu wünschen übrig, das Versagen der Verantwortlichen wird vertuscht. In der Hofkanzlei ist
man verärgert: Die Hoffnung auf eine propagandistische Wirkung des Unternehmens
muß aufgegeben werden.

Die Pockenimpfung gerät in der Steiermark nun für etwa 15 Jahre in Vergessenheit.
1787 berichtet der in Wien zum Impfarzt ausgebildete Grazer Mediziner H. I. Raffler
in seinem „Versuch über die Einnimpfung der Pocken" über die wiederaufgenommenen
Bemühungen zur Verbreitung der Inokulation in der Steiermark. „Die Menge verhee-
render Pockenseuchen; die beträchtliche Anzahl der Pockentodten in den jährlichen
Sterbelisten, der allen Wünschen entsprechende Fortgang der Pockenimpfung in Wien
und bei auswärtigen Nazionen machte in mir den schon lange gefühlten Wunsch rege,
eine so wohltätige Verrichtung auch unter meinen hiesigen Mitbürgern gemeinnütziger
zu machen,"[29] so leitet der Arzt seine Schrift ein, die durch Sachlichkeit und nüchterne
klinische Analyse beeindruckt.

Schon ein Jahr vor dem Erscheinen der Arbeit Rafflers hatte Anton Rechberger, der
Sohn des Wiener Impfspezialisten Johann Anton Rechberger (1731 - 1792), in Graz
mehrere Kinder inokuliert.[30] Nun will Raffler das Werk fortsetzen. Für die Grazer ist
die „Blatterneinimpfung (...) immer noch ein neues Phänomen",[31] obwohl man auch in
Graz über eine hohe Pockensterblichkeit zu klagen hat. Schenkt man den Angaben
Rafflers Glauben, so betrug die Pockenmortalität 1785 immerhin 4,9 % (66 Pockentote
auf 1343 Verstorbene) und 1786 5,2 % (58 Pockentote auf 1116 Verstorbene).[32] Wie
der Arzt ausdrücklich betont, gab es in diesen beiden Jahren keine Pockenepidemie in
Graz; die Zahlenangaben beziehen sich also auf die endemische Blatternsterblichkeit.

Oft genug treten die Pocken jedoch auch epidemisch gehäuft auf. 1786 etwa fordert
eine Pockenepidemie in Kalsdorf bei Feldkirchen 27 Todesopfer, in den übrigen Dörfern
der betroffenen Pfarre sterben insgesamt 21 Menschen.[33]

Nach Meinung Rafflers bleiben die Pocken meist harmlos, wenn gesunde Menschen
von ihnen befallen werden und keine anderen gefährlichen Krankheiten zur gleichen
Zeit grassieren (wie etwa 1786 das sogenannte „Scharlachfieber").[34] Zudem müssen
Aderlässe und die Gabe starker Arzneien bei der Therapie der Pocken vermieden
werden.[35] Schwache, kränkliche Personen werden allerdings leicht zu Opfern der

---

27 Ebd. (HKD vom 4. 9. 1771)
28 Ebd.
29 H. I. Raffler, Versuch über die Einimpfung der Pocken (Graz 1787) Einleitung S. 1
30 Ebd., S. 20, bzw. Lesky, Gesundheitswesen, S. 146, 152 - 153
31 Raffler, Versuch, Einleitung S. 4
32 Ebd., Einleitung S. 8
33 Ebd., Einleitung S. 2
34 Ebd., S. 5
35 Ebd.

Blattern, ebenso Ärzte, die sich nicht selten beim Besuch von Kranken anstecken. Auch ungeeignete medizinische Behandlungsmethoden und schädliche Hausmittel können das Übel vergrößern:[36] Für Raffler ist und bleibt die Prävention das beste Mittel zur Bekämpfung der Pocken.[37]

Ob die Bemühungen des Grazer Arztes erfolgreich waren oder nicht, läßt sich heute nicht mehr feststellen. Es ist jedoch anzunehmen, daß die organisierte Pockenprävention in der Steiermark bis zur Einführung der Vakzination kaum Bedeutung erlangen konnte. Für den Zeitraum von 1768 - 1787 läßt sich dies sicher behaupten, und auch danach dürfte die Verbreitung der Pocken durch die Inokulation nicht eingedämmt worden sein: ein weiteres Beispiel für die beschränkten Möglichkeiten der Gesundheitspolitik des 18. Jahrhunderts.

36 Ebd., S. 6, 14
37 Ebd., S. 15

C. Zwei Beispiele zur Epidemiologie des 18. Jahrhunderts

1. Auf den Spuren einer historischen Epidemiologie

Bei der historischen Auseinandersetzung mit dem Phänomen „Krankheit" stößt man immer wieder auf erhebliche methodische Schwierigkeiten. Zunächst wird man bemerken, daß die philosophische Frage, wo denn Gesundheit eigentlich aufhöre und Krankheit beginne, nur individuell beantwortet werden kann, auch wenn das zeitgenössische Wissen um eine Vielzahl von Syndromen und pathologischen Veränderungen vielleicht den Eindruck entstehen läßt, daß Leben eigentlich Kranksein bedeute.

Der geschichtliche Wandel der Methoden zur Analyse von Krankheiten, die Veränderungen des wissenschaftlichen Vokabulars und die wechselnden Bedeutungen medizinischer Fachtermini werfen weitere Probleme auf. Spricht ein medizinischer Autor des 18. Jahrhunderts etwa von „Dysenterie" oder „Ruhr", so ist es sehr unsicher oder sogar unwahrscheinlich, daß es sich dabei um eine durch spezifische Mikroorganismen hervorgerufene Krankheit handelt, die in der modernen Medizin als „Ruhr" bezeichnet wird. Gewisse Symptome, bestimmte anatomische Auffälligkeiten, so ließe sich einwenden, könnten jedoch im 18. Jahrhundert exakt und bis heute verbindlich beschrieben worden sein. Dies ist zwar richtig, doch auch klinische oder anatomische Schilderungen sind in der Sprache ihrer Zeit abgefaßt und bedürfen der Interpretation. Es kommt vor, daß wir medizinische Schriften des 18. Jahrhunderts nicht verstehen, da sich zwischen dem ihnen zugrunde liegenden und dem zeitgenössischen Begriffssystem keinerlei Verbindung erkennen läßt. Michel Foucault ist in seiner „Geburt der Klinik" ausführlich auf diese Problematik eingegangen. Jean Pierre Peter, der gemeinsam mit anderen Historikern das gewaltige, aus dem 18. Jahrhundert stammende statistische Material der Pariser „Société Royale der Médecine"[1] untersucht hat, weist ebenfalls auf die Schwierigkeiten hin, die sich beim Versuch, historische Krankheitsbezeichnungen in eine moderne Terminologie zu übertragen, ergeben müssen.[2] In ihrer an quantifizierenden Methoden orientierten Studie zu „Sozialgeschichte und Medizin" kommen Arthur E. Imhof und Øivind Larsen zu dem Schluß: „In vielen Fällen dürfte es das klügste sein, darauf zu verzichten, die alten Diagnosen so zu interpretieren, daß man sie in unsere, heute geläufige ätiologische Terminologie übersetzt (...). Eine derartige Umformung der Diagnosen müßte gezwungenermaßen bis zu einem sehr hohen Grad auf Analogie-

---

1 Siehe dazu wiederum: Foucault, Geburt der Klinik; Peter, Kranke und Krankheiten. In: Biologie des Menschen, 274 - 326; Meyer, Eine Untersuchung der Medizinischen Akademie. In: w.o. 327 - 359, bzw. Desaive, Goubert, Le Roy Ladurie, Meyer, Muller, Peter, Médecins, climat et épidémies (vgl. Anm. 25 und 35 im Kapitel A, Abschnitt I)

2 Siehe auch: Peter, Kranke und Krankheiten, bzw. Mirko D. Grmek, Vorbemerkungen zu einer Geschichte der Krankheiten. In: Biologie des Menschen, 79 - 96

schlüssen und Vermutungen beruhen. Wer immer sich auf ein solches Unterfangen einläßt, sollte dies nicht tun, ohne nicht (sic) ausdrücklich hierauf hinzuweisen."[3]

Imhof und Larsen beziehen sich dabei vor allem auf die in vitalstatistischen Quellen angegebenen Todesursachen. Nach der Untersuchung einiger hundert Todesfälle, die in Graz vom „Magister Sanitatis", dem ersten amtlichen Totenbeschauer, seit 1759 in den sogenannten „Todtenextrakten" verzeichnet werden mußten, kann ich die Skepsis der beiden Fachleute durchaus teilen: Wie können wir Diagnosen wie „Abzerung", „Stek Cartar", „Lunglsucht", „Wassersucht", „Gallfieber", „Kopfapostem", „Fraiß" oder „Dampf" heute interpretieren, ohne in Spekulationen zu verfallen?[4] Die erwähnte Totenbeschau wurde in Graz im übrigen mehr als zwei Jahrzehnte lang von ein und demselben Chirurgen durchgeführt, in dessen diagnostische Fähigkeiten man kein besonderes Vertrauen setzen sollte, falls der „Magister Sanitatis" seine Angaben nicht ohnedies hauptsächlich von Angehörigen der Verstorbenen, Pfarrern und Ärzten übernommen hat. Epidemiologische Schlüsse auf die Verteilung und Häufigkeit bestimmter Krankheiten, die aus einer amtlichen Todesursachenstatistik des 18. Jahrhunderts gezogen werden, sind also nur von begrenztem Wert.[5] Die etwa in den Sterbelisten mit stupender Monotonie wiederkehrende Todesursache „Fraiß" (Fraisen) bei Kleinkindern kann zwar als Hinweis auf eine gewisse Gleichgültigkeit gegenüber dem im 18. Jahrhundert alltäglichen Säuglingssterben angesehen werden, nicht jedoch als eine nach heutigen Begriffen relevante Krankheitsbezeichnung: Die „Entdeckung der Kindheit" nahm in der Medizin gerade erst ihren Anfang.[6]

Mit den kirchlichen Sterbematriken verhält es sich wie mit den Sterbelisten des „Magister Sanitatis" - auch hier dürfen Todesursachenbezeichnungen vom Historiker nicht ohne quellenkritische Überlegungen in moderne Termini übersetzt werden. Zudem begann sich die Erwähnung der Todesursache in den kirchlichen Sterbematriken im 18. Jahrhundert in unseren Breiten erst langsam durchzusetzen.[7]

Zwischen 1750 - 1800 entstandene medizinische Fachliteratur, die zur Erforschung der Morbidität im 18. Jahrhundert herangezogen werden könnte, ist, was den engeren Bereich der Steiermark betrifft, äußerst rar; eines der seltenen Beispiele wird im dritten Abschnitt dieses Kapitels vorgestellt werden. Die größtenteils aus dem 19. Jahrhundert

---

3 Arthur E. Imhof, Øivind Larsen, Sozialgeschichte und Medizin. Probleme der quantifizierenden Quellenbearbeitung in der Sozial- und Medizingeschichte (= Medizin in Geschichte und Kultur 12, Stuttgart 1976) S. 97

4 StLA, R+K Sach 108 1776-V-97, 1777-I-170, 1777-I-340, 1777-III-284, 1777-IV-17, 1777-IV-242. Ich habe insgesamt 22 „Todtenextrakte" durchgesehen (21. 4. 1776 - 20. 4. 1777, 826 Todesfälle). Die Listen wurden seit Anfang der siebziger Jahre alle 14 Tage beim Innerösterreichischen Gubernium abgegeben und enthalten neben den Todesursachen zumeist die Adressen, die Vor- und Familiennamen, den Stand (Beruf bzw. Familienzugehörigkeit) und das Alter der Verstorbenen. In vielen Fällen finden sich auch Notizen über die Behandlung der Krankheit (Ärzte) und die vor dem Tod eingenommenen Arzneien. Seit März 1777 wird auch der Empfang der letzten Ölung in den Listen vermerkt. Leider sind die im Steiermärkischen Landesarchiv gelagerten „Todtenextrakte" nur in Fragmenten erhalten geblieben und eignen sich daher kaum als Grundlage für seriell-quantitative Untersuchungen.

5 Ähnliches kann auch für die Totenbücher von Spitälern gelten. Siehe dazu: Historische Arbeitsgemeinschaft Graz, Tod in Armut. Zu den Totenbüchern des Barmherzigen Brüderspitals in Linz von 1757 bis 1850. In: Historisches Jahrbuch der Stadt Linz 1982 (1984) 11 - 74, v.a. S. 29 - 33

6 Vergleiche dazu etwa: Biraben, Arzt und Kind im 18. Jahrhundert. In: Biologie des Menschen, 261 - 273

7 Siehe etwa: Walter, Pfarrmatriken, S. 49. Todesursachen wurden in Wildon erst seit 1770 in den Matriken verzeichnet.

stammende Literatur zur Geschichte der Krankheiten[8] und zur „historisch-geographischen Pathologie"[9] eignet sich kaum als Grundlage für eine historisch-epidemiologi-
sche Detailstudie, zumal sie sich mit der zeitlichen und räumlichen Verbreitung von
Krankheiten in Europa oder in der ganzen Welt beschäftigt. Ähnliches gilt für die der
Tradition des 19. Jahrhunderts verpflichteten, in neuerer Zeit erschienenen Werke zur
Geschichte und Geographie der Krankheiten.[10] Eine gewisse Hilfestellung bieten medizinisch-topographische und „seuchengeschichtliche" Arbeiten, die sich auf kleine
regionale Einheiten beschränken.[11]

Neben den schon erwähnten amtlichen Totenextrakten und den kirchlichen Sterbematriken bieten die landesfürstlichen Verwaltungsakten, die unter Maria Theresia in
Zusammenhang mit der organisierten Epidemienbekämpfung angelegt wurden, interessantes Quellenmaterial zur Erforschung der Epidemiologie des 18. Jahrhunderts.[12] In
Frankreich und Belgien wurden derartige „Epidemienakten" bereits von Historikern
aufgearbeitet.[13] Die Auswertung der heimischen Aktenbestände erscheint durch die sich
dadurch bietende Möglichkeit des Vergleichs besonders vielversprechend. Die Untersuchung kann jedoch vorerst nur punktuell erfolgen, da es an Vorarbeiten mangelt.[14]
Die folgenden Ausführungen über eine Epidemie des Jahres 1779 sind daher auch nur
als Fallbeispiel und als Anregung für eine umfassende Beschäftigung mit der Materie
gedacht. Eine lückenlose Dokumentation der Morbidität der steirischen Bevölkerung
in der zweiten Hälfte des 18. Jahrhunderts würde allerdings nicht einmal durch die
Erfassung sämtlicher Epidemienakten ermöglicht. Denn vermutlich waren die landesfürstlichen Behörden aufgrund der schon geschilderten Schwächen des Seuchenmelde-
systems nur von einigen wenigen der tatsächlich in der Steiermark grassierenden
Epidemien unterrichtet. Ähnliches gilt übrigens für die königliche französische Verwaltung. So hat etwa Jean Pierre Goubert festgestellt, daß nur rund 52 % der in der Bretagne
mit der lokalen Sanitätsaufsicht beschäftigten Pfarrer ihrer Aufgabe gerecht wurden und
mit der Intendance kooperierten.[15]

Zudem wurden in den Epidemienakten nur diejenigen spektakulären Fälle anstek-
kender Krankheiten erwähnt, durch die sich die Sterblichkeit immer wieder auf besorg-

---

8 Siehe beispielsweise: Heinrich Haeser, Lehrbuch der Geschichte der Medizin und der epidemischen
Krankheiten (Jena 1882) Bd. 3: Geschichte der epidemischen Krankheiten; J. F. C. Hecker, Geschichte der
neueren Heilkunde (Berlin 1839) Bd. 1: Die Volkskrankheiten von 1770; Viktor Fossel, Geschichte der
epidemischen Krankheiten (= Separatabdruck aus dem Handbuch der Geschichte der Medizin, Jena 1903)
9 So etwa: August Hirsch, Handbuch der historisch-geographischen Pathologie (Stuttgart 1881)
10 Siehe beispielsweise: Erwin H. Ackerknecht, Geschichte und Geographie der wichtigsten Krankheiten
(Stuttgart 1963); Folke Henschen, Grundzüge einer historischen und geographischen Pathologie (= Spezielle
pathologische Anatomie 5, Berlin 1966); William H. McNeill, Seuchen machen Geschichte. Geißeln der
Völker (München 1978); Jacques Ruffié, Jean-Charles Sournia, Die Seuchen in der Geschichte der
Menschheit (Stuttgart 1987)
11 Siehe etwa: Richard Peinlich, Geschichte der Pest in der Steiermark (Graz 1878); Macher, Medizinische
Topographie der Steiermark
12 In der Hauptsache: StLA, R+K Sach 108 (Viehseuchen und epidemische Menschenkrankheiten), 25 Faszikel
13 Siehe wiederum: J. P. Goubert, Die Medikalisierung der französischen Gesellschaft; ders., Malades et
médecins; Lebrun, Les hommes et la mort, bzw. Claude Bruneel, L'épidémie de dysenterie de 1779 dans les
Pays-Bas autrichiens. In: Bulletin de la Commission Royale d'histoire 145 (1979) 191 - 395
14 Turk, Sanitätswesen, S. 6, nennt den Aktenbestand, arbeitet ihn allerdings nicht systematisch auf.
15 Goubert, Medikalisierung, S. 97

niserregende Weise steigerte. Über die chronischen landesüblichen Leiden, über die „alltäglichen" Krankheiten, schweigen diese Quellen zumeist.

Dennoch bieten die Epidemienakten eine Fülle demographisch und medizinhistorisch interessanter Information. Im Kontext der Verwaltungsgeschichte können sie überdies als Zeugnisse der Entstehung einer neuen politischen Machtkonstellation betrachtet werden, die durch den zunehmenden Einfluß der Bürokratie auf das Leben des Einzelnen geprägt wurde. Die Anwendung statistischer Methoden, die in der administrativen Praxis sukzessive verbessert wurden, die immer präzisere Kenntnis der Lebensumstände und der Probleme einzelner Bevölkerungsgruppen brachten der landesfürstlich-staatlichen Bürokratie einen bedeutenden Zuwachs ihrer Macht.

Im Repertorium der Akten der Repräsentation/Kammer und des Guberniums wurden im Zeitraum 1750 – 1780 rund 60 Fälle von Epidemien verzeichnet.[16] Wie Stichproben aus einzelnen Aktenkonvoluten vermuten lassen, war die Zahl der den landesfürstlichen Stellen gemeldeten Seuchen allerdings größer. Ich unterlasse es daher, die im Repertorium genannten Fälle zu einer „Chronologie der Epidemien" zusammenzufassen, da die zeitliche und räumliche Verbreitung der verschiedenen Seuchen auf diese Weise ohnedies nicht dargestellt werden könnte.

Über ein Drittel der im Repertorium erwähnten Krankheiten wurden als „(rote) Ruhr" oder „Dysenterie" bezeichnet. Unter „Ruhr" oder „Dysenterie" verstand man Krankheiten, die mit blutigen Durchfällen einhergingen und zumeist in der Zeit von Juli/August bis September/Oktober auftraten. Obwohl alle Kreise des Herzogtums unter der „roten Ruhr" zu leiden hatten, waren die Mittel- und vor allem die Untersteiermark vermutlich am häufigsten und am ärgsten von ihr betroffen. Schenkt man dem Repertorium Glauben, so kehrte die „Ruhr" von 1752 – 1760 und von 1767 – 1780 alljährlich wieder; ein Hinweis darauf, daß gastro-intestinale Infekte - ähnlich den Pocken - in der zweiten Hälfte des 18. Jahrhunderts hochendemisch gewesen sein dürften.[17] Im folgenden soll der Ablauf einer der zahllosen Ruhrepidemien aus Akten des Guberniums rekonstruiert werden.[18]

---

16 StLA, Repräsentation und Kammer/Altes Gubernium, Repertorium (Protokolle). Die über 60 Numerierungen werden hier aus Platzgründen nicht einzeln angeführt.

17 Ebd.; ergänzend dazu: Turk, Sanitätswesen S. 66 – 76, die allerdings nicht alle in den Protokollen angegebenen Fälle erwähnt.

18 StLA, R+K Sach 108, 1779-VI-96

Dem I.Ö. Gubernium im Jahre 1779 gemeldete Ruhrepidemien im Herzogtum Steiermark

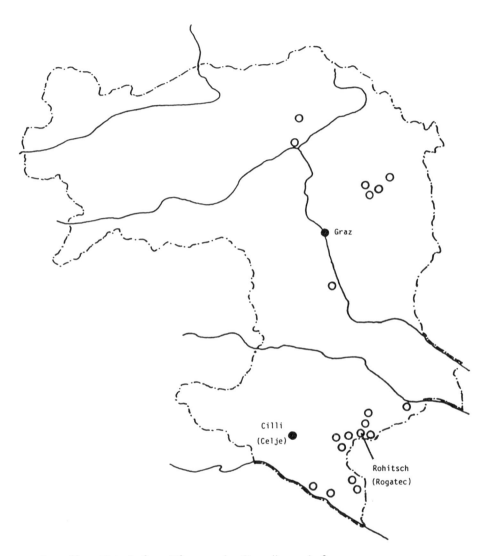

o betroffene Ortschaften, Pfarren oder Grundherrschaften

2. Die Ruhrseuche des Jahres 1779 im Cillier Kreis

Die Lebensbedingungen in einem Seuchengebiet:
der Sanitätsdistrikt Rohitsch (Rogatec) als Beispiel

1779 grassiert die „rote Ruhr" in vielen Teilen des Herzogtums Steiermark. Im Grazer Gubernium weiß man von Epidemien im Brucker, Grazer, Marburger und Cillier Kreis.[1] Die ersten Nachrichten über die Krankheit langen schon Ende Mai 1779 aus dem Cillier Kreis ein.[2] Hier hat der Sanitätskommissar des etwa 40 Kilometer östlich von Cilli (Celje) gelegenen Distriktes Rohitsch (Rogatec) am 25. Mai dem Kreishauptmann den Ausbruch einer Ruhrepidemie in den Pfarren Rohitsch, St. Rochus (Sveti Rok) und St. Florian (Sveti Florjan) gemeldet.

Die Grenzen des Rohitscher Sanitätsdistriktes sind mit den Grenzen des Landgerichtsbezirkes Oberrohitsch identisch. Als Sanitätskommissar fungiert der Verwalter der gleichnamigen Herrschaft. Nach zeitgenössischer Lesart teilt sich der Landgerichtsbezirk seit 1770 in zwei „Werbbezirke": den Werbbezirk Oberrohitsch mit insgesamt 15 sogenannten Numerierungsabschnitten und den Werbbezirk Stermoll (benannt nach der Herrschaft) mit 27 Numerierungsabschnitten. Die wichtigsten Orte der Gegend sind die Sitze der Pfarrkirchen: Rohitsch (Hauptpfarre), St. Rochus, St. Florian, Schiltern (Šetale) und Kostreinitz (Kostrivnica).[3]

Rund 8 000 Menschen[4] bevölkern das Gebiet des Landgerichtsbezirks, das, vom Flüßchen Sotla begrenzt, im Süden und Osten an Kroatien stößt. Die kleinbäuerliche Bevölkerung, die das Gros der Einwohnerschaft stellt, lebt fast ausschließlich vom Weinbau.[5] Der rund um Rohitsch erzeugte Wein verkauft sich allerdings schlecht, da seine Qualität zu wünschen übrig läßt. In allen umliegenden Gegenden wächst besserer Wein, die Rohitscher Ernte kann nur zu Schleuderpreisen abgesetzt werden. Zudem wird der Wein häufig nicht in teuren Fässern, sondern nur in billigen Holzbottichen gelagert und verdirbt daher oft schon bald. Der „Weinaufschlag" - eine Art Produzentensteuer - muß freilich immer bezahlt werden, ob der Wein nun Abnehmer findet oder nicht.

Die Nähe zur kroatischen Grenze erschwert im Süden den Austausch von Gütern, was den Handelsverkehr lähmt und das Fuhrwerksgeschäft wenig einträglich macht. In den im Westen und Norden den Landgerichtsbezirk Oberrohitsch umgebenden Gebieten ist man wiederum an den minderwertigen Erzeugnissen aus den Grenzgegenden nicht interessiert, wo man im übrigen nicht einmal die zum Fuhrwerksgeschäft notwendigen Pferde halten kann, da es an Weidegründen mangelt.

---

1 Siehe dazu: StLA, R+K (P), 1779-VI-96, 1779-VIII-31, 1779-VIII-256, 1779-VIII-134, 1779-VIII-215, 1779-VIII-163. Brucker Kreis: Aflenz, Bruck. Grazer Kreis: Anger, Stubenberg, Puchberg, Pöllau. Marburger Kreis: Lebring. Cillier Kreis Rohitsch (Rogatec), Maxau (Makole). Diese mit Hilfe des Index ermittelten Angaben sind allerdings - wie die Durchsicht einzelner Aktenkonvolute zeigte - unvollständig.

2 StLA, R+K Sach 108, 1779-VI-96

3 Siehe dazu: Straka, Verwaltungsgrenzen und Bevölkerungsentwicklung, S. 278 – 279

4 Die ältesten Angaben zur Einwohnerzahl der Gegend stammen aus den Jahren 1810 – 1812, können jedoch durchaus als Anhaltspunkte für das späte 18. Jahrhundert gelten. Siehe dazu: Straka, Verwaltungsgrenzen und Bevölkerungsentwicklung

5 Nach einem Bericht des Verwalters der Herrschaft Oberrohitsch für das Kreisamt von Cilli (wie auch im folgenden): StLA, R+K Sach 108, 1779-VI-96 (1779-XII-279)

Zu dieser tristen wirtschaftlichen Lage kommen soziale Probleme. Die Ackergründe der meisten Kleinbauern sind so winzig, die Erträge so gering, daß es vielen Steuerpflichtigen kaum möglich ist, ihre Abgaben im geforderten Ausmaß zu leisten. Dazu sind die Kleinbauern den reichen Ganz- und Halbhüblern in den deutschen Ortschaften zur Zahlung einer Schuldensteuer verpflichtet - sprachlich-ethnische und soziale Gegensätze (zwischen slowenisch-„windischen" Kleinbauern und wohlhabenderen deutschsprachigen Bauern) könnten hier miteinander in Verbindung stehen.

Auch die seit 1774 im Herzogtum Steiermark vereinheitlichten neuen Stolgebühren belasten allem Anschein nach vor allem die ärmeren Bevölkerungsschichten. Abgesehen davon, daß die neuen Stolgebühren höher seien als die alten, werde in der neuen Ordnung nicht „zwischen einem gutt stehenden ganz, oder halb Bauern, dann zwischen dem ärmsten ganz oder halb bauern" unterschieden, wie der Verwalter der Herrschaft Oberrohitsch anmerkt: Die statische Einteilung der Stolgebühren nach Ständen und Vermögensklassen wurde den im späten 18. Jahrhundert bestehenden komplexen sozialen Differenzierungen offenbar nicht gerecht.[6]

Die periphere Lage, wirtschaftliche Schwierigkeiten und vermutlich auch soziale Spannungen lassen den kleinen Landgerichtsbezirk Oberrohitsch gewissermaßen als „Krisenregion" erscheinen. Die Lebensbedingungen eines großen Teils der Bevölkerung sind schlecht. Die Wohnstätten der Menschen sind ärmlich; man haust zumeist in einfachen, strohgedeckten Holzhütten, wie sie noch im 19. Jahrhundert das Bild der untersteirischen Dörfer prägen.[7] Gemauerte Wohngebäude finden sich fast ausschließlich nur in den Märkten. Man schläft auf Stroh oder „Maisfedern".[8] Im Sommer verläßt man die Behausungen, um im Freien zu nächtigen - eine von den Ärzten immer wieder beanstandete Gewohnheit der untersteirischen Landbevölkerung.[9]

Auch mit Hygiene und Kinderpflege steht es nicht zum besten - noch 1860 klagt Mathias Macher darüber, daß Reinlichkeit in der Steiermark vielerorts unbekannt sei - vor allem im Süden des Landes leben Mensch und Vieh oft gemeinsam in einem Raum.[10] Die Kinder sind „nach armer bauern arth nur mit schlechten Hemden angethan" und laufen bloßfüßig umher, wie Kreisarzt Dr. Frey 1779 nach Cilli berichtet; so sind sie gegen Kälte - besonders gegen die nächtliche Abkühlung - nicht geschützt.[11] 1779 hat man zudem über mangelhafte Ernährung zu klagen. Die Getreideernte des Jahres 1778 war sehr schlecht ausgefallen, und man findet „fast kein einziges Hauß in der ganzen gegend, welches einen Kern zu verkaufen hatte".[12] Um den Eigenbedarf decken zu können, ist man gezwungen, teures Brotgetreide aus Kroatien zu importieren. Auch die Obsternte war 1778 nicht ergiebig, was sich nun verhängnisvoll auswirkt, denn wenn das Obst „hier gutt geratet ersparen sich die Bauern auch vieles am getreydt, und brodt und geniessen solches unter Tags anstatt des brodts".[13]

---

6 Siehe dazu auch: Gernot P. Obersteiner, Pfarre und Markt Wildon im 18. Jahrhundert. Ein Gemeinwesen im Spannungsfeld des aufgeklärten Absolutismus (Diplomarbeit Graz 1986) S. 27 - 32
7 Macher, Medizinische Topographie, S. 116
8 Ebd., S. 120
9 So etwa die Berichte der Kreisärzte Frey und Pletz an das Cillier Kreisamt; StLA, R+K Sach 108, 1779-VI-96
10 Macher, Medizinische Topographie, S. 141
11 StLA, R+K Sach 108, 1779-VI-96
12 StLA, R+K Sach 108, 1779-VI-96 (1779-XII-279)
13 Ebd.

Über die Wasserversorgung des Gebiets ist wenig bekannt. An chronischem Wassermangel dürfte man in dem von zahlreichen Bächen durchflossenen Landgerichtsbezirk Oberrohitsch kaum gelitten haben. Ob die Qualität des Wassers allerdings immer gut war, ist fraglich. Im übrigen gibt es Hinweise darauf, daß die Untersteiermark 1779 unter einem trockenen, heißen Frühjahr zu leiden hatte.

Der Sanitätskommissar der im Südwesten an den Bezirk Oberrohitsch grenzenden Herrschaft Landsberg (Podčertrek) etwa erwähnt in einem Bericht an das Cillier Kreisamt einen „durch die Fruhjahrs dürre entstandenen Wasser Abgang, in welchen von denen Inwohnern theils viel unreines trübes Wasser, und theils auch schlechter Wein getrunken wurde", wodurch sich die Anfälligkeit für Krankheiten anscheinend erhöht habe.[14]

Dort, wo die Bäche breiter wurden und sich Wasser aufstaute, wo sich Sümpfe und Moore bildeten, mag im 18. Jahrhundert zudem die Malaria geherrscht haben. Die „Sumpffieber", für deren Verbreitung man die bösartigen Ausdünstungen von Morästen und stehenden Gewässern verantwortlich machte, werden in der medizinischen Literatur des 18. Jahrhunderts häufig beschrieben. Was die Steiermark zur Zeit Maria Theresias und Josephs II. betrifft, so fehlt es leider an konkreten Hinweisen. Im 19. Jahrhundert scheint die Malaria allerdings in weiten Teilen des Landes endemisch gewesen zu sein. Macher berichtet von chronischen „Wechselfiebern" längs der Mur im Grazer Kreis und an fast allen Nebenflüssen der Mur südlich der Hauptstadt.[15] Im Marburger Kreis (der im 19. Jahrhundert den ehemaligen Cillier Kreis miteinschloß) waren vermutlich die Täler aller größeren Flüsse malariaverseucht. Auch das Sotlatal an der Grenze zu Kroatien galt als häufig von „Wechselfiebern" heimgesuchtes Gebiet.[16] Der mit den Verhältnissen gut vertraute Mediziner bemerkt außerdem: „Ueberall wo Wexelfieber herrschen, ist auch eine große Neigung zu gastrischen Krankheiten vorhanden, die katarrhösen Krankheiten nemen gern den nervösen Charakter an, der Tifus, und wie die Erfahrung in einigen Orten gezeigt, auch die Cholera finden sehr leichten Eingang."[17] Die „Ruhr", auch im 19. Jahrhundert eine epidemische Darmerkrankung, erschien nach Macher im Spätsommer und dauerte oft bis in den Spätherbst, meist zwei bis drei Monate. „Im Unterlande", stellt der Mediziner fest, „tritt die Ruhr beinahe jährlich und oft in mehreren Orten zugleich epidemisch auf."[18]

Ob es zwischen den endemisch herrschenden „Wechselfiebern" und den epidemischen Ausbrüchen der „Ruhr" kausale Zusammenhänge gab, die sich etwa unter dem Aspekt der vom Mediziner und Historiker Mirko Grmek postulierten „Pathozönose"[19]

---

14 Ebd.

15 Macher, Medizinische Topographie, S. 141

16 Ebd. Siehe dazu auch: Hirsch, Historisch-geographische Pathologie, S. 149 - 153, über die Verbreitung der Malaria in der Donaumonarchie.

17 Macher, Medizinische Topographie, S. 141

18 Ebd., S. 145

19 Siehe dazu Grmek, Geschichte der Krankheiten. In: Biologie des Menschen, S. 83, zum Begriff der „Pathozönose":

„1. Die pathologischen Zustände in einer bestimmten, zeitlich und räumlich begrenzten Bevölkerung bilden eine Einheit, die wir Pathozönose nennen.

2. Die Häufigkeit und die Verbreitung jeder Krankheit hängen - außer von verschiedenen endogenen und ökologischen Faktoren - von der Häufigkeit und Verteilung aller anderen Krankheiten ab;

3. Die Pathozönose strebt einen Gleichgewichtszustand an, was sich besonders deutlich bei stabilen ökologischen Verhältnissen abzeichnet."

untersuchen ließen, kann von einem medizinischen Laien nicht beurteilt werden. So problematisch es zudem auch sein mag, von den 1860 von Macher geschilderten epidemiologischen Verhältnissen auf diejenigen des späten 18. Jahrhunderts zu schließen, so wahrscheinlich erscheint es doch, daß man es bei der Erforschung einer „historischen Epidemiologie" vor allem mit Phänomenen einer Entwicklung „langer Dauer" zu tun hat. Es wäre, so gesehen, durchaus möglich, daß sich die Morbidität der untersteirischen Landbevölkerung zwischen 1770 – 1860 nur sehr langsam verändert hat.

Die im folgenden Abschnitt gezeigte historische Momentaufnahme ist demnach vielleicht ein wenig mehr als die Darstellung einer unbedeutenden Episode aus der Geschichte der Epidemien.

Eine Seuche bricht aus: behördliche und medizinische Maßnahmen

Als der Verwalter der Herrschaft Oberrohitsch Mitte Mai 1779 vom Ausbruch einer Seuche in dem ihm zugeteilten Sanitätsdistrikt erfährt, beauftragt er den Wundarzt von Rohitsch und den herrschaftlichen Amtsschreiber damit, erste Erkundigungen anzustellen.[20] Die beiden halten sich einige Tage in den Gegenden auf, aus denen man Nachricht von der Krankheit erhalten hat. Allem Anschein nach breitet sich die Epidemie äußerst rasch aus. Am 20. Mai treffen Chirurg und Amtsschreiber nur auf vereinzelte Kranke, am 23. Mai ist die Zahl der Betroffenen bereits erheblich angewachsen. Viele Kinder, aber auch ältere Erwachsene sind, wie der Wundarzt feststellt, „mit der rothen und weißen Ruhr behaftet".[21] Die Kranken leiden unter äußerst schmerzhaften, blutigen Durchfällen, die sich fast alle Viertelstunden einstellen. Bei einigen läßt sich auch „verlohrene Es-Lust, Durst, Schlaflosigkeit, Mattigkeit der Glieder mit und ohne Fieber" beobachten. Nicht selten beginnt die Krankheit mit „Frost und Hize, welche doch ohne einen nachkommenden Fieber vergehe: die Excrementa bestehen bey einigen in puren Bluth, bey anderen in Blut und Euter, bey andren wieder in gelb eyterichter, ja schwarzlichter, und grünlichter Materie. Überhaubt aber ist fast bey allen ein immer währender Drang zum Stuhlgang, grimm und Leibwehe, fürnemblich um den Nabl herum". Der Chirurg fragt sich, „woher diese Krankheiten zur gegenwärtigen für sie ungewöhnliche(n) Zeit herrühr(t)en" und kann keine anderen Ursache der Krankheit entdecken, „als die warmen, und heißen Täge, und darauf folgende kalte Täge, in welchen sich der hiesige Bauersmann nicht besser als in warmen Tag(en) zu bedeken pfleget, wie auch die üble gewohnheit vielles kaltes Wasser in der Hitze zu sich zu nehmen, wodurch der Magen und die Gedärme zu sehr abgekühlet werden".

Am 24. Mai verfaßt der Sanitätskommissar und Verwalter der Herrschaft Oberrohitsch seinen ersten „Sanitätsrapport" für das Cillier Kreisamt. Der Beamte hat bereits Erfahrung in der Bekämpfung von Epidemien, die in seinem Distrikt immer wieder grassieren. Zielstrebig und rasch trifft er die notwendigen sanitätspolizeilichen Vorkehrungen. Nachdem die zunächst an die Angehörigen der Kranken gerichteten Aufforderung, sich beim Bader mit Arzneien zu versorgen, nicht befolgt wird, läßt der Sanitäts-

---

20 StLA, R+K Sach 108, 1779-VI-96
21 Ebd. (Bericht vom 23. 5. 1779)

kommissar von den Kanzeln verkünden, „daß (sich) die Vätter, und Mütter, und jene Haus Wirth, wo sich ein kranker mit der rothen Ruhr befindet, anhero in die Herrschaft verfügen soll(en)", wo Medikamente kostenlos verteilt würden. Schon 1772, so begründet der Kommissar seine Anordnung, habe man während einer Ruhrepidemie gratis Arzneien ausgegeben, die mit Geldern aus dem Sanitätsfonds bezahlt worden seien. Bei der Zusammenstellung der Medizin hält sich der Verwalter nach eigener Aussage an die Richtlinien des Wiener k.k. Protomedikus Störck und an die 1772 vom zuständigen Kreisphysikus erteilten Instruktionen.

Am 25. Mai trifft das Schreiben des Rohitscher Sanitätskommissars in Cilli ein. Dort befiehlt man dem Verwalter, die kranken Kinder von den gesunden zu trennen und abseits der Hütten und Häuser eigene Senkgruben für die Kranken anzulegen.

Am 5. Juni verständigt der Cillier Kreishauptmann das Innerösterreichische Gubernium in Graz vom Ausbruch der Epidemie: Da sich der Cillier Kreisarzt[22] nicht ununterbrochen im Seuchengebiet aufhalten werde können, bitte man um ärztliche Verstärkung durch Physici oder Physikatsadjunkten aus Marburg und Pettau.

Drei Tage später ergeht eine Weisung des Guberniums an den Physikus von Pettau,[23] sich unverzüglich nach Rohitsch zu begeben. Die Bekämpfung der Seuche finde unter der Oberaufsicht des Cillier Kreisamtes statt, an das er alle drei Tage seine Berichte zu senden habe, so wird der Arzt belehrt, im übrigen solle er bis auf Widerruf in Rohitsch bleiben und eine persönliche Spesenrechnung über die ihm entstehenden Kosten führen. Der Verständigung des Pettauer Physikus liegen lateinische Erläuterungen des Grazer Protomedikus Kleinmond über die zu treffenden medizinischen Maßnahmen bei. Zur Therapie der Kranken empfiehlt der Grazer Arzt Aderlässe; als Purgantia sollen Malve und Leinsamen verabreicht werden. Der Cillier Kreishauptmann wird aufgefordert, das Gubernium in Graz alle drei Tage genau über die aktuelle Entwicklung zu informieren.

Inzwischen langen in Cilli die ersten Nachrichten des nach Rohitsch entsandten Cillier Kreisarztes ein.[24] In seinem am 5. Juni verfaßten Bulletin bestätigt der Mediziner den epidemischen Charakter der Krankheit. Die meisten Betroffenen sind nicht älter als 15 Jahre, daneben sind einige betagte Personen Opfer der Ruhr geworden. Nach den Schilderungen des Arztes stehen Mattigkeit und Schüttelfrost am Anfang der Erkrankung; nach einigen Stunden stellt sich „Hitze" ein, der Puls der Kranken beschleunigt sich. Zugleich wird über großen Durst, „Schauer", starke Bauchschmerzen und unablässigen Stuhldrang geklagt. Die verschiedensten Arten von Durchfällen plagen die Patienten. Bei schweren Verlaufsformen der Krankheit sind die Durchfälle besonders quälend, die Kranken sind appetitlos und durstig, ihre Kräfte verfallen rasch. Bald sind die Leidenden völlig ausgezehrt und können sich nicht mehr selbständig vom Lager erheben. Der Tod tritt zwischen dem 8. und 16. Tag der Krankheit ein. Von 20. Mai bis Anfang Juni sind von den rund 120 Ruhrkranken acht gestorben. Es sei nicht üblich, so merkt der Arzt an, schon im Frühling etwas von derartigen Durchfällen zu hören, „wo dise um den den sinkenden Sommer und darauf folgende Herbstzeit pflegen gemeiniglich zugeignet zu werden". In diesem Jahr seien jedoch die letzten Apriltage bereits außerordentlich mild gewesen, und der Mai „glänzete unter heiteren gar heissen Tägen". Die Abende und Nächte waren allerdings stets kühl - „dennoch verliessen die

---

22 Ignaz Frey v. Freydenfeld
23 Jakob Pletz
24 StLA, R+K Sach 108, 1779-VI-96

leithe mehrentheils samt denen Kindern ihre winter wohnungen und Keischen, ruheten über nacht schlecht, oder auch gar nicht bedeckt an offenen der frischen Lufft ausgesetzten orthen". Abends laufen die Kinder mit nackten Füßen im taufeuchten Gras umher, wodurch nach Meinung des Arztes „die den Tag hindurch durch die erwärmete Lufft mehrers erregte ausdünstung öffters gachen und viellen abbruch gelitten". So können sich „scharffe theile" auf die Gedärme legen, was schließlich zu Durchfällen führen müsse. Überdies fehle es den Bauern aufgrund des Ernteausfalls von 1778 an Obst, das sonst „dem bauersmann die beste reinste nahrung und ein richtiges bewahrungsmittel wider alle durch streifende suchten abgebet".

Der Arzt behandelt die Kranken innerlich mit Brechmitteln (Brechwurzel), Abführmitteln (Rhabarber, Kümmelwasser, gestoßene Leinsamen in heißem Wasser); äußerlich mit Eibischsalbe, Leinöl und frisch gepreßten Leinsamen. Vermutlich gegen Schmerzen verabreicht er opiumhaltige Arzneien (Theriak).[25] Ein strenges Alkoholverbot ergänzt die Therapie. Zur Verbesserung der hygienischen Verhältnisse werden eigene Senkgruben ausgehoben.

Unterdessen hat die Epidemie auf den im Norden an den Landgerichtsbezirk Oberrohitsch grenzenden Sanitätsdistrikt von Stattenberg (Štatenberg) übergegriffen.[26] Am 1. Juni meldet der als Sanitätskommissar fungierende Verwalter der Herrschaft Stattenberg der Kreishauptmannschaft Cilli den Tod von 20 Kindern in seinem Bezirk. Die Krankheit grassiert in Stattenberg, St. Anna (Sveta Anna), im Markt Maxau (Makole), in Untermaxau (bei Makole) und in Varška Ves. Der Sanitätskommissar befiehlt dem Rohitscher Chirurgen, sich nach Maxau zu verfügen.

Am 9. Juni trifft der Cillier Kreisarzt im Stattenberger Distrikt ein.[27] Bei den meisten Kranken diagnostiziert er wiederum Durchfälle, einige Patienten jedoch haben „bey mehr geschlossen alß flüssig Leib nur von vielen schmerzlichen Dehnungen und grimmen nach den gedärme zu klagen". „Die Ursach dieser Ruhrigen anfälle kan auch hier keine andre seyn", so konstatiert der Arzt, „als das sich noch das ausgegangene Jahr bey der gar heissen Regenlosen Sommer und herbstzeit, das geblüt und die galle vielle schärffe zugezogen (haben)" - zuwenig Schärfe allerdings, um zu dieser Zeit schon Krankheiten auslösen zu können.

Die Qualität der „Lebensfeuchtigkeiten" habe sich jedoch im Lauf des Herbstes und des Winters noch verschlechtert. Durch die langanhaltende Winterkälte sei zudem „der umfang der Leiber feste angezogen", „die schweiss Löcherlein (seien) gar lange geschlossen geblieben". So habe es dazu kommen müssen, daß sich die Säfte nicht mehr durch Ausdünstung hätten reinigen können.

---

25 Zu den historischen Arzneimitteln siehe: Wolfgang Schneider, Lexikon zur Arzneimittelgeschichte (Frankfurt a. Main 1969). Brechwurzel (Cephaelis, aus Ipecacuanha), auch „Brasilianische Ruhrwurzel" genannt, war seit Anfang des 18. Jahrhunderts allgemein als Antidysentericum in Gebrauch (Schneider, Teil 5/Bd. 1 Pflanzliche Drogen, S. 264). Rhabarber (Rheum) wurde als Laxans und Antidiarrhoicum verwendet (Schneider, 5/3, S. 165 - 170). Kümmel (Carum) wurde schon in der Antike gegen Blähungen und Koliken verabreicht (Schneider, 5/1, S. 244 - 246). Leinsamen (Linum) wurden ebenfalls bereits im Altertum als Heilmittel empfohlen (Dioskurides). Als Absud, Leinöl (Oleum lini) und in Umschlägen (Pl. sem. lin.) wurden Leinsamen bei verschiedensten Darmerkrankungen verabreicht. Eibisch (Althaea) galt seit der Antike (Galen) als Antidysentericum, desgleichen der opiumhältige Theriak (Schneider Teil 2, S. 26). Zu der durch die österreichische Pharmakopoe vorgeschriebenen Theriak-Mischung siehe auch: John, Medizinalgesetze Bd. 4, S. 16 - 21.

26 StLA, R+K Sach 108, 1779-VI-96 (1779-VI-241)

27 Ebd. (1779-VI-360)

Mit Ausnahme der Mütter, die sich bei ihren kranken Kindern leicht anstecken, werden Erwachsene auch im Stattenberger Landgerichtsbezirk nur selten von der Ruhr befallen. Von einem tödlichen Ausgang der Krankheit sind besonders diejenigen bedroht, die unter Eingeweidewürmern leiden „und gleichsam mit schon angegriffenem gedärme in die krankheit gerathen".

Seine therapeutischen Maßnahmen ergänzt der Arzt nun durch dem Alter und den Kräften der Kranken angemessene Aderlässe, vor allem in Fällen „bey welchen sich die Krankheit mit grosser Hiz und durst unter gar geschwinden Pulsschlägen einstellet". Ansonsten werden sofort Brechmittel gegeben; bei starken Durchfällen „wäre der Leib mit Rhabarber zu raumen, und darunter dan und wan etwas von Diascord. oder Theriac. Androm. Zu geben".[28] Als Diät empfiehlt der Kreisphysikus „anfeichtend, heilend, schleimichte(s) Getränke". Patienten mit „Grimm ohne Durchbruch" sollen durch Umschläge aus warmen, mit Kümmel geräucherten Tüchern, durch Abführmittel aus Rhabarber, Kümmelabsud oder Leinsamenwasser mit Milch kuriert werden. Alle, die nicht nur an der Ruhr, sondern auch unter Würmern leiden, erhalten Pulver aus gebranntem Hirschhorn, das mit Graswurzabsud vermengt oder mit Milch und Knoblauch verkocht wird.

Arme können sämtliche Arzneien kostenlos beziehen. Die weitere Behandlung der Kranken wird dem Bader von Rohitsch und einem Chirurg aus Windischfeistritz (Slovenska Bistrica) mit seinen Gesellen überlassen, die vom Kreisarzt allerdings genaue Instruktionen erhalten. Am 19. Juni 1779 wird ein kurzer Bericht über die Bekämpfung der Epidemie vom Innerösterreichischen Gubernium nach Wien geschickt.[29] Nachdem sich die in der Untersteiermark herrschende Seuche immer weiter ausgebreitet habe, sei der Befehl an das Kreisamt von Cilli ergangen, einen Kreisamtsadjunkten (Freiherr v. Conti) in Begleitung des Pettauer Physikus und eines Pettauer Wundarztes in das Epidemiengebiet zu beordern, so meldet man der Hofkanzlei. Der Beamte der Kreishauptmannschaft werde „all vorgeschriebene Politische Sanitätsveranstaltung(en)" persönlich überwachen und nach Erfüllung seiner Pflichten nach Cilli zurückkehren. Die Sanitätskommissare werden ihn bei seiner Arbeit zu unterstützen haben und dazu verpflichtet sein, ihm pünktlich Bericht zu erstatten. Der Physikus habe indes alle medizinischen Vorkehrungen zu treffen, während der zur Hilfe des Arztes bestellte Chirurg bis auf Widerruf vor Ort verweilen werde.

Unterdessen, so lauten die neuesten Nachrichten aus Cilli, wurden ein Badergeselle aus Windischfeistritz und ein bezahlter Krankenwärter im Stattenberger Sanitätsdistrikt mit der Pflege der Kranken und der täglichen Verteilung der Medikamente betraut. Außerdem machen sich gewisse organisatorische Schwierigkeiten bemerkbar. So lassen die Sanitätabellen des Stattenberger Kommissars noch immer auf sich warten, und der schon am 8. Juni zum Einsatz aufgerufene Pettauer Physikus trifft nach eigenen Angaben erst am 18. Juni in Rohitsch ein.[30] Er entschuldigt sich mit dem Hinweis auf epidemienmedizinische Aufgaben in der Gegend von Ankenstein (Borl). Der sich inzwischen auch in Rohitsch aufhaltende Kreisamtsadjunkt jedoch behauptet, bis zum

---

28 Diascordium wurde noch im 19. Jahrhundert als Antidysentericum verwendet (Schneider, Teil 2, S. 26.) Theriac. Androm. (Theriaca Andromachi) war eine opiumhältige Arzneimittelmischung, die nicht weniger als 56 verschiedene Zutaten enthielt (John, Medizinalgesetze Bd. 4, S. 17 – 19).
29 StLA, R+K Sach 108, 1779-VI-96 (1779-VI-241)
30 Ebd. (1779-VI-435)

26. Juni vergeblich auf den Pettauer Arzt gewartet zu haben.[31] Zu allem Überfluß muß der Beamte die Bekämpfung einer Viehseuche in Wresie (Bresje) und Varška Ves übernehmen.

Die gegen die Ausbreitung der Ruhr ergriffenen Maßnahmen stoßen bei einer aufgebrachten und widerspenstigen Bevölkerung auf Ablehnung. Die Menschen verstecken sich in ihren Hütten, Krankheitsfälle werden verheimlicht. Die kostenlos zur Verfügung gestellten Arzneimittel bleiben vielfach unangetastet, da man glaubt, sie letztlich doch bezahlen zu müssen. Bevor man Medikamente einnehme, sterbe man „lieber Muth willigerweise dahin", notiert der Kreisamtsadjunkt verärgert.

20 Tage nach seiner ersten Meldung an das Kreisamt von Cilli hat der Beamte seine Arbeit im Seuchengebiet beendet. Das Wüten der Epidemie läßt nun, wie es scheint, langsam nach.

Am 17. Juli hat der Kreisamtsadjunkt seinen schriftlichen Arbeitsbericht fertiggestellt.[32] Nach Meinung des Beamten ist die Krankheit nicht nur die Folge von Erkältungen, für die all jene besonders anfällig sind, die kaum Kleider am Leib tragen und in der Nacht auf frischem, feuchten Heu zu schlafen gewohnt sind. Die Hauptursache sei, so glaubt er, die „unordentlich(e) und sehr schlechte Kost". Bei seiner Untersuchung im Stattenberger Sanitätsdistrikt sei ihm aufgefallen, „daß die meisten Kranken (...) nur hunger geklaget, und nach brod geschmachtet, Und aus dieser ihrer heraus leichtenden Armuth auch keine Medizin aus forcht, daß sie selbe wurden zahlen müssen, annehmen wollen, und derowegen viele die Krankheit lieber gar verschwiegen, und sich nicht gemeldet". Ähnliches erlebt er im Rohitscher Sanitätsdistrikt, wobei es hier bei der Verteilung der Arzneien besondere Probleme gibt: Die Bauern verwenden die ihnen übergebenen Medikamente nicht, sondern bringen sie „theils auf denen hütten aufgesteckt" wieder zurück, „zu welchen Schritte jedoch die schöne Vorleuchtung des Herrn Vicariats Pfarrer zu St. Floriani (...) sehr vieles (...) beygetragen haben mag".

Nach allem, was der Beamte gesehen hat, zählt er die gesamte Bevölkerung der Sanitätsdistrikte Rohitsch und Stattenberg, mit Ausnahme der Einwohnerschaft des Marktes Rohitsch, „wo meistentheils Lauter Professionisten sich befinden", „unter die wahrhaften Armen": Die Kosten der behördlichen und medizinischen Maßnahmen zur Seuchenbekämpfung werden also vermutlich aus ärarischen Mitteln bezahlt werden müssen. Während seines Aufenthaltes in den von der Epidemie heimgesuchten Gegenden hat der sich Kreisamtsadjunkt, dem ihm erteilten Befehl gemäß, um den korrekten Vollzug der „politischen Sanitätsveranstaltungen" bemüht. So hat er den Sanitätskommissaren befohlen, die Sanitätsvorschriften aufmerksam zu überwachen und die Sanitätstabellen regelmäßig an das Kreisamt zu senden. In der Pfarre Maxau hat er - unter Überwindung zahlreicher bürokratischer Hindernisse - einen Notfriedhof anlegen und den kleinen, völlig überfüllten Pfarrfriedhof sperren lassen. Der alte Maxauer Friedhof wurde mit Erde und ungelöschtem Kalk bedeckt. Wo dies möglich war, hat man versucht, die Kranken von den Gesunden zu trennen; Speise und Trank, Kleidung und Liegestatt durften nun nicht mehr von Gesunden und Kranken geteilt werden. Das Stroh, auf dem Kranke gelegen waren, mußte verbrannt werden.

Gemeinsam mit dem Pettauer Physikus führt der Kreisamtsadjunkt auch eine „Befragung der Untertanen" durch. In Verhören gleichenden Untersuchungen will man von

31 Ebd. (1779-VII-62). Note des Johann Freiherrn v. Conti, 27. 6. 1779
32 Ebd. (1779-VII-247)

verschiedenen Familienoberhäuptern („Hausvätern") erfahren, wie lange die Ruhr schon in ihren Häusern grassiere, ob man Tote zu beklagen habe, wer von der Krankheit verschont geblieben sei, ob die Arzneien eingenommen worden seien, der Wundarzt gerufen wurde und schließlich, auf welche Ursache die Krankheit zurückgeführt werde. Die Gespräche werden genau protokolliert, die Befragten geben sich jedoch zumeist eher wortkarg. Nicht selten verwehrt man dem Kreisamtsadjunkten und seinen Begleitern auch den Einlaß.

Während man sich über die Ursachen der Krankheit kaum Gedanken zu machen scheint, gibt man offen Auskunft über unterschiedliche Methoden der Selbstbehandlung, die zumeist dann angewandt werden, wenn man glaubt, die von der Obrigkeit bereitgestellten Medikamente bezahlen zu müssen. Die Mittel der Therapie beschränken sich vornehmlich auf Heiltränke und Umschläge, deren Rezepturen allerdings äußerst vielfältig sind. So sollen Liebstöcklabsud und mit Wermutkraut versetzter Rotwein den Leidenden Linderung verschaffen. Ein besorgter Hausvater bereitet seinen kranken Angehörigen ein Gemisch aus gestoßener „Johanniswurzel", geschabtem Siegelwachs und Wein zu – ein Mittel, dessen wohltuende Wirkung nach Aussage des Mannes bereits nach zwei Tagen verspürt wird. In einem anderen Haus zerkleinert man Tormentillwurzeln und legt sie den Kranken auf den Leib. Eine gebackene Mischung aus verschiedenen Kräutern und Eiern findet die gleiche Verwendung. Auch mit warmen Bauchumschlägen aus frischem Buchweizen oder zerkleinerten Kräutern, aus in Urin eingelegten Rosenblättern oder Wiesenkräutern versucht man, die Ruhrkranken zu kurieren. „Baumöl", „Steinöl" und geweihtes Schmalz zählen ebenfalls zu den bei der Befragung genannten Hausmitteln. Oft genug jedoch wird die Krankheit überhaupt nicht behandelt, und man gibt an, geglaubt zu haben, „es werde schon besser werden".

Über den verhängnisvollen Einfluß, den der Pfarrer von St. Florian auf das Verhalten der Bauern in seiner Pfarre ausgeübt hat, erfährt man zuwenig, um ernsthafte Vorwürfe gegen den Priester erheben zu können. Der Pfarrer habe die ihm übergebenen Arzneien zurückgewiesen, da er angeblich nicht gewußt habe, woher die Medizin stamme, gibt man in St. Florian zu Protokoll. Hat „demnach dieser geistliche Herr Pfarrer", so fragt sich der Kreisamtsadjunkt, „denen Bauern den Irrwahn in Kopf (ge)setzet, daß all diese Medicamenta nichts fruchteten?"

Am 20. Juli 1779 faßt man im Innerösterreichischen Gubernium den Bericht des Cillier Beamten für die Hofkanzlei zusammen.[33] Am 31. Juli wird das Schreiben nach Wien geschickt. Dort erregen die Schilderungen des in der Untersteiermark offenbar herrschenden Elends gewisse Besorgnis. In einem Hofdekret (14. August 1779)[34] fordert man das Gubernium auf, „diesen Umständen alsogleich näher auf den Grund zu sehen (und) die eigentlichen Ursachen dieser Armuth, und ob sie von wenigen Verdienst, oder tragenden übermässigen Bürden, oder wo sonst herrühre, zu erheben".

Am 31. August wird der Auftrag vom Gubernium an das Kreisamt von Cilli weitergegeben.[35] In der Zwischenzeit hat man dort Nachrichten über neue Ausbrüche der Ruhr in verschiedenen Teilen des Kreises erhalten. So grassiert die Krankheit unterdessen auch in den Sanitätsdistrikten Wisell und Königsberg (Bizel, Kunsperg), Landsberg (Podčertrek), Lichtenwald (Sevnica) und Reichenburg (Rajhenberg), wäh-

---

33 Ebd.
34 Ebd. (1779-VIII-422)
35 Ebd.

rend sie im Stattenberger und Rohitscher Distrikt Anfang August bereits erloschen ist. Den Sanitätskommissaren sämtlicher betroffenen Distrikte wird nun vom Kreisamt befohlen, sich über die allenfalls in ihren Bezirken herrschenden Mißstände, soferne sie Ursache von Armut, Hunger und Krankheit sein könnten, zu äußern.[36]

Die Stellungnahmen der Kommissare sind äußert aufschlußreich. Der Landgerichts-verwalter der Herrschaft Wisell und Königsberg etwa weiß zu berichten, daß „die Lebens Mittl, welche einem gesunden Bauern zustehen, keinem abgegangen, wohl aber die geringen Speisen", die sich nicht jeder Bauer leisten könne. Da und dort sei auch eine gewisse Brotknappheit entstanden, die jedoch nicht auf Getreidemangel zurück-zuführen gewesen sei, sondern auf den Stillstand der Mühlen infolge der großen Wassernot. Niemand habe über Hunger oder übermäßige Bürden geklagt, zumal man reichliche Ernte zu erwarten habe. Im übrigen, konstatiert der Verwalter abschließend, ließen sich die Untertanen ohnedies nicht über Gebühr belasten, da sie zumeist nicht einmal imstande seien, die von ihnen geforderten Abgaben zu leisten. Der Sanitätskom-missar von Lichtenwald betrachtet den Ausbruch der Ruhr vor allem als Folge der großen Temperaturschwankungen zwischen Tageshitze und kalter Nachtluft. Zum Teil sei die Krankheit jedoch auch von Mensch zu Mensch übertragen worden. Zwar seien „die armen Unterthanen in dieser Gegend mit Steuern und Anlagen sehr hoch rectifici-ret" und außerdem „wegen abseitiger Lage, und Entbehrung einer Fahrstrassen ihre wenige Erzeignisse an Mann zu bringen fast gänzlich ausser Stande"; daß man aller-dings über Brotmangel oder Hunger geklagt habe, sei ihm, dem Sanitätskommissar, bei seinen Kontrollgängen nicht aufgefallen.

Auch der Bevölkerung des Gerichtsbezirkes Landsberg fehlt es allem Anschein nach nicht an Nahrungsmitteln. Der herrschaftliche Verwalter macht die in seinem Distrikt herrschende Wasserknappheit für das Wüten der Seuche verantwortlich.[37] Nächtliche Abkühlungen und das Einatmen schädlicher Erddämpfe kommen nach Meinung dieses Sanitätskommissars ebenfalls als Krankheitsursachen in Frage. Der Verwalter und Sanitätskommissar von Rei-chenburg hat in seinem Distrikt ganz andere Beobachtungen gemacht.[38] Die Bauern der Reichenburger Gegend verfügen nur über kleine Grundstücke, die wenig Ertrag bringen. „Dahero selbe durch das ganze Fruhe Jahr alljährlich ohne Brodt leben", berichtet der Beamte. „Zu deme traget zu einer Erkrankung vülles bey, daß sie meistens durch das fruhe Jahr bis in den spätten Herbst, ihre geringe Speisen, aus Abgang (des) Spöck, Schmalz, Salz, unvermach-ten essen müssen, die weilen sie kaum 1 (...) Schweindel für sich behalten können, die übrige erziglende (gezüchteten, Anm.) Schweindl aber, samth ihrer wenigen Weiz, und geringen Wein Fechsung zu versilbern gezwungen sind, auf das sie ihre über grosse Stüfft, Schulden Steuer, Weinaufschlag, und dergleichen dienstbahrkeit abführen mögen. Bleibt einem hievon noch etwas übrig, so erkaufet solcher ein kroatisches Getreyd zum Brod. Denen meisten aber bleibet nicht allein hievon nichts übrig, sondern können nicht einmahl so viel zusammen bringen, das die Steuer abgeführet werde. Dahero solche arme Leuthe oft nichts anderes zu essen haben, als unvermachte in Wasser gekochte Prennöstlen (Brennesseln, Anm.), auf das sie nicht gahe Hungers sterben." Schon vor acht Jahren habe man aus diesem Grund Beschwer-de geführt; zur Untersuchung der Mißstände sei eine eigene Kommission eingesetzt worden. Das Gubernium habe deren abschließende Resolution, in der von einer übergroßen Belastung

---

36 Ebd. (1779-XII-279)
37 Ebd.
38 Ebd.

der Untertanen die Rede gewesen sei, an die Wiener Hofkanzlei weitergeleitet. Bis jetzt sei allerdings kein Steuernachlaß gewährt worden. „Sogestaltig müssen die Unterthanen noch ihmer unter der grossen Stüffts Dienstbarkeit schmachten, welches die Ursach ist, das sie durch die meiste Jahreszeit ohne Brod, und Vermachet zum Speisen, leben müssen. Aus Abgang des Nothwendigen Nahrungs Safft, mus ganz richtig der Magen verdorben werden, woraus so vill Krankheiten entspringen."

Ebenso ausführlich wie die Darlegungen des Reichenburger Sanitätskommissars sind diejenigen des Verwalters der Herrschaft Oberrohitsch, die im vorhergehenden Abschnitt bereits zitiert wurden.

Die Berichte der Sanitätskommissare werden am 11. November 1779, versehen mit einem Kommentar des Kreishauptmanns, an das Gubernium in Graz gesandt.[39]

„Die Umstände der windischen Bauern", bemerkt der Kreishauptmann, „erlauben denselben nicht, wie bey denen deutschen, welche nebst dem guten Viechzügl annoch sehr grosse gründe besizeten", Getreidevorräte für das jeweils kommende Jahr anzulegen, um sich so vor Nahrungsmangel zu schützen. Ihre Grundstücke seien klein und die Erträge in Jahren mittelmäßiger Ernte so gering, daß sie durch den Verkauf ihrer Produkte kaum „ihr contributionale abführen könnten, sondern mit solchen meistens in Rukstand haften müsten". Wenn zudem noch das Obst oder das Sommergetreide mißrate, sei „die Noth bey denselben schon ohnvermeidlich".

Im Innerösterreichischen Gubernium ist man allem Anschein nach bemüht, die Misere der untersteirischen Bauernschaft gegenüber der Hofkanzlei in weniger grellem Licht erscheinen zu lassen. So erklärt man der Wiener Behörde am 21. Dezember 1779, daß im Bericht des Kreisamtsadjunkten Conti[40] „(der) ausdruck, daß die Kranken vielmehr nach brod, als medicin geschmachtet hätten, eigentlich zu dem Endzweck angebracht worden (sei), um damit für solche die bey ihrer Krankheit höchst benöthigte gemächliche Nahrung aus dem Sanitätsfundo erstattet werden möchte, nicht aber um andurch ihre contributions unfähigkeit zu bezeigen". Zwar sei es durchaus richtig, „daß der untersteyrische Bauer bey erfolgenden Mißjahren sich schwer erhalten könne". Daraus folge allerdings lediglich, „daß er nicht fähig seye bey sich ergebenden anstekenden Krankheiten die benöthigte Kösten auf Medicinen, und etwas mehr kostbarere nahrung, welche zu Herstellung der Leibs Kräffte nothwendig ist, zu verwenden"; „ausser den Contributions Stand gesezet" seien die Bauern deshalb noch nicht. Da die Ruhr in der Untersteiermark inzwischen ohnedies bereits erloschen sei und man im übrigen den von Epidemien betroffenen „wahrhafft armen unterthanen" stets aus dem Sanitätsfonds bezahlte Lebensmittel und Arzneien zur Verfügung stelle, könnten weitere Überlegungen, „wie, und auf was art denenselben zu helffen seye" unterbleiben.

In der Hofkanzlei werden die Nachrichten aus Graz mit Erleichterung aufgenommen. Obwohl man bedauert, das Original des kreisamtlichen Gutachtens nicht erhalten zu haben,[41] betrachtet man die Angelegenheit in Wien nun für erledigt. Aus welchen Gründen man der Zentralbehörde den Bericht des Cillier Kreishauptmanns vorenthalten hat, muß hier ungeklärt bleiben.

---

39 Ebd. (1779-XII-279)
40 17. 7. 1779 (siehe Anm. 32)
41 StLA, R+K Sach 108, 1779-VI-96 (1780-II-99). Note der Hofkanzlei an das Gubernium vom 15. 1. 1780, gezeichnet Blümegen.

Die Bilanz

Die sogenannten „Sanitätsrapports", die von den Sanitätskommissaren bei Epidemien alle drei Tage an die Kreisämter geschickt werden mußten, geben uns, soferne sie gewissenhaft geführt wurden, recht genau Auskunft über die Folgen von Seuchen in einzelnen Sanitätsdistrikten. Während der Ruhrepidemie von 1779 im Cillier Kreis wurden die Sanitätsrapports nicht von allen Kommissaren so verfaßt, wie es die landesfürstlichen Verordnungen verlangten; manchmal weigerte man sich sogar, den seuchenpolizeilichen Pflichten nachzukommen oder bat darum, vom Auftrag zur Berichterstattung befreit zu werden.[42] In der Tat war die lückenlose Erfassung aller von einer Epidemie in einem Sanitätsdistrikt Betroffenen kaum jemals möglich. Ein Sanitätskommissar konnte einer solchen Aufgabe allein schwerlich gerecht werden – dazu bedurfte es schon mehrerer Hilfskräfte. Ärzte, Chirurgen und Krankenwärter mußten mit dem Kommissar kooperieren und ihm die Informationen liefern, die er für seine statistischen Aufzeichnungen benötigte. Als Abgesandte der Obrigkeit hatten sie es allerdings in der Regel mit einer mißtrauischen Bevölkerung zu tun, die allen Versuchen der Überwachung und Kontrolle Widerstand entgegensetzte.

Die Krankenstatistiken des Sanitätskommissars von Oberrohitsch, die mit Sorgfalt erstellt wurden und sich daher zur Untersuchung anbieten, enthalten die Vor- und Familiennamen der Kranken (meist auch die Namen ihrer „Hausväter"), ihr Alter, ihren Wohnort (Pfarre, Hausnummer und „Gegend", die den Numerierungsabschnitt bezeichnet) sowie den Zeitpunkt ihrer Erkrankung, ihrer Genesung oder ihres Todes. Während der Sanitätskommissar alle drei Tage seine Rapports schrieb, um sie dann an das Cillier Kreisamt weiterzuleiten, versorgte ihn ein berittener Chirurg mit Nachrichten aus den entlegeneren Gebieten des Distrikts. Das Kreisamt sandte die Tabellen allwöchentlich an das Gubernium in Graz.[43]

Bei genauerer Durchsicht erweisen sich die Angaben des Rohitscher Sanitätskommissars nicht immer als ganz verläßlich. So verschwinden manchmal Namen von den Listen, ohne daß sich zuvor der Vermerk „verstorben" oder „reconvalesciret" gefunden hätte – man hat also allem Anschein nach immer wieder auf Kranke völlig vergessen. Auch Altersangaben variieren fallweise bei ein und derselben Person – vielleicht auch ein Hinweis darauf, daß das Lebensalter im 18. Jahrhundert oft nur geschätzt wurde. Trotz dieser Fehlerquellen vermitteln die Aufzeichnungen des Sanitätskommissars ein einigermaßen anschauliches Bild vom Ausmaß der Ruhrepidemie von 1779 im Landgerichtsbezirk Oberrohitsch. Mit großer Wahrscheinlichkeit wurde das gesamte bewohnte Gebiet des Landgerichtsbezirkes von der Seuche heimgesucht. Obwohl nicht alle der 42 Numerierungsabschnitte in den Krankentabellen aufscheinen, finden sich Kranke in sämtlichen Pfarren des Bezirks. Am Beispiel der registrierten Krankheitsfälle zeigen die Graphiken auf den folgenden Seiten die Krankenbewegung während der Epidemie in allen Pfarren sowie die altersspezifische Morbidität und Letalität in der Hauptpfarre Rohitsch (die insgesamt 16 Fälle „hitziger Krankheit" – vier in St. Florian,

---

42 So etwa der Sanitätskommissar von Wisell und Königsberg (Bizel, Kunsperg), dem die große Hitze und die Entlegenheit der zu erfassenden Anwesen zu schaffen machte. StLA, StLA, R+K Sach 108, 1779-VI-96 (1779-VIII-223)

43 Siehe dazu: Ebd. (1779-VI-67, 1779-VI-96, 1779-VI-241, 1779-VI-369, 1779-VI-435; 1779-VII-62, 1779-VII-101, 1779-VII-247, 1779-VII-290; 1779-VIII-41, 1779-VIII-42, 1779-VIII-69, 1779-VIII-223).

zwölf in Schiltern – wurden dabei nicht berücksichtigt). Die über die Sanitätsrapports ermittelte Endsumme aller Kranken und Verstorbenen im Landgerichtsbezirk Oberrohitsch weicht von den im abschließenden „Summarium" vom Sanitätskommissar gemachten Angaben ab.[44] Die aus den Tabellen errechnete Zahl der Kranken beträgt 472, 81 dieser Kranken starben (387 wurden als „reconvalesciret" bezeichnet, drei Fälle blieben ungeklärt). Auch diese Zahlen geben die Summe der registrierten Fälle unter Umständen nicht völlig korrekt wieder, da ich die Sanitätsrapports nur stichprobenweise nach kleineren Fehlern untersucht habe. Größere Ungenauigkeiten wurden jedoch nach Möglichkeit korrigiert.[45] Neben den von der Obrigkeit registrierten Krankheitsfällen gab es eine große Dunkelziffer nicht gemeldeter Erkrankungen. Bei der Überprüfung der kirchlichen Sterbematriken mußte der Sanitätskommmissar zu seiner Überraschung feststellen, daß die Anzahl der an der Ruhr Verstorbenen wesentlich größer war als zunächst angenommen: Insgesamt 142 Todesfälle waren nur dem Pfarrer mitgeteilt worden.[46] Dies bedeutet, daß dem Sanitätskommissar und seinen Helfern im Durchschnitt wahrscheinlich nur etwa 35 % der Kranken bekannt waren. Bei Beachtung der ortsspezifischen Letalität unter den registrierten Kranken kann man somit auf über 1300 Krankheitsfälle schließen. Rund 16 % der Einwohner des Landgerichtsbezirks könnten also 1779 an der Ruhr gelitten haben.

44 Summarium des Kommissars: 458 Kranke, 65 Verstorbene, 393 Rekonvaleszierte. StLA, R+K Sach 108 1779-VI-96 (1779-X-67)
45 Ebd. (1779-VII-62). Stand am 17. 7. 1779 (nach Conti): Sanitätsdistrikt Rohitsch:
Rohitsch: 19 Kranke, 32 Verstorbene, 104 Rekonvaleszierte, 207 Gesunde
St. Florian: 9 Kranke, 13 Verstorbene, 38 Rekonvaleszierte, 103 Gesunde
Schiltern: 3 Kranke, 9 Verstorbene, 28 Rekonvaleszierte, 77 Gesunde
St. Rochus: 5 Kranke, 12 Verstorbene, 30 Rekonvaleszierte, 99 Gesunde
Hl. Kreuz: 7 Kranke, 6 Verstorbene, 13 Rekonvaleszierte, 70 Gesunde
Kostreinitz: 13 Kranke
46 Ebd. (1779-X-67): Rohitsch 34, Hl. Kreuz 25, St. Rochus 13, St. Florian 19, Kostreinitz 14, Schiltern 28, Markt Rohitsch 9. Gemeldete und nicht gemeldete Todesfälle zusammen: 223

Die Ruhr im Sanitätsdistrikt Rohitsch (Mai – August 1779)

Pfarre	Dat.	Kranke ges.	Stand	Neuerkr.	Verst.	Rekonv.
Rohitsch	24.5.	44	44	44	0	0
(Rogatec)	31.5.	85	71	41	5	9
	3.6.	117	76	32	9	18
	6.6.	119	70	2	1	7
	9.6.	136	57	17	3	27
	12.6.	143	60	7	0	4
	15.6.	156	53	13	3	17
	18.6.	156	46	0	1	6
	21.6.	162	52	6	0	0
	24.6.	162	49	0	0	3
	27.6.	162	32	0	0	17
	3.7.	165	16	3	1	18
	6.7.	167	13	2	1	4
	9.7.	169	14	2	0	1
	12.7.	170	13	1	1	1
	15.7.	172	12	2	0	3
	21.7.	174	14	2	0	0
	24.7.	176	10	2	1	5
	27.7.	177	4	1	1	6
	30.7.	177	4	0	0	0
	8.8.	177	0	0	0	4

gemeldete Kranke: 177   Verstorbene: 27
Kranke insgesamt: 459   nicht gemeldet: 43
(geschätzt bei einer lokalen Letalität von 15,25 %)

Pfarre	Dat.	Kranke ges.	Stand	Neuerkr.	Verst.	Rekonv.
Kostreinitz	31.5.	1	1	1	0	0
(Kostrivnica)	3.6.	3	3	2	0	0
	6.6.	3	3	0	0	0
	9.6.	11	9	8	0	2
	12.6.	11	9	0	0	0
	15.6.	11	9	0	0	0
	18.6.	11	9	0	0	0
	21.6.	15	13	4	0	0
	24.6.	15	13	0	0	0
	27.6.	15	12	0	0	1
	3.7.	16	13	1	0	0
	6.7.	17	13	1	0	1
	9.7.	17	10	0	0	3
	12.7.	23	6	6	2	8
	15.7.	23	6	0	0	0
	21.7.	23	6	0	0	0
	24.7.	24	7	1	0	0
	27.7.	24	0	0	1	6

gemeldete Kranke: 24   Verstorbene: 3
Kranke insgesamt: 136   nicht gemeldet: 14
(geschätzt bei eier lokalen Letalität von 12,5 %)

Pfarre	Dat.	Kranke ges.	Stand	Neuerkr.	Verst.	Rekonv.
St. Florian	24.5.	2	2	2	0	0
(Sv. Florjan)	31.5.	7	7	5	0	0
	3.6.	13	8	6	3	2
	6.6.	13	8	0	0	0
	9.6.	31	19	18	3	4
	12.6.	39	27	8	0	0
	15.6.	53	21	14	3	17
	18.6.	53	15	0	0	6
	21.6.	54	16	1	0	0
	24.6.	54	16	0	0	0
	27.6.	57	8	3	4	7
	3.7.	66	17	9	0	0
	6.7.	68	11	2	2	6
	9.7.	71	14	3	0	0
	12.7.	71	14	0	0	0
	15.7.	71	14	0	0	0
	21.7.	71	14	0	0	0
	24.7.	71	7	0	0	7
	27.7.	71	1	0	1	5
	30.7.	71	0	0	0	1

gemeldete Kranke: 71   Verstorbene: 16
Kranke insgesamt: 155   nicht gemeldet: 19
(geschätzt bei einer lokalen Letalität von 22,53 %)

Pfarre	Dat.	Kranke ges.	Stand	Neuerkr.	Verst.	Rekonv.
St. Rochus	24.5.	13	13	13	0	0
(Sv. Rok)	30.5.	21	20	8	1	0
	3.6.	27	25	6	0	1
	6.6.	35	25	8	2	6
	9.6.	38	15	3	2	11
	12.6.	43	13	5	1	6
	15.6.	47	17	4	0	0
	18.6.	48	16	1	0	2
	21.6.	49	17	1	0	0
	24.6.	50	14	1	1	3
	27.6.	53	7	3	2	8
	3.7.	58	12	5	0	0
	6.7.	59	10	1	0	3
	9.7.	59	9	0	0	0?
	12.7.	72	17	13	0	5
	15.7.	72	11	0	1	5?
	21.7.	72	11	0	0	0
	24.7.	72	3	0	1	7
	27.7.	72	2	0	0	1
	30.7.	72	0	0	0	2

gemeldete Kranke: 72   Verstorbene: 11?
Kranke insgesamt: 150   nicht gemeldet: 13
(geschätzt bei einer lokalen Letalität von 16,6 %)

Pfarre	Dat.	Kranke ges.	Stand	Neuerkr.	Verst.	Rekonv.
Hl. Kreuz	31.5.	4	4	4	0	0
(Sv. Križ)	3.6.	7	7	3	0	0
	6.6.	10	9	3	0	1
	9.6.	21	19	11	0	1
	12.6.	22	19	1	0	1
	15.6.	31	26	9	0	2
	18.6.	35	28	4	2	0
	21.6.	42	35	7	0	0
	24.6.	43	36	1	0	0
	27.6.	43	36	0	0	0
	3.7.	44	29	1	1	7
	6.7.	48	31	4	2	0
	9.7.	53	36	5	0	0
	12.7.	59	29	6	2	11
	15.7.	61	31	2	0	0
	21.7.	62	18	1	1	13
	24.7.	64	11	2	2	7
	27.7.	64	4	0	0	7
	30.7.	65	0	1	0	5

gemeldete Kranke:	65	Verstorbene:	10
Kranke insgesamt:	199	nicht gemeldet:	25

(geschätzt bei einer lokalen Letalität von 15,38 %)

Pfarre	Dat.	Kranke ges.	Stand	Neuerkr.	Verst.	Rekonv.
Schiltern	6.6	17	17	17	0	0
(Šetale)	9.6.	17	17	0	0	0
	12.6.	21	17	4	3	1
	15.6.	21	17	0	0	0
	18.6.	34	29	13	1	0
	21.6.	36	31	2	0	0
	24.6.	36	29	0	2	0
	27.6.	50	42	14	1	0
	3.7.	59	39	9	1	11
	6.7.	59	39	0	0	0
	9.7.	59	34	0	0	5
	12.7.	59	17	0	2	15
	15.7.	63	15	4	3	3
	21.7.	63	12?	0?	0?	0?
	24.7.	63	9	0	0	3
	27.7.	63	6	0	0	3
	30.7.	63	0	0	0	6

gemeldete Kranke:	63	Verstorbene:	13
Kranke insgesamt:	199	nicht gemeldet:	28
			(3 ungeklärte Fälle)

(geschätzt bei einer lokalen Letalität von 20,63 %)

Morbidität und Mortalität in der Hauptpfarre Rohitsch (Rogatec)

```
                          x x x   60   + x x


                              x   55   x
                                  54   x


                            x x   50   x x x


                                  44   x


                          x x x   40   + x x x x
                                  39   x x
                              x   38

                                  35   x
                              x   34   x


                          x x x   30   x x x x


                                  27   x

                                  25   x

                              x   23

                                  21   x x x
                            x x   20   x x x x

                            x x   18
                              +   17   x x
                            x x   16   x
                                  15   x x x x
                          x x x   14   x x
                                  13   +
                              x   12   x x x x
                          x x x   11
                              +   10   x
                            x x    9   x x x x
                          x x x    8   + x x x
                            x x    7   + x x x x
                  x x x x x +      6   + x x x x x x
                        x +        5   + + x x x x x x x x x x x
          x x x x x x x x x + +    4   + + + x x x x
                x x x x x x x      3   + + + x x x x x x x
      x x x x x x x x x + + +      2   + + + + x x x x x x x
                x x x x x          1   x x x x x x x x x x
```

weiblich   Alter   männlich

x Erkrankungen
+ Todesfälle

Mit den im „Summarium" des Sanitätskommissars aufscheinenden 268 Haushalten[47]
wurde jedoch nur etwa ein Drittel aller von der Epidemie betroffenen Häuser vom
Sanitätskommissar, einem Arzt oder einem Chirurgen betreten.

Diese Bilanz verweist auf die Grenzen der organisierten Epidemienbekämpfung. In
diesem Zusammenhang muß auch die Frage gestellt werden, ob die beschriebenen
behördlichen und medizinischen Maßnahmen zur Eindämmung der Seuche tatsächlich
den erhofften Einfluß auf Morbidität und Mortalität haben konnten. Was einige der
therapeutischen Methoden der Ärzte betrifft, so darf dies bezweifelt werden. Brech-
und Abführmittel werden den bei Durchfallerkrankungen üblichen Flüssigkeitsverlust
noch gefördert, Aderlässe die Kranken zusätzlich geschwächt haben. Da die Arzneien
jedoch, wie es scheint, ohnedies meist nicht eingenommen wurden, mag die medika-
mentöse Behandlung wenig Schaden angerichtet haben. Bessere Wirkung als den
medizinischen Kuren wird man den „politischen Sanitätsanstalten" zuschreiben müssen. Die Isolation der Kranken von den Gesunden, die Beachtung gewisser hygienischer
Grundregeln und nicht zuletzt die Versorgung der Kranken mit Nahrung könnten die
Letalität unter den solcherart Betreuten gesenkt haben.[48] Ein beträchtlicher Teil der
Unkosten des epidemienmedizinischen Unternehmens entfiel allerdings auf die (vermutlich nicht besonders heilkräftigen) Medikamente. Im Rohitscher Sanitätsdistrikt
etwa wurden Arzneimittel um 106 fl. 15 kr. an die bedürftigen Kranken verteilt.[49] Die
Spesen für die im Stattenberger Distrikt ausgegebenen Arzneien beliefen sich auf 32 fl.
2 kr.[50]

Im Vergleich zum bürokratischen Aufwand[51] nimmt sich die durch die Seuchenbekämpfung entstandene finanzielle Belastung recht bescheiden aus. Jeder registrierte
Kranke verursachte dem landesfürstlichen Ärar Unkosten von 1 fl. 14 kr. Auch der
Kreis der beim Einsatz im Seuchengebiet beschäftigten Personen war letztlich sehr
klein. So waren beispielsweise im Sanitätsdistrikt Rohitsch nie mehr als acht Personen
zur gleichen Zeit tätig.[52] Sie waren für 1300 Kranke verantwortlich, von denen schließlich 472 behandelt und betreut wurden. Viele dieser Patienten mußten in entlegenen,
schwer zugänglichen Gegenden besucht werden.

Relativ problemlos arbeiteten im Rohitscher Sanitätsdistrikt Kreisamt, Kreisarzt,
Sanitätskommissar und Chirurgen zusammen. Wie gezeigt wurde, traf der Sanitätskommissar selbständig die ersten Vorkehrungen zur Bekämpfung der Seuche, um dann das

---

47 Ebd.: Rohitsch 101, HI. Kreuz 38, St. Rochus 39, St. Florian 36, Kostreinitz 14, Schiltern 40
48 Vergleiche dazu: Goubert, Medikalisierung, S. 62 u. 101 bzw. Peter, Kranke und Krankheiten, S. 325
49 StLA, K+K Sach 108, 1779-VI-96 (1779-VII-62)
   ein Chirurg: 81 Tage à 2 fl. = 162 fl.
   ein „subjectum" (Gehilfe): 70 Tage à 1 fl. = 70 fl.
   ein „Tyro" (Rekrut?): 60 Tage à 30 kr. = 30 fl.
   für das Pferd des Chirurgen: 60 Tage à 30 kr. = 30 fl.
   Ausgaben des Pettauer Physikus: 181 fl. 20 kr.
50 Ebd. (1779-XII-42):
   Gesamtkosten: 211 fl. 32 kr.
   Pettauer Physikus: 35 fl. 30 kr.
   Zwei Chirurgen: 118 fl.
   ein Krankenwärter: 26 fl.
51 Das Aktenkonvolut R+K Sach 108, 1779-VI-96 umfaßt an die 500 Doppelbögen.
52 Ein Chirurg, zwei chirurgische Gehilfen, zwei nicht heilkundige Hilfskräfte, ein Arzt, ein Sanitätskommissar
   und ein Kreisamtsadjunkt; mit dem Pettauer Physikus und dem ihn begleitenden Chirurgen kommt man auf
   zehn Personen, die jedoch niemals gleichzeitig im Einsatz waren.

Kreisamt zu verständigen, worauf der Cillier Kreismediziner an den Ort des Geschehens entsandt wurde. Der Physikus hatte, wie es in zeitgenössischer Diktion hieß, den „status morbi" zu ermitteln, ärztliche Hilfe zu leisten und diätetisch-therapeutische Anordnungen zu geben. Dabei wurde er von den in der Gegend ansässigen Chirurgen und vom Sanitätskommissar unterstützt. Der Vollzug der sogenannten „politischen Sanitätsanstalten" wurde von einem Kreisamtsadjunkten überwacht. Etwa zwei Wochen nach ihrem Ausbruch erfuhren das Gubernium und mit ihm auch der Grazer Protomedikus durch das Kreisamt von der Epidemie. Der Versuch der Grazer Behörde, den Pettauer Physikus gleich darauf in den Cillier Kreis zu beordern, scheiterte an der Saumseligkeit des Mediziners. Es erstaunt übrigens, daß die Kreisämter, wie es scheint, im Falle der Ruhrepidemie von 1779 untereinander keine Korrespondenz pflegten. Das Gubernium in Graz wurde allerdings über die aktuellen Entwicklungen stets auf dem laufenden gehalten. Der Hofkanzlei wurde etwa einen Monat nach dem ersten Auftreten der Krankheit von den Ereignissen berichtet.

Der epidemienmedizinische Einsatz konfrontierte die landesfürstlichen Behörden mit dem Elend der untersteirischen Bauernschaft. Eine von der Hofkanzlei angeregte Untersuchung über soziale und wirtschaftliche Mißstände in den von der Seuche heimgesuchten Gebieten blieb jedoch ohne weitere Konsequenzen: Die besorgniserregenden Ergebnisse des kreisamtlichen Gutachtens wurden der Zentralbehörde in einer beschwichtigenden Version des Guberniums präsentiert, mit der man sich in Wien zufriedengab.

Was die medizinische Beurteilung der Epidemie angeht, so ist die Interpretation der geschilderten klinischen Symptome nicht Sache des Historikers. Die epidemiologisch-sozialmedizinischen Hintergründe wurden jedoch nach Möglichkeit ausführlich erörtert. Die Graphiken zur Krankenbewegung sowie zur altersspezifischen Morbidität und Letalität sollten einige demographische Aspekte beleuchten und den zeitlichen Verlauf der Epidemie dokumentieren. Offen bleibt, ob es sich (nach heutigem Verständnis) nicht um verschiedene Krankheiten gehandelt hat. Ein allenfalls günstiger Einfluß der behördlich organisierten Seuchenbekämpfung auf den Verlauf der Epidemie kann nur vermutet werden.

3. „Auf dem Lande überall großes Elend!"[1]
Aufzeichnungen eines Mediziners aus dem Jahre 1787

Im ersten Viertel des 18. Jahrhunderts hat die Pest sich aus den meisten Teilen der Habsburgermonarchie zurückgezogen. Immer wieder jedoch sorgen Meldungen aus der östlichen Peripherie des Reiches, die von Ausbrüchen der gefürchteten Krankheit berichten, für Aufregung. Die Angst vor der Pest bleibt weiterhin lebendig. Bis in die achtziger Jahre des 18. Jahrhunderts finden in Graz regelmäßig Pestandachten und Dankesfeste statt, die an die Zeiten erinnern, in denen die Seuche in der Stadt wütete; am Dreifaltigkeitstag wird die Dreifaltigkeitssäule mit einem Ehrengerüst umgeben, auf einer Tribüne spielen Musiker, und die Bevölkerung strömt zu dem durch aufwendige Beleuchtung erhellten Schauplatz der Feier. 1786 läßt Joseph II. die Zeremonie verbieten; Graz ist um ein gesellschaftliches Ereignis ärmer.[2]

Als im Winter des Jahres 1787 in der Gegend um Marburg eine rätselhafte Epidemie grassiert, die sich rasch in nordwestlicher Richtung auszubreiten scheint, vermutet man zunächst, die Pest sei wieder im Land.[3] An der Drau ziehen Bauern einen Pestkordon; eine Militärkolonne, die sich auf dem Marsch von Kärnten in das Lager von Cilli befindet, erhält die Anweisung, das Seuchengebiet zu umgehen. Im Innerösterreichischen Gubernium langen widersprüchliche Nachrichten über die Art der Epidemie ein. Schließlich wird der Grazer Armenarzt Gregor Faber[4] vom Gubernium damit beauftragt, die von der Krankheit betroffenen Gegenden zu bereisen.

Wie sich bald herausstellt, handelt es sich bei der Seuche nicht um die Pest. Der Grazer Mediziner bleibt jedoch in der Untersteiermark, um das Geschehen weiterhin zu beobachten. Seine Reiseroute wird vom Gubernium festgelegt.

1788 faßt der Arzt die während seines Einsatzes entstandenen Aufzeichnungen in einer „Nachricht an das Publikum" zusammen. Die Schrift soll hier - ergänzend zu den im vorhergehenden Abschnitt untersuchten Epidemienakten - als Quelle zur Epidemiologie des 18. Jahrhunderts zitiert werden.[5]

Gregor Faber trifft am 26. März 1787 in Marburg ein. Einige Tage hält er sich in der Stadt und ihrer Umgebung auf, um dann die Drau aufwärts weiterzuziehen und die Gemeinden St. Lorenz (Sv. Lovrenc), St. Oswald (Sv. Ozbald) und Zelnitz (Selnice) zu

---

1 Gregor Faber, Nachricht an das Publikum zum Besten der leidenden Menschheit oder Beschreibung einer im Winter des Jahres 1787 zu Marburg in Untersteyer ausgebrochenen, nortwärts (sic) ausgebreiteten epidemischen Krankheit; nebst der genauen Untersuchung über die Entstehungsursachen; der angewendeten Kurart, und Arzneymitteln; samt dem Anhange eines Vorbeugungsvorschlages für die künftigen Zeiten; und der grassierenden Ruhrkrankheit des Kreises zu Cilli (Gratz 1788) S. 9.
Das vollständige Zitat lautet: „Wo wir hinkamen, fanden wir meistens Noth und Armuth; schädliche Wohnungen und viele Unreinlichkeit. Auf dem Lande überall großes Elend!"

2 Peinlich, Pest in der Steiermark, S. 313

3 Faber, Nachricht an das Publikum, S. 6 - 7

4 Die Biographie Fabers soll hier - als Beispiel für eine ärztliche Karriere in der Habsburgermonarchie des 18. Jahrhunderts - kurz skizziert werden: 1751 in Preßburg geboren, studiert Faber in den siebziger Jahren in Wien Medizin und promoviert 1779. 1780 zieht er in die Steiermark und erhält das Radkersburger Physikat, das er 1784 wieder abgibt. Nach einem etwa ein Jahr dauernden Aufenthalt in Wien tritt er 1786 eine Stelle als Armenarzt am Graben in Graz an. 1795 wird ihm das Cillier Kreisphysikat übergeben, 1797 schließlich das Grazer Kreisphysikat. Faber stirbt 1826. Siehe dazu: Egglmaier, Medizinisch-chirurgisches Studium, S. 375

5 Vollständiger Titel siehe Anm. 1

besuchen. Danach geht es über kleine Orte und die Weinberge an der Draustraße in Richtung Soboth, der letzten Station von Fabers Reise, die erst im Juni beendet sein wird.

Der Arzt identifiziert die Epidemie als „hitziges bösartiges Schleimfieber (febris acuta, pituitioso nervosa)", das „zuerst (...) den Kopf, die Nerven und die Brust"[6] angreift. Diese auf der Nosologie des 18. Jahrhunderts beruhende Diagnose soll auch in diesem Fall nicht mit zeitgenössischen Fachausdrücken belegt werden. Wiederum könnte es sich - nach heutigem Verständnis - um verschiedene Krankheiten gehandelt haben.

Ganz im Sinne der Ätiologieauffassung seiner Zeit beobachtet Faber auf der Suche nach Krankheitsursachen nicht nur einzelne Kranke und die klinischen Symptome ihrer Leiden. Sein Interesse gilt vor allem der sogenannten „epidemischen Konstitution". Die von Faber angewandte Methode der ätiologischen Analyse geht auf den Engländer Thomas Sydenham (1624 - 1689) zurück, dessen epidemiologische Theorien in der Habsburgermonarchie durch die Wiener medizinische Schule, namentlich durch Maximilian Stoll (1742 - 1787), propagiert werden.[7] Die Mediziner des 18. Jahrhunderts widmen der Luft, dem Wetter und dem Klima ebensoviel Aufmerksamkeit wie den menschlichen Wohnstätten, der Ernährung und der Bekleidung, die allesamt die epidemische Konstitution bestimmen können. Zu den „entfernten und näheren Ursachen" der Epidemie zählt der Arzt demnach: „Die Noth von drey Jahren her, die nach und nach immer schlechtere Säfte bewirkte. Die kalten, armseligen, den schnellen Abwechslungen der Witterung sehr ausgesetzten Gegenden. Grosse und beständige Nässe des letzten kalten Sommers und des Herbstes. Die darauf erfolgten wenigen unreifen Feldfrüchte; Obst und Weinmangel. Von den oftmal gefallenen Schlossen litt das Zugemüs sehr viel, und wurde hiedurch auch vernichtet. Der im September gefallene Schnee verdruckte den kaum bis zum grünen Kern gekommenen Haiden (Buchweizen, Anm.) welcher hiemit zu Grunde gerichtet war. Der türckische Waizen (Mais, Anm.) blieb beschädiget; die Hülsenfrüchte halb faul. Es wurden in der ganzen Gegend diese gewöhnlichen Hauptnahrungsmittel verwüstet, verdorben, oder gänzlich verlohren: und unfruchtbare Gräben und Berge mit großer Noth und vielen Elend erfüllet."[8]

Der Verlauf der von Faber geschilderten Krise entspricht einem uns bereits bekannten Schema: zwei bis drei schlechte Ernten, Unterernährung, Hunger und schließlich Seuchen, die unter den geschwächten Menschen viele Opfer finden. Es sind vor allem „Arme, Nothleidende und Dienstboten", die 1787 zuallererst von der Epidemie heimgesucht werden. Kinder und Greise, die diesen Bevölkerungsgruppen angehören, erkranken in besonders großer Zahl.[9]

Selbst in guten Jahren ernähren sich die meisten Bewohner der Untersteiermark, wie uns der Mediziner berichtet, äußerst einseitig, nämlich hauptsächlich von Getreidegerichten. Mais- oder Heidensterz bilden die tägliche Kost. Der Sterzbrei wird morgens „unvollkommen ausgekocht (...), ungeschmalzet, oder mit Essig und Schwämmen zubereitet" verzehrt.[10] Auch ein „dicker Mehlpapp (Koch)" findet sich häufig auf den Tischen der

---

6 Faber, Nachricht an das Publikum, S. 11

7 Siehe dazu auch: Dieter Wagner, Zeitgenössische Darstellungen zur Ätiologieauffassung von Infektionskrankheiten im 18. Jahrhundert. In: Beiträge zur Geschichte der Universität Erfurt 14 (1968/69) 83 - 89, bzw. Foucault, Geburt der Klinik, S. 38 - 43

8 Faber, Nachricht an das Publikum, S. 15 - 16

9 Ebd., S. 12 - 13

10 Ebd., S. 16 - 17

Landbewohner; von Zeit zu Zeit ergänzen Hülsenfrüchte die kargen Mahlzeiten.[11] Für den Winter werden gewöhnlich Obst- und Weinvorräte angelegt; 1787 aber „fehlt seit mehr Jahren beydes".[12] Nur selten bereichern Fleisch, Fisch, Eier oder Käse den eintönigen Speisezettel; der Mangel an tierischem Eiweiß dürfte nicht nur in schlechten Zeiten relativ groß gewesen sein.

Auf ähnliche Verhältnisse trifft man noch heute vornehmlich in den sogenannten Entwicklungsländern. Man vermutet, daß der in vielen Teilen Asiens, Afrikas und Lateinamerikas weitverbreitete Eiweißmangel, der als Folge einseitig pflanzlicher, kalorienreicher Ernährung auftritt, mit für die in jenen Regionen der Welt herrschende hohe Kindersterblichkeit verantwortlich ist.[13] Eine generelle Schwächung der Abwehrkräfte durch Vitamin- und Eiweißmangel auf der einen, fehlende Hygiene und unzureichende Wasserversorgung auf der anderen Seite: Lebensbedingungen, die vor 200 Jahren den Alltag vieler Europäer geprägt und ihre Anfälligkeit für Krankheiten aller Art gefördert haben.

Doch folgen wir einem Arzt des 18. Jahrhunderts in die Hütten der südsteirischen Bauern. Dicker Rauch und unerträglicher Gestank rauben dem Besucher schon beim Eintreten den Atem. Auf den Lehmböden der Stuben tummeln sich Hühner, Lämmer, Kälber und Schweine, die mit ihren Exkrementen die menschlichen Wohnungen verschmutzen und deren Geschrei während des ganzen Winters die Häuser erfüllt. Überall fault und schimmelt es, selbst die Tiere sind selten gesund. In den Rauchstuben, deren Name sich vom fehlenden Kamin herleitet, verderben die fast nie in eigenen Gefäßen aufbewahrten, verstreut herumliegenden Nahrungsmittel.[14] Kranke werden manchmal einfach auf den Ofen gelegt und dort ihrem Schicksal überlassen.[15]

Die furchtbarsten Zustände bekommt Gregor Faber auf der Soboth zu Gesicht. Schon der Aufstieg gestaltet sich schwierig: Beim Überqueren einer Schlucht stürzt der Mediziner in einen reißenden Bach und kommt dabei fast ums Leben. Am 10. Mai erreicht er die „öde, hohe, armselige wilde Alpe".[16]

Noch bedeckt Schnee die Äcker, auf denen auch in fruchtbaren Jahren nur Buchweizen und Hafer gedeihen.[17] Bis Oktober wartet man hier auf die Ernte, alljährlich kehrt der Hunger wieder.[18] In den Häusern leben oft zwei oder drei Familien gemeinsam, deren besonderer Kinderreichtum die Not noch drückender macht.[19] Ebenso groß wie die Zahl der Kranken ist das Mißtrauen der Bevölkerung, mit dem der Arzt aus Graz auf der Soboth konfrontiert wird: „Brod und Fleisch waren unsere besten Lockmittel den Kranken Arzneyen einzubringen. Man mußte mit einer unglaublichen Geduld mit ihnen umgehen, oder man hätte sich sehr leicht den gröbsten Gefahren ausgesetzt. Denn hier gibt es nur noch Wilde!" Im übrigen kümmert sich niemand um die Kranken: „Es hat sich zugetragen, daß einige Kranke vor Durst, und andere in ihrem eigenen Moraste sterben mußten!"[20]

---

11 Ebd., S. 16
12 Ebd., S. 17
13 Siehe dazu etwa: Welternährungswirtschaft. In: Meyers Enzyklopädie der Erde (Mannheim 1985) Bd. 8, 3028 – 3033, S. 3030
14 Faber, Nachricht an das Publikum, S. 19 – 20
15 Ebd., S. 31
16 Ebd., S. 46 – 47
17 Ebd., S. 19
18 Ebd., S. 52
19 Ebd., S. 76
20 Ebd., S. 50

Wenn auf der Soboth die Wäsche gewaschen wird, verkriecht man sich im Heu oder läuft nackt umher, da man nur die Kleidung besitzt, die man am Leib trägt.[21]

Auf seiner ganzen Reise hat der Arzt ähnliches gesehen: Allenthalben trifft man auf von schmutzigen Lumpen bedeckte Erwachsene, auf nackte Kinder und Jugendliche. Körperpflege ist unbekannt: „Man erblickt nur schmierige, ungewaschene Gesichter, die den Menschen kaum gleichen."[22]

Neben der mangelhaften Ernährung und der allgemein schlechten Hygiene gefährdet verunreinigtes Wasser die Gesundheit der Bevölkerung. Gewohnt, „das Schneewasser, das auf leimigem Grunde, unweit der Mistlache, oder neben dem Fahrtwege stehende Wasser"[23] zu trinken oder zum Kochen zu verwenden, ist man anfällig für Erkrankungen des Verdauungstraktes, die häufig epidemische Ausmaße annehmen. In den seltenen guten Zeiten neigt man zum Exzeß, verzehrt ungeheure Mengen an Eßbarem und betrinkt sich; ein Umstand, der Gregor Faber große Sorge bereitet.[24] Im Winter, wenn die letzten Nahrungsvorräte beinahe verbraucht sind, bleibt den Hungernden nur noch der Wein, dem sie bei Gelegenheit kräftig zusprechen: zur Armut kommt der Alkoholismus.[25] Im Krisenjahr 1787 sind allerdings in vielen Gegenden auch die Weinkeller leer.[26]

Ende April, Anfang Mai 1787 gehen heftige Regenfälle auf die Untersteiermark nieder. In manchen Gebieten fällt Schnee; die gerade erst keimende Saat und die Blüten der Obstbäume werden von der Kälte zerstört. Resignation und Verzweiflung machen sich unter der Landbevölkerung breit. Gregor Faber befürchtet eine neuerliche Hungersnot und den Ausbruch von Epidemien.[27] Machtlos gegenüber dem allgegenwärtigen Elend, empfiehlt er einige Präventivmaßnahmen, die das Ärgste verhindern helfen sollen: Die Rauchstuben seien abzuschaffen und die Böden der Häuser zu verputzen, womit zumindest die Wohnungen sauberer würden. Auch die Disziplinierung der Bevölkerung würde nach Ansicht des Arztes viele Probleme lösen. So könnten etwa alle Landbewohner, die sich den ganzen Winter, in dem es für viele nichts zu tun gibt, müßig herumtreiben, betteln und trinken, künftig in Wollzeugfabriken arbeiten, die sich in aufgelassenen Klöstern einrichten ließen. Hier werde sich auch Beschäftigung und Verdienst für diejenigen finden, die sich ihre Zeit bisher mit langen Wallfahrten, mit Opferbringen und teuer bezahlten Messen vertrieben hätten.[28] Um Hungersnöten vorzubeugen, müßten – wiederum in den nunmehr leerstehenden Klöstern – Getreidevorräte angelegt werden; dem Getreidewucher könnte auf diese Weise ebenfalls Einhalt geboten werden.[29]

Schließlich geht Faber noch auf das Problem der Übervölkerung ein, war ihm doch aufgefallen, daß in der Südsteiermark „allgemein in jedem Hause und in jeder Bauern-Rauchstube mehrere verheurathete Einwohner zusammenwohnen, die selten eine Arbeit haben, beständig nothleiden, und sehr arm sind; die dem Bauer bei seinem

---

21 Ebd., S. 18
22 Ebd.
23 Ebd., S. 20
24 Ebd., S. 21
25 Ebd., S. 17, 26
26 Ebd., S. 17
27 Ebd., S. 71
28 Ebd., S. 73 – 74
29 Ebd., S. 75

schlechten, geringen Grundstücke nur lästig, und überflüssig sind, und ihm weiters zu nichts verhelfen, als seine enge Rauchstube mit Kindern zu füllen, die Luft darinnen zu verderben, die Wohnungen unfläthiger zu machen, und endlich auch ihn arm aufzuzehren".[30] Und in Gegensatz zu den im Habsburgerreich so lange gängigen Grundsätzen der Populationistik stellt er fest: „Meistens in so armen Gegenden fordert es für heilsam die häufigen, und überflüssigen Einwohner möglichst zu vermindern".[31] Keine Hoffnungen scheint der aufgeklärte Mediziner auf landwirtschaftliche Neuerungen zu setzen: Die zu jener Zeit üblichen Vorschläge zur Steigerung der Ernteerträge sucht man in seiner Abhandlung vergeblich.

Wahrscheinlich fanden die Vorschläge des Mediziners keine allzu große Beachtung. Er selbst hat sich jedenfalls bemüht, sofort Hilfe zu leisten, wo ihm dies möglich war. Über die Wirksamkeit der Arzneien und Therapien, die er seinen Patienten zuteil werden ließ, könnte hier nur spekuliert werden. Dort allerdings, wo der Arzt sich für eine rasche Versorgung der Bevölkerung mit der notwendigen Nahrung einsetzte, mag seine Arbeit erfolgreich gewesen sein. Allem Anschein nach ließ das Gubernium Lebensmittel in den Marburger Kreis liefern, die durch Wundärzte in den von der Seuche heimgesuchten Orten an die Kranken und Bedürftigen verteilt worden sein dürften.[32]

Vermutlich hat man Fabers Engagement in der Behörde auch zu schätzen gewußt, denn schon Anfang September 1787 wird der Arzt von der k.k. Länderstelle wieder an einen Seuchenherd entsandt. Im Kreis von Cilli grassiert schon seit Mitte Juli eine „epidemische Ruhrkrankheit".[33] Betroffen ist ein Gebiet, das sich von den gebirgigen Gegenden an der Grenze zu Kärnten bis zur Südseite des Bachern erstreckt. Ein äußerst heißer, regenarmer Sommer hat die Felder ausgetrocknet, und noch im Oktober herrscht große Hitze im ganzen Land.[34] Infolge der Dürre fällt die Obsternte katastrophal schlecht aus, die ohnedies schon hungernden Landbewohner ernähren sich nur noch von Pilzen, Hirsebrei, Hülsenfrüchten und beinahe ungenießbaren Sterzgerichten.[35] Auf den Weiden wächst kein Gras mehr; Schafe, Ziegen und Kühe geben keine Milch. Man ist gezwungen, statt der sonst mit Vorliebe genossenen sauren Milch abgestandenes, verdorbenes Wasser zu trinken.[36] Mit der uns schon bekannten Zwangsläufigkeit beginnen Krankheiten unter der Bevölkerung zu wüten. Obwohl auch hier nicht sicher ist, ob es sich bei der von Faber beschriebenen „Ruhrkrankheit" nicht um mehrere Krankheiten gehandelt hat, die zur gleichen Zeit auftraten, kann doch angenommen werden, daß es der Arzt mit infektiösen Erkrankungen der Verdauungswege, wie etwa Typhus oder Ruhr, zu tun hatte.

Unterernährung, Hitze, verunreinigtes Trinkwasser und mangelnde Hygiene bilden in diesem Fall den epidemiologischen Hintergrund. Wieder haben die Kinder am meisten zu leiden. Zu ständiger Feldarbeit gezwungen, haben die Frauen keine Zeit, sich um Kleinkinder und Säuglinge zu kümmern, die häufig, schutzlos der stechenden

---

30 Ebd.
31 Ebd., S. 76
32 Ebd.
33 Ebd., Teil 2, S. 3
34 Ebd., S. 4
35 Ebd., S. 10
36 Ebd.

Sonne ausgesetzt, am Rande der Äcker zurückgelassen werden: „Oft schreien diese armen Martirer vor unerträglicher Hitze um Erbarmen ihrer Mütter unaufhörlich. Allein diese harten Mütter bleiben auf dem Acker unbeweglich. Das Flehen ihrer Kinder unterbricht ihre Arbeit selten."[37] Viele Kinder liegen auch einsam in den tagsüber leeren Hütten, niemand hört das Weinen der von Durchfällen und Koliken Geplagten.[38] In den Dörfern findet Faber immer wieder verwahrloste, nackte oder in Lumpen gehüllte Kinder, die oft vor Bauchschmerzen schreien.[39] Wo es Mütter gibt, die ihre kranken Kinder pflegen, enden die Heilungsversuche, wie der Arzt glaubt, nicht selten tödlich. Man flößt den Leidenden größere Mengen Weines ein oder verpaßt ihnen Bauchumschläge aus „Wasserpfefferkraut".[40] Doch auch die Mittel des Arztes dürften den Kranken wenig geholfen haben.

Daß Verbesserungen von Ernährung und Hygiene entscheidend zur Prävention von Krankheiten beitragen können, hat man im 18. Jahrhundert bereits gewußt. An den ungünstigen Lebensbedingungen der Masse der Landbevölkerung änderte dies jedoch nichts, wie soeben gezeigt wurde. Je abgelegener und unfruchtbarer ein Gebiet war, desto größere Gefahren drohten seinen Bewohnern durch Mißernten, die zumeist Folge ungünstiger Witterungsverhältnisse waren. Doch nicht nur in den abseits der befahrbaren Handelswege gelegenen armen Gegenden, in die sich nur selten Reisende verirrten und die sich dem Zugriff der staatlichen Bürokratie entzogen, fand man im 18. Jahrhundert - und wohl auch noch später - Menschen, die in der Regel ein Leben lang zu wenig zu essen hatten, immer jedoch mangelhaft ernährt waren. Ganze Landstriche Mitteleuropas waren im 18. Jahrhundert immer wieder von Hunger, Armut und Seuchen bedroht: Die Geschichte der Krankheiten jener Zeit ist vor allem eine Geschichte des Elends, der sozialen und wirtschaftlichen Misere.

---

37 Ebd., S. 8
38 Ebd., S. 14
39 Ebd.
40 Ebd., S. 16. Wasserpfefferkraut (Herba Persicariae) war noch im 19. Jahrhundert als Hausmittel (Umschläge) in Gebrauch. In der Medizin fand es unter dem Namen „Polygonum" als Antidysentericum Verwendung. Siehe dazu: Johannes Arends, Volkstümliche Namen der Arzneimittel, Drogen, Heilkräuter und Chemikalien. Eine Sammlung der im Volksmund gebräuchlichen Benennungen und Handelsbezeichnungen (Berlin/New York 1971) S. 394, bzw. Schneider, Lexikon zur Arzneimittelgeschichte Teil 5/Bd. 3, S. 100 - 101

4. Zum Vergleich: Epidemien und Epidemienbekämpfung im westlichen Europa (Frankreich und Belgien)

Die medizinische Versorgung der Landbevölkerung bei Epidemien, die kostenlose Verteilung von Arzneien und die Ausgabe von Lebensmitteln an bedürftige Kranke werden auch in der teilweise bereits zum Thema „Zahl und Verteilung der Heilkundigen" zitierten französischen Fachliteratur als Errungenschaften des 18. Jahrhunderts bezeichnet.[1]

Die Anfänge einer zentralen, königlich-staatlichen „Krisenintervention" bei Epidemien und Hungersnöten fallen in Frankreich in die frühen Regierungsjahre Ludwigs XIV.: „Car nos sujets sont nos véritables richesses", läßt der König 1670 in seinen „Mémoires" vermerken, um die während der Hungersnot von 1662 getroffenen Maßnahmen zu begründen.[2]

Die neuen Repräsentanten des „pouvoir central", die „Intendants de justice, police et finances", übernehmen in den Provinzen seit 1661 zu Pest- und Hungerzeiten immer häufiger Aufgaben, für die zuvor Organe der städtischen Verwaltungen zuständig gewesen waren. Anfang des 18. Jahrhunderts spielen die Intendanten bereits die Hauptrolle bei der Bekämpfung von Epidemien und Getreideknappheiten.[3] So entwickelt sich seit der Ära Colberts „une volonté de politique globale face aux grands fléaux mortifères", wie es François Lebrun formuliert.[4]

Erfolgt die staatliche Hilfe in Krisenzeiten zunächst nur sporadisch und punktuell, läßt die Vorgangsweise der königlichen Beamten in der ersten Hälfte des 18. Jahrhunderts bereits Methode erkennen. Epidemische Krankheiten werden nach Möglichkeit gleich bei ihrem ersten Auftreten bekämpft; die Einsätze von Ärzten, Chirurgen und Priestern werden vom zuständigen Intendanten koordiniert. Die Bevölkerung der betroffenen Gebiete wird durch Lebensmittellieferungen und finanzielle Zuwendungen unterstützt; häufig gewährt man ihr auch Steuernachlässe.[5] Der „contrôleur général" in Paris gibt Arzneimittelkästen, die sogenannten „bôites d'Helvétius" (nach Adrien Helvétius, einem Leibarzt Ludwigs XIV.)[6] aus, die jeweils 253 verschiedene Sorten von Medikamenten enthalten und bei allen Arten von Epidemien eingesetzt werden können.[7]

Seit der Mitte des 18. Jahrhunderts steht jedem Intendanten ein „médecin correspondant des épidémies" zur Seite. Um 1770 gibt es fast in sämtlichen Provinzen Frankreichs ein System der Epidemienbekämpfung, für das überall dieselben Regeln gelten.[8] Wird in einer Pfarre eine plötzliche Häufung von Todesfällen bemerkt, so ist der Gemeindepfarrer verpflichtet, dies sofort dem zuständigen „subdélégué", dem Beauftragten des Intendanten, zu melden. Dieser hat ohne Verzögerung den „médecin correspondant" zu

---

1 Siehe etwa: Lebrun, Les hommes et la mort, S. 294 - 299; ders., L'intervention des autorités face aux crises de mortalité dans la France d'ancien régime. In: Leib und Leben in der Geschichte der Neuzeit. Vorträge eines internationalen Colloquiums (1981), ed. Arthur E. Imhof (= Berliner Historische Studien 9/2, Berlin 1983) 39 - 52; wie auch: Goubert, Medikalisierung.

2 Hier zitiert nach Lebrun, L'intervention des autorités, S. 47

3 Ebd., S. 46

4 Ebd.

5 Ebd., S. 50

6 Nach Adrien Helvétius, einem Leibarzt Ludwigs XIV.

7 Lebrun, L'intervention des autorités, S. 50

8 Ebd., S. 51

informieren, der sich seinerseits mit demjenigen Arzt in Verbindung setzen muß, der sich dem verdächtigen Ort am nächsten befindet. Bestätigt sich der epidemische Charakter der Krankheit durch die ärztliche Überprüfung, macht man sich an die Verteilung der Hilfsgüter und Arzneien, wobei die praktische Arbeit bei epidemienmedizinischen Einsätzen oftmals von Chirurgen geleistet wird. Neben ihnen haben auch die Pfarrer den Ärzten Unterstützung zu leisten, Krankentabellen zu führen und die Ausgabe der Heil- und Nahrungsmittel zu überwachen.[9]

Die französischen Pfarrer wurden also mit Aufgaben betraut, für die im Herzogtum Steiermark wie in den anderen Erbländern der Habsburger Vertreter der „Dominien und Ortsobrigkeiten"[10] verantwortlich sein sollten. Das französische System der Epidemienbekämpfung war damit ebenfalls besonders auf die Kooperationsbereitschaft lokaler Autoritäten angewiesen. Wie schon an anderer Stelle erwähnt, kamen die Pfarrer ihren seuchenpolizeilichen Pflichten anscheinend nur ungern nach. In der Bretagne etwa arbeiteten nur rund 5 % der Geistlichen mit der Intendantur und den von ihr ausgesandten Ärzten zusammen.[11]

Die Kosten der epidemienmedizinischen Einsätze werden in Frankreich von der königlichen Verwaltung getragen, die ihrerseits von den „médecins correspondants" stets genaue Aufstellungen aller Auslagen verlangt. Auch in Frankreich soll die staatliche Hilfe im Grunde nur den „armen Kranken" gewährt werden, die sich keinen Arzt und keine Arzneien leisten können. In den ländlichen Pfarrgemeinden stellen die „armen Kranken" jedoch zumeist die überwiegende Mehrheit der Betroffenen - so kommt nicht selten die gesamte Bevölkerung einer Region in den Genuß königlicher Zuwendungen.[12]

Mit dem 1778 von einer königliche Kommission zur Untersuchung von Epidemien und Epizootien zur „Société Royale de Médecine" erhobenen Expertengremium[13] verfügt man in Paris schließlich über ein zentrales Organ, das für die Gesamtheit gesundheitspolitischer Fragen zuständig ist und ein dichtes Netz von Informanten unterhält. Bald ist fast jeder „médecin correspondant des épidémies" auch Mitglied der „Société Royale de Médecine".[14] Diese hochentwickelten, in Europa einzigartigen Formen der organisierten Bekämpfung von Epidemien änderten allerdings wenig an den beschränkten therapeutischen Möglichkeiten der Mediziner - am wirksamsten war die staatliche Seuchenbekämpfung immer dort, wo großzügig Lebensmittel an die Kranken verteilt wurden.[15] Der Einsatz der Epidemienärzte hatte jedoch indirekt bedeutende Folgen, da nun, so Jean Pierre Goubert, „die Mediziner und nicht die ‚armen Kranken' reisten".[16] Gerade die Mobilität der Armen dürfte im 18. Jahrhundert die

---

9 Goubert, Medikalisierung, S. 97

10 Amtsunterricht für Kreisärzte der böhmisch und österreichisch teutschen Erbländer (vermög § 12 auch für Galizien), 28. 9. 1785. In: John, Lexikon der k.k. Medizinalgesetze 1, S. 57: „§ 3: Die Dominien und Ortsobrigkeiten haben bereits die Verordnung, sobald wahrgenommen wird, daß in einem Orte mehrere Menschen in kurzer Zeit durch einerlei Krankheit aufgerieben werden, sogleich unter schwerster Verantwortung die Anzeige an das Kreisamt zu machen."

11 Ebd.

12 Lebrun, L'intervention des autorités, S. 51

13 Siehe dazu Kapitel A, Abschnitt I.

14 Lebrun, L'intervention des autorités, S. 52

15 Goubert, Medikalisierung, S. 101

16 Ebd.

Verbreitung von Krankheiten gefördert haben. Die „Politik häuslicher Versorgung"[17] könnte somit in vielen Fällen das Übergreifen epidemischer Krankheiten von einem Ort auf den anderen verhindert haben.

Dennoch gelang es trotz aller Bemühungen der Behörden auch weiterhin kaum, das unablässige Wüten der Epidemien einzudämmen. In Zeiten großer Seuchen, die oft ganze Provinzen in Mitleidenschaft zogen, konnte immer nur ein kleiner Teil der Bevölkerung von der königlichen Verwaltung unterstützt werden. Als die Bretagne 1777 und 1778 von Epidemien heimgesucht wurde, betreute die Intendantur im ersten Jahr 35, im zweiten nur 29 von insgesamt 1600 betroffenen Gemeinden.[18]

Hunger, Armut und Krankheit waren auch im Frankreich des 18. Jahrhunderts auf besondere Weise miteinander verbunden, obwohl dem „großen Sterben" des 17. Jahrhunderts bereits ein demographischer Aufschwung gefolgt war, der die gesamte Bevölkerungsstruktur veränderte. Immer noch prägten Unterernährung, mangelnde Hygiene und soziale Mißstände die epidemiologischen Verhältnisse. Neben dem Typhoidfieber, der Tuberkulose, dem Sumpffieber und verschiedenen Geschlechtskrankheiten, die allesamt endemisch auftraten, bestimmten Typhus-, Pocken und Ruhrepidemien die Morbidität und Mortalität.[19] Die Letalität dieser Krankheiten war oft zeitlich wie räumlich äußerst unterschiedlich. Die wirtschaftliche und soziale Gesamtsituation der von Krankheiten und Seuchen betroffenen Regionen findet auch nach Ansicht französischer Autoren in einer jeweils spezifischen Epidemiologie ihre Entsprechung. Jean Pierre Goubert hat in seiner Studie über „Malades et médecins en Bretagne 1770 – 1790" gezeigt, daß in dem von ihm untersuchten Zeitraum in der westlichsten Provinz Frankreichs eine Übersterblichkeit („surmortalité") herrschte, wie sie für die demographischen Krisen des „type ancien" kennzeichnend gewesen war.[20] Mortalitätskrisen („crises de mortalité") standen hier meist mit ökonomischen Schwierigkeiten in Zusammenhang. In einer Zeit, die – was Frankreich im ganzen betrifft – als eine Phase der demographischen Konjunktur betrachtet wird, zeigte die Bretagne eine negative Bevölkerungsbilanz: ein weiteres Beispiel für die nicht zu unterschätzenden regionalen Variationen der Bevölkerungsentwicklung.

Trotz bedeutender Ausnahmen wurde die Intensität der Krisen, die mit einer großen Sterblichkeit einhergingen, im westlichen Europa des 18. Jahrhunderts insgesamt immer geringer. Der belgische Historiker Claude Bruneel erläutert dies an einem Beispiel: Während Hunger und Pest die durchschnittliche Mortalität im Brabant 1693/94 noch um 300 % steigen ließen, führte die Dysenterieepidemie des Jahres 1741 zu einer um 200 – 250 % erhöhten Sterblichkeit. Die Dysenterieepidemie von 1783 vermehrte die Zahl der Todesfälle „bloß" um 150 %.[21] Trotz dieser – statistisch betrachtet – günstigen Tendenz, zeigen die von Bruneel errechneten Daten, daß die Bedrohung der Bevölkerung durch Epidemien oder Pandemien bösartiger Infektionskrankheiten im 18. Jahrhundert weiterhin sehr groß war.

---

17 Ebd.
18 Ebd., S. 97
19 Ebd., S. 92
20 Siehe dazu: Goubert, Malades et médecins, S. 26 - 51, bzw. ders., Medikalisierung, S. 91
21 Bruneel, L'épidémie de dysenterie de 1779, S. 195

1779 etwa wütet die Dysenterie (Ruhr) in weiten Teilen Frankreichs, Belgiens, Hollands und im westlichen Deutschland.[22] Rund 175 000 Opfer soll die Seuche innerhalb von nicht einmal sechs Monaten gefordert haben.[23] Die französischen Verwaltungsbehörden versuchen dem Übel in den besonders arg betroffenen Gebieten des Königreichs (Bretagne, Anjou, Maine, Poitou, Picardie und Flandre) mit schon bewährten Methoden zu begegnen.[24] In den österreichischen Niederlanden steht man der Epidemie seitens der Regierung zunächst noch ratlos gegenüber. Der zentralen Bürokratie sind in den von den Ständen dominierten belgischen Provinzen engere Grenzen gesetzt als in den habsburgischen Erbländern; die Stände ihrerseits entwickeln in Fragen der Seuchenabwehr keine besondere Initiative. Von einer zielgerichteten Gesundheitspolitik kann in Belgien nicht die Rede sein. Ein paar zusammenhangslose Verordnungen und die Quarantänebestimmungen für Schiffe aus pestverseuchten Gegenden – das ist alles, was sich im „Recueil des ordonnances des Pays Bas autrichiens" zum Thema findet.[25]

Die Maßnahmen und Reaktionen der Brüsseler Regierung zeigen wenig Kohärenz. So mag es vorkommen, daß die medizinische Fakultät der Universität Löwen bei Problemen im Bereich des Heilwesens zu Beratungen herangezogen wird, oder daß man einen Arzt zu Untersuchungen ausschickt, wenn Gerüchte über den Ausbruch von Epidemien nach Brüssel gelangen.[26] Erst einmal, 1772, hat die Regierung, vertreten durch Patrice-François de Nény (1716 – 1784), den Präsidenten des Geheimen Rates, bei der Bekämpfung einer Seuche eine aktive Rolle gespielt. Eine „Faulfieberepidmie" hatte damals die Hauptstadt heimgesucht.[27] Die von Nény dabei angeordneten Vorkehrungen können allerdings nicht als Ausdruck eines gesundheitspolitischen Konzepts angesehen werden.[28]

Als die Brüsseler Regierung im Spätsommer 1779 davon erfährt, daß die Dysenterie in vielen Provinzen des Landes grassiert, verhält man sich zunächst abwartend. Zollbeamte hatten dem Finanzrat erste Meldungen über die Seuche übermittelt, worauf auch der Geheime Rat von der unangenehmen Neuigkeit verständigt wurde.

Am 21. September 1779 reißt ein Befehl des bevollmächtigten Ministers Fürst Georg Adam Starhemberg (1724 – 1807) die Regierungsmitglieder aus ihrer Lethargie.[29] Man versucht nun, sich über die Ursachen der Krankheit zu informieren, organisiert Hilfe und tut alles, um keine Panik unter der Bevölkerung ausbrechen zu lassen. Die Schlüsselfunktionen kommen dabei im wesentlichen zwei Personen zu: dem Staats- und Kriegssekretär Henri-Herman de Crumpipen (1738 – 1811) und Patrice-François de Nény. Crumpipen und der Präsident des Geheimen Rates, die täglich zu einer Lagebesprechung zusammentreffen, sind befugt, sämtliche Entscheidungen und Maßnahmen auch ohne Ermächtigung durch den Generalgouverneur, Herzog Karl von Lothringen (1712 – 1780), zu treffen.

---

22 Ebd., S. 196
23 Ebd.
24 Siehe auch: Lebrun, Les hommes et la mort, S. 373 – 387 bzw. Goubert, Malades et médecins, S. 356 – 360
25 Bruneel, L'épidémie de dysenterie, S. 199
26 Ebd., S. 199, 237
27 Siehe dazu: Claude Bruneel, Un problème de gouvernement: le pouvoir face à l'épidémie de fièvre putride à Bruxelles en 1772 - 1773. In: Mensch und Gesundheit in der Geschichte 199 - 222
28 Bruneel, L'épidémie de dysenterie, S. 199
29 Ebd., S. 200

Zunächst werden die Generalprokuratoren von Brabant und Namur angewiesen, ohne großes Aufsehen Informationen über die Art der Krankheit und über die Zahl ihrer Opfer einzuholen.[30] Bald darauf erhält ein Professor der medizinischen Fakultät von Löwen den Auftrag, sich in Begleitung eines Kollegen seiner Wahl in die Seuchengebiete zu begeben und den Präsidenten des Geheimen Rats über alle medizinischen Aspekte der Krankheit zu unterrichten. Gegebenenfalls sollen Therapievorschläge eingebracht und Medikamentendepots angelegt werden.[31]

In dem am 27. September von den Ärzten erstellten Bericht ist von einer „dissenterie bilieuse, épidémique et même contagieuse" die Rede.[32] Noch am selben Tag läßt man von der Imprimerie royale in Brüssel Direktivregeln drucken, die als Broschüren an alle Pfarrer und Beamten in den betroffenen Gegenden verteilt werden.[33] Nach und nach werden auch die Provinzobrigkeiten von Flandern, Limburg und Luxemburg über allfällige verdächtige Entwicklungen befragt.[34]

Da viele Kranke nicht in der Lage sind, therapeutische Hilfeleistungen zu bezahlen, fordert man die Gemeinden auf, für die Kosten der Behandlung Bedürftiger aufzukommen. In den am ärgsten in Mitleidenschaft gezogenen Provinzen werden Arzneimittellager für die Armen eingerichtet. Ärzte werden auf das Land geschickt, um die kranke Bevölkerung zu versorgen, mittellose Patienten müssen unentgeltlich betreut werden.[35] Die Mediziner haben zudem die Aufgabe, die Behörden über den Verlauf der Epidemie und die Bevölkerung über gewisse Grundregeln der Hygiene aufzuklären. Die Pfarrer werden dazu angehalten, ihren Gemeinden die Zweckmäßigkeit der behördlichen Maßnahmen zu erläutern.[36] Denn im Volk steht man den von der Obrigkeit organisierten Aktionen skeptisch gegenüber und setzt mehr Hoffnung auf die segensreiche Wirkung von Wallfahrten als auf die Kunst der Ärzte.[37]

Bald werden auch Verordnungen zur Krankheitsprävention erlassen: Der Import und Verkauf gewisser Obst- und Gemüsesorten wird verboten, eigene Begräbnisvorschriften werden verlautbart, öffentliche Aufbahrungen untersagt.[38]

Man verabsäumt es jedoch, die Trennung der Kranken von den Gesunden anzuordnen. Umsichtiger zeigt man sich hingegen im Bemühen, Ausbrüche von Panik zu verhindern: Das Totengeläut muß bis auf weiters eingestellt werden (Verordnungen ähnlichen Inhalts finden sich übrigens auch in den Epidemienakten des Innerösterreichischen Guberniums).[39]

Das Vorgehen der Brüsseler Regierung weist im einzelnen viele Gemeinsamkeiten mit den Methoden der Epidemienbekämpfung im südlichen Nachbarland Frankreich oder auch in den habsburgischen Erbländern auf. Der entscheidende Unterschied zu Frankreich und den Erbländern besteht jedoch darin, daß die organisierte Seuchenabwehr da wie dort von einem mächtigen Verwaltungs- und Behördensystem getragen

---

30 Ebd., S. 201
31 Ebd.
32 Ebd.
33 Ebd., S. 202
34 Ebd.
35 Ebd., S. 203
36 Ebd., S. 204
37 Ebd., S. 205
38 Ebd., S. 206
39 Ebd., S. 207

wurde, das sich in den österreichischen Niederlanden nie etablieren hatte können. Gerade während der Dysenterieepidemie von 1779 zeigte sich allerdings, wie Claude Bruneel es ausdrückt, die „volonté centralisatrice" des theresianischen Gouvernements.[40]

Nach dem Abklingen der Seuche ist man in der Regierung darum bemüht, eine möglichst lückenlose statistische Bilanz zu ziehen. Erstmals ist man daran interessiert, die genaue Zahl der Opfer einer Epidemie zu kennen.

Landesweite Erhebungen werden durchgeführt. In allen von der Seuche heimgesuchten Provinzen der österreichischen Niederlande werden die Pfarrer mit detaillierten statistischen Ermittlungen betraut.[41] Schließlich werden die lokalen Ergebnisse von den Generalprokuratoren nach Provinzen zusammengefaßt. Von den etwa zwei Millionen Einwohnern der betroffenen Gebiete sind, so stellt sich heraus, rund 6300 an der Dysenterie gestorben (zirka drei Promille der Bevölkerung).[42] Damit war die Epidemie viel glimpflicher verlaufen als etwa in der Bretagne, wo man im Seuchenjahr 1779 um 42 000 Todesfälle mehr als in Jahren „gewöhnlicher" Sterblichkeit verzeichnete.[43]

Mortalität und Letalität der Krankheit weisen erhebliche regionale Schwankungen auf.[44] Im ganzen Land jedoch fordert die Krankheit unter den Kindern die meisten Todesopfer. Über 40 % der Verstorbenen finden sich unter den Ein- bis Zwölfjährigen.[45]

Die Zeitgenossen halten den heißen und trockenen Sommer für die Ursache der Seuche.[46] Neben dem witterungsbedingten Wassermangel macht eine Insekteninvasion besonders den Bauern zu schaffen. Raupen, Blattläuse und Fliegen vermehren sich 1779 in ungewohntem Ausmaß, Obst- und Gemüsekulturen werden von den Schädlingen arg in Mitleidenschaft gezogen.[47] Seit der Frühlingszeit beobachten die Ärzte Gallfieber, zu denen sich Diarrhöen, Gelbsucht und Faulfieber gesellen. Im August werden die ersten Fälle von Dysenterie bekannt; bald breitet sich die Krankheit in vielen Provinzen aus.[48]

Claude Bruneel glaubt, daß die von den Medizinern beschriebenen klinischen Symptome der Krankheit denjenigen einer Bakterienruhr entsprächen.[49] Nachdem die Ärzte jedoch regionale Varianten der Krankheit unterschieden,[50] erscheint mir eine historische „Ferndiagnose" der Krankheit(en) auch in diesem Fall problematisch. Die rasche Verbreitung des Übels entlang der Marschrouten des Militärs kann hingegen als gesichert gelten. So dürften, wie Bruneel vermutet, aus Deutschland nach Belgien zurückkehrende Regimenter vor allem denjenigen Dörfern zum Verhängnis geworden sein, die den Truppen als Etappenquartiere dienten.[51] Im übrigen wurde die Anfälligkeit

40 Ebd., S. 191
41 Ebd., S. 220
42 Ebd., S. 225
43 Goubert, Malades et médecins, S. 357. Die Bretagne hatte 1779 rund 2,2 Millionen Einwohner.
44 Bruneel, L'épidémie de dysenterie, S. 229 – 230
45 Ebd., S. 232
46 Ebd., S. 197
47 Ebd., S. 197 – 198
48 Ebd., S. 198
49 Ebd., S. 209
50 Ebd., S. 210
51 Ebd., S. 210 – 211

für Infektionen der Verdauungswege auch in den österreichischen Niederlanden durch einen allgemeinen Mangel an individueller Hygiene gefördert.[52]

Die Mobilität der Bevölkerung könnte ebenfalls zu den beachtenswerten epidemiologischen Faktoren gezählt werden: Gerade in den belgischen Provinzen wurde im 18. Jahrhundert viel gereist.[53] Chronische Unterernährung oder Hunger haben in Belgien, wie es scheint, nicht zur Verschlechterung der Lage während der Dysenterieepidemie des Jahres 1779 beigetragen. Schädlinge und Trockenheit mögen jedoch die Qualität der pflanzlichen Nahrungsmittel beeinträchtigt haben.[54]

Anfang Dezember 1779 zieht der bevollmächtigte Minister Starhemberg seine ersten Schlüsse aus dem Gang der Ereignisse. Was die Kosten der Epidemienbekämpfung anbelangt, so hat sich das Brüsseler Gouvernement an den Gemeinden schadlos gehalten. Die Ausgaben der Regierung belaufen sich also nur auf 2437 fl.[55] Dennoch ist Starhemberg unzufrieden: „(O)n auroit pu sauver beaucoup de monde si le public avoit été éclairé quelques semaines plutôt",[56] kritisiert der Minister.

Um ähnliche Fehler in Zukunft zu vermeiden, denkt man nun daran, ein wirkungsvolles Meldesystem einzurichten, mit dessen Hilfe schon das erste Aufflackern einer Epidemie registriert werden könnte.[57] Nach eingehender Befragung der Steuerbeamten (fiscaux) in den Provinzen findet man eine annehmbare Lösung: 1780 werden alle in Städten, Märkten und größeren Ortschaften tätigen „officiers de police" angewiesen, jede Meldung über den Ausbruch einer Epidemie, die sie von einem Arzt oder Pfarrer erhalten, sofort dem nächsten Provinzfiskal zu übermitteln. Dieser hat darauf Berichterstatter in das Seuchengebiet zu entsenden und mit dem Gouvernement in Verbindung zu treten.[58]

Der Plan orientiert sich vielleicht an anderen, im 18. Jahrhundert gebräuchlichen Systemen der Seuchenabwehr. Ob französische oder österreichische Einflüsse das Konzept mitbestimmt haben, ist schwer zu beurteilen. Wie Claude Bruneel betont, läßt die Korrespondenz der beiden Hauptverantwortlichen, Crumpipen und Nény, keinerlei Schlüsse auf ausländische Vorbilder zu.[59]

Im Gegensatz zu Frankreich und den österreichischen Erbländern vermißt man in Belgien von den Behörden angestellte oder kontrollierte Ärzte, die als „Sanitätsbeamte" jederzeit für öffentliche Aufgaben herangezogen hätten werden können. Wie in vielen anderen Bereichen, so sind die Möglichkeiten der theresianischen Behörden in Belgien auch auf dem Gebiet der Gesundheitspolitik beschränkter als in den österreichischen und böhmischen Ländern. Wien ist weit entfernt, und die belgischen Stände haben in Karl von Lothringen einen mächtigen Beschützer ihrer Verfassungen gefunden.[60] Als

---

52 Ebd., S. 212
53 Ebd., S. 213 – 214
54 Ebd., S. 197
55 1779 betrugen die Staatseinnahmen in den österreichischen Niederlanden etwa 15 Millionen Gulden. Siehe dazu: Heinrich Benedikt, Als Belgien österreichisch war (Wien/München 1965) S. 152
56 Bruneel, L'épidémie de dysenterie, S. 234
57 Ebd.
58 Ebd., S. 235
59 Ebd., S. 239
60 Siehe dazu: Benedikt, Als Belgien österreichisch war, S. 104 – 105 (Bericht Karls an Maria Theresia)

Statthalter und oberster Repräsentant der Kaiserin, dem die Dysenterieepidemie von 1779 wohl kaum großes Kopfzerbrechen bereitet haben dürfte, wird er auf einer Gedenkmünze gepriesen, die bald nach den Erlöschen der Epidemie in Brüssel geprägt wurde: „QUASSANTE PER PROVINCIAS PERNICIALI MORBO", so ist auf der Medaille zu lesen, „SALVS POPVLORVM PROCVRATA PROVIDENTIA PRINCI-PIS".[61]

---

61 Ebd., S. 182

III. Tod und Begräbnis in der Stadt. Zum Wandel der Einstellungen: Wien als Beispiel

A. Die Verlegung der Grabstätten. Erste Diskussionen

Im Europa des Altertums wurden die Toten fern von den Lebenden bestattet. Die Leichname galten als unrein, ihre Beisetzung in allzu großer Nähe der Wohnstätten, in Städten oder Dörfern, hätte den Frieden der Menschen gestört und die Heiligtümer entweiht.[1]

Mit der Verbreitung des Christentums änderte sich diese Einstellung. Zwischen dem fünften und dem achten Jahrhundert rückten Grabstätten und Friedhöfe immer mehr ins Zentrum der Siedlungen. Im Schutze der Märtyrer, der Heiligen und der Kirche ruhten die Toten nun „ad sanctos" und „apud ecclesiam".[2] Die Gräber befanden sich nicht mehr an den Rändern der Städte oder an den Ausfallstraßen, sondern „intra muros",[3] und auch auf dem Land wurden Begräbnisstätten bald nur noch im Umkreis der Kirchen angelegt.[4] Einzig die Verdammten - Exkommunizierte, Verurteilte und Selbstmörder - wurden auf freiem Feld, auf dem Schindanger begraben oder überhaupt unbeerdigt der Verwesung überlassen.[5]

Gegen die Verbote von Konzilien und Synoden wurden die Grablegungen in den Kirchen schließlich zur wichtigsten Bestattungsart des Adels und der Geistlichkeit.[6] In der frühen Neuzeit fanden auch immer mehr Angehörige der urbanen Mittelschichten ihre letzte Ruhestätte in den Gotteshäusern. Nach einer Untersuchung von Philippe Ariès[7] wurde gegen Ende des 17. Jahrhunderts etwa die Hälfte der Bevölkerung der Städte in den Kirchen beigesetzt, wobei der Anteil der Kirchenbestattungen in den reichen Pfarrgemeinden stets höher war als in den armen; der Friedhof war oft hauptsächlich den weniger Begüterten, Armen und Kindern vorbehalten.

Vom fünften bis zum 18. Jahrhundert zählte das Nebeneinander von Lebenden und Toten zu den Merkmalen der christlichen Kultur des Abendlandes. Im Verlauf des 17. und vor allem im 18. Jahrhundert mehrten sich die Stimmen von Kritikern, die auf die schädlichen Auswirkungen der Begräbnisse in den Städten hinwiesen: Immer wieder

---

1 Siehe dazu vor allem: Ariès, Geschichte des Todes, S. 43 - 44
2 Ebd., S. 43
3 Ebd., S. 49
4 Ebd., S. 54
5 Ebd., S. 59 - 62
6 Ebd., S. 63
7 Ebd., S. 113

brachte man die in den Kirchen und auf den Friedhöfen herrschenden ungesunden Zustände mit dem Ausbruch von Epidemien in Zusammenhang. Erst im 18. Jahrhundert hatte man sich jedoch soweit von der Vorstellung der Heiligkeit der Grabstätten „intra muros" gelöst, daß man es wagte, ganz offen das Verbot der Begräbnisse in den Kirchen, Kirchengrüften und auf den Friedhöfen der Städte zu fordern. Gebote einer neuartigen Hygiene und Pietät verdrängten die alten Bräuche der Bestattung „ad sanctos", „apud ecclesiam" und „intra muros". In der zweiten Hälfte des 18. Jahrhunderts begann man in ganz Europa, Friedhöfe außerhalb der Städte anzulegen.

Es wäre zu einfach, diese Veränderungen nur als Konsequenzen einer zunehmenden Übervölkerung zu betrachten, die früher oder später städtebauliche und stadthygienische Maßnahmen provozieren mußte. Die Verlegung der Grabstätten und Friedhöfe aus den Zentren der Städte Europas ist auch, will man Philippe Ariès folgen, Ausdruck einer Einstellung zum Tod, die grundsätzlich mit geistigen Traditionen bricht, die immerhin vom fünften bis zum 18. Jahrhundert Bestand gehabt hatten. Diese These bildet den Ausgangspunkt der folgenden Erörterungen, die wiederum nicht mehr darstellen können als den kleinen Ausschnitt einer Entwicklung „langer Dauer", wie sie von Ariès in der „Geschichte des Todes" und von Michel Vovelle in „La mort et l'Occident" sehr ausführlich beschrieben wurde. Zwei Beispiele aus dem Wien des späten 18. Jahrhunderts - die Diskussion um die Beerdigungen in der Stadt, die in Wien 1784 endgültig verboten wurden und die publizistische Auseinandersetzung um das zeitgenössische Begräbnisritual, die 1781 eine ganze Flut von Broschüren hervorbrachte - sollen die Thematik illustrieren.

Um die Mitte des 18. Jahrhunderts gab es in Wien verschiedene Arten der Bestattung: Je nach testamentarischer Verfügung konnte man sich in einer Kirche, einer Kirchengruft oder auf einem Friedhof (Freythof, Kirchhof) begraben lassen. Arme und Mittellose wurden in Gemeinschaftsgräbern beerdigt, vielfach - wie etwa bei den sogenannten „Spitalleichen" üblich - nur in leinene Säcke eingenäht. Die oft bunt bemalten Särge (Totentruhen, Bahren) blieben denjenigen vorbehalten, deren Erben die Schreinerarbeit bezahlen konnten.[8]

Auch die Grabstätten selbst wurden gegen Bargeld verkauft: Gräber in Kirchen oder gemauerten Grüften kamen stets teuer zu stehen. Obwohl die landesfürstliche Verwaltung bereits 1751 versucht hatte, die Kosten für die Begräbnisse in Wien und seinen Vorstädten zu vereinheitlichen,[9] dürften die tatsächlich eingehobenen Gebühren auch später noch von Pfarre zu Pfarre variiert haben. Weiterhin zählten die Begräbnisse zu den wichtigsten Einnahmequellen der Pfarren und der ihnen zugehörigen Bruderschaften. Gerade die Differenzierung der Preise konnte dazu beitragen, das Geschäft zu beleben. So gab es 1751 allein in der Gruft von St. Michael vier Kategorien von Begräbnisplätzen.[10] Die Friedhöfe „intra muros" waren um die Mitte des 18. Jahrhunderts mit Ausnahme des Schottenfriedhofs bereits aus der Stadt verschwunden; die

---

8 Siehe dazu auch: Leopold Senfelder, Öffentliche Gesundheitspflege und Heilkunde Teil 1 (= Separatabdruck aus Bd. 2 der Geschichte der Stadt Wien, Wien 1904) S. 15

9 Conducts= und Taxordnung (Wien, 15. 2. 1751); in der Wiener Stadt- und Landesbibliothek unter: Begräbniß-Ordnung der Stadt Wien 1751 (B 4008)

10 Siehe dazu: Adolf Mais, Die Gruftbestattung zu St. Michael in Wien. Bruderschaften, Bestattungen, Sargmalerei, Totenbeigaben. In: Kultur und Volk. Beiträge zur Volkskunde aus Österreich, Bayern und Schweiz (Wien 1954) 245 - 273

meisten Kirchen der inneren Stadt verfügten allerdings immer noch über Grüfte.[11] Zu Anfang des 16. Jahrhunderts hatte es innerhalb der Mauern je einen großen Pfarrfriedhof bei St. Stephan, St. Michael und beim Schottenkloster gegeben.[12] Der Gottesacker von St. Michael war schon im 16. Jahrhundert geschlossen worden, vielleicht wegen seiner allzu großen Nähe zur kaiserlichen Burg.[13] Ansonsten nahm man jedoch bis ins 18. Jahrhundert kaum Anstoß an den Begräbnissen im Zentrum der Stadt.

Die ersten ernsthaften Zweifel am Sinn der innerstädtischen Beerdigungen werden um 1730 wach. Anfang 1732 legt die Hofkanzlei Karl VI. ein Gutachten vor, in dem man besorgt auf die Gefährdung der Gesundheit durch die schädlichen „exhalationes" aus dem Stephans- und dem Schottenfriedhof hinweist.[14] Im Altertum, so argumentiert man, seien Begräbnisse in den Städten nicht üblich gewesen und auch in der Bibel sei von ihnen nicht die Rede. Erst durch den Märtyrerkult und die mit ihm verbundene Reliquienverehrung habe sich der Brauch, die Toten im Stadtgebiet zu begraben, allgemein verbreitet. Warum solle man allerdings an dieser historischen Gepflogenheit festhalten, wenn man wisse, daß die Ausdünstungen der Friedhöfe der menschlichen Gesundheit gefährlich seien und großes Unheil anrichten könnten? Auch belästigten „die üble(n) erd-dämpfe durch die Lufft=röhren (der Grüfte, Anm.) die fürbeygehende und in der nähe wohnende Leute". Wenn es schon nicht möglich sei, diese Grüfte vollständig zu räumen, so sollten sie doch wenigstens in Hinkunft besser gebaut werden. Schließlich plädiert man „sonderbahr ex motivo Sanitatis" dafür, „daß der (...) St. Stephans Freydhof vor die Stadt transferiret, und die dem ansehen und zürde der Metropolitan Kürchen in Weeg stehende 22ig alte und schlechte gewölber rasiret (werden)".

Im Mai 1732 befiehlt Karl VI. die Schließung Friedhofs bei St. Stephan. Der Friedhof bei den Schotten scheint allerdings bis 1765 benutzt worden zu sein.[15] Die zahlreichen Kirchengrüfte in der Stadt stehen noch viel länger in Gebrauch. Sie werden erst in den achtziger Jahren des 18. Jahrhunderts endgültig aufgelassen werden.

Obwohl die Sperrung der Grüfte und die Verlegung der Friedhöfe von den landesfürstlichen Verwaltungsbehörden seit etwa 1730 immer wieder in Erwägung gezogen wurden, sollte es ein halbes Jahrhundert dauern, bis die Toten endgültig aus der Stadt verbannt waren. Dies zeigt, daß man es hier offenbar mit einem äußerst heiklen Problem zu tun hatte. Eine sich 1771 neuerlich am Thema der Begräbnisse entzündende Diskussion macht einige der Schwierigkeiten deutlich, mit denen sich die Anhänger einer neuen Bestattungsordnung konfrontiert sahen.

In einem von Rudolf Graf Chotek aufgesetzten Handbillet befiehlt Maria Theresia der Hofkanzlei am 14. Februar 1771, ein Gutachten darüber zu erstellen, „ob nicht die hierorts noch gewöhnliche Begräbnissen in der Stadt in Rucksicht auf den Gesundheits Stand bedenklich, somit ob nicht diese beerdigungen in den Stadt-Kirchen, und dasigen

---

11 Senfelder, Öffentliche Gesundheitspflege 2 (1916) S. 49

12 Ebd.

13 Ebd.

14 Allgemeines Verwaltungsarchiv (AVA), renovierter Karton 1316. Hofkanzleiakten (HKA) IV. L. 12 1732 – 1787 (6 ex 1732)

15 Senfelder, Öffentliche Gesundheitspflege 2, S. 51 (u.). Auf dem 1759 – 69 entstandenen Gemälde „Die Freyung von Südosten" des Italieners Bernardo Bellotto (Canaletto) (Kunsthistorisches Museum Wien, Inv. Nr. 1654) ist die Mauer des Schottenfriedhofes deutlich zu erkennen. An der Außenseite der Friedhofsmauer befinden sich Markthütten. Siehe dazu auch: Monika J. Knofler, Das Theresianische Wien. Der Alltag in den Bildern Canalettos (Wien 1979)

Krüfften wenn nicht die Leichen, so wie es bey den mehresten Clöster Frauen geschiehet, ganz vermauret werden können, vollkommen abzustellen, auch unter was für modalitäten allenfalls diese Anordnung zu trefen wäre, wobey auch sonderheitlich darüber sich auszulassen seyn wird, ob nicht die in der Stadt schon beygesezte Leichen in dem nemlichen Anbetracht des Gesundheits-Standes in die Freydhöfe vor der Stadt zu transferieren wären".[16]

Die Hofkanzlei befragt nun zunächst die Niederösterreichische Regierung über „diesen in das Polizey= und gesundheits=Weesen hauptsächlich einschlagenden Gegenstand".[17] In der Regierung hält man die von Maria Theresia vorgeschlagene Überführung der Toten aus der Stadt in die Vorstadtfriedhöfe für „gar nicht rathsam". Ein gänzliches Verbot der Begräbnisse in der Stadt erscheine im übrigen schon deshalb bedenklich, weil es Pfarren und Klöster um ihre Einnahmen brächte. Das Einmauern der Toten, wie es in Frauenklöstern üblich sei, erachtet man in der Behörde nicht für notwendig. Im Grunde sieht man die Begräbnisse in den Grüften, wie man zu verstehen gibt, für ungefährlich an, zumal „nach der bisherigen Erfahrung hieraus noch niemals eine dem Gesundheitsstande nachtheilige Folge erwachsen wäre; Es seye solchemnach ausser ein, und andren kleinen Vorsichten alles bey dem alten zu belassen".

Bald darauf legt die Hofkanzlei das Regierungsgutachten der Sanitätshofdeputation zur Beurteilung vor. Dort untersucht man das Problem ebenfalls von zwei Seiten: „nemlich von der politischen, dann von jener der allgemeinen Gesundheit". Die Verbannung der Toten aus der Stadt könnte, so fürchtet man in der Sanitätshofdeputation, „bey einer so langwierigen und höchst geachteten Gewohnheit auf die gemüther einen ungleichen Eindruck machen (...), nicht zu gedenken, daß (es) hierunter auch um das privatum und zwar um die Beeinträchtigung der Pfarrkirchen und andrer(seits der) Klöster an ihren Einkünften, (...) den Verlust deren von ein= und andren Partheyen auf ihre Grabstätte verwendeten Kösten und um die Kränkung der dießfälligen Stiftungen zu thun seye".[18]

Wie die Regierung ist man der Meinung, daß die Begräbnisse in der Stadt die Gesundheit der Bevölkerung nicht beeinträchtigten, solange man nur dafür Sorge trage, daß die Leichname mit ungelöschtem Kalk bedeckt würden, bevor man die Särge verschließe. Viel größere Sorge als die Kirchengrüfte innerhalb der Stadtmauern bereiten der Sanitätshofdeputation die Vorstadtfriedhöfe. Diese inmitten niedriger, völlig überfüllter Häuser liegenden Gottesäcker sind nach Ansicht der höchsten Sanitätskommission so gefährlich, daß man ihre Sperrung beantragt.

Wiederum wendet sich die Hofkanzlei an die Niederösterreichische Regierung, diesmal mit dem Auftrag, eine Untersuchung über die insgesamt 18 Vorstadtfriedhöfe in die Wege zu leiten.[19]

Die Einwohnerschaft der durch das Glacis und die sogenannten Linienwälle begrenzten Vorstädte Wiens hatte sich im 18. Jahrhundert beträchtlich vermehrt. Pfarr- und Spitalsfriedhöfe, die einst in fast unverbauten Gegenden angelegt worden waren, befinden sich um 1770 bereits in dicht besiedeltem Gebiet. Im Gegensatz zur Sanitätshofdeputation ist man jedoch in der Niederösterreichischen Regierung der Meinung,

---

16 AVA, renov. K. 1316, HKA IV. L. 12 (Handbillet vom 14. 2. 1771)
17 Ebd. (Vortrag der Hofkanzlei vom 10. 7. 1772), wie auch im folgenden
18 Ebd.
19 Zur Topographie der Vorstadtfriedhöfe siehe: Senfelder, Öffentliche Gesundheitspflege 2, S. 50 – 51

daß diese Friedhöfe keine üblen Ausdünstungen verbreiten. Wollte man die Toten vor den Linien beerdigen, so glaubt man in der Regierung, werde die größte Schwierigkeit darin bestehen, geeignete Plätze für die neuen Grabstätten zu finden: Die häufigen Überschwemmungen der Wien und der Donau machen weite Flächen vor den Linien von vornherein unbrauchbar; an mehreren anderen, günstigeren Stellen würden „wegen des zur Som(m)erszeit fast täglichen Vorbeyfahrens des allerhöchsten Hofes" keine Friedhöfe entstehen können. Dazu komme, daß man nicht wisse, wer für den Bau und die Erhaltung der zu planenden Friedhöfe aufkommen solle. Die Vorstadtgemeinden, die vor den Linien zumeist keine Gründe besäßen, würden durch eine Verlegung der Grabstätten finanziell arg belastet werden, da eigene Grundstücke gekauft und mit Mauern umgeben werden müßten. Auch werde es notwendig sein, auf jedem der neuen Gottesäcker eine Kapelle und ein Totengräberhäuschen zu errichten. Wie solle man in den armen Vorstädten das Kapital für derlei Unternehmungen aufbringen? Im übrigen, so befürchtet man in der Regierung, werde der Transport der Leichen durch schlechte und lange Zufahrtswege besonders mühselig werden, „wo zu deme noch ganz gewis die gewöhnliche höchst auferbauliche Art bey den begräbnissen ausser Acht gelassen werden dörfte; aller massen anförderst bey übler Witterung, und harter Winters-Zeit die Verstorbene wegen allzugrosser Entfernung wenig, oder gar nicht begleitet, folglich hierdurch denen Seelen das Gebett Vieler Rechtglaubigen entzogen werden würde, nicht zu gedenken, der Pfarr administratoren, und andren Ordens=Geistlichen, dann der Spittal= und andrer armen Kinder, wie auch der Bruderschaften, welchen da sie die todte Leichnam(m)e des öftern zu begleiten pflegen, die Entfernung der Freudhöfe zur grösten Beschwerde gereichen müsse".[20] Die neue Art der Begräbnisse würde also sogar das Seelenheil der Verstorbenen gefährden! Für die Regierung besteht daher kein Zweifel darüber, daß sich eine Verlegung der Friedhöfe vor die Linienwälle nur nachteilig auswirken könne.

Die Sanitätshofdeputation hat diesen Argumenten nichts entgegenzusetzen – Grund genug für die Verantwortlichen in der Hofkanzlei, sich der Regierung ebenfalls in allen Punkten anzuschließen. Auch in der Frage der Bestattungen in Kirchengrüften soll vorerst alles beim alten bleiben. Zwar erwägt man ein Verbot der Beerdigungen in Kirchen, in denen es keine Grüfte gibt – in den Gotteshäusern bei Maria Stiegen und beim Bürgerspital werden die Toten einfach unter dem Kirchenpflaster verscharrt – ansonsten jedoch hält man es in der Hofkanzlei für ratsam, die „allzu villen bedenklich-keiten, und Anständen unterligende ja fast unthunliche Abstellung der Begräbnisse in der Stadt nicht weiter in quaestionem zu ziehen". Niemals hätten, wie auch die Sanitätshofdeputation bestätige, die Begräbnisse in der Stadt die Gesundheit der Be-völkerung gefährdet.

Die Kaiserin nimmt das Gutachten der Hofkanzlei kommentarlos zur Kenntnis, läßt es allerdings dem k.k. Protomedikus und Leibarzt Anton von Störck (1731 – 1803) zur Beurteilung vorlegen. Störck stellt die Ausführungen der Behörden in Frage: „Der Geruch eines toden Körpers absonder(lich) da er zu faulen anfangt, wiederstehet (der) Natur, und kann der Gesundheit höchst (schäd)lich seyn", so stellt der Mediziner in einer Note fest,[21] „es sind unzahlbare beyspiele (daß) leuthe in jenen Kirchen erkranken, oder (sich) übel befinden, wo tode begraben lie(gen). Es wäre also dem gesundheits-

---

20 Ebd.
21 Ebd. (Note vom 9. 7. 1772, teilweise stark beschädigt)

stande sehr (ge)deulich, wann alle begräbnisse in den (Kirchen) in der statt aufgehoben und die freyd(höfe) auf das weiteste von denen behausungen (entfernt würden)". Die Niederösterreichische Regierung habe jedoch „schier unwidersprüchlich dargethan", daß ein solches Vorhaben „ohne größten nachtheil so wohl der geistlichen alß (welt)lichen nicht könne ins werk gestellet (werden)". Der Protomedikus beschränkt sich daher darauf, einige elementare Regeln der Hygiene zu erläutern, denen man künftig bei allen Begräbnissen Beachtung schenken solle. Störcks Erörterungen finden Eingang in ein Patent (4. Oktober 1773), das den Modus der Bestattungen in allen Erbländern strengen Bestimmungen unterwirft. Grundsätzlich jedoch ändert sich nichts: Weiterhin werden die Toten – auch in den Städten – in den Kirchen und auf den sie umgebenden „Kirchhöfen" begraben. Erstmals werden nun allerdings in der Öffentlichkeit Klagen über diesen Umstand laut. Unter dem Titel „Dissertatio (...) de salubri sepultura" erscheint 1772 eine dem Thema der gefährlichen Begräbnisse gewidmete medizinische Doktorarbeit, die auch ins Deutsche übersetzt wird.[22]

In seinen „Grundsätzen der Polizey=, Handlungs= und Finanzwissenschaft" (Wien[3] 1777) fordert der prominente Kameralist Joseph von Sonnenfels die Verlegung der Grabstätten aus den Städten: „Alles, was durch Ausdämpfungen und Gestank nicht nur ansteckend, sondern auch überlästig seyn kann, muß ferne von bewohnten Orten verlegt werden", so ist der Kameralist überzeugt. „Es sind also die Begräbnisse außer der Städte (sic) anzulegen, jedoch daß aus eben der Ursache auch die Beysetzung der Todten in den Kirchen nicht gestattet werde".[23] In einer Fußnote verweist Sonnenfels auf die Verordnung Karls VI. zur Sperrung des Stephansfriedhofes aus dem Jahre 1732, die, wie erwähnt, „ex motivo sanitatis" erlassen wurde: „Dieses motivum ist so allgemein", stellt er fest, „daß es auf alle nähere Kirchhöfe und besonders auf die Kirchen selbst angepaßt werden kann".[24]

Besonders eindringlich fordert Johann Peter Xaver Fauken (1740 - 1795),[25] ein prominenter Wiener Arzt, das Verbot der Begräbnisse in der Stadt. Was die verunreinigte Luft der Großstadt betreffe, „verdienen (...) unsere Kirchen und Kirchhöfe, wo unsere entseelten Körper begraben werden (...) die erste Aufmerksamkeit", konstatiert er in seinen „Anmerkungen über die Lebensart der Einwohner in großen Städten" (Wien 1779).[26] Fauken argumentiert nicht nur als Mediziner, sondern auch als Vertreter einer neuen Weltanschauung, die sich im Kampf gegen das „Vorurteil" definiert. Die Begräbnisse in Kirchen und Kirchhöfen seien „kein wesentlicher Theil der Glaubenslehre", so eröffnet der Arzt ein dem vieldiskutierten Thema gewidmetes Kapitel seiner Arbeit, „die einsichtsvollen Kirchenvorsteher selbst (erkennen) die Gefahren welchen Totendunst Leute von zärterem Gefühle so oft aussetzet".[27]

---

22 Josephi Habermann Austriaci Viennensis Dissertatio Inauguralis Medica de Salubri Sepultura (...) (Wien 1772). Nach den Angaben von Zacharias Gottlieb Hußty, Diskurs über die medizinische Polizei (Preßburg/Leipzig 1786) Bd. 1, S. 264, wurde die Arbeit ins Deutsche übersetzt; ein Original dieser Übersetzung konnte jedoch nicht gefunden werden.

23 Sonnenfels, Grundsätze Bd. 1, S. 264

24 Ebd., S. 260

25 Zu Fauken siehe: Biographisches Lexikon der hervorragenden Ärzte aller Zeiten und Völker (Wien/Berlin 1930) Bd. 2, S. 485.

26 Johann Peter Xaver Fauken, Anmerkungen über die Lebensart der Einwohner in großen Städten (Wien 1779) S. 20

27 Ebd.

Wie unverständlich, daß einer derart schlechten Gewohnheit so lange gehuldigt werden konnte! Warum, fragt sich Fauken, soll im übrigen „ein vernünftiger von allem Vorurtheil befreyter Mensch dem todten Körper eines Reichen oder Vornehmen mehr Ehre und Hochachtung erweisen (...), als jenem eines Armen? Mit dem Tode hören ja alle Vorzüge auf: die Tugenden der Seele werden ja nur gelobt und bewundert, die Maschine, glaube ich, ist im gleichen Werthe von uns allen; und doch muß die Leiche des Reichen und Vornehmen in die Gruft, und des Armen seine in einen entlegenen Ort begraben werden".[28] Welche Ungereimtheit! Wozu überhaupt dieser ganze Aufwand mit den faulenden Körpern der Toten?

Soll ein stinkender toter Mensch „in Erwegung seiner heiligen Ruhestätte vielleicht den gerechten Richter wegen der Fehltritte versöhnen, welche derselbe in seinem Leben wider die allerheiligsten Glaubensgesetze gemacht hat? Oder soll dieser in dem seinem Gotte allein geheiligten Tempel vermöge der zahlreichen Opfer, welche dem Allerhöchsten täglich allda gebracht werden, noch Verdienste sammeln?"[29]

Auch mit den religiösen Vorstellungen des Autors ist die Bestattung „ad sanctos" und „apud ecclesiam" nicht mehr vereinbar, ihre Bedeutung ist ihm unverständlich geworden. Das Nebeneinander von Toten und Lebenden gefährdet die letzteren und kann den Seelen der Verstorbenen nicht helfen. Nach dem Tode sind alle gleich: faulende, stinkende Körper. Daran ändern selbst teure Grabstätten nichts, die, ohne wirklichen Nutzen, durch ihre Ausdünstungen Krankheit und Tod verbreiten. Die mit Totendünsten gesättigte Kirchenluft, deren Fäulnis die Gläubigen bedroht, zeigt täglich ihre furchtbare Wirkung: „Wie oft sehen wir nicht mit der fallenden Sucht, mit Krämpfungen, mit Dämpfen behaftete Personen bey Verrichtung ihres Gebets in den Kirchen von den bedauernswürdigsten Anfällen ihrer Krankheit geplaget werden? Wie oft kömmt nicht der Anfall des kalten Fiebers, wenn dergleichen Personen auch wirklich schon einige Wochen hergestellt waren, wieder zurück? Ja wie oft geschieht es nicht, daß gesunde starke Menschen, in den Kirchen ohnmächtig werden?"[30] Welch guter Beweis für die üblen Folgen der Vorurteile!

Auch die Luft der Friedhöfe ist eine Quelle der Gefahr. Obschon weniger schädlich als die Kirchenluft, beeinträchtigt sie die Gesundheit der Bevölkerung. Häufig beobachtet Fauken „Personen mit Anfällen ihrer Krankheiten bey Leichenpredigten auf den Kirchhöfen (...), welches man freylich den Ausdünstungen des zur Erde zu bestattenden Körpers oder des geöfneten Grabes zuschreiben kann; allein wie oft merkt man nicht im Vorbeygehen die dicke übelriechende Luft auf den Kirchhöfen, wenn auch wirklich keine Grabstätte offen ist, besonders aber nach einem Regen, wodurch die Erde lockriger gemacht wird, mithin die fauligen Ausdünstungen durch den aufsteigenden Wasserdunst leichter mit der Luft vermischet werden".[31]

Diese Zustände sind unhaltbar. Nur eine grundlegende Reform des Bestattungswesens könnte die Situation verbessern: „Wie sehr wäre es also zu wünschen, daß alle Vorgesetzte mit gesammter Hand daran arbeiteten, damit zum wenigsten eine Viertelstunde weit von den äußersten Wohnungen der Städte und Dörfer ein Kirchhof errichtet, und durch ein eigenes Gesetz des Landsfürsten bey der schwehrsten Ahndung gegen

---

28 Ebd., S. 21
29 Ebd., S. 22
30 Ebd., S. 23
31 Ebd., S. 23 - 24

Uebertretter verboten würde, alle und jede Todten ohne Unterschied der Personen zwölf Stunden nach dem Hintritte in die Todtenkammern allda zu überbringen, und wenn der Körper noch dreyßig oder sechs und dreyßig Stunden ist aufbehalten worden, alsdann gleich ohne ferneres Gepränge zu beerdigen."[32]

Zwei Jahre nach der Veröffentlichung der Schrift Faukens werden in den obersten landesfürstlichen Behörden die ersten Pläne zur Verlegung der Friedhöfe entworfen werden. Bevor wir uns jedoch den josephinischen Bestattungsverordnungen zuwenden, erlaube ich mir eine kurze Abschweifung zu einem Thema, das in der gelehrten und aufgeklärten Welt des 18. Jahrhunderts heftig diskutiert wurde: der Verpestung der Luft.

---

32 Ebd., S. 24 - 25

B. Die Sorge um die Reinheit der Luft.
Die üblen Gerüche der Großstadt

Gemeinhin vermißt man in der Ideenwelt der Wissenschaftler des 18. Jahrhunderts die magischen Vorstellungen, die noch im 17. Jahrhundert auch das Denken der Gebildeten geprägt hatten. Der Teufel und seine Verbündeten, die Hexen und Zauberer, finden sich nur mehr selten in gelehrten Traktaten; die Astrologie hat an Stellenwert eingebüßt. Ein an Empirie geschulter Rationalismus bestimmt nun die Grenzen der Welt, die Ängste der Menschen erhalten andere Namen. Während die Dämonen aus der Umgebung der Menschen verschwinden und die Sterne ihre Macht verlieren, drohen den Erdbewohnern allerdings bereits neue Gefahren.

So macht sich etwa um die Mitte des 18. Jahrhunderts eine immer stärkere Furcht vor dem Scheintod bemerkbar. Die namhaften medizinischen Autoren der Zeit widmen sich dem Problem mit großem Eifer.[1] Doch die Unsicherheit der Ärzte über die Kriterien des Todes ist groß. Selbst der erfahrene Kliniker van Swieten muß zugeben: „J'ay beaucoup pensé en ma vie pour connoitre un signe certain d'une mort absolue et je n'ay trouvé aucun, que seulement l'odeur cadavereuse, qui marque la corruption commencée."[2]

Wie Erna Lesky gezeigt hat,[3] brachte eben diese Ratlosigkeit – in Verbindung mit der Angst vor dem Scheintod – behördliche Verordnungen hervor, durch die die Zeit zwischen Tod und Bestattung genau festgelegt, die Einrichtung sogenannter „Totenkammern" befohlen, eine reguläre Totenbeschau eingeführt und die Bevölkerung in der Rettung von „scheinbar ertrunkenen, erhenkten oder erstickten Menschen"[4] unterrichtet wurde. Die gründliche Darstellung Leskys macht eine weitere Erörterung des Themas hier überflüssig. Wenden wir uns daher der Angst vor der durch üble Ausdünstungen verursachten Verpestung der Luft zu.[5]

Wie van Swieten feststellt, ist es einzig und allein die „odeur cadavereuse", die als sicheres Zeichen des Todes gelten kann. Der faulige Geruch ist jedoch mehr als nur Zeichen, er kann – wie wir aus den Erläuterungen Johann Faukens erfahren haben – den Lebenden zum Verhängnis werden, da er die verschiedensten Krankheiten auzulösen imstande ist. Das gleiche gilt für viele andere Arten stinkender Ausdünstungen: die verderblichen Gerüche der Schlachtbänke, Fleischmärkte, Käsehütten, Mistgruben und der stehenden Gewässer, aber auch die gefährlichen Dämpfe, die aus den Werkstätten

---

1 Siehe dazu vor allem: Ariès, Geschichte des Todes, S. 504 – 517, bzw. Lesky, Gesundheitswesen, S. 174 – 188

2 Handschriftliche Note van Swietens aus dem Jahre 1752, hier zitiert nach Lesky, Gesundheitswesen, S. 177

3 Ebd., S. 174 – 175

4 Ebd., S. 180

5 Zum Thema im allgemeinen siehe: Alain Corbin, Pesthauch und Blütenduft. Eine Geschichte des Geruchs (Berlin 1984)

der Vergolder, Versilberer, Verzinker, Gerber, Seifensieder und Kerzengießer strömen, stellen beträchtliche Gesundheitsrisken dar.[6] Gestank und Verunreinigung der Luft sind eins; „aber nur eine reine Luft ist zur Erhaltung des Lebens und der Gesundheit tauglich; eine unreine, mit feuchten, faulen, brennbaren, metallischen und andren fremden Stoffen überladene Luft verursacht mancherlei Krankheiten und nicht selten den Tod", weiß Ernst Benjamin Gottlieb Hebenstreit in seinen „Lehrsätzen der medizinischen Polizeywissenschaft".[7]

Die Sorge um die Reinhaltung der Luft wächst vor dem Hintergrund aufsehenerregender naturwissenschaftlicher Entdeckungen. Zwischen 1760 und 1780 gelingt es, verschiedene Bestandteile der Luft voneinander zu trennen. Die atmosphärische Luft gilt nun als Gemisch von Gasen, die „Luftarten" genannt werden. In den siebziger Jahren des 18. Jahrhunderts differenziert der Engländer Joseph Priestley bereits zwischen der „gemeinen Luft", die zum Atmen gebraucht wird, der „phlogistisierten Luft" (Stickstoff), der „fixen Luft" (Kohlendioxid) und der dephlogistisierten „Lebensluft" (Sauerstoff), die als die ideale Atemluft betrachtet wird.[8]

Die Erdatmosphäre, der „Luftkreis", wird „als ein großes vielfassendes Magazin" beschrieben, „das alle Dünste, die der Erdball in die Höhe schickt, aufnimmt, und alles, was emporsteigen kann, aus allen Gegenden der Welt beständig empfängt, mit tausendfältigen Dünsten immer angefüllet wird, immer sammelt und immer verliert", wie der Wiener Mediziner Johann Baptist Andreas Ritter von Scherer (1755 – 1844) in seiner 1785 erschienenen „Geschichte der Luftgüteprüfungslehre für Ärzte und Naturforscher" erläutert.[9]

Unablässig wird „eine ungeheure Masse von schädlicher, und zum Einathmen untüchtiger Luft (...) in den Luftkreis getrieben".[10] Millionen von Menschen und Tieren stoßen in jedem Augenblick fixe und phlogistisierte Luft aus ihren Lungen.[11] Alles Lebendige muß der Verwesung und der Vermoderung anheimfallen, überall auf der Erde gärt und fault es.[12] Doch auch aus der unbelebten Natur droht Verunreinigung: „Berge gerathen in Brand, die unterirdische Glut verkalkt Steine, brennt die Metalle zu Kalk und Schlacken".[13] Der Erdball wäre schon längst entvölkert, hätte nicht „die unaussprechliche Weisheit des Schöpfers (...) große allgemeine Anstalten in die Natur (gelegt), wodurch der Luftkreis in dem Stand erhalten wird, daß Menschen und Thiere und Pflanzen darin leben können".[14] Der in Wien wirkende Niederländer Jan Ingenhousz[15] hat entdeckt, daß die Blätter der Pflanzen im Sonnenlicht reine Lebensluft

6 Fauken, Anmerkungen über die Lebensart, S. 25 - 36
7 Ernst Benjamin Gottlieb Hebenstreit, Lehrsätze der medizinischen Polizeywissenschaft (Leipzig 1791) S. 17
8 Joseph Priestley, Versuche und Beobachtungen über verschiedene Gattungen der Luft (Wien 1779); hier zitiert nach Corbin, Pesthauch und Blütenduft, S. 26
9 Johann Andreas Scherer, Geschichte der Luftgüteprüfungslehre für Ärzte und Naturfreunde (Wien 1785) Bd. 1, S. 105. Scherer (* Prag 1775, † Wien 1844) promoviert 1782 mit einer Dissertation zur Eudiometrie. Von 1797 - 1803 wirkt er als Professor an der theresianischen Ritterakademie, von 1803 - 1807 als Professor der technischen Chemie in Prag und von 1807 - 1833 als Professor der speziellen Naturgeschichte an der Wiener Hochschule. Siehe dazu: Biographisches Lexikon hervorragender Ärzte (1934) Bd. 5, S. 66 - 67
10 Scherer, Luftgüteprüfungslehre, S. 106
11 Ebd.
12 Ebd., S. 106 - 107
13 Ebd., S. 107
14 Ebd., S. 110
15 Zu Ingenhousz siehe auch Abschnitt II. B. 3

erzeugen (Photosynthese);[16] die sturmgepeitschten Meere und Seen reinigen die Luft von schädlichen Dünsten; aasfressende Tiere vernichten die fäulnisträchtigen Kadaver.

Dennoch gibt es Orte, über denen die Atmosphäre so vergiftet ist, daß die natürlichen Mechanismen der Reinigung zu schwach sind, um die Luft sauber und gesund zu erhalten. In Sumpfgebieten etwa ist die Luft mit schädlichen feuchten Dünsten geschwängert. In solchen Gegenden herrschen ständig Epidemien, die Sterblichkeit ist hoch. Weder Mensch noch Tier könnten sich hier lange guter Gesundheit erfreuen, betont der Preßburger Arzt Zacharias Gottlieb Huszty.[17] Legt man die Moräste trocken, werden einstmals ungesunde Landstriche bewohnbar – ein gutes Beispiel dafür bieten die auf Anordnung Maria Theresias entwässerten Sümpfe des Temeswarer Banats.[18]

Nicht minder gefährlich als die Sumpfluft ist die verdorbene Luft großer, dicht bevölkerter Städte. „Die Luft einer volkreichen Stadt wird durch die angehäufte Menge angesteckt; und die Leute gelangen daselbst selten zu dem gewöhnlichen Ziele des Lebens",[19] meint Huszty. Und Scherer merkt an: „In volkreichen und unsauberen Städten kommen alle Ursachen zusammen, welche die Luft schädlich machen, das Athmen der Menschen, die Fäulniß verschiedener Körper, das Brennen zahlreicher Feuer, die phlogistischen Prozesse in verschiedenen Fabricken, u.s.f. Sind noch überdies die Städte übel angelegt, sind die Häuser hoch, die Gassen eng, finden die Winde keinen offenen Weg die Gassen durchzuwehen, und die gefangene schädliche Luft mit sich zu nehmen und fortzubewegen: so bleibt sie für die Bewohner immer ungesund. Daher entspinnen sich in dergleichen Städten sehr oft epidemische Krankheiten, wovon man außer ihren Mauern nichts weiß".[20]

Auch Wien zählt nach der Meinung vieler Zeitgenossen zu jenen Großstädten: „Nehmt (...) die Ausdünstungen von mehr als einer Viertelmillion Menschen", schreibt Johann Pezzl 1786 in seiner „Skizze von Wien", „von vielen tausend Pferden und Hunden, von dreitausend offenbar Kranken und zehntausend heimlich Kranken, Gebrechlichen und Bresthaften, die Ausdünstungen der Gefängnisse, der Fleischbänke, der Geflügel- und Fischmärkte, der Gerber, Färber, der Kupferschmiede und ähnlicher Werkstätten, der Ställe, Kloaken, Küchen, Lampen, des Hetzhauses usw. und dies alles auf dem Raum einer kleinen Quadratmeile: so habt ihr die Atmosphäre von Wien."[21]

Einzig der aus den Gräbern und Grüften der Stadt entweichende Leichengeruch fehlt in diesem Panorama der Ausdünstungen: Das 1784 von Joseph II. erlassene Verbot der Begräbnisse in der Stadt zeigte anscheinend bereits Wirkung. Ansonsten jedoch hatte sich seit der Veröffentlichung der Schrift Johann Peter Xaver Faukens offenbar nicht viel geändert. Schon Fauken hatte sich 1779 etwa über den bestialischen Gestank der Schlachtbänke beschwert, der vor allem in der warmen Jahreszeit die Luft verseuchte. Immer wieder war es zu besorgniserregenden Unglücksfällen gekommen, die auf die bösartigen Ausdünstungen zurückgeführt worden waren.[22] Vom Bau einer Fleischhalle am Rande der Stadt oder der Verlegung der „Käß= und Schmalzhütten", des Wildbretmarktes, der „Sauerkräutler" und des Geflügelmarktes in die Vorstadt, wie sie der Arzt

16 Scherer, Luftgüteprüfungslehre, S. 110
17 Siehe dazu: Huszty, Medizinische Polizei Bd. 1, S. 321
18 Ebd., S. 2; Scherer, Luftgüteprüfungslehre, S. 166
19 Ebd., S. 331
20 Scherer, Luftgüteprüfungslehre, S. 166
21 Johann Pezzl, Skizze von Wien, ed. Gustav Gugitz, Anton Schlossar (Graz 1923) S. 58 - 59
22 Fauken, Anmerkungen über die Lebensart, S. 26

in seiner Schrift empfohlen hatte,[23] wollte man in Wien allerdings, wie es scheint, vorerst nichts wissen. Weiterhin vergifteten überfüllte Senk- und Mistgruben, übelriechende Tümpel, Rinnsale und Bäche den städtischen Luftkreis. „Wer ist nicht von dem abscheulichen Gestank überzeugt, welchen der Wienfluß in seinem Laufe durch die Vorstadt verursachet?" hatte Fauken 1779 gefragt. „Wer betrachtet diesen Bach nicht als einen Sammelplatz so häufiger und höchst schädlicher Unreinigkeiten? Wer sieht nicht zur Sommerszeit, wenn das Wasser klein ist, so vieles krepiertes, aufgeschwollenes Vieh auf den morastigen stinkenden Ufern dieses Baches liegen, welches die Gegend mit einem unleidentlichen Gestank anfüllet?"[24]

Auch um die Reinlichkeit in den Wohnstätten ist es im Wien Maria Theresias und Josephs II. schlecht bestellt. Wir erfahren von den feuchten Behausungen der Wiener und der Gewohnheit vieler Hausväter, das ganze Jahr kein Fenster zu öffnen.[25] Statt die Zimmer von Zeit zu Zeit gut durchzulüften, pflegt man - besonders in vornehmen Häusern - „unterschiedliche Gefäße mit wohlriechenden Kräutern, Gewürz, Ambra, Bisam und dergleichen anzufüllen, oder mit einem wohlriechenden Geiste die Zimmer täglich auszuräuchern, um einen angenehmen Geruch darinnen zu machen".[26] Die Bewohner dieser stickigen Räume werden von Nervenschwäche, Schwindel oder gar von Schlagflüssen heimgesucht.

Die Körperpflege beschränkt sich häufig auf den reichlichen Gebrauch von Haarsalben und Parfüms. Besonders „die in der weichen Lebensart erzogene Jugend", die, wie Fauken beklagt, „leider allzufrüh auf tägliche neue Eroberungen" aus sei, schwelge hemmungslos in künstlichen Düften: „Ist es demnach zu verwundern, wenn eine blaße Todtenfarbe, Kopfschmerzen, Schwindel, und so vielerley Nervenkrankheiten dergleichen Personen ohne Unterlaß abmatten, und sie Hülfe zu suchen nöthigen?"[27] Zu den üblen Gerüchen der Stadt gesellt sich auch noch die ungesunde Lebensart ihrer Bewohner.

Nicht jeder ist allerdings von der Schädlichkeit der Wiener Luft so überzeugt wie Fauken oder Pezzl. Der Sonnenfels-Schüler und Topograph Ignaz de Luca, ein geborener Wiener, preist in seiner „Beschreibung der kaiserlich königlichen Residenzstadt Wien. Ein Versuch" (Wien 1785) die Vorzüge der guten Luft seiner Heimatstadt: „An einem Orte wie Wien ist, wo so viele Menschen beisammen wohnen, wo sich häufig Gelegenheit zu Schwelgerey, und unordentlichem Leben anbietet, wäre sich nicht zu verwundern, wenn da eine beträchtliche Anzahl Menschen jährlich das Loos der Natur bezahlte. Aber wenn gerade in diesem Orte die Sterblichkeit nicht groß ist, so ist dies ein sicherer Beweis, daß die Luft der Gesundheit zuträglich seyn muß".[28]

Die krankmachenden Ausdünstungen werden mit keinem Wort erwähnt - de Luca sieht die Gesundheit der Wiener einer ganz anderen Bedrohung ausgesetzt: „Unter den Krankheiten sind bei uns die Lungenkrankheiten die herrschenden, und daß sie jährlich einen großen Theil der Einwohner zur Baare bringen, macht ohnstreitig der heftige Staub dazu einen großen Beitrag. Der Boden ist aus Kalch und Kies zusammengesetzt, und wenn so eine Materie häufig in den Körper kommt, so kann sie ohnmöglich von

---

23 Ebd., S. 29
24 Ebd., S. 31
25 Ebd., S. 123 – 124
26 Ebd., S. 127
27 Ebd., S. 138
28 Ignaz de Luca, Beschreibung der kaiserlich-königlichen Residenzstadt Wien. Ein Versuch (Wien 1785) S. 19

guten Folgen werden. Es ist daher jedem Fremden und Inländer wohl zu rathen, beym geringsten Staube immer fleißig das Schnupftuch vor Mund und Nase zu halten, auch in keinem Pirutsch, sondern in Wagen mit geschlossenen Fenstern zu fahren. Es ist in der Tat zu bewundern, daß von Seite der Polizey und des medizinischen Collegiums in Rücksicht eines so wichtigen Punkts, wo keine Unkösten zu scheuen sind, wenn es auf die Erhaltung der Menschen ankommt, nicht Abhilfe geschieht."[29]

In seiner 1794 erschienenen „Topographie von Wien" lobt de Luca das gemäßigte Klima der Stadt, das - wie wiederum die Statistik der Sterbefälle beweise - der menschlichen Gesundheit sehr förderlich sei.[30] Einzig vor allzu häufigen Besuchen des Praters muß abgeraten werden: „Der Prater bringe (...) viele, ohne es zu wissen (sic), früher in die Erde. Es gehört jetzt zur herrschenden Mode, gerade zu der Zeit, wo die Erddämpfe am häufigsten sind, in den Prater zu fahren."[31]

Auch der berühmte Ingenhousz hat wenig an der Wiener Luft auszusetzen. Der Niederländer zählt zu jenen Forschern, die versuchen, den Gehalt der Atmosphäre an Lebensluft (Sauerstoff) experimentell zu prüfen, um so die Qualität der Luft in den verschiedenen Weltgegenden bestimmen zu können. Mit dem sogenannten Eudiometer, einer Erfindung des italienischen Geistlichen Felice Fontana, glaubt man über ein Gerät zu verfügen, mit dem sich exakte Messungen der Luftgüte durchführen lassen.[32] Ingenhousz gehört zu einer kleinen Schar unermüdlicher Gelehrter, die - ausgerüstet mit dem Eudiometer - Europa bereist, beseelt von der Idee, eine internationale Topographie der Luftqualität zu erarbeiten. Die Unzuverlässigkeit des Meßinstruments tut dem Eifer der Wissenschaftler keinen Abbruch. Ritter von Scherer, der Ingenhousz' Werke ins Deutsche übersetzt, erläutert in seiner schon zitierten „Geschichte der Luftgüteprüfungslehre" die Vorteile einer weltweiten Zusammenarbeit aller Luftgüteprüfer. In sämtlichen Ländern der Erde sollten mit Hilfe des Fontanaschen Prüfgeräts und unter Beachtung des von Ingenhousz entwickelten Meßverfahrens tägliche Beobachtungen angestellt werden. Ihre Ergebnisse könnten schließlich in eine tabellarische Ordnung gebracht, medizinischen Landkarten könnten entworfen werden. So sähe man sich - sehr zum Nutzen der gesamten Menschheit - gewiß bald in der Lage, die Gesetze der Güte des Luftkreises zu entdecken. Siegessicher prophezeit Scherer der Luftgüteprüfungslehre eine glanzvolle Zukunft: „Mit einem Freudengefühle sehe ich, wie entfernt wir auch immer noch vom Ziele sein mögen, einem kommenden Zeitpunkt entgegen, der bei der glücklichen Nachwelt, die unserem Zeitalter Ehrengränze winden wird, eine herrliche Epoche machen soll."[33]

Ingenhousz, der sich im Botanischen Garten am Rennfeld seinen Experimenten zum Einfluß von Luft und Elektrizität auf das Leben der Pflanzen widmet,[34] hat das Eudiometer vermutlich 1769 in Florenz kennengelernt, wo er Maria Theresias Sohn Leopold gegen Pocken impfte und den Aufenthalt in der Stadt zu intensivem wissenschaftlichen Gedankenaustausch mit dem Abbé Fontana zu nutzen wußte.[35]

---

29 Ebd., S. 20
30 Ignaz de Luca, Topographie von Wien (Wien 1794) S. 5
31 Ebd., S. 6
32 Siehe auch: Corbin, Pesthauch und Blütenduft, S. 25
33 Scherer, Luftgüteprüfungslehre, S. 182
34 Pezzl, Skizze von Wien, S. 496
35 Siehe dazu auch: Wiesner, Ingen=Housz in Wien, S. 207

Am 13. August 1780 zieht er mit dem von ihm immer wieder propagierten Meßinstrument zur Prüfung der Wiener Luft aus. Die Resultate der ersten Untersuchung lassen auf ungesunde Verhältnisse schließen. Tags darauf zeigt das Eudiometer dem überraschten Forscher sogar noch schlechtere Werte an. Viele Stadtbewohner klagen über Schwermut, Schwindel, Abgeschlagenheit und Schwäche. Ingenhousz selbst wird von heftigen Kopfschmerzen geplagt. Am 15. August ändert sich die Lage, die Luft wird wieder besser.[36] Schließlich kommt der Gelehrte zu dem erfreulichen Ergebnis, daß die Wiener Luft gesünder sei als die holländische, die er bereits genauen Analysen unterzogen hat.[37] Allerdings mangle es den Ebenen um Wien, wie Ingenhousz feststellen muß, an ausreichendem Baumbewuchs; es gebe zu viele schädliche Ausdünstungen und zu wenig Gewächse, sie zu verarbeiten - kein Wunder also, daß unter diesen Umständen Engbrüstigkeit, Lungensucht und andere Brustkrankheiten zu den unter der Bevölkerung am weitesten verbreiteten Leiden gehören.[38]

Während sich Naturforscher wie Ingenhousz bei der Prüfung der Luftqualität ganz auf das Eudiometer verlassen, vertrauen andere Protagonisten der Hygiene vor allem ihrem Geruchssinn. John Howard etwa, der weltbekannte englische Philantrop, schenkt seine Aufmerksamkeit der verdorbenen Luft in Kerkern, Gefängnissen und Krankenhäusern. Nur mit einem in Essig getränkten Schnupftuch ausgerüstet steigt er voller Todesverachtung in die elendsten Verliese; ohne Rücksicht auf seine Gesundheit besichtigt er Hospitäler und Pesthäuser in ganz Europa. Das wichtigste Kriterium zur Beurteilung der gesundheitsgefährdenden Zustände in jenen Anstalten ist für Howard stets die Intensität des dort wahrzunehmenden Gestanks. Pezzl berichtet uns von einem Inspektionsgang Howards durch die Kasematten, dem Gefängnis der zum Straßenkehren verurteilten Übeltäter. Die Beschaffenheit der Luft, Nahrung und Kleidung der Gefangenen werden überprüft. Wie Pezzl ausführt, findet Howard „die Sache nicht ganz nach seiner Idee".[39]

Tatsächlich zeigt sich der Engländer angesichts der in den Kasematten herrschenden Zustände eher bestürzt. 86 Delinquenten sind in einem einzigen Raum zusammengepfercht. „Des Nachts", so Howard, „liegen sie in dem erwähnten großen Zimmer alle beysammen, allein in ihren Kleidern und an dem Boden mit Ketten befestiget. Dieses Zimmer hat keine anderen Fenster als zwey Höhlen in der Decke, und ist daher selbst am Tage über alle Vorstellung ekelhaft und widerlich. Ja ich wollte in der That mich nicht wundern, wenn die Ausdünstungen von diesen Gefangenen, in dem sie auf den Straßen arbeiten, durch die ganze Stadt eine der Gesundheit so nachtheilige Ansteckung verbreiteten, daß sie tödlichen Einfluß auf das Leben der Einwohner haben könnte."[40]

---

36 Siehe: Johann Ingen=Housz, Vermischte Schriften physisch=medizinischen Inhalts (Wien 1784) Bd. 2, S. 269 - 270

37 Johann Ingen-Housz, Versuche mit Pflanzen hauptsächlich über die Eigenschaft, welche sie in einem hohen Grade besitzen, die Luft im Sonnenlichte zu reinigen, und in der Nacht und im Schatten zu verderben; nebst einer neuen Methode, den Grad der Reinheit und Heilsamkeit der atmosphärischen Luft zu prüfen (Wien 1786) Bd. 1, S. 234

38 Ebd., S. 177

39 Pezzl, Skizze von Wien, S. 216

40 John Howard, Nachrichten von den vorzüglichsten Krankenhäusern und Pesthäusern in Europa. Nebst einigen Beobachtungen über die Pest und fortgesetzten Bemerkungen über Gefängnisse und Krankenhäuser. Aus dem Englischen. Mit Zusätzen des deutschen Herausgebers, welche besonders die Krankenhäuser angehen. Mit Kupfern und Tabellen (Leipzig 1791) S. 166

Ein Hauch des Todes umgibt diese Unglücklichen, die nicht selten von bösartigen Faulfiebern befallen sind.

Wie gefährlich sind zudem auch die Ausdünstungen der vielen Tausend, in den Spitälern Wiens dahinsiechenden Kranken! Zwar legt man etwa im Allgemeinen Krankenhaus großen Wert auf Sauberkeit. Doch leider: „Im Dache befinden sich Fenster, allein unglücklicherweise ist Glas eingesetzt, und folglich wird der freye Abzug der faulen Luft gehindert, und dieses muß nothwendig üble Folgen erzeugen."[41] Die Gänge des „Narrenturms" erweisen sich als „sehr stinkend und voll von ekelhaftem Geruch; weil die Form des Gebäudes verursacht, daß die Luft in seinem Mittelpunkte, wie in einem tiefen Walle stockt".[42] Welch großes Glück, daß sich das Allgemeine Krankenhaus am Rande der Stadt befindet!

Howard mustert beinahe sämtliche Gefängnisse und Krankenhäuser in Wien. Anläßlich einer Audienz bei Joseph II. äußert er sich über seine Beobachtungen. Der Kaiser ist erstaunt „über die Freymüthigkeit des kleinen Engländers, der ganz unbefangen alles, was zu tadeln war, tadelte".[43]

Auch bei Hofe verfolgte man die Aktivität der Protagonisten der Hygiene mit Interesse, konnte man doch hoffen, die Erkenntnisse der Gelehrten dem Staat nutzbar zu machen. Daß die Hygieniker des 18. Jahrhunderts von theoretischen Prämissen ausgingen, die – wie die Entdeckungen Pasteurs viel später zeigen sollten – auf Irrtümern beruhten und ganz in der Tradition mechanistischen und neohippokratischen Denkens standen, ist heute weitgehend vergessen. Gerne sieht man in den hygienischen Pionierleistungen des 18. Jahrhunderts den Ausdruck einer ganz und gar modernen Rationalität. Daß ein solcher Standpunkt fragwürdig ist, sollte in diesem Kapitel angedeutet werden.

Im Gestank – so sahen es Naturwissenschaftler und Mediziner des 18. Jahrhunderts – manifestierte sich das Todesprinzip. Daß dem Leichengeruch dabei besondere Bedeutung zukommen mußte, ist naheliegend. „Seit die ‚fixe' Luft in den Augen der Chemiker als Bindemittel gilt, das den menschlichen Körper zusammenhält", so formuliert es der französische Historiker Alain Corbin, Autor einer vielbeachteten „Geschichte des Geruchs", „schwebt mit dem Leichengeruch auch der Tod in der Atmosphäre. Im Inneren der Organismen wohnen die Fäulnis der Gedärme und das Lebensprinzip auf engstem Raum zusammen. Die Fäulnis sorgt für die dauernde Gegenwart des Todes, der mit den Gasen und Leichenausdünstungen in die Textur der Atmosphäre selbst eingeht."[44] Vor dem Hintergrund dieser neuen, beunruhigenden Erkenntnisse macht man sich auch in Wien an die Verlegung der Grabstätten aus der Stadt.

---

41 Ebd., S. 169
42 Ebd., S. 170
43 Ebd., Anmerkung des Übersetzers Christian Ludwig, S. 164 – 165
44 Corbin, Pesthauch und Blütenduft, S. 44

C. Die Verbannung der Toten

Im Frühjahr 1781 trägt sich Joseph II. mit dem Gedanken, eine neue Stolordnung für Wien zu erlassen, in der die Gebühren, die von der Geistlichkeit bei allen Trauerfeierlichkeiten in und vor der Stadt eingehoben werden, neu festgelegt werden sollen. Zudem drängt der Kaiser auf eine Verlegung der Friedhöfe vor die Linienwälle und ein Verbot der Begräbnisse in der Stadt.[1]

Anfang April des Jahres befiehlt die Hofkanzlei der Niederösterreichischen Regierung, genaue Pläne zur Verwirklichung der kaiserlichen Vorschläge zu entwerfen.[2] Mittelsrat Joseph Hyacinth von Froidevo[3] wird zum zuständigen Sachbearbeiter ernannt. Nach kurzen Überlegungen schlägt von Froidevo in der Frage der Begräbnisse folgende Neuerungen vor: Außerhalb der Linienwälle sollen vier neue Friedhöfe entstehen, auf denen künftig alle Toten begraben werden müssen. Um das Geschäft der Beerdigungen rasch und kostengünstig abwickeln zu können, empfiehlt er, 40 sogenannte „gemain Todtentrüchen" bereitzustellen. Diese mit einer Falltüre versehenen Gemeinschaftssärge würden nur dem Transport der Leichen vor die Stadt dienen und könnten so immer wieder verwendet werden. Die Toten würden, so schwebt dem ideenreichen Beamten vor, in die Gemeinschaftssärge gelegt, vom Sterbehaus in die Kirche überführt und nach Beendigung der kirchlichen Zeremonien in der Nacht zu den Grabstätten vor den Linien gebracht werden, um dort „ohne Holz" begraben zu werden. Das Ritual der traditionellen Begräbnisfeiern brauche weiters keine besonderen Veränderungen zu erfahren. Es werde genügen, vier Friedhöfe innerhalb der Linien bestehen zu lassen. An diese Orte könnten die Angehörigen ihre Toten begleiten, hier würden die Verstorbenen eingesegnet und formal „beigesetzt" werden; beim Transport der Leichen vor die Stadt würde sich auf diese Weise jedes zeremonielle Geleit erübrigen.

Durch die Einhebung einer Gebühr für den Gebrauch der Gemeinschaftssärge ließen sich die geplanten Friedhöfe auch leidlich finanzieren: 3750 fl. könne man jährlich mit dem Sargverleih verdienen, rechnet Froidevo der Regierung vor, die Gesamtkosten des Projekts würden sich auf 50 580 fl. belaufen. Die Einnahmen aus dem Sarggeschäft würden genügen, um einen Kredit auf 93 750 fl. aufzunehmen.

---

1 AVA, renov. K. 1316, HKA IV. L. 12 (1784-VIII-188)

2 Ebd. (Vortrag der Hofkanzlei, 22. 6. 1781)

3 Joseph Hyacinth von Froidevo wurde 1735 in Arlesheim (Schweiz) geboren. Nach einem Rechtsstudium in Wien tritt er 1764 in den österreichischen Staatsdienst. Von 1774 bis 1782 wirkt er als Regierungsrat in der Niederösterreichischen Regierung, seit 1782 als Hofrat bei der obersten Justizstelle. Froidevo ist auch als Referent bei der Justizkompilationshofkommission tätig. Neben seiner Tätigkeit in der Verwaltung widmet er sich der Seidenraupenzucht und der Veredelung der Grinzinger Reben. Froidevo stirbt 1811 in Meidling bei Wien. Siehe dazu: Constant v. Wurzbach, Biographisches Lexikon des Kaiserthums Oesterreich (Wien 1858) Bd. 4, S. 381 - 382, bzw. Oesterreichische National=Encyklopädie, oder alphabetische Darlegung der wissenswürdigsten Eigenthümlichkeiten des österreichischen Kaiserthums (Wien 1835) Bd. 2, S. 235 - 236

In der Regierung ist man von den Vorschlägen des Mittelsrates mehrheitlich nicht sehr angetan. Zunächst nimmt man Anstoß an den „Gemeintruhen". Ein sogleich von der medizinischen Fakultät der Universität Wien eingeholtes Gutachten bestätigt die skeptischen Regierungsbeamten in ihrer Haltung. Die über die neue Bestattungsart befragten Ärzte halten „die Abhollung der toden Körper in Gemeintrüchen, dan die Begräbniße ohne Holz überhaupt, insbesondre aber bey Personen so an anstekenden Krankheiten sterben, für (den) Gesundheitsstand auch bey der genauesten Aufsicht gar nicht gleichgültig, sondern allerdings nachteilig".[4] Jeder, der sich einen Sarg leisten könne, solle auch in einem solchen begraben werden.

Die Regierung hält es im übrigen für notwendig, daß sämtliche bestehenden Friedhöfe der Bevölkerung auch in Hinkunft zugänglich bleiben, zumal die Begleitung der Toten, die „eine in der Kirche von unfürdenklichen Zeiten her eingeführte und Gottgefällige Handlung sey, den Anverwandten, und andren frommen Kristen besonders bey übler Witterung, und zur Winterszeit wegen der Entlegenheit sehr erschwert werden würde, wenn in allen nur vier Kirchhöfe in den Vorstädten inner den Linien beybehalten werden sollten".[5]

Da die Finanzierung der neuen Friedhöfe laut einer kaiserlichen Resolution von den Stadt- und Vorstadtpfarren getragen werden soll, empfehle es sich, den Pfarrern weiterhin einen Teil der Einnahmen aus dem Beerdigungsgeschäft zu überlassen. Die offenbar von einigen Außenseitern in der Regierung diskutierte Idee einer Art bürgerlich-privaten Bestattungsunternehmens, das „die Begräbniße aller Leichen ohne Unterschied des Standes und der Religion gleichsam in Verpachtung" nehmen würde, wird als „lächerlich" und „ungereimt" bezeichnet: Die Begräbnisse seien Sache der Pfarren, die ja auch für Erhaltung der Gottesäcker zu sorgen haben würden. Der Platz der Grabstätte wird allerdings künftig nicht mehr über den Stand des Verstorbenen Auskunft geben: Jedermann wird sich vor den Linien beerdigen lassen müssen - hierin und auch in der Frage des zu ändernden Begräbniszeremoniells ist man mit Mittelsrat von Froidevo einer Meinung.

In einer Weisung an die Regierung gibt die Hofkanzlei bald darauf die Standorte der neuen Friedhöfe bekannt. Die Wahl ist auf Grundstücke vor der Lerchenfelder-, der Hundsturmer-, der Matzleinsdorfer- (Badener-) und der Nußdorfer Linie gefallen. Für die Anhänger akatholischer Konfessionen soll zwischen dem Währinger und dem Nußdorfer Linienwall ein Friedhof angelegt werden. Wie die Regierung ist die Hofkanzlei gegen die Einführung von Gemeinschaftssärgen, da „andurch nur Ärgerniß unter das Volk verbreitet, die Vorurtheile, und auch alte gute Meinungen, welche in Anbetracht der Leichen, und der den Todten gebührenden Verehrung unter den meisten Menschen herrschen, beleidiget, und aufgereizt, und allgemeine nicht leicht zu stillende Beschwerden ganz unfehlbar würden erreget werden".[6]

Mit Ausnahme der Mitglieder der kaiserlichen Familie werde niemand mehr innerhalb der Stadtmauern Wiens begraben werden dürfen, gibt die Hofkanzlei bekannt. Da man Klöster- und Familiengrüfte werde schließen müssen, soll es Ordensgeistlichen und anderen Inhabern von Grüften in Hinkunft zumindest gestattet werden, „sich an den Ringmaueren (der) allgemeinen Kirchhöfe besondere Behältnisse auszubauen,

4 AVA, renov. K. 1316 (wie Anm. 1)
5 Ebd.
6 Ebd.

worin sie, wenn sie wollen, ihren Todten abgesöndert einsenken, und auch mit eigenen
Wägen dahin abführen lassen können". Auch sonst braucht es den neuen Friedhöfen an
nichts zu fehlen. Man denkt an den Bau kleiner Kapellen, in denen Messen und
Hochämter gehalten werden könnten; in eigenen Häusern wohnende Totengräber würden die Grabstätten beaufsichtigen. Zum Schutz vor in den Gräbern wühlenden Tieren
will man rings um die Gottesäcker hohe Mauern errichten lassen. Wer wird an einer so
umsichtig geplanten Einrichtung noch Anstoß nehmen wollen? „Man wird gar bald die
gute Wirkung der aus dem Umkreyß dieser volkreichen Stadt weggeschaften Fäulniß
so vieler Tausend Todten Körper, und den andurch verbeßerten Gesundheitsstand
sichtbahrlich verspühren", so kommentiert man die bevorstehenden Reformen voller
Hoffnung, „und das Anfangs über jede Neuerung, und daher desto mehr über diese
Anstalt vielleicht klagende Volk wird im ersten Jahre die für seine Gesundheit gedeih-
lichen Folgen davon mit Dank erkennen."[7]

Der Kaiser ist mit der Arbeit seiner Beamten zufrieden und genehmigt die Vorschläge der Hofkanzlei. Zu den projektierten vier Friedhöfen soll allerdings noch ein fünfter
kommen. Ansonsten hat Joseph am Gutachten der Hofkanzlei nichts auszusetzen. Am
30. August 1781 informiert man die Regierung darüber, daß mit den Bauarbeiten
begonnen werden könne.[8]

Dort geht man bei der Organisation des Unternehmens anscheinend nicht mit
besonderem Eifer ans Werk. Als die Hofkanzlei im Jänner 1782 die neue Stolordnung
veröffentlichen lassen will, bei deren Entwurf man bereits von geänderten Verhältnissen
ausgegangen war, muß man feststellen, daß es noch immer keine Friedhöfe vor den
Linienwällen gibt. In der Regierung gilt die Frage der Finanzierung weiterhin als
ungelöstes Problem. Verärgert weist man die Regierung zurecht: Die Pfarren hätten für
sämtliche Unkosten aufzukommen; innerhalb von sechs Wochen müsse mit dem Bau
der Friedhofsmauern begonnen werden.

Als der Kaiser von diesen Verzögerungen und Schwierigkeiten er fährt, trifft er eine
überraschende Entscheidung: „(N)ach Abstellung der Begräbnissen in denen Grüften,
und in der Stadt (können) die Kirchhöfe in den Vorstädten ohne Anstand verbleiben",
gibt Joseph der Hofkanzlei bekannt, „und also kömmt es von dem Gedanken dergleichen ausser den Linien mit so vielen Umständen und Kosten zu errichten, vor jetzo
gänzlichen ab."[9]

Hinter diesem Widerruf des Kaisers verbirgt sich ein Konflikt, der die Gleichgültigkeit, die die Regierung den „allerhöchsten Resolutionen" gegenüber an den Tag zu
legen schien, vielleicht erklärt. Als Mittelbehörde oblag der Regierung die schwierige
Aufgabe, kaiserliche Verordnungen, die als Eingriffe in religiöse Belange angesehen
werden konnten, in die Tat umzusetzen. Angesichts stets drohender Konfrontationen
zwischen staatlicher und kirchlicher Autorität kam es auch unter den Regierungsbeamten zu Meinungsverschiedenheiten.

So sind einige Beamte der N.Ö. Regierung der Ansicht, daß der Bau der neuen
Friedhofsanlagen eine allzu große finanzielle Belastung für die Pfarren bedeuten würde.
Dies bringt den zuständigen Sachbearbeiter von Froidevo[10] auf die Idee, die vermutlich

---

7 Ebd.

8 Ebd. (Bericht der Hofkanzlei, 6. 1. 1782)

9 Ebd.

10 Im Vortrag vom 6. 1. 1782 nicht namentlich genannt.

vermögenderen Bruderschaften als Geldgeber heranzuziehen. Als er in der Regierung über seinen Vorschlag referiert, läßt er die Bemerkung fallen, „daß die Verminderung, ja vielleicht die gänzliche Aufhebung der Bruderschaften dem Sinne unserer Religion nicht entgegen zu seyn scheine, massen die denenselben mit zur Grundlage dienende Gemeinschaft der Heiligen alle Bruderschaften in sich begreiffe, und doch wenigstens ausser allem Zweifel sey, daß unsere Religion mit Kapitalien nichts gemeines habe".[11]

Diese Äußerung sorgt für Aufregung. Die Mehrheit der Regierung pflichtet dem Referenten nicht bei und nimmt die Diskussion zum Anlaß, der Hofkanzlei ihren Standpunkt zur Frage der Bruderschaften darzulegen. Die Bruderschaften seien, stellt man fest, „wenn sie das Beste der Religion, die Beförderung des Gottesdienstes, und der Werke der Barmherzigkeit zur Absicht haben, oder dahin gelenkt würden, nicht schädlich, und die sich etwa hiebey eingeschlichene Mißbräuche könnten gehoben werden, ohne die Sache selbst zu tilgen." Im übrigen „kön(n)e der Staat aus den vermöglichen Bruderschaften einen fortwährenden manigfältigen Nutzen schöpfen, welcher durch ihre Aufhebung auf einmahl zernichtet würde".[12] Man glaube zudem nicht, daß die Bruderschaften tatsächlich über die Geldmittel verfügen, die für den Bau der Friedhofsanlagen benötigt würden. Auch in der Hofkanzlei ist man der Meinung, daß die Finanzierung des Projekts nicht den Bruderschaften aufgebürdet werden sollte. Ihr Kapital ließe sich anderswo besser einsetzen, so etwa „zur Verbreitung des allgemeinen Unterrichts". Die Bezahlung der Baukosten könne man getrost den Pfarrern überlassen: Die Stolgebühren und die Nutzung der ehemaligen Friedhofsgründe würden genügend Einnahmen bringen. Der Kaiser ist nun allem Anschein nach verunsichert und entschließt sich dazu, die Friedhöfe vorerst nicht vor die Linien verlegen zu lassen.

Josephs Befehl, die Vorstadtfriedhöfe nicht zu sperren, wird der Regierung mitgeteilt.[13] Diese zieht nun auch das erzbischöfliche Konsistorium zu Verhandlungen über die fällige Neuordnung des Bestattungswesens heran. Vom Konsistorium erfährt man, daß entgegen dem kaiserlichen Verbot weiterhin Begräbnisse innerhalb der Stadtmauern stattfinden. Die in St. Stephan beigesetzten Toten etwa werden nicht in die Vorstadtfriedhöfe überführt, in der Passauer Pfarrkirche bei der Marienstiege werden die Toten sogar noch unter dem Pflaster des Kirchenbodens beerdigt – im Inneren des Gotteshauses herrscht der „Geruch der Fäulnis". Die Vorstadtfriedhöfe, so weiß man im Konsistorium zu berichten, werden die vielen Toten, die tagtäglich auf ihnen begraben werden, bald nicht mehr fassen können. Eine Erweiterung dieser Gottesäcker ist zumeist unmöglich, da sie von Häusern umgeben sind. „Das Konsistorium erkennt diesen Umstand eines vorzüglichen Augenmerks der Polizey würdig zu seyn", meldet die Regierung der Hofkanzlei.

In der Regierung ist man inzwischen mehrheitlich dafür, auf Kosten der Pfarren neue Friedhöfe innerhalb der Linien anlegen zu lassen.

Eine einflußreiche Minderheit plädiert jedoch für den Bau von Friedhöfen außerhalb der Linienwälle, der zu Lasten der Pfarren gehen soll, deren Kirchhöfe inzwischen überfüllt sind. Dies würde, wie man glaubt, die veranschlagten Ausgaben auf ein tragbares Maß verringern. Vor der Matzleinsdorfer Linie gebe es bereits einen Friedhof mit einer Kapelle, der nicht viel weiter von der Stadt enfernt sei als die meisten

---

11 AVA, renov. K. 1316 (Bericht der Hofkanzlei, 6. 1. 1782)
12 Ebd.
13 Ebd. (Vortrag der Hofkanzlei, 8. 3. 1782)

Vorstadtfriedhöfe. Neue Friedhöfe in den Vorstädten würden im übrigen nach kurzer Zeit wieder von Häusern umgeben sein - ein Grund mehr, die Gottesäcker vor die Linien zu verlegen.

Die Hofkanzlei schließt sich der Regierungsminderheit an und setzt sich gegenüber dem Kaiser dafür ein, das ürsprünglich geplante Vorhaben nun endlich zu verwirklichen. Joseph läßt sich überzeugen. „Wegen der vor den Linien herzustellenden Kirchhöfe beangnehme Ich das Einrathen der minderen Stim(m)en der Regierung und kann hiernach der Anfang mit ein paar Freythöfen ausser den Linien auf die angetragene Art gemacht werden",[14] ordnet der Kaiser an.

Über ein Jahr später ist der erste Entwurf einer Regierungsverordnung zur Reform des Begräbniswesens fertiggestellt. Die anbefohlenen Veränderungen seien ein „Beweis des väterlichen Besorgnisses (...), womit seine Majestät über alles wachen, was auf die Erhaltung der Einwohner wohlthätigen Einfluß haben kann", heißt es in der „Nachricht" der Regierung an die Bevölkerung.[15] Der Kaiser sei „uiberzeugt, daß die Ausdünstung von mehr dann 10 000 jährlich sterbenden, und in dem engen Bezirke der entweder nahe an bewohnten Gegenden, oder wohl gar von Häusern umschlossenen Begräbnisstätten verwesenden Menschen, der Gesundheit allgemein nachtheilig seye, und die in einer so volkreichen Stadt wegen mancher anderen Umstände, ohnehin grössere Sterblichkeit, noch um vieles vermehren müsse".

Im einzelnen befaßt man sich in der Verordnung mit der Schließung aller Kirchhöfe innerhalb der Linien und dem Bau neuer Friedhofsanlagen vor der Stadt, dem Ablauf der Begräbnisfeierlichkeiten, dem nächtlichen Transport der Toten, deren Bestattung und schließlich mit der Genehmigung zur Errichtung von Grabdenkmälern an den Mauern der neuen Gottesäcker.

Nach einem persönlichen Befehl Josephs vom 22. September 1783[16] sollen Grundstücke in der Brigittenau, vor der St. Marxer, der Matzleinsdorfer, der Hundsturmer und der Währinger Linie für die Friedhöfe ausgewählt werden. Die möglichst schlichte Gestaltung der neuen Grabanlagen ist des Kaisers besonderer Wunsch: Nicht jeder der neuen Friedhöfe bedürfe einer eigenen Kapelle, so glaubt Joseph, ein einfaches Kreuz werde zumeist genügen. Da die mit Mauern zu umgebenden Terrains möglichst klein bleiben sollten, könnten die Toten in großen Schachtgräbern, die mehrere hundert Särge fassen müßten, beerdigt werden.

Anscheinend werden die Anweisungen des Kaisers jedoch nicht befolgt.

Am 6. Juni 1784[17] klagt Joseph: „Dieses ganze Geschäft der Begräbniß vor den Linien ist während meiner letzten Abwesenheit von hier unternommen, und ohne hinlängliche Grundsätze, und zweckmässige Maßnehmungen, oder Vorbereitungen angefangen, so, wie ohne hinlängliche Standhaftigkeit ausgeführt worden." Mürrisch erklärt der Kaiser den Beamten der Regierung die hinter den Verordnungen zur Verlegung der Friedhöfe stehende Absicht, über die man sich, wie er argwöhnt, in der Länderbehörde nicht im klaren zu sein scheint: „Das Absehen war, das fäulende Miasma der Körper, so der Gesundheit der Einwohner höchst nachtheilig seyn könnte, von den Wohnungen zu entfernen."[18] Dieser Feststellung läßt der Kaiser eine vier Aktenseiten

14 Ebd.
15 Ebd. (Entwurf vom 22. 12. 1783)
16 Ebd.
17 Ebd. (Anmerkungen zu einer Note Buols)
18 Ebd.

umfassende detailreiche Erläuterung seiner Vorstellungen vom idealen Begräbnis folgen. Neben der Wahl der günstigsten Plätze für die Friedhöfe kommt auch die zweckmäßigste Art der Beerdigung zur Sprache. „Die Beerdigung ist überh(au)pt dergestalt zu veranlassen, d(aß) die Verwesung der Körper am aller geschwindesten und unschädlichsten vor sich gehe", stellt Joseph fest. „Hiezu will ich (...) aus Vorsicht einige auch in fremden Ländern beobacht werdende Mittel vorschreiben, nämlich das locale muß, wie schon gesagt worden, gut und mit einem hinlänglichen Raum gewählet werden; Alle Leichen müssen auf die gewöhnliche Art in ihre Pfarren gebracht werden, und allda die übliche Gebetten, und die Einsegnung vor sich gehen, jede Pfarr hält eine Anzahl Todtentruhen von verschiedener Grösse, die gut gemacht sind, und welche für alle Leichen ihrer Pfarre dienen, sie mögen vornehme und reiche, oder arme leute seyn, da das Bahrtuch ohnedem alles bedeckt; auf diese Art werden sie in der Pfarr beigesetzt, kurz darauf aber entweder mit dem Wagen fortgeführt, oder aber auf den bestim(m)ten Freythof getragen, wo die truhe eröfnet, und der im Voraus schon in einem strohleinwandenen Sak eingenähte Körper, von dem man ohnedieß nichts sehen kann herausgenommen, und begraben wird. Diesem zu Folge muß ein allgemeiner Befehl ergehen, daß kein Todter mehr angelegt, sondern ganz blos in einen strohleinwandenen Sack eingenäht und so in die von der Pfarr überbrachte Truhe geleget werde. Dadurch erspart sich das Publikum die Todtenbahr und die sonst darauf verwendete Wäsch und Kleidungsstücke."[19] Danach nennt Joseph die genauen Maße für Länge, Breite und Tiefe der Schächte der Gemeinschaftsgräber, in denen die Toten künftig beerdigt werden sollen.

Wieder entspinnen sich lebhafte Diskussionen zwischen der Hofkanzlei, der Niederösterreichischen Regierung und dem erzbischöflichen Konsistorium.[20] Schon hat man die ersten Schritte zur Verlegung der Grabstätten unternommen: Die Verhandlungen zum Kauf der Grundstücke für die Friedhöfe sind größtenteils schon abgeschlossen; da und dort hat man mit dem Bau der Mauern begonnen und Leichenwägen angeschafft. Der Transport der Toten wirft jedoch bereits Probleme auf. Nach einem Bericht der Regierung sind die nächtlichen Fahrten der Totenkarren „mit so mancher Unanständigkeit, Ungebühr, Unzufriedenheit des Publici, Unschicklichkeit der Wagenknechte, Stöhrung der nächtlichen Ruhe, und mit unerschwinglichen Kosten begleidet".[21] Auch die Bodenbeschaffenheit der Terrains, auf denen die neuen Friedhöfe entstehen sollen, bereitet den Behörden Sorgen. Ginge es nach den Wünschen des Kaisers, so dürften Friedhöfe nur dort angelegt werden, „wo sich kein Schotter, noch steinigter Grund, so der Fäulung widerstehet, und zum Graben beschwerlich ist, vorfindet". Wie das Konsistorium jedoch feststellt, gebe es vor den Linienwällen von St. Marx und Matzleinsdorf nur Schotter und Kies, die allerdings, wie man auch in der Regierung glaubt, einen guten Boden für die geplanten Friedhof abgeben würden - im Gegensatz zu einem „kompakten und leimigten Erdreich".

Diese Divergenzen zwischen dem Kaiser und den Vertretern der Behörden sind jedoch unbedeutend. Weitaus größere Meinungsverschiedenheiten gibt es in der Frage der neuen Beerdigungsart. Überall ist man sich einig darüber, daß von der Verwirklichung der kaiserlichen Idee der „Sackbegräbnisse" wenig Gutes zu erwarten sei. Das

---

19 Ebd.
20 Ebd. (Hofkanzlei an Joseph, gezeichnet Kolowrat, 26. 7. 1784)
21 Ebd.

Konsistorium weist darauf hin, daß „die Armen, die ohnehin aus Abgang der Mittel unentgeltlich begraben werden müßten, dieses (zwar) als eine besondere Wohlthat, wodurch sie der Kosten der Todentruhen, und sonst darauf verwendeten Wäsche, und Kleidungsstücke entübriget würden, anerkennen (würden), nicht aber die Vornehmen, und Bemittelte, welche theils von Vorzügen zu anderen Begrifen verleitet, dagegen Vorstellungen machen, und ihre Liebe und Abhänglichkeit gegen die Verstorbenen in Bezeugung der lezten Ehre nicht zu beschränken bitten würden". Hat es nicht geheißen, daß durch die neuen Vorschriften „weder an der Stollordnung etwas geändert, noch dem Publico ein zwang auferlegt werde, die Verstorbenen unmittelbar in die Freydhöfe zu führen"? Hat die Verordnung nicht bloß „die Entfernung der schädlichen Ausdünstung" zur Absicht?

Man hoffe doch, daß die kaiserlichen Behörden, was die Bestattung der Toten in eigenen Särgen betreffe, eine „Ausnahme für den Wohlstand des Adels, und der Bemittelten" machen werden. „Denn im widrigen Falle dörften diese verleitet werden, sich aus dem Krankenbette auf das Land, oder durch den letzten Willen auf einen Kirchhof auf dem Land übertragen zu lassen, oder doch würden die Erben nichts unversucht lassen den Leichnam dieser Vorschrift zu entziehen".[22] Zudem sei ohnedies befohlen worden, an ansteckenden Krankheiten verstorbene Personen immer in Särgen zu begraben und ihre Kleider zu verbrennen. Das Konsistorium glaubt allerdings, daß Särge in Hinkunft nur noch aus billigem Weichholz geschreinert und den Toten, statt kostbarer Kleider, einfache Hemden angelegt werden sollten.

In der Regierung denkt man ähnlich über das Problem. Auch hier ist man grundsätzlich gegen das Sackbegräbnis. Ausnahmen für einzelne Gruppen der Bevölkerung hält man, im Gegensatz zum Konsistorium, für fragwürdig. Wäre die neue Verordnung etwa für den Adel nicht gültig, ergebe sich daraus „ein der allerhöchsten Gesinnung zuwider laufender Unterschied zwischen dem foro Nobilium et ignobilium (...), und wenn man endlich blos für die Armen Gemeintruhen halten wolte, so seye sie (die Regierung, Anm.) versichert, daß niemand mehr in Ansehung der Begräbniß arm seyn würde, oder seyn wolte".[23] Man erinnert an den schon 1781 abgelehnten Vorschlag des damaligen Regierungsrates Hyacinth von Froidevo und an das Gutachten der Medizinischen Fakultät, in dem die Gemeinschaftssärge als gesundheitsgefährdend betrachtet wurden. Es sei also ratsam, alles beim Stand von 1781 zu belassen.

Einzelne Vertreter der Regierung melden höchstpersönlich ihre Bedenken an: „Baron Buol findet sich ebenfalls verpflichtet zu bitten, es auch in Betref der sogenannten armen Leute von dem Gebrauch der gemeinschaftlichen Todentruhen um so mehr abkommen zu lassen, als die Gefahr der Ansteckung bey diesen in den Vorstadts Gründen zählig wohnenden Leuten, besonders da die Reinlichkeit dieser Gemeintruhen durch den öftern Gebrauch nicht erhalten werden kan, weit grösser sey."[24]

Im Kommentar der Regierung werden ebenfalls medizinische Argumente ins Spiel gebracht. Die Gefahr der Verbreitung fauliger Miasmen sei bei der Benutzung von Gemeinschaftssärgen besonders groß: „Von dergleichen angesteckten Truhen sey bey wiederholtem Gebrauch eben zu befürchten, daß das Miasma den Wohnungen gleichsam eingeimpft, und auf diese Art die Ansteckung befördert werde."[25]

---

22 Ebd.
23 Ebd.
24 Ebd.
25 Ebd.

Auch die Hofkanzlei verweist auf das Gutachten der medizinischen Fakultät aus dem Jahr 1781. Man plädiert dafür, die Verwendung der „Gemeintruhen" nicht gesetzlich vorzuschreiben, sondern die Form der Bestattung der freien Entscheidung der Bürger zu überlassen.

„Überhaupt ist man dies treugehorsamsten Orts des allerunterthänigsten Dafürhaltens", so gibt man dem Kaiser zu verstehen, „daß weder in Ansehung des Gebrauches der Gemeintruhen, noch auch in Absicht auf die Art der Ankleidung der toden Körper einiger Zwang anzukehren und diesfalls vielmehr den Begrifen und Gewohnheiten des Publikums, welches so wie zu allen Zeiten bei jeder Völkerschaft Herkommens war, darinn eine Art den Verstorbenen erzeigt werdenden letzten Ehre und schuldigen Achtung zu finden glaubt, etwas zu Guten zu lassen wäre, da die Haupt Absicht, nämlich die Begrabung der Toden vor den Linien dadurch nicht im geringsten gehem(m)et wird".[26]

Dieser ebenso nüchterne wie vorsichtige Einwand stößt beim Kaiser gänzlich auf Ablehnung. „Alle hier angeführte Ursachen gründen sich lediglich auf Vorurtheile", belehrt Joseph die Beamten der Hofkanzlei, „und es hat bey Meiner Anordnung nicht allein hier, sondern auch in allen Erbländern sein Verbleiben".[27]

Am 23. August 1784 werden die neuen Verordnungen in den österreichischen Erbländern publiziert, am 2. September 1784 in Böhmen.[28] Gegen die Verlegung der Friedhöfe aus den bebauten Gebieten regt sich, wie es scheint, nur wenig Widerstand. Einzig die vielen, von Kreisämtern und Dominien an die Hofkanzlei gerichteten Anfragen deuten auf einen gewissen Unmut auf unterster Ebene der Verwaltung.[29]

Die neue Art der Beerdigung in Säcken dürfte nicht überall großen Anklang gefunden haben. Es ist allerdings schwierig, zuverlässige Indikatoren des unter der Bevölkerung herrschenden Mißfallens zu entdecken. In den Akten der Hofkanzlei findet sich ein einziger Hinweis auf – in Zusammenhang mit dem Sackbegräbnis – offen geäußerte Unzufriedenheit: ein Bericht über einen scheinbar unbedeutenden Vorfall an der schlesischen Grenze, der den Kaiser schließlich veranlaßt, seinen Untertanen die Beerdigung in eigenen Särgen wieder zu gestatten.[30]

Anfang Jänner 1785 übermittelt das Lidschower Kreisamt dem Böhmischen Gubernium eine Anzeige des Starkenbacher Wirtschaftsamtes. Beim Begräbnis einer Wöchnerin, die den neuen Vorschriften gemäß beerdigt werden sollte, war es zu einem Zwischenfall gekommen. Als man die Tote in ihr Grab versenken wollte, hatte einer der Umstehenden dem Totengräber vor versammelter Trauergemeinde die Schaufel entrissen und begonnen „den Leichnam sam(m)t der angeschaften Truhe einzuscharren".

In der Anzeige des Starkenbacher Wirtschaftsamtes, an deren Wahrheitsgehalt man im Gubernium zweifelt, wird zudem davon berichtet, daß nach dem Erlaß der neuen Begräbnisverordnungen „Murren unter dem Volk (...), eine Anlockung desselben zur Emigration (und) verschiedene bedenkliche Zusammenkünfte" bemerkt worden seien. Man befürchte einen „ähnlichen Aufstand, wie sich solcher im Jahre 1775 zugetragen". Zudem habe man erfahren, „daß einem jeden Emigranten in Preußischschlesien bei

---

26 Ebd.
27 Ebd.
28 Siehe dazu: John, Medizinalgesetze Bd. 1, S. 164 – 165
29 Ebd., S. 167 – 170
30 AVA, renov. K. 1316, HKA IV. L. 12 (1785-I-191)

seiner dortigen Ankunft alsogleich 100 fl. baar behändiget, und wenn er stirbt, derselbe auf eine ihm selbst anständige Art zur Erde bestattet werde".

Das Gubernium befiehlt dem Kreisamt hierauf, die Unruhestifter verhaften zu lassen. Um Emigrationen zu verhindern und konspirative Treffen zu unterbinden, will man militärische und behördliche Vorkehrungen treffen. In der Hofkanzlei mißt man dem Vorfall keine allzu große Bedeutung bei und hält die Besorgnis des Starkenbacher Wirtschaftsamtes für übertrieben. Dem Lidschower Kreisamt und den ihm untergeordneten Dominien wird allerdings Wachsamkeit empfohlen, das Militär wird in Alarmbereitschaft versetzt. Außerdem glaubt man, den Kaiser informieren zu müssen.

Als Joseph von den Ereignissen in Schlesien erfährt, ist seine Reaktion heftig. Ohne lange zu zögern widerruft er am 17. Jänner 1785 seine Begräbnisverordnung: „Da Ich täglich sehe und erfahre", schreibt er wütend an die Hofkanzlei, „daß die begriffe der lebendigen leider noch so materialisch sind, daß sie einen unendlichen Preyß darauf setzen, daß ihre Körper nach dem todt langsamer faulen und länger ein stinkendes Aas bleiben, so ist Mir wenig dran gelegen, wie sich die leute wollen begraben lassen, und werden Sie also durchaus erklären, daß nachdem Ich die vernünftigen Ursachen, die Nutzbarkeit und Möglichkeit dieser Art begräbniß gezeigt hätte, Ich keinen Menschen, der nicht davon überzeugt ist, zwingen will vernünftig zu seyn, und daß also ein jeder, was die Truhen anbelangt, frey thun kan, was er für seinen toden körper im voraus für das angenehmste hält".[31]

Mit diesem Entschluß kapitulierte der Kaiser auch vor seinen Beamten, deren Angriffen er in der Frage der Begräbnisse so lange getrotzt hatte. Vielleicht hat man in der Hofkanzlei – da man den Kaiser anders nicht überzeugen zu können glaubte – eine nebensächliche Angelegenheit zu einem wichtigen Fall hochgespielt, um Joseph den vermeintlichen Widersinn seiner Verordnung vor Augen zu führen. Die Auseinandersetzung um die „Sackbegräbnisse"[32] ändert allerdings nichts an der bemerkenswerten Tatsache, daß die Verlegung der Friedhöfe – wie beispielsweise in Wien – ohne großes Aufsehen vonstatten ging. Anscheinend war man den Toten gegenüber doch gleichgültiger als es auf den ersten Blick scheinen mag. Denn die josephinischen Vorschriften brachten es mit sich, daß sich das traditionelle Beerdigungsritual erheblich veränderte. Die Ruhestätten der Toten – Friedhöfe oder Grüfte – waren nun nicht mehr Schauplatz

---

31 Ebd.

32 Durch die Sargschreinerei gehe unnötig kostbares Holz verloren – davon waren kritische Geister auch in anderen Teilen Europas überzeugt. Michel Vovelle führt das Beispiel einer in Württemberg erschienenen Broschüre an, die sich gegen jene besondere Art der Holzverschwendung wendet, um schließlich festzustellen: „Le discours des Lumières s'inscrit ici en contrepoint trop brutal de la tendance générale qui, en tous lieux, fait prévaloir le cercueil sur le suaire, comme une forme à la fois de promotion sociale et du nouveau respect du aux morts dans leur intégrité physique." (Vovelle, La mort et l'Occident, S. 454).
In Trier hatte Kurfürst Clemens Wenzeslaus (1749 - 1812), ein aufgeklärter Prälat, schon 1777 eine Verordnung erlassen, die das Einnähen der Toten in Leinwand befahl. Zur Herstellung von Särgen sollte nur billiges Holz verwendet werden; die Toten mußten in Gemeinschaftsgräbern außerhalb der Stadt begraben werden. Joseph II. hat diese Verordnung vermutlich gekannt; 1781 stand er mit dem Kurfürsten in Briefkontakt. Siehe dazu: Klaus Gottschall, Dokumente zum Wandel im religiösen Leben Wiens während des Josephinismus (= Veröffentlichungen des Instituts für Volkskunde der Universität Wien 7, Wien 1979) S. 76 - 79; Original der Trierischen Verordnung: S. 194 - 206. Vovelle, La mort et l'Occident, erwähnt die Verordnung ebenfalls.

öffentlicher kirchlicher Zeremonien. Auf den neuen Friedhöfen Wiens wurde nur mehr begraben.

Ähnliches ließ sich auch in anderen großen Städten Europas beobachten, so etwa in Paris. Hier wurden zwischen 1780 und 1782 alle Friedhöfe aufgelassen, die sich innerhalb der Zollschranken befunden hatten. Die neuen Friedhöfe von Paris lagen allesamt vor den Zollhäusern, schon bestehende Friedhöfe außerhalb dieser Stadtgrenzen wurden erweitert.[33] Wie in Wien entstand dadurch ein neues Begräbnisritual. In seinen „Tableaux de Paris" (Paris 1789) beschreibt Sébastien Mercier die Bestattungsbräuche in der Großstadt: „Die Todesanzeigen, die zur Teilnahme am Geleit einladen, besagen zwar noch, daß der Verstorbene in der Kirche beigesetzt wird, man bahrt ihn dort aber lediglich auf und verwahrt ihn: alle Leichname werden nachts auf die Friedhöfe überführt. Man geleitet den Leichnam nur bis zur Kirche, und die Eltern und Freunde sind heute von der Pflicht entbunden, den Fuß an den Rand des feuchten Grabes setzen zu müssen (...). Diese verständige und neue Bestimmung hat den Respekt, den man den Toten schuldet, mit der Volksgesundheit ausgesöhnt. Der äußere Schein ist gewahrt; es sieht so aus, als würde man in der Kirche, wenigstens in seiner eigenen Pfarrei beigesetzt, und man findet die ewige Ruhe mitten auf dem Lande."[34]

Die eigentliche Beisetzung und Beerdigung fand also ohne geistliche Aufsicht statt und blieb dem Gutdünken der Sargträger und Totengräber überlassen.[35] „Daß eine solche Situation überhaupt hat eintreten können", meint Philippe Ariès, „sagt viel über die Verfassung der kollektiven Sensibilität zur Mitte des 18. Jahrhunderts und ihre Gleichgültigkeit den Toten und ihrer Beisetzung gegenüber aus, wenigstens in Paris".[36]

Michel Vovelle deutet die Entwicklung ein wenig anders: „(I)l est évident (...) que ce tournant correspond à une désacralisation de la mort: en rompant le lien qui attachait les sépultures au lieu saint, tel qu'il avait été façonné d'une façon continue du Moyen Age à l'âge baroque, les hommes de ce temps expriment de façon diffuse et certainement inconsciente une nouvelle lecture de l'au delà (...)."[37]

Mit der „désacralisation de la mort" liefert uns Vovelle das Stichwort für das letzte Kapitel dieses Abschnitts. Als man in Wien daran ging, die Toten aus der Stadt zu verbannen, setzte auch Kritik an den traditionellen Begräbnis- und Trauerfeierlichkeiten ein. Mit der Broschüre „Ueber die Begräbniße in Wien" wurde 1781 eine publizistische Debatte eröffnet, die in der kurzen Geschichte der „erweiterten Preßfreiheit"[38] ihresgleichen sucht.

33 Ariès, Geschichte des Todes, S. 631

34 Sébastien Mercier, Tableaux de Paris (Paris 1789) Bd. 10, S. 190, hier zitiert nach Ariès, Geschichte des Todes, S. 632

35 Ebd., S. 633

36 Ebd., S. 634

37 Vovelle, La mort et l'Occident, S. 467

38 Siehe dazu allgemein: Leslie Bodi, Tauwetter in Wien. Zur Prosa der österreichischen Aufklärung 1781 - 1795 (Frankfurt a. M. 1977) und Ferdinand Wernigg, Bibliographie österreichischer Drucke während der „erweiterten Preßfreiheit" 1781 - 1795 (= Wiener Schriften 35, Wien 1973), v.a. S. 261 - 262. Zur Bibliographie des publizistischen Streits um die Begräbnisse siehe auch: Gustav Gugitz, Bibliographie zur Geschichte und Stadtkunde von Wien (Wien 1955) Bd. 2, S. 28 - 30. Für freundliche Hinweise danke ich Edith Rosenstrauch, Wien.

D. Die Begräbnisse in Wien. Publizistische Gefechte

Es war vermutlich kein Zufall, daß die Veröffentlichung der Broschüre „Ueber die Begräbniße in Wien" zeitlich ungefähr mit dem kaiserlichen Auftrag zum Entwurf einer neuen, am 25. Jänner 1782 schließlich publizierten Stolordnung für die Hauptstadt und ihre Vorstädte zusammenfiel. Für Österreich unter der Enns war schon Anfang 1781 eine geänderte Stolordnung erlassen worden.[1] Was Wien anlangte, wollte man jedoch, so scheint es, mit besonderer Vorsicht zu Werke gehen. Wie bereits erwähnt, wurde ein Mittelsrat der Niederösterreichischen Regierung im Frühjahr 1781 mit der Ausarbeitung der neuen Fassung betraut.

Mit den Stolordnungen, die sich - als sogenannte „Konduktsordnungen" - in der Hauptsache auf die bei Begräbnissen anfallenden Kosten bezogen, versuchten die landesfürstlichen Behörden, ihre legislatorischen Ansprüche in einem Bereich geltend zu machen, der sich in früheren Zeiten außerhalb der staatlichen Einflußsphäre befunden hatte. Denn die Gestaltung der Trauerfeierlichkeiten, die man seit 1751 zu vereinheitlichen bestrebt war, wurde zunächst immer noch vornehmlich von den Wünschen der Erblasser bestimmt. Der Umfang des Trauergeleits, die Anzahl der Totenmessen, die Höhe der frommen Stiftungen und Almosen, aber auch die Wahl der Grabstätte wurden in der Regel testamentarisch festgelegt. Philippe Ariès charakterisiert das Testament als „religiösen, nahezu sakramentalen" aber auch persönlichen Akt:[2] „Wer ohne Hinterlassung eines Testamentes starb, konnte im Prinzip weder in der Kirche, noch auf dem Friedhof begraben werden (...). Der Gläubige bekennt gegen Ende seines Lebens (...) seinen Glauben, gesteht seine Sünden ein und sühnt sie durch einen öffentlichen, ad pias causas schriftlich niedergelegten Akt. Die Kirche ihrerseits kontrolliert, durch das Testament verpflichtet, das Versöhnungswerk des Sünders und erhebt auf seine Hinterlassenschaft einen Zehnten, der zugleich ihr materielles Vermögen und ihren geistlichen Schatz mehrt."[3]

In einer Stolordnung vom 13. Dezember 1774 wird Maria Theresia als „suprema advocata piarum causarum" bezeichnet. In dieser Eigenschaft erläßt sie Verordnungen, „welche die sammentlich getreueste Unterthannen wider alle Ungleichheit, willkührliche Taxierung, und Beschwerden in Abreichung der Stollgebühren an die Geistlichkeit (...) verwahren" sollen.[4] Diese Formulierung läßt die Tatsache vergessen, daß die Gelder, die etwa anläßlich eines Begräbnisses unter anderem auch der Geistlichkeit zuteil wurden, keineswegs immer unfreiwillig ausgegeben wurden. Dem Weltklerus

---

1 Siehe dazu: Sammlung der Kaiserlich-Königlichen Landesfürstlichen Gesetze und Verordnungen in Publico-Ecclesiasticis vom Jahre 1767 bis Ende 1782 (Wien 1782) S. 166 - 177 (Stolordnung für Wien und die inner den Linien liegenden Vorstädte und Ortschaften)

2 Ariès, Geschichte des Todes, S. 253

3 Ebd., S. 243

4 Patent (Steiermark) vom 13. 12. 1774, hier zitiert nach Obersteiner, Wildon im 18. Jahrhundert, S. 28

kam – wohlgemerkt – nur ein Teil der dem Seelenheil gewidmeten Summen zugute. Bettelorden, Bruderschaften, Arme und Waisen, deren Geleit seit dem späten Mittelalter zum festen Bestandteil der Trauerzeremonien gehörte,[5] erhielten ebenso ihren Lohn wie Musiker, Kirchendiener, Sargträger, Ministranten und Totengräber. Mit dem Versuch der Normierung der Begräbnistaxen verfolgten die landesfürstlichen Behörden auch den Zweck, private Investitionen dort zu beschränken, wo sie nach kameralistisch-utilitaristischem Verständnis dem Staat nicht nützlich sein konnten. Die staatlich-absolutistische Religions- und Kirchenpolitik bekämpfte eine „Umverteilung der Vermögen",[6] die durch die Angst der Lebenden vor der ewigen Verdammnis in Schwung gehalten wurde. Die verschiedenen Stolordnungen, die Aufhebung der Bruderschaften und die Einführung des „Armeninstituts" (1783) künden – ebenso wie die zunehmende Kontrolle der Stiftungen und die Gründung des Religionsfonds (1782) – vom Ende eines kirchlichen Einnahmensystems und eines Fürsorgewesens, deren tragendes Element bestimmte Vorstellungen vom Jenseits gewesen waren. Das Jenseits sollte hinfort nichts mehr mit Geld und Kapitalien zu tun haben – zumindest nicht in jener direkten Art und Weise, die für die Zeit des Barock und die gegenreformatorischen Konzepte von Hölle und Fegefeuer so kennzeichnend gewesen war.

Wichtiger als das Seelenheil der Verstorbenen war den im Habsburgerreich wirkenden Kirchenreformern des 18. Jahrhunderts die Seelsorge und die „Katechisierung", die religiöse Erziehung der Bevölkerung, denen im christlich-katholischen Staat Maria Theresias und Josephs II. entscheidende Bedeutung zukommen sollte. Investitionen in Fürsorgeeinrichtungen und andere Institutionen der Barmherzigkeit brauchten sich nicht mehr im Jenseits zu amortisieren, ihr irdischer Nutzen genügte. Die „Konservierung der Untertanen" stärkte, wie wir gehört haben, den Staat, und dieser profane Zweck rechtfertigte alle Ausgaben zur Unterstützung der Bedürftigen.

Es verwundert nicht, daß man unter diesen Aspekten auch am Sinn der traditionellen, häufig sehr aufwendigen Begräbnisfeierlichkeiten zu zweifeln beginnen mußte. „Ich weiß nicht, wie man auf den Gedanken verfallen ist, als wenn eine prächtige Begräbniß den Verstorbenen zu einer ganz besonderen Ehre gereiche", fragt sich Friedrich Schilling (1754 – 1803), der mutmaßliche Autor der Broschüre „Ueber die Begräbniße in Wien".[7]

Vielleicht kannte der aus Erfurt stammende Publizist die Pläne, die seit Anfang des Jahres 1781 in der Regierung geschmiedet wurden und verfaßte seine Streitschrift auf Anregung von oben. Sicher ist, daß sich Schilling um den Dienst in der österreichischen Verwaltung beworben hat. Nach Wurzbach[8] tritt er 1782 als Regierungssekretär in kaiserliche Dienste, avanciert 1789 zum Hofsekretär, 1791 zum Regierungsrat und wird 1794 zum Hofrat ernannt. Seit 1795 ist Schilling – als Mitarbeiter des mit Reformen des Unterrichtswesens betrauten Grafen Rottenhann – Beisitzer in einer Hofkommission der Polizeihofstelle. Daneben widmet er sich seiner Tätigkeit als Schriftsteller.

1781 ist Schilling vermutlich bloß ein junger Intellektueller, der in der aufblühenden Großstadt Wien sein Glück versuchen will. Als Joseph II. im Februar 1781 seine am 11. Juni des selben Jahres veröffentlichten „Grund-Regeln zur Bestimmung einer ordentli-

---

5 Siehe dazu auch: Ariès, Geschichte des Todes, S. 242
6 Ebd.
7 Gugitz, Bibliographie, S. 29 (Nr. 8930), nennt Schilling als Autor der anonymen Schrift.
8 Wurzbach, Biographisches Lexikon (1875) Bd. 29, S. 326

chen künftigen Bücher Censur" zur Diskussion stellt, bricht in Wien eine Zeit an, die
potentiellen Autoren ungeahnte Möglichkeiten eröffnet.[9] Nach zeitgenössischen Berichten ist Schilling anscheinend der erste, der die gute Gelegenheit zu nutzen weiß.
„Die kleine Schrift: über die Begräbnisse, die am ersten von dieser größeren Freiheit
(der erweiterten Preßfreiheit, Anm.) Gebrauch machte, war der Vorläufer, und gleichsam das Zeichen zum Angriff, das hundert Federn in Bewegung setzte", notiert Johann
Aloys Blumauer (1755 - 1798) in seinen „Betrachtungen über Österreichs Aufklärung
und Litteratur".[10] Schillings Schrift provoziert 21 Antworten,[11] die zu einem guten Teil
erhalten geblieben sind.

Die Broschüre „Ueber die Begräbniße" ist ein offener Angriff gegen die Vertreter
des orthodoxen katholischen Klerus, der Bettelorden und der Bruderschaften. Schilling
leitet seine Polemik mit der Schilderung eines Salongesprächs ein, in dessen Verlauf
der Tod eines Freunds des Hauses erwähnt wird. Der Fall wird in der Runde räsonieren-
der „Biedermänner" zum Anlaß genommen, darüber Klage zu führen, „daß die Begräbnisse der Verstorbenen mancher lebenden Familie in Wien das Brod wegnähmen, die
Wirthschaft manches ehrlichen Hausvaters in Unordnung brächten, und daß man sich
beinahe mehr für die Beerdigung, als für den Tod selbst zu fürchten habe".[12]

Die Gründe für diesen mißlichen Umstand können, wie der die Debatte kommen-
tierende Autor glaubt, auf eine kurze Formel gebracht werden: „Vorurtheil, Aberglaube,
Luxus von einer Seite, Interesse (Eigennutz, Anm.), Habsucht von der andern scheinen
die Hauptursachen dieses verderblichen Uebels zu sein."[13] Wozu der ganze Pomp bei
den Begräbnissen? „Was in aller Welt kann das zum guten Namen einer Person
beytragen, wenn auf etlichen Kirchthürmen Gloken geläutet werden, eine Schaar
weißer, schwarzer, brauner, weißschwarzer oder braunweißer Bettelmönche vorantra-
bet, - ein paar klägliche Posaunen die Luft durchheulen - ein duzend silberne Bruderschaftsheiligen den Sarg belästigen - eine lange Reihe rothweiß - oder schwarzmänte-
lichter Geheimnißbrüder der Leiche folgen, und wie die Herrlichkeiten so weiter gehen.
Was sag ich, kann dieses zur Ehre eines Verstorbenen beytragen?"[14]

Nur abergläubische Gemüter verwechseln prachtvolle Begräbnisse mit einer dem
Verstorbenen gewidmeten „gottesdienstlichen Feyerlichkeit": „Fürwahr ein seltener
Einfall! Dem Leichnam hilft es nun einmal gewis nicht, dann der eilt schon seiner
gänzlichen Zernichtung entgegen, und die Würmer haben nicht so viel feine Lebensart,
daß sie mit einem schönbegrabenen Körper säuberlicher umgingen, als mit einem
anderen."[15] Doch auch der Seele helfen die luxuriösen Begräbniszeremonien nicht
mehr. Noch sei es keinem Theologen in den Sinn gekommen, „zu behaupten, daß man
die Seele in den Himmel läuten, posaunen, oder mit einer Truppe Bettelmönche dahin
eskortieren könne".[16]

---

9 Bodi, Tauwetter in Wien, S. 48 - 50
10 Johann Aloys Blumauer, Betrachtungen über Österreichs Aufklärung und Litteratur (Wien 1782), hier zitert
   nach Bodi, Tauwetter in Wien, S. 121
11 Bodi, Tauwetter in Wien, S. 122, bzw. Gugitz, Bibliographie, S. 28 - 30
12 (Friedrich Schilling), Ueber die Begräbniße in Wien (Wien 1781), S. 6
13 Ebd., S. 8
14 Ebd., S. 9
15 Ebd., S. 10
16 Ebd., S. 10 - 11

Es kann kein Zweifel daran bestehen: „Nicht des Toden wegen braucht so viel Aufwand bey den Begräbnißen gemacht zu werden: wohl aber findet die Eitelkeit der Lebenden dabey ihre Rechnung. Es ist eine Art von verderblichem Luxus."[17] Der Hang zur Eitelkeit ist nach Meinung des Autors allerdings nicht in allen Bevölkerungsschichten gleich stark. Die „Vornehmen und der Adel" etwa lehnen übertriebenen Prunk bei Begräbnissen ab. Die Leichenbegängnisse der Großen zeichnen sich durch eine gewisse Schlichtheit aus. Die vornehmen Toten „werden gewöhnlich bey stiller Nacht ohne Sang und Klang zu der Wohnung ihrer Väter gebracht, und kein Mensch denkt daran, daß dadurch ihr hochadeliger Glanz auch nur im geringsten verdunkelt würde(...)".[18] Wie verwunderlich, daß man „die Vornehmen und den Adel, dem man doch im Uebrigen sonst alles nachäfft, nicht auch hierin zum Muster nimmt".[19] Besonders in bürgerlichen Kreisen scheint man also einem üppigen Begräbniskult zu huldigen. Es gibt jedoch bereits viele Unzufriedene, die „gerne das drückende Joch des Vorurtheils abschüttelten, wenn nicht anderer Seits Interesse und Habsucht mit verdoppelten Kräften arbeiteten, und die Leute zu den verderblichen Aufwand zwängen".[20] Eine geldgierige Geistlichkeit hat die Begräbnistaxen so hoch getrieben, daß die Trauerfeierlichkeiten den Hinterbliebenen zu einer argen Belastung werden und für so manche Familie den finanziellen Ruin bedeuten.[21] Ausdrücklich will sich der Autor dabei nur auf die Kosten der Begräbnisse beziehen. „Ich rechne hieher nicht, was bey solchen Gelegenheiten für Summen in die Klöster für Seelenmessen geschleppt werden, auch bin ich weit davon den heiligen Eifer zu tadeln, mit welchem man sich bemüht den Seelen der Verstorbenen zu Hülfe zu kommen."[22] In einer als „Anmerkung eines Weltpriesters" gekennzeichneten Fußnote wird allerdings auf die „Lehre der Theologen" verwiesen, die besage, „daß eine einzige heilige Messe einen ganz unendlichen Werth habe, es ist also die natürliche Schlußfolge, daß eine einzige heilige Meße soviel wie hundert würcken müsse".[23]

Über Stiftungen für Seelenmessen läßt sich diskutieren, die überhöhten Begräbnisgebühren jedoch sind untragbar. Selbst die in den landesfürstlichen Verordnungen festgesetzten und nach Klassen geordneten Tarife sind „noch immer übermäßig, und zu hoch gespannt (...)".[24] Einem gewinnsüchtigen Klerus bietet sich hier die Möglichkeit der Bereicherung, daneben machen Kirchendiener, Mesner, „Konduktsansager" und andere „schädliche Insekten" schamlos ihre Geschäfte mit der Trauer der Hinterbliebenen.[25] Auch sie verschaffen „der großen Wassermühle der Geistlichen durch hundert kleine Kanäle Zufluß".[26]

Eine „wahre Schatzkammer für die Geistlichen" sind jedoch die zahlreichen Bruderschaften. „Es ist unglaublich, wie viel durch Einschreiben - Opfer - Quartalgelder - und mehrere andere Titel jährlich in die löbliche Bruderschaftskassen einkommet, und mit welchem redlichen Herzen das gute Volk seinen Beutel zieht."[27] Gelte es, dem Staat

---

17 Ebd., S. 11
18 Ebd., S. 14
19 Ebd.
20 Ebd., S. 15
21 Ebd., S. 17
22 Ebd., S. 16
23 Ebd., S. 17
24 Ebd., S. 21
25 Ebd., S. 23 - 24
26 Ebd., S. 24
27 Ebd., S. 25

Abgaben zu leisten, so sei des Klagens kein Ende, konstatiert der Autor empört. „Wenn aber der Geistliche ihm (dem Pöbel, Anm.) sein Geld abnimmt, so singt er noch ein Danklied, und küßt mit Ehrerbierung die Hand, die sich würdiget, es ihm abzunehmen."[28]

Mannigfaltig sind die Mittel, durch die „sich der Despotismus der Geistlichkeit immer aufrecht (erhält) - Die Habsucht frißt sich am Marke des Volkes wie Mastvieh satt, - das Publikum wird nach und nach geschwächt - und viele Familien gehen durch das zu Grunde".[29]

Mit einem Apell an die Obrigkeit schließt Schilling seine Abhandlung: „Es hat lange gewährt, bis die Vorstellung vernünftiger Männer durchgedrungen, daß die Begräbniß-örter nicht mehr da angelegt werden, wo sich oft die Lebendigen versammlen, um ihre Andacht zu verrichten, und wo die Toden durch ihre Ausdünstungen Krankheiten unter die Lebendigen verbreiten. Möchte doch der Wunsch so vieler Menschenfreunde erfüllt werden, daß man mit gleicher Sorgfalt auf die Abschaffung der dem Publiko so lästigen Begräbnißkosten Bedacht nähme, einem Uebel - das weit schädlichere Würkung im Staate hervorbringt, als alle pestilenzialische Ausdünstung, das wie ein schleichendes Gift die Bürger verzehrt, und ihren Wohlstand zwar langsam, aber doch sicher unter-gräbt."[30]

Der unverhüllte Antiklerikalismus des Textes ruft erwartungsgemäß vor allem unter der Geistlichkeit Empörung hervor. Bei ihren Gegenangriffen haben die theologisch geschulten Widersacher des (anonym gebliebenen) jungen Publizisten Schilling freilich leichtes Spiel. Nicht nur die an vielen Stellen etwas ungeschickte Argumentation, sondern auch einige in der Schrift enthaltene sachliche Fehler bieten der Kritik gute Angriffspunkte.

Vermutlich schon wenige Tage nach der Veröffentlichung der Polemik Schillings erscheint unter dem Titel „Widerlegung der Broschüre über die Begräbniße in Wien" (Wien 1781) eine erste Antwort, die einem Kuraten von St. Stephan, Patrizius Fast, zugeschrieben wird.[31] Dieser hält jegliche Empörung über aufwendige Begräbnisse grundsätzlich für absurd. Wer prunkvolle Leichenfeiern verurteile, der müsse auch „alle Einzüge, Ehrengepränge, Krönungen, und Feyerlichkeiten der größten Fürsten aus der Welt verbannen. Auch bey diesen gehen rothe, grüne, braune, weiße, braunrothe, weißgelbe Trouppen voraus, und nach; man trägt dabey auch allerhand güldene und silberne Ehrenzeichen mit; Trompetten und Paucken samt andrer Musik hört man von allen Seiten".[32] Warum gerade an einem geordneten Begräbnisritual Anstoß nehmen, das ja letztlich nichts anderes ist als ein Zeichen von Kultur? „Was haben Sie also, Herr Autor an unserem Leichenbegängnisse auszusetzen, weil sie (sic) einigem Gepränge gleich sieht? Es ist kein Vorurtheil von Seiten unseres Volkes, das solche Begräbnisse billiget, sondern von Ihrer Seite, da Sie sich wider das Betragen aller gesitteten Völker aufhalten."[33] Die Trauerbräuche zivilisierter Völker haben nichts mit Aberglauben zu

---

28 Ebd.

29 Ebd., S. 26

30 Ebd., S. 27 - 28

31 Zur Urheberschaft Fasts siehe: Gugitz, Bibliographie, S. 29 (Nr. 8933); Bodi, Tauwetter in Wien, S. 122 und Ernst Tomek, Kirchengeschichte Österreichs (Wien/München 1959) Bd. 3: Das Zeitalter der Aufklärung und des Absolutismus, S. 371

32 (Patrizius Fast), Widerlegung der Brochüre über die Begräbnisse in Wien (Wien 1781) S. 11

33 Ebd., S. 12

tun. Ein christliches Leichenbegängnis wird von der katholischen Kirche als frommes Werk angesehen, als „wirklich gottesdienstliche Handlung".[34] Die Kirche hoffe, daß alle, „die in ihrer Gemeinschaft, und nicht wirklich in einer schweren Sünd sterben (...), wo nicht gleich, doch einstens in die glückselige Ewigkeit auch mit ihren Leibern eingehen werden. Diese Leiber, welche Mitglieder Christi, und Tempel des heil. Geistes sind, ehrt die Kirche billig, und sie trägt sie mit Feyerlichkeit in ihre Ruhestätte, wo sie mitten in ihrer Verwesung auf ihre glorreiche Auferstehung warten".[35]

Wer das Trauergeleit verhöhnt, der verkennt dessen Funktion: „Die elenden Sänger, die die Luft durchheulen, singen Psalmen, und die kläglichen Posaunen stimmen mit; der Trupp Bettelmönche, und das übrige Volk beten für den Verstorbenen, und warum sollen sie auf solche Weise die Seele des Verstorbenen nicht in den Himmel eskortieren können?"[36]

Auch sei es ein Irrtum, in den Begräbnisfeierlichkeiten einzig den Ausdruck der Eitelkeit der Hinterbliebenen zu sehen. In Wien „sterben die meisten, besonders die Reichen mit Testamenten; in denselben wird es gemeiniglich ausdrücklich angeordnet, wie sie begraben werden wollen. Allein die Lebendigen sollen so klug seyn, antwortet der Herr Autor, und es bleiben lassen. So soll man also dem Hr. Autor zu Liebe das Völkerrecht brechen, welches befiehlt, den letzten Willen zu befolgen?"[37] Doch den „grossen Philosophen", die das Menschengeschlecht herabwürdigen,[38] ist ja schließlich nichts mehr heilig. Man „(läßt) uns zwar als Menschen leben", vermerkt der Domkurat entrüstet, „aber wir sollen als vierfüssige Thiere begraben werden".[39] Noch ist es allerdings nicht soweit. Selbst die Begräbnisse der Adeligen – von Schilling als nachahmenswerte Beispiele funeraler Schlichtheit hervorgehoben – sind so prächtig wie eh und je: „Der Hr. Autor beschaue einmal ihre Todten in ihren Paradebetten. Wenn sie auch bey der Nacht in der Stille fortgeführet werden, so werden sie doch an dem Orte, wo sie hinkommen, mit gebührender Feyerlichkeit in der Gruft ihrer Stammväter beygesetzt."[40]

Vom Thema des Begräbniskultes leitet Fast über zum Vorwurf der Habsucht, der in der Broschüre „Ueber die Begräbniße" gegen den Klerus erhoben worden war. In diesem Zusammenhang beschäftigt sich der Geistliche zunächst mit dem – in der Schrift Schillings in Frage gestellten – Wert der Seelenmessen. Im Volke sei man nicht der Meinung, so weiß Fast, daß „eine heilige Messe so viel, wie hundert wirken müsse. Gott, der unendlich allmächtig ist, hat doch in der Erschaffung nicht unendliches, sondern alles in der Zahl, Gewicht und Maße hervorgebracht".[41] Auch sei die Andacht der Gläubigen niemals unendlich groß, „also auch die Wirkung der heil. Messe nicht, und wir können immer neue und grössere Gnaden von jeder Messe erhalten".[42]

Nach dieser theologischen Erläuterung kommt der Kleriker zum wichtigsten Teil seiner Erwiderung: der Verteidigung des Klerus gegen die Anschuldigungen Schillings.

---

34 Ebd., S. 15
35 Ebd., S. 16
36 Ebd., S. 17
37 Ebd., S. 18
38 Ebd., S. 21
39 Ebd., S. 20
40 Ebd., S. 22
41 Ebd., S. 23
42 Ebd., S. 24

Die Organisation der Begräbnisse bleibe in Wien keineswegs den Pfarrgeistlichen allein überlassen, so stellt Fast in seinen Ausführungen fest. Am Beispiel der Dompfarre St. Stephan beschreibt er die nach Todesfällen üblichen Formalitäten: „Wenn jemand hier stirbt, so geht man nicht zu den Geistlichen, sondern zum Heilthumstul. Von dort aus wird der Tote beschaut, und man bekömmt einen Beschauzettel. Mit diesem geht man in das Bahrausleiheramt, und meldet seinen Todten an. Dort wählt man sich die Klasse, nach welcher man den Todten will begraben lassen. Es ist hier die höchste Freyheit in den Begräbnissen, es kann sich der Mindeste, wie der Größte, und der Größte wie der Mindeste begraben lassen, ohne das ihm eine Klasse kann aufgedrungen werden. Von dorten aus wird es den Geistlichen von St. Stephan zugeschickt, wer, wann und mit wie vielen Priestern er solle begraben werden. Die Tax ist von jedem Priester ein Gulden, um diesen muß der Geistliche bis nach Erdberg, bis zu Ende der Wien, und bis zu den Schwarzspaniern, oder auch noch weiter gehen, und dieß in der strengsten Kälte, in der größten Hitze, in dem häftigsten Sturme oder Kothe. Ist das zuviel? macht das die Leute so bettelarm?"[43]

Durch die Bestimmungen der Stolordnung von 1751 und die Einführung des Bahrausleihamtes, das dem Magistrat untersteht, sei es den Geistlichen unmöglich gemacht worden, an den Begräbnissen mehr zu verdienen, als ihnen nach den gesetzlichen Vorschriften zusteht. Selbst bei einer Leichenfeier erster Klasse erhält die Pfarre nur sechs Gulden.[44] Im städtischen Bahrausleihamt werden nicht nur die Begräbnisse angemeldet und organisiert, hier werden auch die Einnahmen aus dem Bestattungsgeschäft verwaltet und den Geistlichen monatlich ausbezahlt.[45]

An Geldern aus den Kassen der Bruderschaften könnten sich die Geistlichen ebenfalls nicht bereichern, betont Fast, der bemüht ist, die Bruderschaften als vom Klerus unabhängige Vereinigungen darzustellen, deren Erhaltung dem Gutdünken der Mitglieder überlassen bleibt: „Bey einigen Bruderschaften zahlet man nichts, oder nur was beliebet; bey andern bezahlt man etwas, aber nicht nach hundert und tausend, und dieß, so lange es einem jeden beliebt. Diese haben auch grössere Ausgaben. Sie verwenden ihr Geld, einige zu heil. Messen, andere zur Kinderlehre, manche geben Allmosen, oder besorgen Doctor und Medicin für den Kranken, die mehresten geben das Geld auf die Begräbnisse; alle Bruderschaften zahlen jährlich zur Normalschule einen ihren Kräften angemessenen Beytrag. Ueber diese Bruderschaften sind weltliche Rektores, Kassiers und Assistenten gestellet. Was kann also der Geistliche thun? Er kann nicht in die Kasse, wenn er auch wollte."[46] Vor einigen Jahren sei die finanzielle Gebarung der Bruderschaften untersucht worden, berichtet Fast. Dabei habe sich herausgestellt, daß die Bruderschaftsvermögen weit kleiner seien, als zuvor vermutet. Falls es tatsächlich Hinweise auf „verschwiegene Summen oder heimliche Schleichwege" gebe, möge der Autor der Broschüre „Ueber die Begräbniße" eine Anzeige beim Fiskus machen, empfiehlt der Domkurat,[47] der seine Schrift mit einer empörten Anklage gegen die als ungerecht empfundenen Vorwürfe Schillings enden läßt.[48]

---

43 Ebd., S. 26 - 27
44 Ebd., S. 27
45 Ebd., S. 27 - 28
46 Ebd., S. 28 - 29
47 Ebd., S. 30
48 Ebd., S. 34

Gerade in der Frage der Bruderschaften irrte der ansonsten im Grunde sachlich argumentierende Domkurat Fast: Von der in seiner Schrift behaupteten Transparenz der bruderschaftlichen Vermögensverhältnisse konnte keine Rede sein. Seit 1767 hatte die Niederösterreichische Regierung mehrmals versucht, die Zahl der Bruderschaften in der Erzdiözese Wien und die Höhe ihrer Kapitalien genau zu erfassen – ein Vorhaben, das immer wieder gescheitert war. Die im Auftrag der Regierung angelegten Verzeichnisse der Bruderschaften und ihres Besitzes erwiesen sich in der Regel als lückenhaft; über den wahren Stand der Vermögen war man nur selten unterrichtet. Die von den Bruderschaften selbst angegebenen Summen waren durchaus ansehnlich: Die „Bruderschaft Unserer Lieben Frau bei den Schotten" etwa verfügte 1771 über ein Kapital von 63 614 fl. 13 kr., die „Corporis Christi Bruderschaft bei St. Michael" besaß 28 718 fl. und die „Nepomuceni Bruderschaft bei St. Stephan 22 350 fl.[49] Auch wenn viele der rund 50 Bruderschaften, die es um 1780 allein in Wien gegeben haben mag, nicht so reich gewesen sein dürften wie die oben erwähnten Vereinigungen, wurde ihr Besitz vom Fiskus doch mit Argwohn betrachtet. Neben dem eingezogenen Klostervermögen sollten die verstaatlichten Bruderschaftskapitalien nach 1783 die materielle Grundlage für das neugeschaffene Armeninstitut und – als „Religionsfonds" – für die josephinische Pfarregulierung bilden.[50]

In der josephinischen Kirchenpolitik verbanden sich staatsökonomisches Kalkül und reformerisches Pathos auf eigentümliche Weise. Profaner Utilitarismus und ein veränderter, von asketischen Tendenzen beherrschter Katholizismus prägten den ideellen Hintergrund vieler Neuerungen. Die barocke Prachtentfaltung des traditionellen Kultes begann auf Ablehnung zu stoßen und wurde durch kaiserliche Verordnungen eingeschränkt. Auch in der publizistischen Kontroverse um die Begräbnisse in Wien erheben sich Stimmen, die einem geläuterten Glauben das Wort reden, dessen Protagonisten dem Tod in Demut und Stille begegnen wollen und sich gegen alle üppigen Trauerfeierlichkeiten aussprechen.

In den „Betrachtungen des Bettelmönches über die Widerlegung der Broschüre über die Begräbnisse in Wien" (Wien 1781) beschäftigt sich ein Autor, der wiederum anonym bleibt, mit den Äußerungen des Domkuraten Fast, der sich, wie gezeigt wurde, zum Verteidiger der katholischen Orthodoxie gemacht hatte. Der „Bettelmönch" sieht in pompösen Leichenfeiern den immer wiederkehrenden Ausdruck eines allgemeinen Vorurteils, gegen das nicht nur klassische Schriftsteller wie Cato, Cicero und Seneca Stellung bezogen hätten, sondern auch Autoren wie Malebranche, Nicole, Pascal und andere.[51] Mit der Aufzählung der Letzteren gibt sich der „Bettelmönch" bereits als Sympathisant der katholischen Reform zu erkennen. Die weitere Lektüre der Schrift bestätigt unsere Vermutung. „Lehrt uns denn die Vernunft", fragt der Autor anklagend, „daß wir unsern entseelten Körper auf eine Art zur Erde tragen lassen, in welcher unsere Eitelkeit noch zu athmen scheinet, wenn wirklich schon unser Geist in dem Heiligthume ewiger Gerechtigkeit begraben ist? wie, vernünftige Menschen, die mit unverrücktem

---

49 Tomek, Kirchengeschichte Bd. 3, S. 285
50 Siehe dazu auch: Josephinische Pfarrgründungen in Wien (= Katalog zur 92. Sonderausstellung des historischen Museums Wien, Wien 1985) S. 31 - 32
51 (Anonym), Betrachtungen des Bettelmönches über die Widerlegung der Broschüre über die Begräbnisse in Wien (Wien 1781) S. 9. Zum Thema „Reformkatholizismus" siehe auch: Grete Klingenstein, Staatsverwaltung und kirchliche Autorität im 18. Jahrhundert. Das Problem der Zensur in der theresianischen Reform (Wien 1970), v.a. S. 88 - 130

Auge nur auf die wahre Unsterblichkeit hinsehen sollen, sind auf Mittel bedacht, ihren Leidenschaften wiederum das Leben zu geben, auch zur Zeit, da sie des Eigenen schon beraubt sind? Mit einem unsterblichen Geist erhöhte Geschöpfe suchen bis in den Mittelpunkt der Armseligkeit und Erniedrigung der Materie eine Weise, um ihren Hochmuth unsterblich zu machen."[52]

Unter dem Deckmantel der Frömmigkeit gibt man sich also eitlen Leidenschaften hin.[53] Nicht die Verdienste des Verstorbenen zählen in diesen traurigen Zeiten, es ist sein Geld, das geehrt wird.[54] Der Tote selbst, ein „entseelter und seiner Vermoderung zueilender Körper" hat mit den aufwendigen Trauerzeremonien im Grunde nichts mehr zu tun; er wird der ihm bezeugten Ehren nicht mehr teilhaftig, „denn er ist tod, und was man ihm immer anthut, kann auf seine Seele jenen Eindruck nicht machen, welchen lebende Menschen fühlen, da man sie beehret".[55] Es stehe allerdings ganz außer Zweifel, daß die Begräbnisse, ob sie nun prunkvoll oder bescheiden sein mögen, „immer eine gottesdienstliche Feyerlichkeit bleiben (werden), nicht weil die Leiche prächtig oder arm; sondern weil das Tode begraben ein Werk der Barmherzigkeit ist, und von der Kirche als eine solche Feyerlichkeit angesehen wird".[56] Auf das Alte Testament solle man sich im übrigen zur Verteidigung der traditionellen Begräbnisbräuche nicht berufen. Jesus Christus habe die jüdischen Zeremonialgesetze gerade deshalb aufgehoben, weil er „einen weit vollkommeneren Gottesdienst einsetzen wollte, einen Gottesdienst, der mehr mit dem Geist als mit (...) äußerlichen, den Sinnen schmeichelnden Nebensachen und Ceremonien abgezinst werde".[57] Wenn es noch immer üblich sei, in den Testamenten kostspielige Trauerfeiern anzuordnen, so sei dies „entweder auf Eingebung des Vorurtheils" oder auf einen „lebhaften Hang zur Eitelkeit" zurückzuführen.[58] Die Geistlichkeit braucht sich an diesem Spiel nicht zu beteiligen. Für Werke der Barmherzigkeit sollten keine Gebühren eingehoben werden. „Es wäre also der Wunsch nicht ungerecht, daß der Seelenhirt, sofern er von den Stiftungen seiner Kirche nach Nothdurft, wie es einem von dem apostolischen Geist beseelten Manne gebühret: leben kann; gar keine Bezahlung annehme, wenn er sein liebes Schäfchen zur Erde bestättiget, solle es auch bei rauhester Witterung geschehen. Welch ein edles und auferbäuliches Beyspiel für seine noch übrige lebende Heerde."[59]

In einer weiteren Schrift wendet sich der „Der Bettelmönch an den Verfasser über die Begräbniße in Wien und an dessen Gegner Herrn J. P. W." (Wien 1781). Bei dieser Gelegenheit kommt er auf den italienischen Geistlichen Ludovico Antonio Muratori und dessen Werk „Von der christlichen Nächstenliebe" (Augsburg 1761; Erstausgabe Venedig 1723) zu sprechen, das Eduard Winter als „die geistige Grundlage der josefinischen Karitas"[60] bezeichnet hat. Nirgends stehe geschrieben, so konstatiert der „Bettelmönch" unter Berufung auf „den unsterblichen Muratori", „du sollst nach

---

52 Betrachtungen des Bettelmönches, S. 10
53 Ebd., S. 11
54 Ebd., S. 13
55 Ebd., S. 15
56 Ebd., S. 17
57 Ebd., S. 18
58 Ebd., S. 22
59 Ebd., S. 23
60 Winter, Josefinismus, S. 237.

deinem Tode 50, oder 100 Meßen für dich lesen lassen, - wohl aber, du sollst deinen Nächsten lieben wie dich selbst, und wiederum, Barmherzigkeit verlange ich, nicht Opfer".[61] Warum begnügt man sich nicht mit ein paar wenigen Messen, um sein Erbe „unter die noch unter uns lebenden Armen Seelen in dem Fegefeuer"[62] verteilen lassen zu können?

Die Begräbnisse sollten, wie der Autor glaubt, den Menschen „den Stoff zu denen nützlichsten Betrachtungen an die Hand geben. - Da sollte man die Nichtigkeit des Körpers, hingegen aber die Hoheit des Geistes, der in seinem Mittelpunkte noch immer lebt, einsehen, - und dadurch angeeifert werden, die Materie, so unser geistiges Wesen umgibt noch bey Lebenszeiten, so viel möglich ist zu zernichten, und die Oberherrschaft des Geistes fest zu setzen. - Der Tod ist der triftigste Beweis irdischer Eitelkeiten".[63] Die katholische Religion sei „in ihrem Wesen ganz geistig"; mit allzu vielem „sinnlichen Poppenwerk" belastet, werde sie jedoch „zu einem Todtengerippe, das mit der nächsten Leiche auf ewig in die Erde sollte vergraben werden".[64]

„Jetzt wird es wohl heißen", so will der Verfasser der Broschüre allen Angriffen von vornherein die Spitze nehmen, „der Bettelmönch ist gar ein Jansenist. - Nur einige Blicke ins Alterthum! Da begrub man die Anhänger der Religion christlich und demüthig, - die Seelsorger vergnügt mit den nothdürftigen Stiftungen ihrer Kirchen, weil sie nichts andres verlangten, als Speise, Tranck und Kleidung, begleiteten ihre Mitbrüder umsonst zur Begräbniß, - denn sie waren Christen, und glaubten es festiglich, daß das Tode begraben ein Werk der Barmherzigkeit, und nicht des bürgerlichen Handels, ein Mittel sich zu bereichern, und den Ueberfluß zu steuern sey."[65] In den goldenen Zeiten des frühen Christentums „wußte man nichts von einer andern Bruderschaft, als von der, der Liebe des Nächsten, - die so viele Mitglieder als Christen zehlte".[66]

Reformatorisch-kritische, aber keineswegs antiklerikale Töne schlägt auch Friedrich Schilling - unterdessen offenbar vorsichtiger geworden - in seiner zweiten anonymen Schrift, „Uiber die Begräbnisse in Wien als eine nöthige Zugabe und zur Erbauung der bisherigen Widersacher" (Wien 1781) an.[67] „(D)as Wesentliche der christkatholischen Begräbnis (besteht) einzig im priesterliche Gebete, der priesterlichen Einsegnung und in der Beerdigung des Leichnams", stellt er nun fest. „Alle übrigen kostspieligen Umstände sind Nebendinge, welche von der Willkühr des Sterbenden oder dessen Angehörigen und Verwandten abhängen, und in gewissen Fällen löblich, in andern aber weniger löblich seyn können."[68] Da es jedoch nur wenige gibt, die „der Dinge innerlichen Werth zu schätzen" imstande seien,[69] sei es nicht weiter verwunderlich, „daß der verdorbene Geschmack, durch Aussenwerke groß zu scheinen sich so gar bis auf die

---

61 (Anonym), Der Bettelmönch an den Verfasser über die Begräbniße in Wien und an dessen Gegner Herrn J. P. W. (Wien 1781) S. 7
62 Ebd.
63 Ebd., S. 10
64 Ebd., S. 12
65 Ebd., S. 13
66 Ebd., S. 14
67 Die Schrift wurde anonym publiziert, Schillings Urheberschaft ist jedoch wahrscheinlich (siehe dazu auch den bibliographischen Vermerk auf dem Original der Broschüre, Stadt- und Landesbibliothek Wien A 11 218)
68 (Friedrich Schilling), Uiber die Begräbnisse in Wien als eine nöthige Zugabe und zur Erbauung der bisherigen Widersacher (Wien 1781) S. 4
69 Ebd., S. 5

fatalen Begräbnisse verbreitet".[70] Nicht die Geistlichen werden in dieser Broschüre verurteilt, sondern die unter den Bürgern Wiens herrschenden Sitten. Die teuren Begräbnisfeiern hätten derart überhand genommen, kritisiert der Autor, „daß dieselben fast eine Art von Nothwendigkeit geworden; zu Behauptung des Ranges, Aufrechterhaltung des Kredits, zur guten Einverständnis mit den Familien u.d.g. So sehr sind wir Sklaven des Vorurtheils!"[71]

Die Bruderschaften werden jedoch neuerlich scharf angegriffen. Schilling bezeichnet sie als „Aussaugungsmaschinen, welche die physische Bestandtheile des bürgerlichen Wohles in todte ohnedies nicht leere Sammelkästen führen".[72]

Bald nach dem Erscheinen der zweiten Schrift Schillings meldet sich, freilich anonym, ein redegewandter Vertreter der katholischen Orthodoxie zu Wort: der Exjesuit Johann Baptist Harmayr (1742 - 1804).[73] Harmayr, der mit Oden an die habsburgischen Herrscher immer wieder als Gelegenheitsdichter in Erscheinung tritt, widmet sich der Begräbnisfrage besonders ausführlich. Sein „Katechetischer Unterricht für den Author über die Begräbnisse. Von einem Manne ohne Vorurtheil" (Wien 1781), eine Abhandlung, die den Standpunkt des konservativen Klerus sehr pointiert zum Ausdruck bringt, umfaßt 61 Seiten.

„Sie pflegen, vermutlich der schönen Latinität wegen", so eröffnet Harmayr seinen Angriff gegen Schilling, „die Colloquia familiaria Erasmi Rothodami zu lesen (diesem hatte Schilling seine Schrift gewidmet, Anm.), und sassen eben über dem Gespräche Funus, als die neue Stolordnung erschien (für Österreich unter der Enns, 27. Jänner 1781, Anm.). Welch ein günstiger Zusammenfluß der Umstände, ein Author mit geringer Mühe und gutem Profite zu werden!"[74]

In der Folge muß sich Schilling von Harmayr den Vorwurf der Oberflächlichkeit gefallen lassen: „(I)st es denn nothwendig, den Gegenstand, worüber man Author wird, so genau zu verstehen? da würden wir in unseren schreibsüchtigen, und lesegierigen Zeiten weit kommen."[75] Nach dieser einleitenden Kritik beschäftigt sich der Exjesuit mit dem Thema des Totenkultes, wobei er seine Leser mit anthropologischen Erläuterungen überrascht: „Von den christlichen Reichen an, bis zu den Negern und Hottentoten, findet man überall mehr oder weniger Aufwand, Gebräuche und Trauerzeichen bey (den) Leichenbegängnissen."[76] Selbst unter den „wilden Amerikanern" seien umständliche Trauerrituale gebräuchlich.[77] „Es läßt sich also mit Zuversicht behaupten, daß alle Völker zu allen Zeiten gewisse Leichenfeierlichkeiten beobachteten, und noch beobachten, und eben so sicher daraus schließen, daß sie selbe für eine pflichtmäßige Ehrenbezeugung gegen die Verstorbenen hielten. Die Uibereinstimmung aber aller, oder beynahe aller Völker verräth eine Stimme der Natur, und wenn diese uns zuruft,

---

70 Ebd., S. 6

71 Ebd.

72 Ebd., S. 10

73 Zu Harmayr siehe auch: Wurzbach, Biographisches Lexikon (1861) Bd. 7, S. 367; bzw.: Bibliothèque de la Compagnie de Jésus (Bruxelles/Paris 1893) Bd. 4, S. 114. Zur Urheberschaft des Jesuiten siehe: Gugitz, Bibliographie (Nr. 8926)

74 (Johann Baptist Harmayr), Katechetischer Unterricht für den Author über die Begräbnisse. Von einem Manne ohne Vorurtheil (Wien 1781)

75 Ebd., S. 5

76 Ebd., S. 9 - 10

77 Ebd., S. 10

daß man die Todten durch eine feyerliche Begräbniß ehren soll, so ist es moralisch gewiß, daß eine hübsche Bestattung die letzte Ehre für den Verstorbenen ist."[78] Aus diesem Grund werde Übeltätern die Beerdigung noch immer versagt.

Das bei Harmayr hier kurz anklingende Motiv der Bestrafung post mortem durch Verweigerung der christlichen Bestattung findet sich übrigens auch in einer „Censur über die Blätter betitelt: Ueber die Begräbnisse in Wien" (Wien 1781). In dieser Schrift wird darauf hingewiesen, daß „mit dem Körper eines grossen Uebelthäters, der sich im Gefängniße, um der Gerechtigkeit zu entrinnen, tödtet, (...) manchmal eben jenes vorgenommen (wird), was man mit ihm lebenden aus wohlverdienter Strafe würde fürgenommen haben".[79] Auch pflege die Justiz Portraits jener „extra Schelmen, die ihr entwischen (...) an den Galgen zu heften".[80] Die mit diesen archaisch anmutenden Strafritualen verbundenen Vorstellungen vom Eigenleben der Leichname und Bilder, kontrastieren in auffallender Weise zur Indifferenz, mit der die „toten Körper" später in den josephinischen Bestattungsverordnungen betrachtet werden sollten.

Doch zurück zum „Katechetischen Unterricht" Johann Baptist Harmayrs. Dieser greift Schillings Beschreibung der Wiener Trauerzüge auf, um zunächst die musikalische Begleitung der Kondukte zu verteidigen. Die Bruderschaftsheiligen und Mönche würden Verunglimpfungen noch gelassen hinnehmen, erläutert Harmayr, den Wiener Musikern gegenüber sei jedoch Vorsicht am Platze: „Diese Herren sind noch viel empfindlicher, als die Herrn Authoren, und ohne eine Abbitte in forma pflegen sie keinen Schimpf zu verzeihen."[81] Im übrigen sei es nicht unbedingt notwendig, „daß Virtuosen und Operisten sie (die Verstorbenen, Anm.) in die Grube hinabtrillern sollen. Denn das will ich nicht hoffen, daß Sie gar keinen Gesang bey den Leichen dulden wollen; sonst müßten Sie die ganze Kirchenmusik verwerfen, welche doch das Konzilium von Trient nach dem Beyspiele des alten Bundes zum Lobe der Gottheit, und zur Erbauung der Gläubigen zugestanden hat".[82]

Auch der Sinn des bei Begräbnissen üblichen Glockengeläuts scheine dessen Kritikern nicht bekannt zu sein, vermutet Harmayr: „Man läutet die Glocken bey Leichenbegängnissen, um die Lebenden zu dem großen Gedanken der Vergänglichkeit zu wecken, und zum Gebethe für die Verstorbenen zu ermuntern".[83] Was die Bruderschaftsheiligen betreffe, so werde es diese geben, solange die Kirche „die Verehrung der Heiligen und ihrer Bildnisse" billige und empfehle. Solange man nicht zum Bildersturm aufrufe, müsse es den Bruderschaften erlaubt sein, ihre Heiligenstandbilder auch auf Särge zu setzen.[84] Noch im gleichen Absatz kritisiert der Exjesuit die landesfürstlichen Verordnungen zur Abschaffung der traditionellen Bruderschaftstrachten und Zunftfahnen. Zunächst habe man den Bruderschaftsmitgliedern das Tragen der sogenannten „Geheimnisröcke" verboten.[85] „Nun sind sie weg, und man ist auch mit ihren Mänteln nicht zufrieden. Die lästigen Zunftfahnen sind bereits aus erheblichen Ursa-

---

78 Ebd., S. 11
79 (Anonym), Censur über die Blätter betitelt: Ueber die Begraebnisse in Wien (Wien 1781) S. 13
80 Ebd.
81 Katechetischer Unterricht, S. 13
82 Ebd., S. 14
83 Ebd.
84 Ebd., S. 15
85 Verordnung vom 17. 2. 1775, siehe dazu: Tomek, Kirchengeschichte Bd. 3, S. 286

chen abgeschaft, und ich wette, daß man in ein Paar Jahren auch über die ordentlichen Kirchfahnen oder Standarten der Zünfte murren wird."[86] Ebenso nehme man Anstoß an der bunten Kleidung der Mönche. Dies verwundere besonders in der Schrift „Ueber die Begräbniße", deren Autor seine „Philosophie über alles Ceremoniengepränge so weit hinausgesetzet" habe.[87] Einem Philosophen müßten Fragen der Bekleidung gleichgültig sein: „Krates kleidete sich in Leinwand; Prusiäus deckte sich mit einer Löwenhaut; Diogenes von Sinope (Sie werden den wunderlichen Mann wenigstens aus Wielanden kennen) gieng barfuß, wie etwa heutigen Tages ein Barfüssermönch; Empedokles trug gar Schuhe von Ertz."[88]

Auch die von Gegnern des Leichenpomps immer wieder beschworenen Beispiele urchristlicher Schlichtheit werden von Harmayr relativiert: „Nach dem Zeugnisse der Kirchenväter Dionysius des Areopagisten, Gregorius Nazianzenus, Ambrosius, Augustinus, Hieronymus und anderer Kirchenlehrer wurden die Leichen (der ersten Christen, Anm.) mit besonderem Gepränge, und unter zahlreicher Begleitung der Gläubigen zu Grabe getragen. Es giengen Arme, Witwen, Mönche, und oft so gar Gott geweihte Jungfrauen mit (...)."[89] Warum sollen die Toten heute nicht ebenso würdig wie einst begraben werden? Im übrigen – wir kennen das Argument bereits – unterliegen die Begräbnisfeierlichkeiten seit der Veröffentlichung der landesfürstlichen Konduktsordnungen bereits gewissen Restriktionen.[90] Durch die Stolordnung von 1751, die Harmayr genau zitiert, wurden die Begräbnisse in der Stadt in vier, die Begräbnisse in der Vorstadt in drei Klassen eingeteilt.[91] Weltpriester und Mönche erhalten nur einen Bruchteil der Einnahmen aus dem Bestattungsgeschäft.[92] Die in Wien sehr häufigen Armenbegräbnisse werden von den Geistlichen kostenlos zelebriert. Nach den Angaben Harmayrs, der sich auf die Protokolle der Pfarren beruft, gibt es 1780 in Wien 1476 derartige Begräbnisse.[93] Die auf den Spitalsfriedhöfen und bei den Barmherzigen Brüdern begrabenen Toten fehlen in dieser Summe. Man könne annehmen, so merkt der Autor an, daß insgesamt 2000 der etwa 10 000 Menschen, die im Lauf eines Jahres in Wien sterben, umsonst bestattet werden.[94]

Auch die Bruderschaften werden von Harmayr verteidigt.[95] Seine Argumente entsprechen hier allerdings denjenigen des Domkuraten Patrizius Fast. In vielen anderen der 22 für diese Arbeit untersuchten, 1781 zur Frage der Begräbnisse erschienenen Broschüren, finden sich ebenfalls nur Wiederholungen und Paraphrasen uns inzwischen bekannter Themen. Es lohnt sich daher nicht, näher auf diese Schriften einzugehen. Festgehalten sei jedoch, daß die in ihnen formulierten Meinungen zumindest drei unterschiedliche Tendenzen erkennen lassen. In den Schriften von Schilling und von

---

86 Katechetischer Unterricht, S. 16
87 Ebd.
88 Ebd., S. 17
89 Ebd., S. 18 – 19
90 Ebd., S. 42
91 Vgl. dazu: Conducts= und Taxordnung (Wien 1751)
92 Katechetischer Unterricht, S. 45 – 48
93 Aufgeschlüsselt nach Pfarren: St. Ulrich (ärmste Pfarre) 532, Lichtental 126, Neulerchenfeld 149, Gumpendorf 146, Währing 66, Leopold- und Josephstadt 127, drei Stadtpfarren in und vor der Stadt 396 (Katechetischer Unterricht, S. 50 – 51).
94 Ebd., S. 51
95 Ebd., S. 54 – 57

Autoren, die seinen Standpunkt teilen, werden landesfürstliche Verordnungen, die bald nach den Diskussionen des Jahres 1781 erscheinen sollten, bereits publizistisch antizipiert.[96] Vor allem die gegen die Ordensgeistlichkeit und die Bruderschaften gerichteten Angriffe rufen in konservativ-klerikalen Kreisen Empörung hervor: Anhänger eines barocken Katholizismus melden sich in zahlreichen Broschüren als Verteidiger der traditionellen Trauerbräuche zu Wort. In einigen wenigen Schriften wird schließlich auch eine eher theologisch orientierte, von Jansenismus und Reformkatholizismus beeinflußte Kritik an den Wiener Begräbnisritualen laut.

Die numerische Überlegenheit der konservativen Publizisten sagt wenig über die tatsächlichen Kräfteverhältnisse in dem religiös-politischen Kampf aus, der den Hintergrund der geschilderten Diskussionen bildet. Vertreter der katholischen Orthodoxie wie Protagonisten der Reform erheben den Anspruch, Stimme des Volkes zu sein. „(M)it dem Beifalle der ganzen Stadt Wien" seien die Kritiker der Begräbnisse „überwunden worden", konstatiert der Verfasser einer „Antwort auf die Betrachtungen des Bettelmönches über die Widerlegung der Brochüre über die Begräbnisse" (Wien 1781),[97] und noch immer könnten sie nicht schweigen. Im Widerspruch dazu steht die in einer anderen Schrift aufgestellte Behauptung, die Broschüre „Ueber die Begräbniße" werde „von einem großen Theile mit Beifall, oder wenigstens, wenn man sich nicht reden getrauet, mit innerlicher Freide"[98] gelesen.

Die Frage nach den in der Bevölkerung dominierenden Einstellungen muß also unbeantwortet bleiben. Klarheit könnte allenfalls eine genaue Untersuchung zeitgenössischer Testamente schaffen, die den Rahmen dieser Arbeit allerdings sprengen würde. In einem christlichen Testament, so erfahren wir aus einer Broschüre mit dem Titel „Wie soll man sich nun in Wien begraben lassen?" (Wien 1781), habe man zu erklären, „daß man ohne Gepränge wolle begraben werden, und daß man einerseits wünsche, (daß) nichts von den Gebeten und Ceremonien der Kirche ausgelassen werde, andernseits aber alles vermieden werde, was nur für die Eitelkeit erfunden worden, und zu keiner Erleichterung der Verstorbenen gereichet".[99] Dem Autor der Schrift werden die in Wien bei bürgerlichen Begräbnissen gebräuchlichen Trauerfeierlichkeiten übrigens zum Beispiel einfacher Frömmigkeit - ganz im Gegensatz zu den Leichenbegängnissen des Adels, deren Aufwendigkeit besonders hervorgehoben wird.[100]

War die Zeit des großen Begräbnispomps vielleicht ohnedies bereits längst vorbei? Verschwanden - so, wie von Michel Vovelle und Pierre Chaunu an Beispielen aus Frankreich beschrieben - auch in Wien die frommen Formeln langsam, aber sicher aus

---

96 So zum Beispiel: (Anonym), Brief eines Waldbruders an den Bettelmönch (Wien 1781); (Anonym), Meine Gedanken bey der gegenwärtigen Streitigkeit von den Begräbnissen (Wien 1781); Schindler, Frage: Welcher von den Herrn Recensenten der Begräbnisschrift hat gesieget? Antwort: Keiner! (Wien 1781)

97 (Anonym), Antwort auf die Betrachtungen des Bettelmönches über die Widerlegung der Brochüre über die Begräbnisse in Wien (Wien 1781) S. 3

98 (Anonym), Meine Gedanken bey der gegenwärtigen Streitigkeit, S. 6

99 (Anonym), Wie soll man sich nun in Wien begraben lassen? (Wien 1781) S. 36 (unter Berufung auf die „Instructions générales en forme de Catéchisme par Ordre de Messire Colbert Eveque de Montpellier").

100 Ebd., S. 11 - 12, 22 - 23

den Testamenten?[101] Ging die Stiftungsfreude der Bevölkerung schon vor der josephinischen Monopolisierung der Stiftungskapitalien zurück? Entwickelten sich in Wien Formen bürgerlicher Religiosität, die mit der barocken Frömmigkeit des 17. und des frühen 18. Jahrhunderts nichts mehr verband?

„(D)er Geist der Bruderschaften (ist) zu unserer Zeit schon ziemlich verraucht und selten, daher stehts dann auch um all die Schatzkammern solcher Art immer windig genug", heißt es in einer „Nothgedrungenen Aeußerung eines uralten Todtengräbers an die Schreiber über die Begräbnisse in Wien (...)" (Prag 1781).[102] Wozu also die ganze Aufregung? Immerhin habe man ja „die Macht, Processionen zu verbieten, und Bruderschaften aufzuheben - was erst gecken vom Despotismus der Geistlichen, von ihrer Habsucht und Mastviehartigkeit?"[103]

Es ist durchaus möglich, daß der konservative Klerus mit seiner Apologie des alten Begräbniszeremoniells versuchte, die letzten Bastionen zu verteidigen, die ihm im Kampf gegen eine fortschreitende Säkularisierung der städtischen Gesellschaft noch geblieben waren. Die religiösen und kirchlichen Reformen Josephs II. waren, so gesehen, vielleicht gar nicht so unpopulär, wie oft behauptet. Die neue Stolordnung, die am 25. Jänner 1782 für Wien und die innerhalb der Linien gelegenen Vororte erlassen wurde, brachte im Vergleich zur Stolordnung von 1751 wenig Neues.[104] Ordensgeistliche, Arme und Bruderschaftsangehörige schienen weiterhin als bezahlte Begleiter von Trauerzügen auf; nur die Heiligenbilder der Bruderschaften sollten in Hinkunft kostenlos verliehen werden. Die Stolgebühren waren nicht niedriger geworden. Ein Begräbnis erster Klasse für einen Erwachsenen in der Stadt kam nun - ohne die oben genannten Begleiter - auf 114 fl. 24 kr., ein Begräbnis dritter Klasse auf 10 fl. 30 kr.

Begräbnisritual und Trauerfeierlichkeiten veränderten sich dennoch ganz beträchtlich. Das Verbot der Begräbnisse in der Stadt, die Aufhebung der Bruderschaften, die Neuorganisation des Fürsorgewesens und die Schließung vieler Klöster führten auch zum Verschwinden der traditionellen Totenehrungen. Ein neuartiger Grabkult verdrängte die alten Trauerrituale. Der Friedhof wurde zur Stätte der Besinnung.

In der dem Wiener Publizisten Joseph Richter zugeschriebenen Broschüre „Warum wird Kaiser Joseph von seinem Volke nicht geliebt?" (Wien 1787) wird der kaiserliche Befehl, „sich in Säcke einnähen, und dann durcheinander in eine Kalkgrube hinschleudern zu lassen"[105] mit Argumenten kritisiert, die zeigen, welche besondere Bedeutung der individuellen Grabstätte zukommen sollte, nachdem die Friedhöfe vor die Stadt verlegt worden waren. Es liege „wirklich für gefühlvolle Menschen etwas Seelenerhe-

---

101 Siehe dazu: Pierre Chaunu, Mourir à Paris (XVIe-XVIIe-XVIIIe siècles.) In: Annales Economies Sociétés Civilisations 31/1 (1976) 29 - 50; Michel Vovelle, Piété baroque et déchristianisation en Provence au XVIIIe siècle. Les attitudes devant la mort d'après les clauses des testaments (Paris 1973). Die Arbeit von Jean Michel Thiriet, Mourir à Vienne aux XVIIe et XVIIIe siècles. Le cas des Welsches. In: Jahrbuch des Vereins für Geschichte der Stadt Wien N. F. 34 (1978) 204 - 217, beschäftigt sich nicht mit der Zeit nach 1750 und beschränkt sich im übrigen auf die „welschen" Testamente.

102 (Anonym), Nothgedrungene Aeußerung eines uralten Todtengräbers an die Schreiber über die Begräbnisse in Wien um wohlselben, wo möglich, noch ein wenig Räson beyzubringen, weil sies doch gar zu toll machen (Prag 1781) S. 31

103 Ebd., S. 33

104 Ebd., Siehe dazu: Gesetze und Verordnungen in Publico-Ecclesiasticis, S. 166 - 177

105 (Joseph Richter), Warum wird Kaiser Joseph von seinem Volke nicht geliebt? (Wien 1787) S. 8. Zu diesem Text und zur Urheberschaft Richters siehe auch: Bodi, Tauwetter in Wien, S. 365 - 367

bendes und Tröstendes in dem Gedanken: Meine Beine werden eine Ruhestätte haben",
führt Richter aus, „meine Kinder, meine Enkel werden zu meinem Grabe wandeln: ich
werde nicht ausgelöscht aus ihrem Gedächtnisse seyn. Oder wenn die gerührte Mutter
ihre Kinder zum Grabe ihres Mannes führt, und ihnen sagt: Hier ruhet euer Vater:
erinnert euch seiner Liebe: seyd tugendhaft, und werdet wackere Männer wie er."[106]

Die Gebete der Gläubigen, die Messen und das Grab „ad sanctos" oder „apud
ecclesiam" haben an Wert verloren. Wichtig ist die Erinnerung der nächsten Angehörigen an den Toten, die beim Besuch des Grabes immer wieder aufgefrischt werden kann.
„Das Gedenken verleiht dem Toten eine Art von Unsterblichkeit, wie sie dem Christen-
tum anfangs fremd war", schreibt Philippe Ariès.[107] „Seit dem Ende des 18., aber noch
mitten im 19. und 20. Jahrhundert sind die Ungläubigen im antiklerikalen und agnosti-
schen Frankreich die regelmäßigsten Besucher der Gräber ihrer Angehörigen."[108]

Aufgeklärte Geister können die Tröstungen der Religion leicht entbehren. Freilich
findet „der vernünftige Christ Gründe der Beruhigung in den letzten Augenblicken die
dem heidnischen Sterbenden unbekannt sind",[109] gesteht Johann Peter Frank 1788 in
einem Abschnitt des vierten Teiles seiner „Medizinischen Polizey", der „Von der
Mißhandlung sterbender Menschen" berichtet.[110] Dennoch sei es an der Zeit, die
Betreuung der Sterbenden nicht mehr ausschließlich der Geistlichkeit zu überlassen.
Bisher, so bemerkt Frank, habe „die Polizey die Klasse sterbender Bürger nur weniger
Aufmerksamkeit gewürdiget".[111] Dies müsse sich ändern. Denn die übertriebene Furcht
vor dem Tod, die unter der zivilisierten Menschheit sehr verbreitet ist, setzt ohne
Zweifel der Gesundheit zu und stört die Ruhe des Daseins.[112] „Ist es wohl ein Vorzug
für das aufgeklärte Menschengeschlecht", fragt sich der Mediziner, „daß uns übelver-
standene Religionsbegriffe mit Bildern des Todes vollpfropfen (...)?"[113] Sollte es etwa
stimmen, daß „die christliche Moral durch Erhöhung der Furcht vor dem Tode, die alte
Tapferkeit männlicher Völker gelähmt, und sie zuerst da habe zittern gelehrt, wo noch
der heidnische Deutsche sein Todtenlied mit lächelnder Miene sang, und unter dem
lauten Zurufen seines Barden, seiner Väter Tod zu sterben wehnte, ohne die künftige
Schlacht auf den Knien abzuwarten"?[114]

Im Folgenden empfiehlt Frank einige Maßnahmen, die die unbegründete Furcht vor
dem Tod, „die so oft eine Ursache selbst einer früheren Zernichtung oder wenigstens
eines in jeder Absicht nachtheiligen Schreckens wird", vermindern helfen sollen.[115] So
sei es ratsam, der allzugroßen Geschäftigkeit der Seelsorger Einhalt zu gebieten. Wie
oft hat nicht schon das bloße Erscheinen des Beichtvaters den plötzlichen Tod eines
Moribunden bewirkt! Zwar solle den Sterbenden weiterhin geistliche Hilfe zuteil
werden, doch sei es wünschenswert, „daß sich der Staat eine Angelegenheit daraus
machte, daß in geistlichen Erziehungshäusern die vernünftigste Behandlung der Ster-

---

106 (Richter), Warum wird Kaiser Joseph von seinem Volke nicht geliebt?, S. 8
107 Philippe Ariès, Studien zur Geschichte des Todes im Abendland (dtv-TB München 1981) S. 51
108 Ebd.
109 Frank, System einer vollständigen medizinischen Polizey (Mannheim 1783) Bd. 3, S. 646
110 Ebd., S. 646 - 749
111 Ebd., S. 647
112 Ebd., S. 648
113 Ebd.
114 Ebd., S. 649 - 650
115 Ebd., S. 650

benden nicht blos theologisch, und ohne Kenntnis des menschlichen Herzens, gelehret würde".[116] Auch dürfe der seelsorgerische Beistand „nie zu einer Art von vorläufigem Todtengepränge" werden.[117] Denn die Zeremonien der Geistlichen haben „viel Beäng- stigendes" an sich:[118] Die öffentlichen Versehgänge etwa erschüttern das Gemüt so manches Schwerkranken auf grausame Art. Jeder vernünftige Arzt wird dafür sorgen, daß seelische Belastungen des Kranken - vor allem in kritischen Phasen des Leidens - vermieden werden.[119] In Seuchenzeiten wird die durch die priesterlichen Rituale geförderte Angst „zu einer sehr fruchtbaren Quelle einer größeren Ausbreitung der Krankheiten"; ganz abgesehen davon, daß auch „die unmittelbare Ansteckung (...) erleichtert wird".[120] In Wien, berichtet Frank, sei das „öffentliche Versehen" bereits selten geworden - sehr zum Vorteil der Kranken.[121] Auch das „Sterbegeläute" soll nach Ansicht des Arztes verboten werden; er selbst habe es, „nicht ohne Aergerniß frommer Seelen, in dem Spital zu Pavia 1786 gänzlich abgeschaffet".[122]

So beginnen im 18. Jahrhundert, wie es scheint, die Ärzte den Priestern den Anspruch auf die Betreuung von Kranken und Sterbenden streitig zu machen. Die Geistlichen und ihre Zeremonien werden zu lästigen Vorboten des Todes. Die Mediziner treten dem Tod mutig entgegen, während die Theologen nur Angst verbreiten. Bis zum letzten Augenblick muß um das Leben der Kranken gekämpft werden, die tunlichst nicht allzu eindringlich an die Möglichkeit ihres Todes erinnert werden sollen.

116 Ebd., S. 654
117 Ebd.
118 Ebd., S. 656
119 Ebd., S. 654
120 Ebd., S. 657
121 Ebd., S. 658
122 Ebd., S. 662

Schluß

Kehren wir zum Ausgangspunkt dieser Arbeit zurück, dem Thema der Rationalisierung von Gesundheit, Krankheit und Tod. Auf drei inhaltlichen Ebenen, die zugleich die drei Hauptteile der Studie bildeten, haben wir versucht, uns einer historischen Definition jenes Prozesses zu nähern.

Zunächst ging es darum, zu klären, wie und wann die Gesundheit zum Objekt der Politik werden konnte. Was die Theorie betraf, so wurde deutlich, daß sich die Ratio des „homo oeconomicus" in der frühen Neuzeit des menschlichen Körpers bemächtigte, indem sie ihm im Universum der Wirtschaft einen Platz als Produktionsfaktor zuwies. Wie die Handelsleute ihr Geld, begannen die Herrscher Europas Menschenleben zu zählen, und Ludwig XIV. konnte etwa davon sprechen, daß er seine Untertanen als seine „wahren Reichtümer" betrachte.

Erst im 18. Jahrhundert jedoch sollte man auf dem Kontinent, namentlich in den sich formierenden modernen Großstaaten wie Preußen, Frankreich und der Habsburgermonarchie, über bürokratische Techniken und Mittel verfügen, die es realistisch erscheinen ließen, die Determinanten von Gesundheit und Krankheit gewissermaßen kollektiv zu erfassen, zu kontrollieren und zu verändern. Das bürokratische Modell der „Medikalisierung" stieß freilich in der Praxis auf vielerlei Schwierigkeiten, von denen einige in dieser Arbeit beschrieben wurden. Diese Schwierigkeiten bestimmten die Grenzen der Rationalisierung, die nicht selten auch auf die Grenzen staatlicher Macht verwiesen.

Im ersten Teil der Untersuchung konnte gezeigt werden, daß die frühen Versuche staatlicher Gesundheitsverwaltung in Frankreich, Preußen und im Habsburgerreich einander ähnelten: Gesundheitpolitik, bis dahin allenfalls in den Städten Europas in Ansätzen praktiziert, wurde nun zur Aufgabe zentraler Behörden und Institutionen. In England verlief die Entwicklung anders: Hier blieben die gesundheitspolitischen Agenden kommunalen Verwaltungsorganen überlassen.

Die Kontrolle und Ausbildung aller Heilkundigen einerseits, Seuchenschutz, organisierter Kampf gegen Epidemien und Krankheitsprävention andererseits, wurden zu den wichtigsten Zielen neuartiger Gesundheitsbehörden, wie etwa der „Societé Royale de Médecine" in Frankreich, der „Collegia Sanitatis" in Preußen oder der „k.k. Sanitätskommissionen" im Habsburgerreich.

Die ständisch-korporative Autonomie, die zuvor auf allen Gebieten des Heilwesens geherrscht hatte, wurde nach und nach von staatlichen Institutionen eingeschränkt. So verfügten etwa in den Ländern der Habsburger die Landschaften bis 1749 über eigene Heilcorps; in Wien und Prag betrachteten sich die medizinischen Fakultäten als Kontrollinstanzen für sämtliche Bereiche der Heilkunst - ein Anspruch, der in der Regel theoretisch blieb. Mit der Verwaltungsreform von 1749 und der Reorganisation der

Universitäten gewannen die landesfürstlichen Behörden zunächst Einfluß auf die Ärzteschaft. Das Beispiel der Gesundheitspolitik in der Steiermark des 18. Jahrhunderts ließ erkennen, daß es die erklärte Absicht der k.k. Verwaltung war, die Ärzte zu Dienern des sich konsolidierenden Staates zu machen; ein Ansinnen, dem man zunächst sowohl von seiten der Stände wie auch von seiten der Ärzte selbst mit Widerstand begegnete. Um 1780 jedoch schien sich das von der Bürokratie propagierte neue Berufsbild bereits durchgesetzt zu haben. Zumindest in der Steiermark konnten die meisten Ärzte nun als staatliche Sanitätsbeamte angesehen werden. Öffentlich besoldete Ärzte blieben jedoch vor allem auf dem Land so selten, daß der den Medizinern erteilte gesundheitspolitische Auftrag nur schwerlich erfüllt werden konnte. Trotz wiederholter auf diesen Mißstand verweisender Klagen der steirischen Stände und der landesfürstlichen Verwaltung in Graz, wurde es den Grazer Behörden erst 1777 gestattet, zusätzliche Stellen für Ärzte zu schaffen.

Als oberstes Sanitätsgremium des Habsburgerreiches fungierte 1753 - 1776 die „Sanitätshofdeputation" in Wien, eine unmittelbar der Kaiserin unterstehende Institution im Umfeld des „Directorium in Publicis et Cameralibus". In den Ländern sollten den Mittelbehörden integrierte Sanitätskommissionen für alle Bereiche der Gesundheitspolitik verantwortlich sein. Nach der Auflösung der „Sanitätshofdeputation" wurde der kaiserliche Protomedikus in Wien zum höchsten Gesundheitsbeamten der Monarchie; die Protomedici der Länder berieten die Gubernien in allen „Sanitätsangelegenheiten".

Trotz vielfältiger Bemühungen der k.k. Verwaltung blieb die Ausbildung von Badern und Barbieren, Hebammen und Apothekern in der Steiermark weiterhin mangelhaft, ihre Kontrolle gestaltete sich schwierig. Um 1780 entsprach die Qualifikation der Heilkünstler nur in seltenen Fällen den Normen der 1770 erlassenen Sanitätsgeneralien. Die Zahl der autorisierten Heilkundigen war in der Steiermark - wie der Vergleich mit verschiedenen Regionen Westeuropas zeigte - außerordentlich klein.

Selbst eine ganze Flut von Gesetzen und Verordnungen konnte nicht darüber hinwegtäuschen, daß die von der Zentralverwaltung intendierte gesundheitspoltische Rationalisierung in mancher Hinsicht eine Wunschvorstellung blieb. Dies zeigte sich auch an den unerwarteten Folgen der van Swietenschen Reform der medizinischen Studien (die zunächst einen Mangel an Ärzten, später einen Ärzteüberschuß bewirkte) und an der Unzulänglichkeit der josephinischen Reorganisation der Armen- und Krankenversorgung.

Im übrigen muß man sich fragen, ob die Therapien der staatlich geprüften und überwachten Heilkünstler wirksamer waren als die Behandlungsmethoden von Wunderheilern und wandernden Ärzten, die lindernde Kraft des Wassers der heiligen Brunnen oder die Gebete der gläubigen Kranken um himmlischen Beistand. Der Feldzug der Obrigkeit gegen Aberglauben und Magie, der sich gegen viele Formen traditioneller Heilkunst richtete, war auch Ausdruck eines neuartigen Vertrauens in die Macht der Vernunft, das vorerst jedoch häufig enttäuscht worden sein dürfte. Denn von besonderen therapeutischen Erfolgen konnte in der Medizin des 18. Jahrhunderts trotz beachtlicher Erkenntnisfortschritte nicht die Rede sein, und die Chirurgie war über das Stadium eines blutigen Handwerks noch nicht hinausgelangt. Die Waffen, die die Wissenschaft im Kampf gegen Krankheit und Tod einsetzte, blieben weiterhin stumpf.

Im zweiten Teil der Arbeit, „Krankheit und Bürokratie", wurde auf die großen sozialen und ökonomischen Probleme der Ära Maria Theresias und Josephs II. hingewiesen, die fast zwangsläufig zur Überforderung einer Bürokratie führen mußten, deren Vertreter oft im ehrlichen Glauben an die umfassende Verwaltbarkeit der Gesellschaft gehandelt haben dürften. Die demographischen Entwicklungen im Habsburgerreich des 18. Jahrhunderts verweisen auf eine der Ursachen, ja vielleicht sogar auf *die* Ursache der Krisen, die in jener Zeit das Leben so vieler Menschen bedrohten: den immer stärkeren demographischen Druck, der in einigen Provinzen der Monarchie beinahe zu einer Bevölkerungsexplosion führte. Während kameralistische Theoretiker wie etwa Joseph v. Sonnenfels unerschütterlich an der Meinung festhielten, daß eine uneingeschränkte Bevölkerungsvermehrung die Voraussetzung wirtschaftlicher und staatlicher Prosperität bilde, kam man in der Praxis der Verwaltung nur schwer mit den Auswirkungen der „demographischen Konjunktur" zurecht. Die katastrophale Hungersnot von 1770/71 in Böhmen, Mähren und Schlesien konfrontierte Joseph II. persönlich mit der erschreckenden Misere, in der sich große Teile der Bevölkerung befanden. Viele der Eindrücke, die Joseph auf seiner Reise durch die böhmischen Länder sammelte, dürften auch seine spätere Politik bestimmt haben.

Die Bemühungen der landesfürstlichen Bürokratie um eine Verbesserung des „allgemeinen Gesundheitsstandes" verdienen trotz ihrer immer wieder deutlich werdenden Ineffizienz besondere Beachtung. Vor allem auf dem Gebiet der Epidemienbekämpfung und der Krankheitsprävention gab es im 18. Jahrhundert bemerkenswerte Neuerungen, die von der historischen Forschung in Österreich bisher kaum wahrgenommen wurden. Am Beispiel der Steiermark wurde erläutert, welche Methoden die landesfürstliche Verwaltung im Kampf gegen Seuchen entwickelte.

In einer Zeit zunehmender Militarisierung war es die von Rekrutierungen hauptsächlich betroffene Landbevölkerung, der die organisierte Epidemienbekämpfung zugute kommen sollte. Um 1760, so wurde gezeigt, erschien das Vorgehen der Behörden noch unkoordiniert und planlos. Weder die landesfürstliche Verwaltung noch die Stände mochten die Finanzierung der Epidemienbekämpfung übernehmen, während auf Anordnung der Grazer Länderstelle bereits Ärzte in Seuchengebiete entsandt und Arzneien an Kranke verteilt wurden. Obwohl sich die Diskussion um die Bezahlung epidemienmedizinischer Einsätze noch über zwei Jahrzehnte hinzog, wurden die Kosten de facto schon bald vom landesfürstlichen Ärar übernommen.

Anfang der sechziger Jahre des 18. Jahrhunderts traten Beamte des Guberniums und Repräsentanten der Landschaft zu gemeinsamen Beratungen über ein neues Konzept der Bekämpfung von Epidemien zusammen. 31 adelige Großgrundbesitzer wurden zu sogenannten „Sanitätskommissaren" ernannt, die in ihren „Sanitätsdistrikten" über die Gesundheit von Mensch und Tier wachen sollten. Die meisten der ständischen Kommissare baten schon bald um ihre Suspendierung, worauf Verwalter von Grundherrschaften und Magistratsbeamte mit sanitätspolizeilichen Aufgaben betraut wurden. Eine dauerhafte Lösung wurde erst 1780 gefunden: Alle sogenannten „Konskriptionskommissare" waren seither zugleich auch Sanitätskommissare.

Die organisierte Seuchenbekämpfung stieß in der Steiermark auf vielerlei Hindernisse. Finanzierungsprobleme, die Unverläßlichkeit der Sanitätskommissare und der passive Widerstand der Landbevölkerung gegen die meisten gesundheitspolitischen Maßnahmen bereiteten den Verantwortlichen im Grazer Gubernium erhebliche Schwierigkeiten. Doch auch im Gubernium selbst bewies man nicht immer eine glückliche Hand in gesundheitspolitischen Angelegenheiten, wie das Scheitern der Versuche zur Einführung der Blatterninokulation bewies.

Die während der Bekämpfung von Epidemien von den landesfürstlichen Behörden in Graz angelegten Akten, die ärztliche Berichte, Krankenstatistiken und Kostenaufstellungen enthalten, erlauben uns heute gewisse Rückschlüsse auf die Geschichte der Epidemien des späten 18. Jahrhunderts. Am Beispiel eines untersteirischen Sanitätsdistrikts wurde erörtert, welche epidemiologischen Faktoren die Entstehung von Seuchen unter der Landbevölkerung häufig begünstigten: Unter- oder Mangelernährung, schlechte Trinkwasserqualität und fehlende Hygiene. Eine krisenanfällige Landwirtschaft und zunehmender demographischer Druck prägten um 1780 auch in der slowenischen Untersteiermark die wirtschaftlichen und sozialen Verhältnisse, deren Untersuchung wesentlich zum Verständnis der Epidemiologie jener Zeit beitragen kann.

1779 suchten Ruhrepidemien weite Teile Europas heim. Auf der Grundlage von Epidemienakten der k.k. Verwaltung wurden der Verlauf einer solchen Ruhrepidemie, das Eingreifen der Behörden und die Bilanz der Seuche in einigen untersteirischen Ortschaften dokumentiert.

Als weitere Quelle zur exemplarischen Beschreibung der Epidemiologie des 18. Jahrhunderts wurden die Aufzeichnungen eines Mediziners herangezogen, der vom Grazer Gubernium 1787 mit zwei epidemienmedizinischen Einsätzen beauftragt wurde. Die Notizen des Arztes, Zeugnis der Konfrontation eines aufgeklärten Mediziners mit dem ländlichen Massenelend der Zeit Josephs II., schildern die tristen Lebensumstände der untersteirischen Landbevölkerung besonders eindrucksvoll.

Der Vergleich mit Frankreich und den österreichischen Niederlanden zeigte, daß vor allem die königlich geförderte französische Epidemienmedizin des 18. Jahrhunderts auffällige Ähnlichkeiten mit der behördlich organisierten Bekämpfung von Seuchen in den habsburgischen Erbländern aufwies. In den unter habsburgischer Oberhoheit stehenden österreichischen Niederlanden hingegen blieben die seuchenpolizeilichen Maßnahmen der theresianischen Behörden bis 1779 punktuell und regellos – ein Umstand, der vermutlich auf die begrenzten Möglichkeiten der zentralen Bürokratie im ständisch-korporativen politischen System der belgischen Provinzen zurückzuführen ist.

Auf welche Weise sich charakteristische Tendenzen der Rationalisierung von Gesundheit, Krankheit und Tod auch in wissenschaftlichen und theologisch-ideologischen Diskussionen äußerten, wurde im dritten Teil meiner Arbeit erläutert. Um die Mitte des 18. Jahrhunderts begann man in vielen großen Städten Europas damit, die Grabstätten, die sich seit dem Mittelalter in den städtischen Kirchen oder deren nächster Umgebung befunden hatten, vor die Mauern und Zollschranken zu verlegen. Die in unmittelbarer Nähe der menschlichen Behausungen verwesenden Leichen, so argumentierten vor allem medizinisch gebildete Zeitgenossen, verpesteten die Stadtluft durch giftige Ausdünstungen, die immer wieder gefährliche Krankheiten und Epidemien verursachten. Es war also vor allem die Sorge um die Reinheit der Luft, die Angst vor den fauligen Miasmen, die schließlich die Verbannung der Toten aus den Städten zur Folge hatte. Der französische Historiker Philippe Ariès sieht in der Verlegung der Friedhöfe nicht bloß eine von aufgeklärten Stadtplanern propagierte Maßnahme zur Beseitigung sanitärer Mißstände, sondern vor allem den Ausdruck einer veränderten Einstellung zum Tod. Die traditionelle Bestattung „ad sanctos" und „apud ecclesiam" hatte in der zweiten Hälfte des 18. Jahrhunderts bereits so sehr an Bedeutung verloren, daß es nicht mehr als Sakrileg empfunden wurde, wenn die Toten auf freiem Feld vor den Toren der Städte begraben wurden.

Der Mentalitätsforscher Michel Vovelle deutet den Abschied von den alten Bräuchen der Beerdigung als Zeichen einer tiefgreifenden „déchristianisation".

Auch in Wien war seit den dreißiger Jahren des 18. Jahrhunderts immer wieder über die Sperrung von im Zentrum der Stadt gelegenen Friedhöfen und Grüften diskutiert worden. Anfang der siebziger Jahre bemühte sich Maria Theresia um die Schließung der Grüfte im Stadtinneren, scheiterte jedoch am Widerstand der Hofkanzlei und der Niederösterreichischen Regierung, die ein Verbot der Begräbnisse in der Stadt als Eingriff in die Rechte derjenigen Klöster und Pfarren betrachteten, die an den Beerdigungen und am Verkauf von Grabstätten gut verdienten. Erst Joseph II. untersagte 1783 alle Begräbnisse in der Stadt und ließ vor den Linienwällen fünf neue Friedhöfe anlegen. Eine 1784 erlassene Vorschrift, derzufolge die Toten nicht mehr in Särgen, sondern in Leinensäcken bestattet werden sollten, wurde 1785 widerrufen, nachdem sich Hofkanzlei und Regierung wiederholt gegen die „Sackbegräbnisse" ausgesprochen hatten. An der Verlegung der Friedhöfe wurde nach 1784 jedoch nicht mehr Anstoß genommen.

Ärzte und Naturwissenschaftler beschäftigten sich auch in Wien mit der Verpestung der Stadtluft durch gefährliche Ausdünstungen. Ende der siebziger Jahre des 18. Jahrhunderts mehrten sich die Stimmen, die öffentlich das Verbot der Begräbnisse in der Stadt forderten. Für die Protagonisten der modernen Hygiene wurden die üblen Gerüche der Großstadt zu Objekten großangelegter Untersuchungen. Der prominente niederländische Forscher Jan Ingenhousz prüfte die Wiener Luft mit seinen Meßgeräten; auf der Jagd nach schädlichen Miasmen inspizierte der weltberühmte englische Philanthrop John Howard Wiens Kerker, Gefängnisse und Spitäler.

Nicht um stadthygienische, sondern um religiös-politische Probleme ging es in einer 1781 entbrannten publizistischen Kontroverse um die Begräbnisse in Wien. Die Debatte wurde mit einer Schrift eröffnet, die neben einer scharfen Kritik am offenbar sehr üppigen Wiener Begräbniszeremoniell auch Angriffe gegen die Geistlichkeit und die katholischen Bruderschaften enthielt, denen vorgeworfen wurde, sich an den Beerdigungen ihrer Mitbürger zu bereichern. Die Reaktion des empörten Klerus ließ nicht lange auf sich warten.

Während die katholische Orthodoxie in der publizistischen Auseinandersetzung die Oberhand gewann, wurde in den landesfürstlichen Behörden bereits über die Auflösung der Bruderschaften und eine neue Stolordnung verhandelt. 1783 wurden sämtliche Bruderschaften schließlich aufgehoben; ihr Vermögen floß in den „Religionsfonds" und in die Kasse des sogenannten „Armeninstituts". Den Hintergrund der Angriffe auf das traditionelle katholische Beerdigungsritual bildete also vermutlich der Plan, das Fürsorgewesen radikal zu reformieren. Die Angst vor den Qualen der Hölle hatte viele Gläubige seit dem späten Mittelalter veranlaßt, testamentarisch bedeutende Summen für Begräbnisse und Seelenmessen zu hinterlassen. Durch die Gebete von Ordensgeistlichen, Bruderschaftsmitgliedern und Spitalsangehörigen sollte himmlische Fürsprache für die armen Seelen im Fegefeuer erwirkt werden, ebenso durch Messen, denen viele „fromme Stiftungen" gewidmet waren.[1] Das bereits von der Reformation abgelehnte theologische Konzept des Fegefeuers, das seit dem späten Mittelalter die Grundlage der katholischen Caritas gebildet hatte, wurde nun wiederum vehement in Frage gestellt. Durch die Einrichtung des Armeninstituts wurde das Fürsorgewesen de facto verstaat-

---

1 Siehe dazu etwa: Jacques Le Goff, Die Geburt des Fegefeuers (Stuttgart 1984)

licht; die eingezogenen Stiftungskapitalien wurden mit dem säkularisierten Klostervermögen zur finanziellen Basis der josephinischen Pfarregulierung.

In der Großstadt Wien begann ein neuartiger bürgerlicher Gräberkult langsam die alten Trauerrituale zu verdrängen. Die Grabstellen wurden zu Stätten der Erinnerung, an denen die Angehörigen der Verstorbenen ihrer Toten gedenken konnten, die aus dem Umkreis der Kirchen und ihrer Heiligen verschwunden waren.

Während die Erhaltung der Gesundheit und der Kampf gegen Krankheiten zu öffentlichen Aufgaben erklärt wurden, scheint der Tod immer mehr aus der öffentlichen Sphäre in den privaten Bereich der Familie gedrängt worden zu sein. Inzwischen versammelt man die Sterbenden nach Möglichkeit in den Krankenhäusern - der Tod ist zum klinischen Phänomen geworden, mit dem vornehmlich nur diejenigen direkt konfrontiert werden, die von Berufs wegen mit dem Sterben leben müssen.

Bibliographie

A. Archivalische Quellen

1. Steiermärkisches Landesarchiv (StLA)

a. Repräsentation und Kammer (R+K)/ Gubernium (Gub)

Repertorium (Protokoll) 1748 – 1786
Akten:

R+K, 1748-XI-82
R+K Sach 101, „Mediker, Chyrurgen, Bader und Kurpfuscher 1750 – 1763"
R+K (Regierung), 1750-X-87
R+K Sach 101, 1750-XII-163
R+K Sach 101, 1752-III-140
R+K Sach 101, 1752-VII-211
R+K, 1753-V-44 1/2
R+K Sach 101, 1756-VII-41
R+K Sach 101, „Wohlverhalten der Bader, Apotheker und Hebammen 1758 – 62"
R+K, 1758-V-31
R+K, 1759-II-84
R+K Sach 101, 1759-X-109
R+K, 1760-VII-155
R+K Sach 101, 1761-V-151
R+K Sach 101, 1762-VII-22
R+K, 1764-I-119
R+K, 1764-II-21
Gub alt Fasz. 6, 1766
Gub alt Fasz. 6, 1767
Gub alt Fasz. 6, 1768
Gub alt Fasz. 6, 1769
R+K, 1771-I-114
R+K Sach 108, S. F. III 1773-XII-176
R+K Sach 108, 1776-I-300
R+K Sach 108, 1776-V-97
R+K Sach 108, 1777-I-170
R+K Sach 108, 1777-I-340
R+K Sach 108, 1777-III-284
R+K Sach 108, 1777-IV-17
R+K Sach 108, 1777-IV-242

R+K Sach 108, S. F. I. 1777-VII-383
R+K Sach 108, 1778-VIII-245
R+K Sach 108, 1778-IX-197
R+K Sach 108, 1779-VI-96
R+K Sach 108, 1780-VIII-45
R+K Sach 108, 1780-VIII-46
R+K Sach 108, 1780-VIII-273
Gedruckte Patente und Kurrenden des K. K. Guberniums für Innerösterreich (P+K)

b. Landständisches Archiv:

Altes Archiv: IX (Sanität)
    Schuber 4 (Ärzte 1701 - 1760)
    Schuber 5 (Arzte 1761 - 1778)
    Schuber 6 (Ärzte 1778 - 1818)
    Nachträge 1 (Ärzte, Bestallungen 1)
    Nachträge 2 (Ärzte, Bestallungen 2 - 3;
    Wundärzte, Bestallungen)
    Nachträge 3 (Ärzte, Personalien 1 - 2)
    Nachträge 4 (Ärzte, Personalien 3)
Altes Archiv: Schuber 775

2. Allgemeines Verwaltungsarchiv (AVA)

Renovierter Karton 1316. Hofkanzleiakten (HKA) IV. L. 12 (1732 - 1787)

3. Haus-, Hof- und Staatsarchiv (HHStA)

Familienarchiv, Hofreisen. Karton 4 (Hausarchiv)

4. Universitätsarchiv Wien (UAW)

Catalogus Medicinae Doctorum ab anno 1752 ad 1821 incl. rigorose examinatorum

B. Gedruckte Quellen

Anonym, Nothgedrungene Aeußerung eines uralten Totengräbers an die Schreiber über die Begräbnisse in Wien um wohlselben, wo möglich, noch ein wenig Räson beyzubringen, weil sies doch gar zu toll machen (Prag 1781)
Anonym, Antwort auf die Betrachtungen des Bettelmönchs über die Widerlegung der Brochüre über die Begräbnisse in Wien (Wien 1781)
Anonym, Betrachtungen des Bettelmönches über die Widerlegung der Brochüre über die Begräbnisse in Wien (Wien 1781)

Anonym, Der Bettelmönch an den Verfasser über die Begräbniße in Wien und an dessen Gegner Herrn J. P. W. (Wien 1781)

Anonym, Brief eines Waldbruders an den Bettelmönch (Wien 1781)

Anonym, Censur über die Blätter betitelt: Ueber die Begräbnisse in Wien (Wien 1781)

Anonym, Meine Gedanken bey der gegenwärtigen Streitigkeit von den Begräbnissen (Wien 1781)

Anonym, Wie soll man sich nun in Wien begraben lassen? (Wien 1781)

Becher, Johann Joachim, Politische Discurs von den eigentlichen Ursachen des Auf und Abnehmens der Städte/ Länder und Republicken/ In specie Wie ein Land Volkreich und Nahrhafft zu machen, und in eine echte Societatem civilem zu bringen (...) (Frankfurt und Leipzig [4]1721)

Brückmann, Ernst, Epistola Itineraria XXI de Medicis Viennensibus anno MDCCXXIII, MDCCXXIV, MDCCXXV Eorumque Scriptis Medicis (1730) (...); Epistola Itineraria XXII de Medicis Viennensibus anno 1723, 1724, 1725 Eorumque Scriptis Medicis et Medicina Viennensi (...) ad Christ. Georg. Schwalbe. In: Centuria Epistularum Itinerarium IV (Wolffenbüttel 1742)

Conducts- und Taxordnung (Wien 1751)

Eckhard, (Hieronymus), Physikalisch=historische Abhandlung über den Nutzen und Nothwendigkeit der Entfernung deren Begräbnissen, und Abschaffung aller Krüfften und Kirchhöfe, inner den Linien, deren giftige Ausdünstungen, die Gegenden Wiens fieberträchtig machen (Wien/Leipzig 1784)

Faber, Gregor, Nachricht an das Publikum zum Besten der leidenden Menschheit oder Beschreibung einer im Winter des Jahres 1787 zu Marburg in Untersteyer ausgebrochenen nortwärts (sic) ausgebreiteten epidemischen Krankheit; nebst der genauen Untersuchung über die Entstehungsursachen; der angewendeten Kurart, und Arzneimitteln; samt dem Anhange eines Vorbeugungsvorschlages für die künftigen Zeiten; und der grassierenden Ruhrkrankheit des Kreises zu Cilli (Gratz 1788)

Fauken, Johann Peter Xaver, Anmerkungen über die Lebensart der Einwohner in großen Städten (Wien 1779)

(Fast, Patrizius), Widerlegung der Brochüre über die Begräbnisse in Wien (Wien 1781)

Frank, Johann Peter, System einer vollständigen medizinischen Polizey (Bd. 1 Mannheim 1779, Bd. 2 Mannheim 1780, Bd. 3 Mannheim 1783, Bd. 4 Mannheim 1788, Bd. 5 Tübingen 1813, Bd. 6/1 - 2 Wien 1817, Bd. 6/3 Wien 1819, Suppl. Bd. 1 Tübingen 1812, Suppl. Bd. 2 Leipzig 1825, Suppl. Bd. 3 Leipzig 1827)

ders., Akademische Rede vom Volkselend als der Mutter der Krankheiten (Pavia 1790), ed. Erna Lesky (Leipzig 1960)

Frank, Joseph, Anleitung zur Kenntnis und Wahl des Arztes, für Nichtärzte (Wien 1800)

Josephi Habermann Austriaci Viennensis Dissertatio Inauguralis de Salubri Sepultura (...) (Wien 1772)

(Harmayr, Johann Baptist), Katechetischer Unterricht für den Author über die Begräbnisse. Von einem Manne ohne Vorurteil (Wien 1781)

Hebenstreit, Ernst Benjamin Gottlieb, Lehrsätze der medizinischen Polizeywissenschaft (Leipzig 1791)

Howard, John, Nachrichten von den vorzüglichsten Krankenhäusern und Pesthäusern in Europa. Nebst einigen Beobachtungen über die Pest und fortgesetzten Bemerkungen über Gefängnisse und Krankenhäuser. Aus dem Englischen. Mit Zusätzen des deutschen Herausgebers, welche besonders die Krankenhäuser angehen. Mit Kupfern u. Tabellen (Leipzig 1791)

Huszty, Zacharias Gottlieb, Diskurs über die medizinische Polizei (2 Bde., Preßburg/Leipzig 1786)

Ingen=Housz, Johann, Vermischte Schriften physisch-medicinischen Inhalts (Wien 1784)

ders., Versuche mit Pflanzen hauptsächlich über die Eigenschaft, welche sie in einem hohen Grade besitzen, die Luft im Sonnenlichte zu reinigen, und in der Nacht und im Schatten zu verderben; nebst einer neuen Methode, den Grad der Reinheit und Heilsamkeit der atmosphärischen Luft zu prüfen (2 Bde., Wien 1786)

John, Johann Dionis, Lexikon der k. k. Medizinalgesetze. Mit einer Vorrede von E. G. Baldinger (...) (4 Bde., Prag 1790 - 1791)

(Kropatschek, Joseph), Handbuch aller unter der Regierung des Kaisers Joseph des II. für die K. K. Erbländer ergangenen Verordnungen und Gesetze in einer Sistematischen Verbindung (18 Bde., Wien 1785 - 1790)

(ders.), Buch für Kreisämter oder Leitfaden zu Landes und Kreisbereisung als ein Anhang zu dem Handbuch der theresianischen und josephinischen K. K. Gesetze nach allerhöchster Weisung und Begnehmigung (Wien 1789)

de Luca, Ignaz, Beschreibung der kaiserlich-königlichen Residenzstadt Wien. Ein Versuch (Wien 1785)

ders., Topographie von Wien (Wien 1794)

Macher, Mathias, Handbuch der kaiserl. königl. Sanität-Geseze und Verordnungen mit besonderer Beziehung auf die innerösterreichischen Provinzen in chronologischer Ordnung mit einer sistematischen und alfabetischen Uebersicht (Graz 1846) Bd. 1: Von den ältesten Zeiten bis Ende 1812

Nicolai, Friedrich, Beschreibung einer Reise durch Deutschland und die Schweiz im Jahre 1781. Nebst Bemerkungen über die Gelehrsamkeit, Industrie, Religion und Sitten (12 Bde., Berlin/Stettin 1783 - 96)

(Pezzl, Johann), Skizze von Wien. Erstes Heft (Wien und Leipzig 1785)

ders., Skizze von Wien, ed. Gustav Gugitz, Anton Schlossar (Graz 1923)

Raffler, H. I., Versuch über die Einimpfung der Pocken (Graz 1787)

(Richter, Joseph), Warum wird Kaiser Joseph von seinem Volke nicht geliebt? (Wien 1787)

Sammlung der Kaiserlich=Königlichen Landesfürstlichen Gesetze und Verordnungen in Publico-Ecclesiasticis vom Jahre 1767 bis Ende 1782 (Wien 1782)

Scherer, Johann Andreas, Geschichte der Luftgüteprüfungslehre für Ärzte und Naturfreunde (2. Bde., Wien 1785)

(Schilling, Friedrich), Ueber die Begräbniße in Wien (Wien 1781)

(ders.), Uiber die Begräbnisse in Wien als eine nöthige Zugabe und zur Erbauung der bisherigen Widersacher (Wien 1781)

Schindler, Frage: Welcher von den Herrn Recensenten der Begräbnisschrift hat gesieget: Antwort: Keiner! (Wien 1781)

Sonnenfels, Joseph v., Grundsätze der Polizey=, Handlungs= und Finanzwissenschaft (3 Bde., Wien 1777)

ders., Versuch über das Verhältniß der Stände. In: Politische Abhandlungen (Wien 1777) 89 - 152

Tronchin, Théodore, Impfung. In: Artikel aus der von Diderot und D'Alembert herausgegebenen Enzyklopädie, ed. Manfred Naumann (Frankfurt a. M. 1985) 554 - 555

Voltaire, Über die Pockenimpfung. In: Philosophische Briefe, ed. Rudolf v. Bitter (Frankfurt a. M. 1985) 43 - 46

Wahrmann, Johann(Pseud.:), Ungrund der Klagen mancher Wiener Ärzte wider die Verfassung der hiesigen medicinischen Facultät und die jungen Ärzte (Wien 1792)

C. Sekundärliteratur

Abel, Wilhelm, Agrarkrisen und Agrarkonjunktur (Hamburg/Berlin 1966)

ders., Massenarmut und Hungerkrisen im vorindustriellen Europa. Versuch einer Synopsis (Hamburg/Berlin 1974)

Ackerknecht, Erwin H., Geschichte und Geographie der wichtigsten Krankheiten (Stuttgart 1963)

ders., Geschichte der Medizin (Stuttgart [3]1977)

Arends, Johannes, Volkstümliche Namen der Arzneimittel, Drogen, Heilkräuter und Chemikalien. Eine Sammlung der im Volksmund gebräuchlichen Benennungen und Handelsbezeichnungen (Berlin/New York [16]1971)

Ariès, Philippe, Studien zur Geschichte des Todes im Abendland (dtv-Tb, München 1981)

ders., Geschichte des Todes (dtv-Tb, München 1982)

Armengaud, André, Die Bevölkerung Europas von 1700 - 1914. In: Bevölkerungsgeschichte Europas. Mittelalter bis Neuzeit, ed. Carlo M. Cipolla, Knut Borchardt (München 1971) 123 - 179

Die Auswirkungen der theresianisch-josephinischen Reformen auf die Landwirtschaft und die ländliche Sozialstruktur Niederösterreichs. Vorträge und Diskussionen des ersten Symposiums des Niederösterreichischen Instituts für Landeskunde, Geras 9. - 11. Oktober 1980, ed. Helmuth Feigl (= Studien und Forschungen aus dem Niederösterreichischen Institut für Landeskunde 3, Wien 1982)

Der steirische Bauer. Leistung und Schicksal von der Steinzeit bis zur Gegenwart. Eine Dokumentation (= Katalog der Ausstellung, Graz 11. Juni - 4. September 1960)

Bauerndoktor und Volksmedizin (= Steiermärkisches Landesmuseum Joanneum, Steirisches Volkskundemuseum, Außenstelle Stainz, Katalog 3, Stainz 1977)

Baumgartner, Leona, John Howard and the Public Health Movement. In: Bulletin of the History of Medicine 5/6 (1937) 489 - 508

Beiträge zur Bevölkerungs- und Sozialgeschichte Österreichs, ed. Heimold Helczmanovski (Wien 1973)

Bendix, Reinhard, Könige oder Volk. Machtausübung und Herrschaftsmandat (2 Bde., Frankfurt a. M. 1980)

Benedikt, Heinrich, Als Belgien österreichisch war (Wien/München 1965)

Bernard, Paul P., The limits of absolutism: Joseph II. and the Allgemeines Krankenhaus. In: Eighteenth Century Studies 9/2 (1975) 193 - 215

Bibliothèque de la Compagnie de Jésus (12 Bde., Bruxelles/Paris 1890 - 1932)

Biologie des Menschen in der Geschichte. Beiträge zur Sozialgeschichte der Neuzeit aus Frankreich und Skandinavien, eingeleitet, übersetzt und herausgegeben von Arthur E. Imhof (= Kultur und Gesellschaft. Neue historische Forschungen 3, Stuttgart 1978)

Biraben, Jean-Noël, Arzt und Kind im 18. Jahrhundert: Bemerkungen zur Pädiatrie des 18. Jahrhunderts. In: Biologie des Menschen, ed. Imhof 261 - 273

Blaich, Fritz, Die wirtschaftspolitische Tätigkeit der Kommission zur Bekämpfung der Hungersnot in Böhmen und Mähren (1771 - 1772). In: Vierteljahresschrift für Wirtschafts- und Sozialgeschichte 56 (1969) 299 - 331

Bloch, Marc, Les rois thaumaturges: étude sur le caractère surnaturel attribué à la puissance royale, particulièrement en France et en Angleterre (Straßburg 1924)

Bodi, Leslie, Tauwetter in Wien. Zur Prosa der österreichischen Aufklärung 1781 - 1795 (Frankfurt a. M. 1977)

Bolognese-Leuchtenmüller, Birgit, Bevölkerungsentwicklung und Berufsstruktur, Gesundheits- und Fürsorgewesen in Österreich 1750 - 1918 (= Materialien zur Wirtschafts- und Sozialgeschichte. Wirtschafts- und Sozialstatistik Österreich-Ungarns 1, Wien 1978)

Bratescu, Gheorge, Seuchenschutz und Staatsinteresse im Donauraum (1750 - 1850). In: Sudhoffs Archiv 63 (1979) 25 - 44

Braudel, Fernand, Sozialgeschichte des 15. - 18. Jahrhunderts. Der Alltag (München 1985)

Bruckmüller, Ernst, Die Anfänge der Landwirtschaftsgesellschaften und die Wirkungen ihrer Tätigkeit. In: Die Auswirkungen der Reformen, ed. Feigl 36 - 92

ders., Sozialgeschichte Österreichs (Wien/München 1985)

Bruneel, Claude, La mortalité dans les campagnes: le duché de Brabant aux XVIIe et XVIIIe siècles (= Recueil de travaux d'histoire et de philologie 6/10, Louvain 1977)

ders., Un problème de gouvernement: le pouvoir face à l'épidémie de fièvre putride à Bruxelles en 1772 - 1773. In: Mensch und Gesundheit in der Geschichte. Vorträge eines internationalen

Colloquiums in Berlin 1978, ed. Arthur E. Imhof (= Abhandlungen zur Geschichte der Medizin und der Naturwissenschaften 39, Berlin 1978) 199 - 222

ders., L'épidémie de dysenterie de 1779 dans les Pays-Bas autrichiens. In: Bulletin de la Commission Royale d'histoire 145 (1979) 191 - 395

Buszko, Jósef, Theresianisch-josephinische Agrar- und Bauernpolitik in Galizien und ihre Folgen. In: Österreich im Europa der Aufklärung 1, 67 - 86

Chaunu, Pierre, Mourir à Paris (XVIe - XVIIe - XVIIIe siècles). In: Annales Economies, Sociétés, Civilisations 31/1 (1976) 29 - 50

ders., La mort à Paris, XVIe, XVIIe, XVIIIe siècles (Paris 1978)

Coleman, William, Health and Hygiene in the Encyclopédie: A Medical Doctrine for the Bourgeoisie. In: Journal of the History of Medicine 29/4 (1974) 399 - 421

Corbin, Alain, Pesthauch und Blütenduft. Eine Geschichte des Geruchs (Berlin 1984)

Dando, William A., The Geography of Famine (London 1980)

Darnton, Robert, Der Mesmerismus und das Ende der Aufklärung in Frankreich (Frankfurt/Berlin 1986)

Deneke, Volrad, Eberhard, Gunter A., Quante, Peter, Gesundheitspolitik. In Staatslexikon. Recht, Wirtschaft, Gesellschaft 3, ed. Görres-Gesellschaft (Freiburg 1959) 880 - 891

Desaive, Jean Pierre, Goubert, Jean Pierre, Le Roy Ladurie, Emmanuel, Meyer, Jean, Muller, Otto, Peter, Jean-Pierre, Médecins, climat et épidémies à la fin du XVIIIe siècle (= Civilisations et Sociétés 29, Paris 1972)

Dieck, Alfred, Magische Krankenbehandlung nach Art des „Zweiten Merseburger Zauberspruchs" bis ca. 1930. In: Heilen und Pflegen, ed. Barthel 155 - 165

Duka Zólyomi, Norbert, Zacharias Gottlieb Huszty, 1754 - 1803. Mitbegründer der modernen Sozialhygiene (= Edicia dejini vedy a techniky 1, Bratislava 1972)

Durant, Will u. Ariel, Das Zeitalter Voltaires (= Kulturgeschichte der Menschheit 14, München 1978)

Durdik, Christel, Bevölkerungs- und Sozialstatistik in Österreich im 18. und 19. Jahrhundert. In: Beiträge zur Bevölkerungs- und Sozialgeschichte, ed. Helczmanovski 225 - 266

Egglmaier, Herbert Hans, Das medizinisch-chirurgische Studium in Graz. Ein Beispiel für den Wandel staatlicher Zielvorstellungen im Bildungs- und Medizinalwesen (= Dissertationen der Universität Graz 50, Graz 1980)

ders., Geschichte der pharmazeutischen Ausbildung in Österreich 1. Die Ausbildung der Apotheker und Pharmazeuten in den Ländern des Habsburgerreiches bis 1853 (= Publikationen aus dem Archiv der Universität Graz 14/1, Graz 1985)

Feigl, Helmuth, Landwirtschaft und Grundherrschaft unter dem Einfluß des Physiokratismus. In: Österreich im Zeitalter des aufgeklärten Absolutismus, ed. Erich Zöllner (= Schriften des Instituts für Österreichkunde 42, Wien 1983) 84 - 102

Fischer, Alfons, Geschichte des deutschen Gesundheitswesens (2 Bde., Berlin 1933)

Fossel, Viktor, Volksmedicin und medicinischer Aberglaube in Steiermark. Ein Beitrag zur Landeskunde (Graz 1886)

ders., Zur Geschichte des ärztlichen Standes der Steiermark im 16. und 17. Jahrhundert. Nach archivalischen Quellen (= Separatabdruck aus den Mitteilungen des Vereins der Ärzte in Steiermark, Graz 1890)

ders., Geschichte der epidemischen Krankheiten (= Separatabdruck aus dem Handbuch der Geschichte der Medizin, Jena 1903)

Foucault, Michel, Die Geburt der Klinik. Eine Archäologie des ärztlichen Blicks (Ullstein-Tb, Frankfurt a. M. 1984)

ders., La politique de la santé au XVIIIe siècle. In: Les machines à guérir. Aux origines de l'hôpital moderne, ed. Michel Foucault, Blandine Barret-Kriegel, Anne Thalamy, François Beguin, Bruno Fortier (Bruxelles 1979) 7 - 18

Freud, Sigmund, Zeitgemäßes über Krieg und Tod. In: Kulturtheoretische Schriften (Frankfurt a. M. 1986) 33 - 60

Goehlert, J. Vincenz, Die Ergebnisse der in Österreich im vorigen Jahrhundert ausgeführten Volkszählungen im Vergleiche mit jenen der neuern Zeit. In: Sitzungsberichte der philosophisch-hi-
storischen Classe der kaiserlichen Akademie der Wissenschaften 14 (1854) 52 - 73

ders., Die Bevölkerungsverhältnisse Österreichs im vorigen Jahrhundert im Vergleiche mit jenen der
neuern Zeit. In: Sitzungsberichte der phil.-hist. Classe der kaiserl. Akademie der Wissenschaften
15 (1855) 52 - 59

ders., Die Entwickelung der Bevölkerung der Steiermark vom Jahre 1754 bis auf die Gegenwart. In:
Statistische Monatschrift 5 (1879) 59 - 64

ders., Häuser- und Volkszahl sowie Viehstand Österreichs in der Regierungsperiode Kaiser Josef's
II. In: Statistische Monatschrift 5 (1879) 402 - 405

ders., Zur Bevölkerungsstatistik der ehemaligen österreichischen Vorlande. In: Statistische Monatschrift 5 (1879) 229 - 231

ders., Die Bevölkerung Böhmens in ihrer Entwicklung seit hundert Jahren. In: Mitteilungen des
Vereins für Geschichte der Deutschen in Böhmen 17 (1879) 352 - 373

Gottschall, Klaus, Dokumente zum Wandel im religiösen Leben Wiens während des Josephinismus
(= Veröffentlichungen des Instituts für Volkskunde der Universität Wien 7, Wien 1979)

Goubert, Jean Pierre, Malades et médecins en Bretagne 1770 - 1790 (Rennes 1974)

ders., Methodologische Probleme zu einer Geschichte des Gesundheitswesens. Frankreich am Ende
des 18. Jahrhunderts als Beispiel. In: Biologie des Menschen, ed. Imhof 360 - 367

ders., La médicalisation de la société française à la fin de l'Ancien Régime. In: Francia 8 (1980) 245 - 256

ders., Die Medikalisierung der französischen Gesellschaft am Ende des Ancien Régime: die Bretagne
als Beispiel. In: Medizinhistorisches Journal 17 (1982) 89 - 114

Goubert, Pierre, Demographische Probleme im Beauvaisis des 17. Jahrhunderts. In: Marc Bloch,
Fernand Braudel, Lucien Febvre u. a., Schrift und Materie der Geschichte. Vorschläge zur
systematischen Aneignung historischer Prozesse, ed. Claudia Honegger (Frankfurt a. M. 1977)
198 - 217

Grabner, Elfriede, Naturärzte und Kurpfuscher in der Steiermark. In: Zeitschrift des Historischen
Vereines für Steiermark 52 (1961) 84 - 99

dies., Das „Abbeten". Magische Heilmethoden und Beschwörungsgebete in der Steiermark. In:
Zeitschrift des Historischen Vereins für Steiermark 53/2 (1962) 359 - 370

dies., Grundzüge einer ostalpinen Volksmedizin (= Österreichische Akademie der Wissenschaften,
Philosophisch-historische Klasse. Sitzungsberichte 457. Mitteilungen des Instituts für Gegenwartsvolkskunde 16, Wien 1985)

Grimm, Jacob u. Wilhelm, Deutsches Wörterbuch (Berlin 1960, Nachdruck dtv, München 1984) Bd. 5

Grmek, Mirko D., Vorbemerkungen zu einer Geschichte der Krankheiten. In: Biologie des Menschen,
ed. Imhof, 79 - 96

Groethuysen, Bernhard, Die Entstehung der bürgerlichen Welt- und Lebensanschauung in Frankreich
(2 Bde., Nachdr. Frankfurt a. M. 1978)

Großmann, Henryk, Eine Wiener Volkszählung im Jahre 1777. In: Statistische Monatschrift N. F. 16
(37) (1911) 56 - 58

ders., Die Anfänge und geschichtliche Entwicklung der amtlichen Statistik in Österreich. In: Statistische Monatschrift N. F. 21 (42) (1916) 331 - 423

Gugitz, Gustav, Bibliographie zur Geschichte und Stadtkunde von Wien (5 Bde., Wien 1947 - 1962)

ders., Österreichs Gnadenstätten in Kult und Brauch. Ein topographisches Handbuch zur religiösen
Volkskunde in fünf Bänden (Wien 1956) Bd. 4: Kärnten und Steiermark

Haeser, Heinrich, Lehrbuch der Geschichte der Medizin und der epidemischen Krankheiten (Jena
1882) Bd. 3: Geschichte der epidemischen Krankheiten

Heilen und Pflegen. Internationale Forschungsansätze zur Volksmedizin, ed. Günther Barthel (=
Hessische Blätter für Volks- und Kulturforschung N. F. 19, Marburg 1986) 155 - 165

Henschen, Folke, Grundzüge einer historischen und geographischen Pathologie (= Spezielle pathologische Anatomie 5, Berlin 1966)

Hinrichs, Ernst, Einführung in die Geschichte der Frühen Neuzeit (München 1980)

Hirsch, August, Handbuch der historisch-geographischen Pathologie (Stuttgart ²1881)

Hunger and History: The Impact of Changing Food Production and Consumption Patterns on Society (= The Journal of Interdisciplinary History 14/2, 1983)

Hunger. Quellen zu einem Alltagsproblem seit dem Dreißigjährigen Krieg. Mit einem Ausblick auf die Dritte Welt, ed. Ulrich Christian Pallach (München 1986)

Illich, Ivan, Die Nemesis der Medizin. Von den Grenzen des Gesundheitswesens (Hamburg 1977)

Imhof, Arthur E., Larsen, Øivind, Sozialgeschichte und Medizin. Probleme der quantifizierenden Quellenbearbeitung in der Sozial- und Medizingeschichte (= Medizin in Geschichte und Kultur 12, Stuttgart 1976)

Imhof, Arthur E., Einführung in die historische Demographie (München 1977)

ders., Die verlorenen Welten. Alltagsbewältigung durch unsere Vorfahren - und weshalb wir uns heute so schwer damit tun (München 1984)

Jetter, Dieter, Geschichte des Hospitals (= Sudhoffs Archiv, Beiheft 5, Wiesbaden 1966)

ders., Wien von den Anfängen bis um 1900 (= Geschichte des Hospitals 5, Wiesbaden 1982)

Katzinger, Willibald, Das Fürsorgewesen der Stadt Linz bis zu Kaiser Josef II. In: Historisches Jahrbuch der Stadt Linz 1978 (1979) 11 - 94

King, Lester S., The Medical World of the Eighteenth Century (Chicago 1958)

Kink, Rudolf, Geschichte der kaiserlichen Universität zu Wien (2 Bde., Wien 1854)

Kiss, Istvan N., Die Krise der Fleischversorgung in Wien 1770 - 1773. Staatsräson, Handelsgewinn, Kapitalakkumulation. In: Beiträge zur Handels- und Verkehrsgeschichte (= Grazer Forschungen zur Wirtschafts- und Sozialgeschichte 3, Graz 1978) 95 - 120

Klein, Kurt, Österreichs Bevölkerung 1754 - 1869. In: Mitteilungen der Österreichischen Geographischen Gesellschaft 113/1 - 2 (1971) 34 - 62

ders., Die Bevölkerung Österreichs vom Beginn des 16. bis zur Mitte des 18. Jahrhunderts (mit einem Abriß der Bevölkerungsentwicklung von 1754 - 1869) In: Beiträge zur Bevölkerungs- und Sozialgeschichte, ed. Helczmanovski 47 - 112

Klingenstein, Grete, Staatsverwaltung und kirchliche Autorität im 18. Jahrhundert. Das Problem der Zensur in der theresianischen Reform (Wien 1970)

Knofler, Monika J., Das theresianische Wien. Der Alltag in den Bildern Canalettos (Wien 1979)

Krank. Zur Krise der Medizin, ed. Ernst Berger (Wien 1977)

Kumpfmüller, Josef, Die Hungersnot von 1770 bis 1772 in Österreich (ungedr. Phil. Diss. Wien 1969)

Kuntner, Liselotte, Die Geburtshilfe in der europäischen Volksmedizin. In: Heilen und Pflegen, ed. Barthel 123 - 137

Labisch, Alfons, „Hyhiene ist Moral - Moral ist Hyhiene" - Soziale Disziplinierung durch Ärzte und Medizin. In: Soziale Sicherheit und soziale Disziplinierung. Beiträge zu einer historischen Theorie der Sozialpolitik, ed. Christoph Sachße, Florian Tennstedt (Frankfurt a. M. 1986) 265 - 284

Lebrun, François, Les hommes et la mort en Anjou aux 17ᵉ et 18ᵉ siècles. Essai de démographie et de psychologie historiques (= Civilisations et Sociétés 25, Paris 1971)

ders., L'intervention des autorités face aux crises de mortalité dans la France d'ancien régime. In: Leib und Leben in der Geschichte der Neuzeit. Vorträge eines internationalen Colloqiums 1981, ed. Arthur E. Imhof (= Berliner Historische Studien 9/2, Berlin 1983) 39 - 52

Le Goff, Jacques, Die Geburt des Fegefeuers (Stuttgart 1984)

Lehners, Jean Paul, Die Pfarre Stockerau im 17. und 18. Jahrhundert. Erste Resultate einer demographischen Studie. In: Beiträge zur Bevölkerungs- und Sozialgeschichte, ed. Helczmanovski 373 - 401

Lesky, Erna, Die österreichische Pestfront an der k. k. Militärgrenze. In: Saeculum 8/1 (1957) 82 - 106

dies., Österreichisches Gesundheitswesen im Zeitalter des aufgeklärten Absolutismus (= Archiv für österreichische Geschichte 122/1, Wien 1959)

dies., Das Wiener Allgemeine Krankenhaus. Seine Gründung und Wirkung auf deutsche Spitäler. In: Clio Medica 2 (1967) 23 - 37 dies., Gerard van Swieten. Auftrag und Erfüllung. In: Gerard van Swieten und seine Zeit, ed. Erna Lesky, Adam Wandruszka (= Studien zur Geschichte der Universität Wien 8, Wien 1973)

Loudon, I. S. L., The Origins and Growth of the Dispensary Movement in England. In: Bulletin of the History of Medicine 55/3 (1981) 322 – 342

Macher, Mathias, Medizinisch-statistische Topographie des Herzogtums Steiermark (Graz 1860)

Mais, Adolf, Die Gruftbestattung zu St. Michael in Wien. Bruderschaften, Bestattungen, Sargmalerei, Totenbeigaben. In: Kultur und Volk. Beiträge zur Volkskunde aus Österreich, Bayern und Schweiz (Wien 1954) 245 – 273

Mayer, Franz M., Kaindl, Raimund, Pirchegger, Hans, Geschichte und Kulturleben Österreichs von 1493 bis 1792 (Wien [5]1960)

McKeown, Thomas, Brown, R. G., Medical Evidence Related to English Population Changes in the Eighteenth Century. In: Population in History. Essays in Historical Demography, ed. D. V. Glass, D. E. C. Eversley (London [2]1969) 285 – 307

McKeown, Thomas, Die Bedeutung der Medizin. Traum, Trugbild oder Nemesis? (Frankfurt a. M. 1982)

ders., Food, Infection, and Population. In: Journal of Interdisciplinary History 14/2 (1983) 227 – 247

McManners, John, Death and the Enlightenment. Changing attitudes to death in eighteenth century France (Oxford/New York 1985)

McNeill, William H., Seuchen machen Geschichte. Geißeln der Völker (München 1978)

Médecins, médecine et société en France aux XVIIIe et XIXe siecles (= Annales Economies Sociétés Civilisations 32/5, 1977)

Mell, Anton, Grundriß der Verfassungs- und Verwaltungsgeschichte des Landes Steiermark (Graz/Wien/Leipzig 1929)

Meyer, Jean, Eine Untersuchung der Medizinischen Akademie über die Epidemien (1774 – 1794). In: Biologie des Menschen, ed. Imhof 327 – 359

Minarik, Franz, Aus der Geschichte der Kloster-Spitäler und Kloster-Apotheken sowie einiger anderer insbesondere landschaftlicher Apotheken (= Sonderdruck Pharmazeutische Post 16/1925)

Mitchell, Harvey, Politics in the service of knowledge: the debate over the administration of medicine and welfare in late eighteenth century France. In: Social History 6/2 (1981) 185 – 209

Mittelbach, Gustav, Aus der Medizingeschichte von Graz. In: 850 Jahre Graz. 1128 – 1978. Festschrift. Im Auftrage der Stadt Graz, ed. Wilhelm Steinböck (Graz 1978) 247 – 269

Mitterauer, Michael, Der Mythos von der vorindustriellen Großfamilie. In: Michael Mitterauer, Reinhard Sieder, Vom Patriarchat zur Partnerschaft. Zum Strukturwandel der Familie (München 1977) 38 – 65

Autour de la mort (= Annales Economies Sociétés Civilisations 31/1, 1976)

Oesterreichische National= Encyclopädie oder alphabetische Darlegung der wissenswürdigsten Eigenthümlichkeiten des österreichischen Kaiserthumes (6 Bde., Wien 1835 – 1837)

Obersteiner, Gernot P., Pfarre und Markt Wildon im 18. Jahrhundert. Ein Gemeinwesen im Spannungsfeld des aufgeklärten Absolutismus (Diplomarbeit, Graz 1986)

Österreich im Europa der Aufklärung. Kontinuität und Zäsur in Europa zur Zeit Maria Theresias und Josephs II. (2 Bde., Wien 1985)

Österreich im Zeitalter des aufgeklärten Absolutismus, ed. Erich Zöllner (Wien 1983)

Otruba, Gustav, Verwaltung, Finanzen, Manufakturen, Gewerbe, Handel und Verkehr, technisch-gewerbliche Bildung und Bevölkerungsentwicklung. In: Österreich im aufgeklärten Absolutismus, ed. Zöllner 103 – 150

Paskaleva, Virginia, Die Wirtschaftspolitik Maria Theresias und die Balkanvölker. In: Österreich im Europa der Aufklärung Bd. 1, 153 – 166

Peinlich, Richard, Geschichte der Pest in der Steiermark (2 Bde., Graz 1878)

Peller, Sigismund, Zur Kenntnis der städtischen Mortalität im 18. Jahrhundert mit besonderer Berücksichtigung der Säuglings- und Tuberkulosesterblichkeit (Wien zur Zeit der ersten Volkszählung). In: Zeitschrift für Hygiene und Infektionskrankheiten 110 (1920) 227 – 262

Perrenoud, Alfred, Le biologique et l'humain dans le déclin séculaire de la mortalité. In: Annales Economies Sociétés Civilisations 40/1 (1985) 113 - 135

Peter, Jean Pierre, Kranke und Krankheiten am Ende des 18. Jahrhunderts (aufgrund einer Untersuchung der Königlich-Medizinischen Gesellschaft 1774 - 1794). In: Biologie des Menschen, ed. Imhof 274 - 326

Josephinische Pfarrgründungen in Wien (= Katalog zur 92. Sonderausstellung des Historischen Museums Wien, Wien 1985)

Pistor, Moritz, Geschichte der preussischen Medizinalverwaltung. In: Deutsche Vierteljahrsschrift für öffentliche Gesundheitspflege 40 (1908) 225 - 250

Popelka, Fritz, Geschichte der Stadt Graz (2 Bde., Graz ²1959)

Materialien zur Geschichte der Preise und Löhne in Österreich, ed. Alfred Francis Přibram (Wien 1938) Bd. 1

Puschmann, Theodor, Die Medizin in Wien während der letzten 100 Jahre (Wien 1884)

Raeff, Marc, Der wohlgeordnete Polizeistaat und die Entwicklung der Moderne im Europa des 17. und 18. Jahrhunderts. Versuch eines vergleichenden Ansatzes. In: Absolutismus, ed. Ernst Hinrichs (Frankfurt a. M. 1986)

Recueil des ordonnances des Pays Bas autrichiens, ed. P. Verhagen (Bruxelles 1910) Bd. 12: 10. 1. 1781 - 23. 12. 1786

Reinhard, Marcel R., Armengaud, André, Dupaquier, Jacques, Histoire générale de la population mondiale (Paris 1968)

Rosen, George, A History of Public Health (New York 1958)

ders., Kameralismus und der Begriff der Medizinischen Polizei. In: Sozialmedizin, ed. Lesky 94 - 123

ders., Merkantilismus und Gesundheitspolitik im französischen Denken des 18. Jahrhunderts. In: Sozialmedizin, ed. Lesky, 62 - 93

ders., Wirtschafts- und Sozialpolitik in der Entwicklung des öffentlichen Gesundheitswesens. In: Sozialmedizin, ed. Lesky, 26 - 61

Rozsivalova, Eva, Prager Sanitätspersonen in den Visitationsbefunden aus den Jahren 1725 - 1726. In: Acta Universitatis Carolinae Medica 16/7 - 8 (1971) 675 - 718

Rudé, George, Europa im 18. Jahrhundert. Die Aristokratie und ihre Herausforderung durch das Bürgertum (= Kindlers Kulturgeschichte Europas 14, München 1983)

Ruffié, Jacques, Sournia, Jean-Charles, Die Seuchen in der Geschichte der Menschheit (Stuttgart 1987)

Sandgruber, Roman, Produktions- und Produktivitätsfortschritte der niederösterreichischen Landwirtschaft im 18. und frühen 19. Jahrhundert. In: Die Auswirkungen der Reformen, ed. Feigl 95 - 138

ders., Österreichische Agrarstatistik 1750 - 1918 (= Materialien zur Wirtschafts- und Sozialgeschichte 2, Wien 1978)

ders., Die Agrarrevolution in Österreich. Ertragssteigerung und Kommerzialisierung der landwirtschaftlichen Produktion im 18. und 19. Jahrhundert. In: Österreich-Ungarn als Agrarstaat. Wirtschaftliches Wachstum und Agrarverhältnisse in Österreich im 19. Jahrhundert, ed. Alfred Hoffmann (Wien 1978) 195 - 271

ders., Nahrungsmittelverbrauch und Eßgewohnheiten vom 16. Jahrhundert bis zur Gegenwart. In: Beiträge zur historischen Sozialkunde 8 (1978) 11 - 22

Saurer, Edith, Straße, Schmuggel, Lottospiel: materielle Kultur und Staat in Niederösterreich, Böhmen und Lombardo-Venetien im frühen 19. Jahrhundert (= Veröffentlichungen des Max-Planck-Instituts für Geschichte 90, Göttingen 1989)

Schipperges, Heinrich, Moderne Medizin im Spiegel der Geschichte (Stuttgart 1970)

Schneider, Wolfgang, Lexikon zur Arzneimittelgeschichte (Frankfurt a. M. 1969)

Schniditsch, Norbert, Die Geschichte der Pharmazie in Steiermark bis zum Jahre 1850 (2 Tle., Mittenwald 1929)

Schwartz, Friedrich Wilhelm, Idee und Konzeption der frühen territorialstaatlichen Gesundheitspflege in Deutschland („Medizinische Polizei") in der ärztlichen und staatswissenschaftlichen Fachliteratur des 16. - 18. Jahrhunderts (Med. Diss. Frankfurt a. M. 1973)

Senfelder, Leopold, Öffentliche Gesundheitspflege und Heilkunde, Teil 1 (= Separatabdruck aus Bd. 2 der Geschichte der Stadt Wien, Wien 1904)

ders., Öffentliche Gesundheitspflege und Heilkunde, Teil 2. Von Maximilian bis zum Tode Karls VI. (1493 - 1740) (= Separatabdruck aus Bd. 6 der Geschichte der Stadt Wien, Wien 1916)

Shryock, Richard H., Die Entwicklung der modernen Medizin in ihrem Zusammenhang mit dem sozialen Aufbau und den Naturwissenschaften (Stuttgart 1947)

Sozialmedizin. Entwicklung und Selbstverständnis, ed. Erna Lesky (Darmstadt 1977)

Spears, John, Folk Medicine and Popular Attitudes Toward Disease in the High Alps 1780 - 1870. In Bulletin of the History of Medicine 54/3 (1980) 303 - 336

Steiner, Christl, Die Bader und Barbiere (Wundärzte) in Wien zur Zeit Maria Theresias (1740 - 1780) (= Dissertationen der Universität Wien 118, Wien 1975)

Straka, Manfred, Verwaltungsgrenzen und Bevölkerungsentwicklung in der Steiermark 1770 - 1850. Erläuterungen zur ersten Lieferung des Historischen Atlasses der Steiermark (= Forschungen zur geschichtlichen Landeskunde der Steiermark 31, Graz 1978)

ders., Beiträge zur Bevölkerungs- und Sozialgeschichte der Steiermark im 18. Jahrhundert. In: Zeitschrift des Historischen Vereins für Steiermark 55 (1964) 41 - 54

ders., Die Bevölkerungsentwicklung der Steiermark von 1528 - 1782 auf Grund der Kommunikantenzählungen. In: Zeitschrift des Historischen Vereins für Steiermark 52 (1961) 3 - 53

Stürzbecher, Manfred, Beiträge zur Berliner Medizingeschichte. Quellen und Studien zur Geschichte des Gesundheitswesens vom 17. bis zum 18. Jahrhundert (= Veröffentlichungen der Historischen Kommission zu Berlin beim Friedrich Meinecke Institut der Freien Universität Berlin 18, Berlin 1966)

Szasz, Thomas S., Theologie der Medizin (Wien 1980)

Thiriet, Jean Michel, Mourir à Vienne aux XVIIe - XVIIIe siècles. Le cas des Welsches. In: Jahrbuch des Vereins für Geschichte der Stadt Wien N. F. 34 (1978) 204 - 217

Historische Arbeitsgemeinschaft Graz, Tod in Armut. Zu den Totenbüchern des Barmherzigen Brüderspitals in Linz von 1757 bis 1850. In: Historisches Jahrbuch der Stadt Linz 1982 (1984) 14 - 74

Toellner, Richard, Medizin in der Mitte des 18. Jahrhunderts. In: Wissenschaften im Zeitalter der Aufklärung. Aus Anlaß des 250jährigen Bestehens des Verlages Vandenhoeck & Ruprecht, ed. Rudolf Vierhaus (Göttingen 1985) 194 - 217

Tomek, Ernst, Kirchengeschichte Österreichs (3 Bde., Wien/München 1955 - 1959)

Turk, Elfriede, Der Ausbau des Sanitätswesens in Steiermark unter Maria Theresia und Josef II. (mit Ausnahme des Spitalswesens) (ungedr. Phil. Diss., Graz 1952)

Utopie Gesundheit. Steirische Akademie '77, ed. Kulturreferat der Steiermärkischen Landesregierung (Graz o. J.)

Valentinitsch, Helfried, Armenfürsorge im Herzogtum Steiermark im 18. Jahrhundert. In: Zeitschrift des Historischen Vereins für Steiermark 73 (1982) 93 - 114

Velimirovic, Boris, Sozialmedizin (= Skriptum zur Vorlesung, Graz 1985)

Vovelle, Michel, Piété baroque et déchristianisation en Provence au XVIIIe siècle. Les attitudes devant la mort d'après les clauses des testaments (Paris 1973)

ders., Mourir autrefois. Attitudes collectives devant la mort aux XVIIe et XVIIIe siècles (Paris 1974)

ders., La mort et l'Occident de 1300 à nos jours (Paris 1983)

Wagner, Dieter, Zeitgenössische Darstellungen zur Ätiologieauffassung von Infektionskrankheiten im 18. Jahrhundert. In: Beiträge zur Geschichte der Universität Erfurt 14 (1968/69) 83 - 89

Walter, Barbara, Die Auswertung der Pfarrmatriken von Wildon 1690 - 1770 (Diplomarbeit, Graz 1985)

Walter, Friedrich, Die Geschichte der österreichischen Zentralverwaltung in der Zeit Maria Theresias 1740 - 1780 (= Veröffentlichungen der Kommission für neuere Geschichte Österreichs 32, Wien 1938)

Wandruszka, Adam, Theorie und Praxis der österreichischen Populationistik. In: Siedlungs- und Bevölkerungsgeschichte Österreichs, ed. Institut für Österreichkunde (Wien 1974) 115 - 131

Weiner, Dora B., Le droit de l'homme à la santé - une belle idée devant l'assemblée constituante: 1790 - 1791. In: Clio Medica 5 (1970) 209 - 223

Weinzierl-Fischer, Erika, Die Bekämpfung der Hungersnot in Böhmen durch Maria Theresia und Joseph II. In: Mitteilungen des österreichischen Staatsarchivs 7 (1954) 478 - 514

Welternährungswirtschaft. In: Meyers Enzyklopädie der Erde (Mannheim 1985) Bd. 8, 3028 - 3033

Wernigg, Ferdinand, Bibliographie österreichischer Drucke während der „erweiterten Preßfreiheit" 1781 - 1795 (= Wiener Schriften 35, Wien 1973)

Wiesner, J., Jan Ingen=Housz in Wien. In: Österreichische Rundschau 3/31 (Wien 1907) 197 - 214

Winter, Eduard, Der Josefinismus und seine Geschichte. Beiträge zur Geistesgeschichte Österreichs 1740 - 1848 (Brünn/München/Wien 1943)

Wolfsgruber, Cölestin, Die Kaisergruft bei den Kapuzinern in Wien (Wien 1887)

Wrigley, E. A., Bevölkerungsstruktur im Wandel. Methoden und Ergebnisse der Demographie (München 1969)

Wurzbach, Constant v., Biographisches Lexikon des Kaiserhauses Oesterreich (60 Bde., Wien 1856 - 1891)

Personenregister

Attems Ferdinand Graf: 65
Attems Ignaz Graf: 109A[1]
Azyr Félix Vicq d': 18 - 20

Baldinger Ernst Gottfried: 104
Becher Johann Joachim: 23f., 96
Beucig Johann Valentin: 37
Blümegen Heinrich Kajetan Graf: 137A
Blumauer Johann Aloys: 188
Boerhaave Herman: 81
Boisguillebert Pierre le Pesant, Sieur de: 17
Brandeis Heinrich Adam Graf: 109A
Buck Anton: 63, 118
Buol Johann Paul Freiherr von: 180A, 182

Catharin Joseph Adam von: 39, 42A, 43A, 45A, 55A, 109A, 117
Cerroni Jakob Ernest Herr von: 43A
Chotek Rudolf Graf: 163
Clemens Wenzeslaus, Kurfürst von Trier: 184
Colbert Jean Baptiste: 152
Conti Johann Nepomuk Freiherr von: 133, 134A, 137, 139A
Coudray Madame Du: 74f
Crumpipen Henri-Herman de: 155, 158

Daniel Christian Friedrich der Jüngere: 29
Dithmar Justus Christoph: 27
Dollberg Leopold Herr von: 43A

Ehrenstein Joseph Herr von: 42A, 43A, 109A

Faber Gregor: 146 - 151
Fast Patrizius: 190 - 193, 198
Fauken Johann Peter Xaver: 166 - 169, 171f.
Faust Bernhard Christoph: 29
Fénélon François de Salignac de la Mothe: 17
Fontana Felice: 173
Frank Johann Peter: 27f., 201f.

Frey von Freydenfeld Ignaz: 128, 131A
Friedrich II., Kaiser: 21
Friedrich II., König von Preußen: 26, 96
Friedrich Wilhelm I., König in Preußen: 26
Froidevo Joseph Hycinth von: 176 - 178, 182
Fürstenberg N. Fürst von: 101

Garelli Pius Nikolaus: 79
Gleißner Hermann: 106
Graunt John: 15
Grew Nehemiah: 15f.
Gründl Anton: 39, 42A, 55A
Guarinonius Hippolyt: 22f
Guillotin Joseph Ignace: 20

Haen Anton de: 80, 116
Harmayr Johann Baptist: 196 - 198
Haugwitz Friedrich Wilhelm Graf: 40, 42
Hebenstreit Ernst Benjamin Gottlieb: 29, 170
Heipl N.: 55A
Helvétius Adrien: 152
Hildebrand N. Freiherr von Prandau: 101
Hörnigk Ludwig von: 23
Hogarth William: 16
Howard John: 16, 174f., 207
Huszty Zacharias Gottlieb: 171

Ibreville Hieronymus Gerard: 39, 63
Ingenhousz Jan: 80, 117f., 170, 173f., 207
Isabella von Parma: 117

John Johann Dionis: 9, 34, 104
Joseph II., Kaiser: 8f., 11f., 28, 31, 34 - 36, 45, 56, 60, 62, 67 - 69, 78, 80, 82 - 85, 91, 93 - 95, 97, 99 - 104, 115, 117, 129, 146, 171f., 175f., 178 - 181, 183f., 187, 200, 204 - 207
Josepha Erzherzogin: 117
Justi Johann Gottlieb: 96

---

1 A = Anmerkung
Die Namen moderner Autoren im Text sind nicht berücksichtigt

Karl von Lothringen: 155, 158
Karl IV. von Luxemburg, Kaiser: 21
Karl VI., Kaiser: 24, 36, 42, 58A, 59, 68, 83, 95, 163, 166
Kleinmond Karl Andreas von: 131
Kolowrat-Krakowsky Leopold Graf: 181
Kressel von Gualtenberg Franz Karl: 101

Leibniz Gottfried Wilhelm: 24
Leopold Erzherzog: 118, 173
Leopold I., Kaiser: 23
Lettsom John Coakley: 80
Lew (Loew) von Gillenberg Leopold: 43A
Löfflerau Joseph von: 39
Luca Ignaz de: 172f
Ludwig XIV., König von Frankreich: 152, 203
Maria Josepha von Bayern: 117
Maria Theresia, Kaiserin: 8f., 11, 31, 34, 36, 39 –
    42, 44f., 56, 59f., 62, 67, 69, 79, 81f., 91,
    93, 95, 97, 115, 117, 124, 129, 163f., 171 –
    173, 186f., 204, 207
Mercier Sébastien: 185
Mesmer Franz Anton: 79
Montagu Lady Mary Wortley: 116
Moritz von Hessen: 24
Muratori Ludovico Antonio: 194

Necker Jacques: 18
Nény Patrice-François de: 155, 158
Nicolai Friedrich: 97, 99

Petty William: 15f.
Pezzl Johann: 97, 99, 171f., 174
Pletz Jakob: 131A
Priestley Joseph: 170

Raffler H. I.: 120f.
Rau Wolfgang Thomas: 27
Raymann Johann Adam: 117
Rechberger Anton: 120
Rechberger Johann Anton: 120
Richter Joseph: 200f.
Rindsmaul Sigmund Friedrich Graf: 43A
Robespierre Maximilien: 20

Rosenberg Vinzenz Ferrerius Graf: 42A, 43, 109A
Rottenhann Heinrich Graf: 187

Safran N. Herr von: 43A
Sauer Franz Joseph Graf: 118
Scherer Johann Baptist Andreas Ritter von: 170f., 173
Schilling Friedrich: 187f., 190 – 192, 195 – 198
Seckendorff Veit Ludwig von: 23
Sonnenfels Joseph von: 27, 31, 33f., 103f., 166, 205
Spindler Georg: 39, 55A
Starhemberg Georg Adam Fürst: 155, 158
Steyrer Johann: 50A
Störck Anton von: 131, 165f.
Stoll Maximilian: 117, 147
Stranitzky Joseph Anton: 79
Struppius Joachim: 22f.
Stubenberg Leopold Herr von 109A
Stubenberg Wolf Herr von 113
Süßmilch Johann Peter: 26
Swieten Gerard van: 40, 60, 80 – 82, 169, 204
Sydenham Thomas: 18, 147

Tacco Bartholomäus: 37
Taylor John: 79
Teiner Joseph: 55A
Trauttmanstorff Weychard Graf: 109A
Tronchin Théodore: 116
Turgot Anne Robert Jacques: 18

Vauban Sébastien le Prestre de: 17
Vesalius Andreas: 22
Voltaire: 116

Wenckheim Johann Baptist Herr von: 43A
Wieland Christoph Martin: 198
Wieschnik Franz Xaver von: 40
Wieser Joseph Cajetan von Ehrenhofen: 109A
Wildenstein Max Joseph Graf: 65
Wildenstein Max Probus Graf: 43
Wimmer Joseph: 63

Patienteninformation
der Ärztekammer für Steiermark
Auflage: 489.500
Erscheint 4x jährlich